U0899323

教育部职业教育与成人教育司推荐教材
三年制中职现代物流管理与电子商务专业教学用书

Wuliu　Jichu

物流基础

主　编　柳和玲
副主编　林敏晖
主　审　游金梅
　　　　陈志红

人民交通出版社

内 容 提 要

本书是教育部职业教育与成人教育司推荐教材，由交通职业教育教学指导委员会交通运输管理学科委员会组织编写。全书共11章，内容包括现代物流的基本概念、物流的功能、物流系统、企业物流、第三方物流、物流中心、国际物流、物流管理、供应链管理、物流信息系统和物流技术。

本书是三年制中职现代物流管理与电子商务专业教学用书，也可作为各类成人教育、企业人员的培训教材，及广大从事物流工程与管理人员的参考读物。

图书在版编目（CIP）数据

物流基础/柳和玲主编．—北京：人民交通出版社，2005.8（重印 2007.8）

ISBN 978-7-114-05657-4

Ⅰ．物… Ⅱ．柳… Ⅲ．物流－基本知识 Ⅳ．F252

中国版本图书馆 CIP 数据核字（2005）第 079749 号

书　　名：物流基础
著 作 者：柳和玲
责任编辑：郝瑞苹
出版发行：人民交通出版社股份有限公司
地　　址：（100011）北京市朝阳区安定门外外馆斜街 3 号
网　　址：http://www.ccpress.com.cn
销售电话：（010）59757973
总 经 销：人民交通出版社股份有限公司发行部
经　　销：各地新华书店
印　　刷：北京市密东印刷有限公司
开　　本：787×1092　1/16
印　　张：17.5
字　　数：436 千
版　　次：2005 年 8 月　第 1 版
印　　次：2015 年 7 月　第 8 次印刷
书　　号：ISBN 978-7-114-05657-4
印　　数：19001-21000 册
定　　价：23.00 元

交通职业教育教学指导委员会交通运输管理学科委员会

教材编审委员会

在现代社会经济中，一个高效而快捷的物流系统决定着生产力要素的配置和合理流动，直接制约社会资源的利用程度和经济效益。对于加快企业发展、优化资源配置、提高经济运行质量等，具有十分重要的意义。随着我国现代物流产业的逐步兴起，在经济日益全球化的今天，现代物流正在受到日益广泛的重视，并面临着前所未有的发展机遇。

为了加快对我国物流产业最为紧缺的中等职业技术应用型人才的培养，贯彻《国务院关于大力推进职业教育改革与发展的决定》及全面实施《2003~2007年教育振兴行动计划》中提出的“职业教育与培训创新工程”，积极推进课程改革和教材建设，为职业教育教学和培训提供更加丰富、多样和实用的教材，更好地满足职业教育改革与发展的需要，交通职业教育教学指导委员会交通运输管理学科委员会组织全国交通职业院校的专业教师，按照现代物流管理与电子商务专业教学基本要求，编写了教育部职业教育与成人教育司推荐教材，供中等职业院校三年制现代物流管理与电子商务专业教学使用。

本系列教材根据中职学生的实际水平，在内容上注重与培养目标紧密结合，与岗位实际要求紧密结合，与职业资格标准紧密结合，符合国家对技能型人才培养培训工作的要求，突出体现了以就业为导向、以职业能力为本位的职业教育的特色，满足了高素质的现代物流管理与电子商务专业实用人才培养的需要。

《物流基础》是现代物流管理与电子商务专业教育部职业教育与成人教育司推荐教材之一，内容包括：现代物流的基本概念、物流的功能、物流系统、企业物流、第三方物流、物流中心、国际物流、物流管理、供应链管理、物流信息系统和物流技术。

参加本书编写工作的有：柳和玲（编写第一、三、四、五、六章）、李吟龙（编写第二、九、十、十一章）、林敏晖（编写第七、八章）。全书由柳和玲担任主编，林敏晖担任副主编，游金梅、陈志红担任主审。

本套教材在编写过程中参阅和引用了国内外有关物流科学的论著和资料，不管文后是否列出，在此，对这些文献的作者均表示诚挚的谢意！

限于编者经历和水平，教材内容难以覆盖全国各地的实际情况，希望各教学单位在积极选用和推广本系列教材的同时，注重总结经验，及时提出修改意见和建议，以便再版修订时改正。

交通职业教育教学指导委员会
交通运输管理学科委员会
二〇〇五年四月

目录

1 第一章 导 论

学习目标

通过本章的学习,应能够解释物流的定义;描述供应链的结构;认识物流的作用;说明现代物流的发展过程。

在经济全球化日益发展的今天,现代物流作为"第三利润源泉"和提高企业竞争力的主要手段,受到了经济界和企业界的广泛关注。物流作为一个现代概念,其本质体现的是一种新的思维模式和管理方式。准确地理解物流概念,对于正确地把握物流的本质,深入了解物流的内容具有重要意义。

第一节 物流和供应链管理概述

一、物流与流通

1. 流通

市场经济的发展是由社会分工所支持,亚当·斯密在"国富论"中指出,社会分工的广度依存于市场的扩大,进而市场的扩大又是由以运输为中心的物流活动所支持。由此看来,以运输为中心的物流活动不仅推动了市场范围的扩大,而且促进了社会分工的深入发展。反之,社会分工的发展又进一步扩大了市场广度,促进物流活动的高度发展。

现实的经济活动可以划分为生产活动、流通活动和消费活动三个方面(图1-1),流通是联结生产与消费的媒介。流通活动包括商流和物流,商流是商品所有权的转移,物流是物质实体的转移。在原始社会中,由于经济是自给自足,因此生产与消费在时间和场所上都是一致的。到市场经济发展的成熟阶段,因为市场较历史任何时候都要发达、广阔,因而生产与消费之间时间、场所的分离越来越大,物流活动就是作为联结这种分离而出现的。

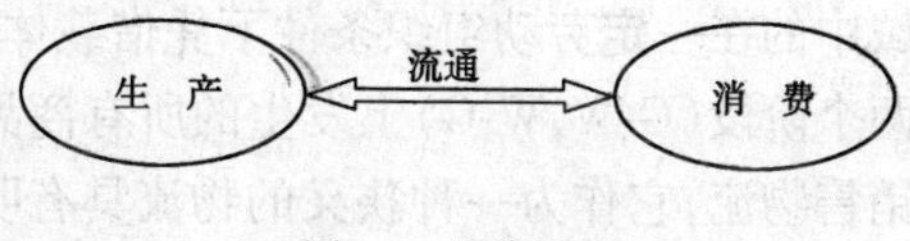

图1-1 经济活动

流通从机能上来看,可以分为商流和物流两类。流通首先是从商流开始,商流的产生是由于市场的扩大造成了生产与消费之间的社会阻隔(生产者与消费者的不一致),流通通过生产者与消费者之间商品所有权的转移来实现价值效用,从而将生产与消费有机地联系起来,这种流通活动就是通常的市场买卖活动。但是,仅有商流是不够的,因为伴随着商流的发展必然会产生商品的让渡,而这种让渡在市场极大发展的市场经济阶段往往会遇到时间阻隔(生产时间与消费时间的不一致)和场所阻隔(生产场所与消费场所的不一致)。为了解决这种商品让渡过程中的问题,物流作为将商品有效地从生产者转移到消费者手中的一种职能,创造了流通的场所和时间价值。由此看来,虽然商流与物流是相辅相承、互为补充的关系,但是在经济意义上有差异。商流是一种以货币为媒介的买卖交易,其最终目的是实现商品的价值。与此相对照,物流是一种追加的生产过程,它通过时间和空间等非物质形态的服务来创造效用。当然,现代物流活动已不仅仅从事非物质的服务生产,如有些零售企业和流通中心也在从事一部分生产加工作业,因而超越了纯粹意义上的服务生产领域。

2. 物流概念的产生

物流在英语中最初为"Physical Distribution"(传统意义上的物流),在美国早在第一次世界大战后的20世纪20年代,学者克拉克就已运用"Physical Distribution"这一概念作为企业经营的一个要素加以研究,到第二次世界大战期间,美国陆军中就开始用后勤(Logistics)来指代物流,为了使军队和士兵能有效作战,物流是保证他们具有充足的吃、穿、装备所需的各种活动。战后的后勤理论、方法也为企业和理论界认同,并广泛运用起来,他们将之称为商业物流或销售物流(Busines Logistics),以力求合理有效地组织商品的供应、保管、运输、配送,而且实践证明取得了相当大的成效。

在日本,物流这个名称是于20世纪50~60年代被引用的,当时日本的企业界和政府为了提高产业劳动率,组织了各种专业考察团到国外考察学习,公开发表了详细的考察报告,全面推动了日本生产经营管理的发展。在这些考察团中,有一个由12名专家学者组成的"流通技术专业考察团"从1956年10月下旬到11月末,在美国各地进行了实地考察,首次接触到了物流这个新事物。日本考察团在详细了解了物流这一新鲜事物后,于1958年撰写了"劳动生产率报告33号"刊登在《流通技术》杂志上,第一次提及Physical Distribution(缩写为PD)。该报告中所提到的PD概念马上被产业界接受,尽管PD这个外来语后来经历了若干年才正式译为"物的流通"(1964年),但当时的日本正处于经济发展的黎明期,物流革新思想不仅渗透到了产业界,同时还渗透到了整个日本社会。

物流在概念上随着时间的推移有一定的变化,亦即广义(Logistics)与狭义(Physical Distribution)的区分。最初的物流概念主要侧重于商品物质移动的各项机能,即发生在商品流通领域中的在一定劳动组织条件下凭借载体从供应方向需求方的商品实体定向移动,是在流通的两个阶段(G-W,W-G)上发生的所有商品实体的实际流动。显然这种物流是一种商业物流或销售物流,它作为一种狭义的物流具有明显的"中介性",是联结生产与消费的手段,直接受商品交换活动的影响和制约,具有一定的时间性,只有存在商品交换时才会出现,不会永恒存在。

但是进入20世纪80年代以后,随着经济社会的高速发展,物流所面临的经济环境有了很大变化,这表现为:

第一,经济规制的缓和使经济自由的空间越来越大,真正意义上的物流竞争开始广泛展开,从而为物流的进一步发展提供了新的更大的机会。

第二,信息技术的急速发展和革新,不仅使业务的效率化和作为决策支持的信息系统的构筑成为可能,同时也使部门间、企业间的结合或一体化成为可能。

第三,企业合并和市场集中化的发展使原来的经济构造发生了改变,这种变化要求物流必须具备以最低的成本提供较高的顾客服务的能力。

第四,经济全球化的发展,随着商品向世界市场的提供,物流逐步跨越了国境,正因为如此,在要求物流能对生产和销售给予有效支持的同时,应该具备在不同环境国家间充分发挥其业务优势的能力。

在这种背景下,原来狭义的物流概念受到了前所未有的挑战和批判,一是传统的狭义物流观念只重视商品的供应过程,而忽视了与生产有关的原材料和部件的调达物流,而后者在增强企业竞争力方面处于很重要的地位,因为原材料以及部件的调达直接关系到生产的效率、成本和创新,诸如日本丰田公司的生产管理就首先从原材料和部件生产、调达上入手;二是传统的物流是一种单向的物质流通过程,即商品从生产者手中转移到消费者手中,而没有考虑商品消费之后包装物或包装材料等废弃物品的回收以及退货所产生的物流活动;三是传统物流只是生产销售活动的附属行为,并注重物质商品的传递活动,而忽视了物流对生产和销售在战略上的能动作用,特别是在以日本为主的 Just-In-Time 生产管理体系在世界范围内的推广,使得以时间为中心的竞争愈益重要,并且物流行为直接决定了生产决策。

与上述环境的变化和对传统物流的批判相对应,1984 年美国物流管理协会正式将物流这个概念从 Physical Distribution 改为 Logistics,并将现代物流定义为"为了符合顾客的需求,将原材料、半成品、完成品以及相关的信息从发生地向消费地流动的过程,以及为使保管能有效、低成本地进行而从事的计划、实施和控制行为"。这个定义的特征是强调顾客满意度、物流活动的效率性,以及将物流从原来的销售物流扩展到了调达、企业内和销售物流。

此后物流的概念又不断得到进一步的发展。1991 年 11 月,荷兰乌德勒支市举办了第九届物流国际会议,在这次会议上,人们对物流的内涵进行了更多的拓展,不仅接受了欧美的现代物流概念(Logistics),认为物流应包括生产前和生产过程中的物质、信息流通过程,而且还向生产之后的市场营销活动、售后服务、市场组织等领域发展,如有些报告中指出"什么是物流?这个概念的现代含义如此之新,以至在辞典中尚没有明确的定义,现代物流应该是指企业生产和经营的整个过程,所有实物、信息的流通和相关的服务活动,它涉及企业经营的每一个领域"。显然,物流概念的扩展使物流不仅包括了与销售预测、生产计划的决策、在库管理、顾客订货的处理等相关的生产物流,还延伸到了与顾客满意相关的各种营销物流活动。

美国物流管理协会扩展了原有的物流领域,将之修正为"物流是指为了符合顾客的必要条件所发生的从生产地到销售地的物质、服务以及信息的流动过程,以及为使保管能有效、低成本地进行而从事的计划、实施和控制行为"。对物质和服务的修正业已表明物流活动是从商品使用、废弃到回收的整个循环过程。

随着 20 世纪 80 年代以来供应链管理的理论的兴起,物流的内涵进一步扩展。1998 年美国物流管理协会再一次修订了物流的定义:"物流是供应链的一部分,它对从原产地到消费地的有效率且高效的货物流动和货物储存、服务及其相关信息进行计划、实施和控制,以满足顾客的需要。"

综上所述,现代物流的目的是提高企业的收益(销售额的提高和利益的扩大),亦即通过经营重要资源的时间(快速送达)、物流质量(优良的运送、无差错运送)、备货(所需要的商品和数量)、信息(在库、断货信息、运送中信息、送达信息)等物流服务品质的提高,从原材料的调达开始到商品的生产以及最终顾客的让渡整个过程的物流成本的降低,来实现企业的高收益。

3. 物流定义

物流就是对从资源供应点开始到消费点结束的货物流动和储存及其信息流动的管理过程。可以定义为:物流是供应链的一部分,是为了满足顾客的需求,规划、执行并且控制从源头到消费地点的产品、服务以及相关信息的正向、逆向流动以及存储,以达到高效、低成本的目的。

这个定义强调了物流的如下特点:

①物流是有关物料的移动和储存的科学;

②物流是以高效、低成本地满足客户的需求为研究目的;

③物流的范围包括整个供应链,从原材料供应开始直到产品的最终消费。

4. 物流的目标

改善客户服务和降低供应链成本是物流的两大目标。物流管理正是通过这两个目标的实现来为整个公司的盈利做贡献。从20世纪90年代初开始,客户服务已成为许多行业的竞争要点,越来越多的公司认识到贯穿整个供应链的高效物流管理是达到高水平服务的决定性因素。同时,物流管理的改进不但可以改善客户服务水平,还可以降低物流成本,因而可以给公司带来明显的竞争优势。

二、供应链管理

1. 供应链的定义

供应链包括从原材料到把产成品送到客户手中所需的所有具体活动。供应链可以定义为:供应链是指在商品从加工原料开始直到最终到达消费者手里的整个过程中,参与了该商品价值形成活动的上、下游企业相互联结所形成的网络。

图1-2清楚地阐明了供应链的一系列概念。在图的中央,你将看到运营者,运营者可以是一家制造公司,一个零售商或一个公共组织,如一家医院。运营者是指当我们处在某给定点时所要考虑的特定的组织,也就是所谓的"立足点"。就像处在一条河中,上游和下游只是相对的概念,它取决于你所在的河中的位置。

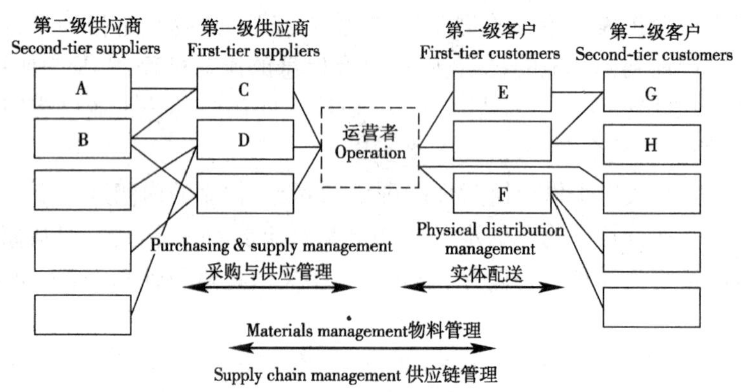

图1-2 供应链概念

为简单起见,我们假设运营者是一位汽车制造商。从汽车制造商所处的位置看,图1-2中的C和D就是与汽车制造商有直接业务的供应商,称为第一级供应商。在这个案例中,这些供应商将是汽车的主要部件、底盘、座椅和传动系统的制造商或经销商。为了制造他们的产品,这些供应商需要购买很多物料,这些物料供应商就称为第二级供应商,如图中的A和B位置。当然,这些二级供应商依然需要采购物料进行生产,这个过程不断地向上游重复直至到达原材料(铁矿石、钢材)供应商。

在下游,我们可以看到汽车制造商把汽车卖给第一级客户(经销商),经销商再把汽车卖给更小的经销商或最终客户(第二级客户)。

运营者和第一级供应商之间的联结是传统采购与供应链管理活动(仅对上游而言)关注的焦点。并仅涉及第一级供应商。

运营者和第一级客户之间的联结称作实体配送管理(仅对下游而言),也包括一些销售和营销活动。

物料管理这个术语被广泛用于与产品生产所需物料的获取、储存、发放、使用、内部配送等活动有关的所有内部活动的统一管理。

供应链管理这个术语被用于描述产品生产从原材料到最终用户的上游和下游所有活动的管理或协调。

例1:烤豆罐头供应链(图1-3)

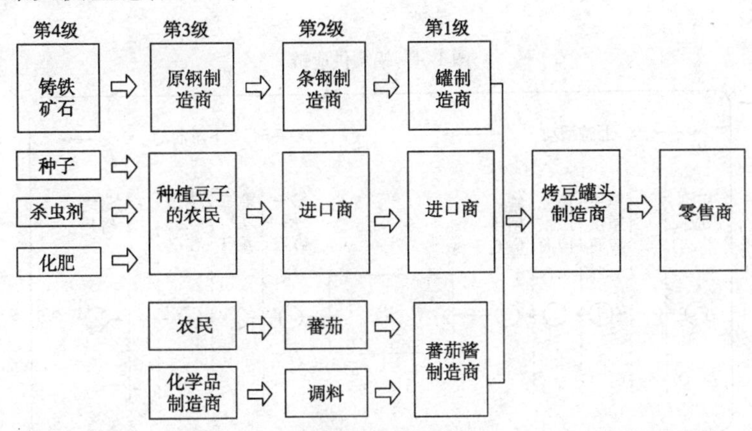

图1-3 烤豆罐头供应链

例2:铝罐供应链(图1-4)

2. 供应链的结构

最简单的供应链是单一产品在一系列企业中的转移,其中每个企业都产生一次增值。对这条链中的每个企业来说,它前边都有供应原材料的活动,我们称之为上游,而其后的产品递出则称之为下游。

上游活动可由一系列供应商组成。把原料直接送到本企业的供应商是第一层供应商;而给第一层供应商供货的是第二层供应商;给第二层供应商供货的是第三层供应商。依此递推,一直到最初的供应商。客户也可同理分为若干层,本企业直接送货的客户称为第一层客户,从第一层客户得到产品的称为第二层客户,然后是第三层客户,并一直延伸下去(图1-5)。

假定有一位顾客走进沃尔玛商店购买洗涤剂。供应链始发于顾客对洗涤剂的需求,供应

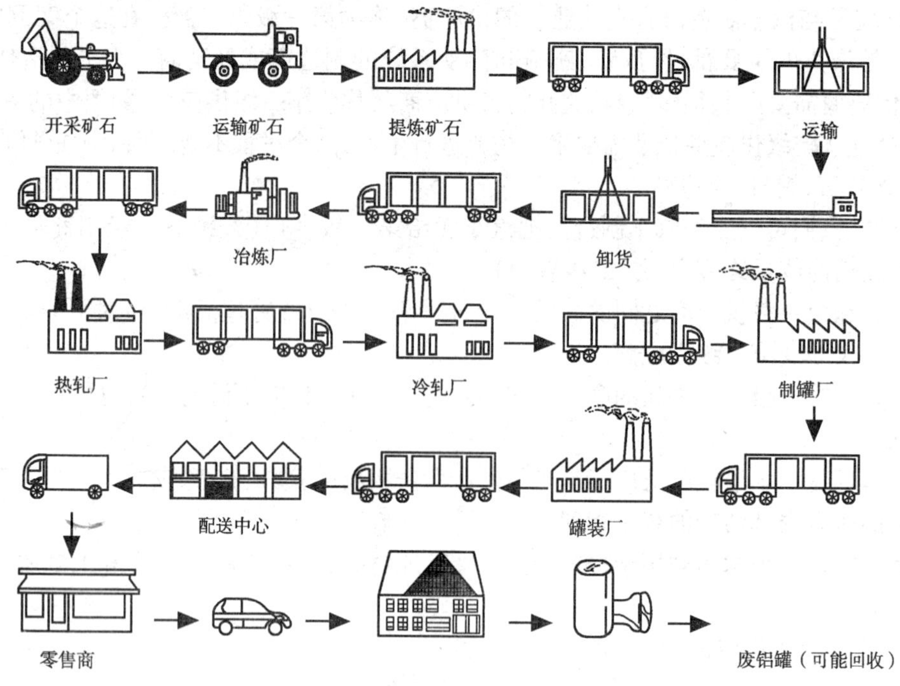

图1-4　铝罐供应链

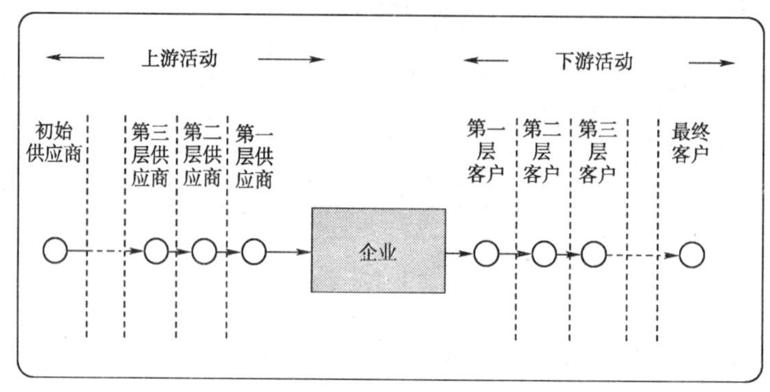

图1-5　供应链活动

链的下一步是该顾客所光顾的沃尔玛零售店。沃尔玛货架上的商品来自它的库存，库存商品可能由沃尔玛（Wal-Mart）自营的成品仓库或分销商（第三方）提供，而分销商的商品则由制造商（如宝洁）提供。宝洁生产厂从各种供应商处获取原材料，而这些供应商的商品则由下游供应商提供。例如，包装材料可以来自泰乃克（Tenneco）公司，泰乃克又从其他供应商处获取生产包装物的原材料，从而形成一条供应链（图1-6）。

供应链是一个动态系统，它包括不同环节之间持续不断的信息流、产品流和资金流。供应链的每个环节都执行不同的程序，并与其他环节相互作用与影响。沃尔玛向顾客提供产品，同时标出商品价格和使用信息，顾客向沃尔玛支付货款。沃尔玛将售场信息及补充订单传给分销中心，分销中心又将补充订单随同送货车返还给沃尔玛商店。沃尔玛在补充订单完成后把货款转给分销商，分销商也向沃尔玛提供价格信息和送货日程。类似的信息流、货物流和资金

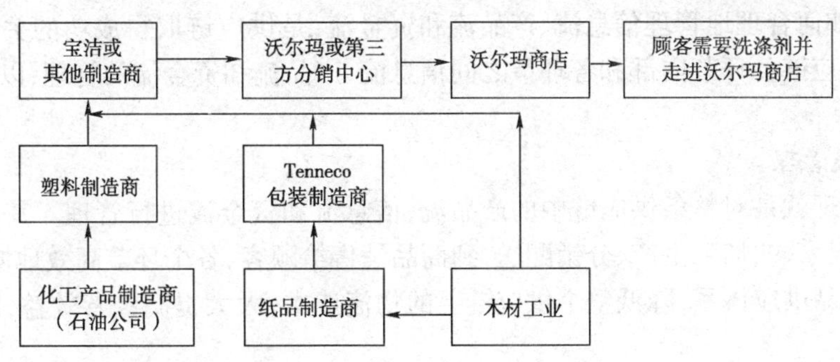

图 1-6 洗涤剂供应链环节

流发生在供应链的全过程。

典型的供应链包括许多不同环节：顾客；零售商；批发商或分销商；制造商；零部件或原材料供应商，如图 1-7 所示。

图 1-7 供应链环节

每个环节不一定都出现在同一条供应链中。恰当的供应链设计将取决于顾客的需求和满足这些需求所涉及环节的作用。在一些案例如戴尔案例中，制造商可以直接满足顾客需求。戴尔公司按订单生产，即顾客订单引发戴尔生产。戴尔公司的供应链里没有零售商、批发商或分销商。在另外一些案例，如比恩（L. L. Bean）邮购公司案例中，制造商并不直接回应顾客订单。比恩维持一定的产品库存，由库存来满足顾客订购需求。与戴尔的供应链相比较，比恩的供应链在顾客与制造商之间多了一个环节（零售商或比恩自身）。在小型零售店案例中，供应链也可包括介于商店和制造商之间的批发商或分销商。

3. 供应链的目标

每一条供应链的目标都是使整体价值最大化。一条供应链所创造的价值，就是最终产品对于顾客的价值与供应链为满足顾客的需求所付出的成本之间的差额。对于大多数商业性供应链来说，它们的价值与所谓"供应链赢利"有很大关系，供应链赢利就是从顾客那里赚取的收入与供应链的全部成本之间的差额。例如，一位顾客以 2 000 美元的价格从戴尔公司购买了一台计算机，2 000 美元就是供应链取得的销售收入。戴尔与供应链上的其他环节在信息传递、配件生产、仓储、资金转移等活动上要付出一定的成本。顾客所付的 2 000 美元减去供应链上为了生产、批发计算机所花费的所有成本之和就是"供应链赢利"。作为全部利润之和，它将被供应链的各个环节分享。供应链赢利越高，这条供应链就越成功。成功与否应该根据"供应链赢利"而不是每一环节的赢利来衡量。

我们根据整条供应链的赢利性确定供应链的成功性，下一步就是寻找收入和成本的来源。对于任何一条供应链来说，惟一的收入来源就是顾客。在一条供应链中，只有顾客能带来真正的现金流。在沃尔玛公司的例子中，顾客购买洗涤剂的行为才能给供应链带来正的现金流，其他的现金流只是在供应链中发生的资金转移（假设每一环节都有不同的所有者）。当沃尔玛公司付款给供应商的时候，它拿走了顾客所付款项的一部分，同时将另一部分资金转移给供应商。资金转移成本将计入供应链成本。所有信息流、产品流和资金流都将增加整条供应链的成本。因此,如何合理地管理信息流、产品流和资金流,是供应链取得成功的关键。供应链管理包括了对供应链各环节内部和各环节之间信息流、产品流和资金流的管理,以实现整体利润最大化。

4. 供应链管理

供应链管理就是对整条供应链中的产品流、信息流和资金流进行管理。其目的是使整个供应链,从原料采购、加工生产、分销配送,到商品销售给顾客,各个环节高效地协调工作,建立一个最优的商品供应体系,降低整个供应链上的物流成本,大大提高经营效益,同时提高对顾客的服务水平。

供应链管理基本思想的一个重要方面是:将链上的其他企业(如供应商)看成可以共同击败真正竞争对手(其他供应链的联盟成员)的合作伙伴,而不是将其视为竞争者。这一思想的本质,是相互间的共同目标、互相信任、信息的自由交流和技术知识革新成果的共享。

供应链管理意味着跨企业的物流管理,它包括供应商、生产商、批发商和零售商等不同的企业在内的整个链的计划和运作活动的协调,意味着跨越各个企业的边界,在整个链上应用系统观念进行集成化管理。如果没有供应链上的这种集成化管理,链上的每个企业就会只管理它自己的库存,以这种方式来防备由于链中其他组织的独立行动而给本组织带来的不确定性。例如,一个零售商会需要安全库存来防止分销商货物脱销情况的出现,而分销商也会需要安全库存以防止生产商出现供货不足的情况。由于在一条链的各个界面中都存在不确定因素,而且没有相互间的沟通与合作,所以就需要重复的库存。而在供应链的集成化管理中,链中的全部库存管理可通过供应链所有成员之间的信息沟通、责任分配和相互合作来协调,这样就可以减少链上每个成员的不确定性,减少每个成员的安全库存量。较少的库存又会带来减少资金占用量、削减库存管理费用的结果,从而降低成本。此外,供应链集成管理可以防止生产过剩情况的发生,并提高运输、包装、标识和文书处理等活动的效率。通过对链上每个成员信息处理行为和产品处理行为的检查,可以鉴别出整条链上的冗条行为和非增值行为,从而提高整个供应链(也即链上每一成员)的效率和竞争力。

第二节　物流的作用

一、物流在经济中的角色

日益富裕的消费者导致国内、国际产品和服务市场的增长。成千上万种新的产品和服务正被销售和配送到世界每个角落的顾客手中。为了应对扩大的市场和快速增加的产品、服务所带来的挑战,企业在规模和复杂程度上都有所增大,多个工厂的运作替代了单个工厂。产品从原产地到消费地的配送,已成为工业化国家国内生产总值(GDP)的一个非常重要的组成部分。可以说现代物流是国民经济的重要产业和经济增长点。

二、物流在组织中的角色

在每个企业里,物流的角色都不相同,一般包括:扩大商品市场占有率、提高服务品质、降低成本。

1. 扩大市场占有率

目前企业间竞争非常激烈,且消费者对商品的忠诚度也越来越低,因此,除了必须提供品质优良的商品外,还必须提供适时、适量的物流后勤支持服务,否则商品即使非常畅销,但因缺货还是无法满足客户的需求,造成客户别无选择地只好购买第二品牌的商品。所以,许多厂商纷纷建立现代化的物流系统,当成公司运营的秘密武器,以拓展事业或是增加营业额,进而希望增加商品的市场占有率。

2. 提高服务品质

现代的消费者对商品品牌的忠诚度愈来愈低,而且商品之间的品质差异性也不大,因此,在想要购买的品牌缺货时,马上会代之以其他的品牌。所以,现代化的商店会尽可能销售畅销的商品,且商品的库存数量不会太多,又不会缺货。这就要求多种少量的订货以及多频度配送,同时以快速的反应来处理订货及出货。因此,各个企业想尽办法提高服务品质以争取客户,而物流中心提高服务品质的内容有以下几项:

①缩短交货时间;

②提高交货频度;

③降低缺货率、误配率;

④紧急配送、假日配送。

3. 降低物流成本

在物流的目的当中,降低物流成本是最普遍的,而且所收到的效益也是最明显的。一般最常见的例子是:连锁企业建立的物流中心或配送中心,制造厂商所统一建立的大型物流中心,可以使商品库存降低、配送费用降低,以及通过扩大经营规模来提高作业效率。以下针对降低成本的实例进行说明。

以某连锁便利店为例,目前的店数约为3 000家左右,商品种类约为3 000种左右,而其供货厂商约为400家左右。当没有设置物流中心时,假设平均一天向150家供货厂商订货,则订货次数为150次。同样,供货厂商的配送必然是多店少量,每一家都要配送。假设一天要配送700家店,150家供货商配送700家店时,则配送次数为150家×700家=105000次。若是以商店收货而言,一天则需要收150次货。假设每一次收货、点货的时间为5min,则一天一店的收货、点货时间为5min×150次=750min,相当于一人一天的工作量。若在设置了物流中心之后,则只要向物流中心订货一次就可以了,但是其送货量较大,因此点货时间较长,约为30min左右。整理以上资料如表1-1所示。

设置物流中心的效益比较表 表1-1

项目	没设物流中心		设置物流中心		改善效益	
	次数/天(次)	时间/天(min)	次数/天(次)	时间/天(min)	次数/天(次)	时间/天(min)
订货	150	450	1	20	149	330
配送	105 000		850		104 150	
收货	150	750	1	30	149	720

三、物流的作用

下面从微观(对产品)、中观(对企业)、宏观(对国民经济)三个方面分别阐述现代物流的作用。

1. 物流对产品价值的贡献

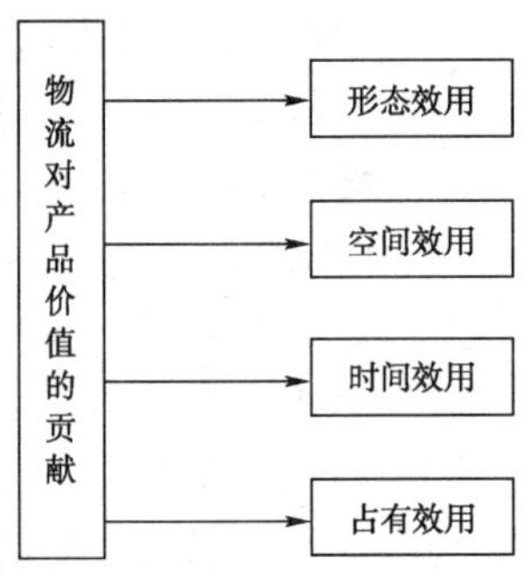

图 1-8　物流对产品价值的贡献

西方经济管理学者认为:一件产品或服务的价值如果得到了市场认可,它会给消费者提供四种效用:形态效用、占有效用、时间效用以及空间效用(图 1-8)。

效用是商品或服务为满足需求所提供的价值或用途。

1)形态效用

形态效用是指通过生产、制造或组装过程对商品产生的增值。例如,不同的原料按照技术要求组合成为产品,这就产生了形态效用。计算机制造商将硬盘、主板、光驱、显示器、键盘等零部件组装在一起制成计算机。这种组装过程使产品形态发生了变化,并且这种变化对产品增加了价值,也就产生了产品的形态效用。

在当今的经济环境中,某些物流活动也提供形态效用。例如,在配送中心的分装和产品搭配组合活动,通过改变装运规模和包装特点,改变了产品的形态,产生了产品的形态效用。

2)空间效用

物流的作用之一就是将产品从供给地输送到需求点,物流使市场区域界限有了延伸,这种对产品和服务的增值作用就是空间效用。空间效用主要通过运输来产生。例如,农产品从生产区域通过运输工具送到消费区域,这就创造了空间效用。

3)时间效用

产品和服务不仅要在客户需要的地点得到,而且还必须在他们需要的时间内得到。时间效用,即对产品或服务的增值作用,通过在特定时间、在需求地点得到产品或服务来实现的。时间效用通过物流的库存管理、选址策略和服务活动来产生。例如,客户在合同规定的时间内得到所需的原材料,或者消费者在厂商承诺的时间买到所需的商品,这都产生了时间效用。在某种程度上,交通运输通过将商品更快地运到需求地点也产生时间效用。

4)占有效用

占有效用是人们实际占有特定商品或服务的价值。占有效用的实现是通过市场营销活动实现的。所谓市场营销,就是通过市场促进交换,以满足人类需要和欲望的活动。它通过设计、定价、促销和分销的规划与实施过程,提高客户占有商品或享受服务的欲望,最终达到实现交换的目的。物流在营销活动中起着重要的作用,或者说没有物流的支持,营销就难以实现。

市场营销组合中的“4P”是指,公司要获得成功,就要在营销中整合恰当的产品(Product)、恰当的价格(Price)、恰当的促销(Promotion)及恰当的地点(Place)。物流在从恰当的地点获得产品这一点上起着尤其重要的作用。

2. 现代物流对企业的作用

1)现代物流是生产流通企业的“第三利润源泉”

20 世纪 60 ~ 70 年代,发达国家的企业大多把追求利润的竞争焦点放在生产领域,千方百

计降低物资资源消耗以获取“企业的第一利润源泉”，千方百计提高劳动生产率以获取“企业的第二利润源泉”。然而，生产领域的这两个“利润源泉”，都要受到科学技术发展水平的制约，在生产机械化、自动化程度不断提高和生产工艺日趋程序化、规范化的情况下，技术趋同性的增强使这两个“利润源泉”基本无泉可挖。

进入20世纪80年代，面对全球激烈的市场竞争的挑战，人们开始把探寻利润的目光从生产领域转向非生产领域，惊奇地发现创造物流价值的成本相当高昂，企业生产经营过程中的浪费仍然十分突出。再加上微电子技术、信息技术以及制度创新等因素，自20世纪80年代以后，作为企业的“第三利润源泉”的物流，就自然成为市场竞争的一个新焦点，受到理论界和实务界的高度重视。

物流因其贯穿了生产和流通的全过程，所以合理高效的物流能够通过对企业的整个生产和流通结构的协调与完善，从而带来巨大的利润。

物流成为“第三利润源泉”要基于两个自身能力：

第一，物流在整个企业战略中，对企业营销活动的成本发生重要影响，物流是企业成本的重要的产生点。通过物流合理化、现代化等一系列活动降低成本，从而支持、保障营销和采购等活动。所以，物流既是指主要成本的产生点，又是指降低成本的关注点，成本和利润是相关的，物流作为主体可以为企业提供大量直接和间接的利润，是形成企业经营利润的主要活动。

第二，物流活动最大的作用，并不仅仅在于为企业减少了消耗、降低了成本或增加了利润，更重要的是在于提高企业对用户的服务水平，进而提高了企业的竞争能力。通过物流的服务保障，企业以其整体能力来压缩成本、增加利润。

物流作为“第三利润源泉”，已成为众多企业，尤其是跨国公司的商战利器。

2）现代物流是企业获取竞争优势的重要源泉

近年来，企业的经营理念在从“生产导向”过渡到“顾客导向”之后，又迅速转为“为顾客创造价值”的时代，价值不仅意味着是有形的金钱，还意味着是无形的、可以感知的利益，这是当前企业参与市场竞争的新规则。

管理大家迈克尔·波特在《竞争优势》一书中指出，企业竞争的成功只能通过成本优势或价值优势来取得。一个既无成本优势又无价值优势的企业只能属于前途渺茫的企业，必将走向衰亡。但是，企业只做到最低成本，还只是一个成本领先者，只能在产品价格上与对手一争高低，这种价格上的低级竞争会使顾客对该产品缺乏物有所值的认同。而一个基于价值优势的战略比单纯的价格竞争战备要优越得多，因为物质上的价值固然重要，而使顾客对所要得到产品的整体价值能够认同，感到物有所值、甚至物超所值则更为重要，即使价格稍高一些，顾客也会接受。当前，既能提供成本优势，又能提供价值优势的管理领域是极有限的，而物流管理则是这些并不多的管理领域中的一个。高效、合理的物流管理，既能够降低企业经营成本，又能为顾客提供优质的服务；既能使企业获得成本优势，又能使企业获得价值优势。因此物流管理日益受到企业的重视，被纳入企业管理的范围，甚至成为企业发展的根基。

一个拥有卓越物流能力的企业，可以通过向客户提供优质服务获得竞争优势；一个物流管理技术娴熟的企业，如果在存货的可得性、递送的及时性、交付的一贯性等方面领先于同行业的平均水平，就能成为有吸引力的供应商和理想的业务伙伴。放眼世界500强企业，它们都拥有世界一流的物流管理能力，通过向顾客提供优质服务获得竞争优势。可以说，物流管理已成为当今工商企业最具挑战性的领域之一。

发展物流，强化物流管理，不仅能使企业获取“第三利润源泉”，而且是企业获取竞争优势的重要源泉。例如，我国的海尔集团，就把物流能力定位为使企业具有竞争优势的核心能力这一点上，重组成立了专门从事物流改革的物流推进本部，使原料采购、生产支持、物资配送从战略上实现了一体化。该企业希望通过物流重组，实现“以最低的物流总成本向客户提供最大附加值的服务”的管理目标。为了应对全球经济一体化的严峻挑战，中国企业必须将物流管理作为降低经营总成本和提高顾客服务水平的主要手段，把物流能力作为企业的核心竞争能力。

3. 现代物流对宏观经济产生的影响

企业物流对宏观经济的影响主要表现在以下几个方面：

1)促进经济发展

在19世纪到20世纪的一段时间，对生产效率的重视导致了专业化经济的发展。生产专业化的发展趋势是经济发展的一个重要表现。专业化生产能够大幅度降低成本、降低价格，但是为什么当时并没有得到迅速发展呢？为什么不发达国家不进行专业化生产以促进其经济发展呢？经济学家亚当·斯密对此进行了解释，他认为产品需求总量或市场的范围限制了专业化或劳动分工。也就是说，如果一个组织不能将增加的产品卖给消费者，那么专业化是无法实现的。只有把产品从生产过剩地区运送到有需求的地区，这种产品才有经济价值。因此，企业物流对经济发展的贡献在于通过将产品和服务有效地运输到市场，使得厂商能够以比较成本优势进行专业化的生产。

2)有利于交换的发挥

任何一个国家的社会经济都是由许多部门和企业组成，它们分布在不同地区，企业向社会提供其产品，同时从社会其他企业获取生产的原材料和生产消费品。企业之间的相互依赖、相互竞争、错综复杂的关系，也是靠有效的物流活动来维持的。

另外，商品的产地和销售地往往不相一致，生产活动与市场是分开的。物流提供两者之间联系的桥梁；在空间上，运输架设空间的桥梁；在时间上，仓储、库存、服务等构筑时间的桥梁。

3)降低社会商品的价格水平

一方面，物流在降低成本、增加企业盈利方面具有极大的潜力，因此，降低物流成本，便可大幅度地降低商品的成本与价格，成为“第三利润源泉”；另一方面，由于企业物流活动可以创造时间和空间效用，也有利于降低价格。物流活动在时间和空间上拓展了商品市场的范围。

由于大规模生产以及物流领域更多的成本权衡比较的机会，外地产品的价格有可能低于本地产品的价格，而且会促进产品的价格竞争，进而降低社会商品的价格水平。因此，企业物流技术和管理水平的提高，有利于为社会提供丰富多样的产品，有利于社会商品价格水平的降低。

第三节　现代物流的发展

一、现代物流的发展

传统物流指的是物品的存储与运输及其附属业务而形成的物流活动模式，主要包括运输、

包装、仓储、加工、配送等。进入20世纪70年代,随着信息技术的快速发展及广泛应用,传统物流已向现代物流转变。现代物流就是指以现代信息技术为基础,整合运输、包装、装卸搬运、发货、仓储、流通加工、配送、回收加工及物流信息处理等各种功能而形成的综合性物流活动模式。其发展过程大体经历了以下几个阶段。

1. 实体分配阶段(Physical Distibutiong)

20世纪60~70年代,企业重视实体分配,如图1-9所示,其目的是对图中所示的一系列活动进行管理,以最低的成本确保产品有效地送达顾客。企业重视物流的主要原因,一是为了扩大市场份额,满足不同层次顾客的需求,扩张其生产线,不仅同一基本产品增加了不同品牌,而且在产品的尺寸大小、形状、色彩等方面都实行了多样化,这就大大增加了库存单位(Stock Keeping Unites,SKU),导致库存成本、订单处理成本及运输成本的增加;二是企业为了应对内部与外部的压力,倾向于生产非劳动密集型的高附加值产品。因为存货成本、包装成本及运输成本的增加,导致物流总成本的增加。

实体分配阶段物流管理的特征是注重产品到消费者的物流环节,这是由于市场环境的改变,即由卖方市场变为买方市场,使生产企业不得不把注意力集中到产品销售上。最早对物流的研究,在整个经济活动中是销售的范畴,反映了这一客观现实。

2. 综合物流阶段(Integrated Logistics Management)

20世纪70~80年代,企业越来越认识到把物料物流与产品物流综合起来管理可以大大地提高效益,如图1-9所示。70年代后,美国首先进行了运输自由化,承运人和货主能自由定价,服务的地理范围也可以扩大了,承运人与货主之间建立了紧密与长期的合作,增加了企业系统分析物流、降低成本和改进服务的可能,同时,全球性竞争加剧,采用新的物流管理技术,改进物流系统成为必要。如零库存、全面质量管理等方法,大大地改进了物流系统管理。

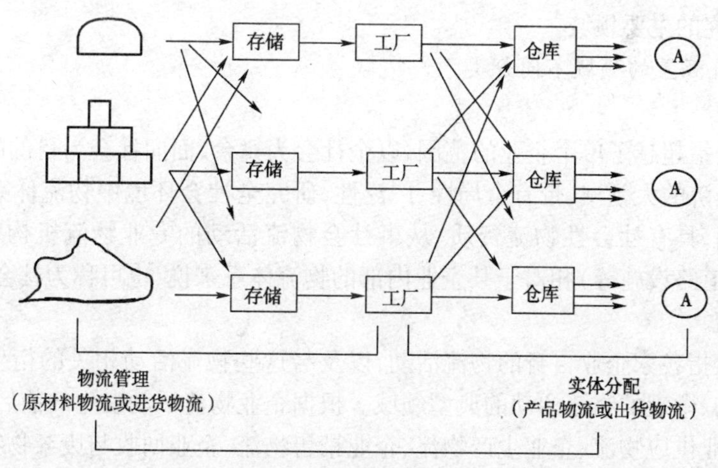

图1-9 综合物流

3. 供应链管理阶段(Supply Chain Management)

20世纪80~90年代,由于一系列外部因素变化,企业开始把着眼点放开至物流活动的整个过程,包括原材料的供应商和制成品的分销商。这一概念同时又是基于制造商、供应商、分销商及物流服务公司的合伙及联盟的趋势。要实现供应链的概念不是一件容易的事,因为它涉及到不同利益单位。对总体供应链最优的方案,对个别供应链成员可能其短期利益并不是最优的。虽然这样,供应链方法从节约成本与提高服务水平的观点看,具有很大潜力。

二、现代物流的分类

在现代社会中无论是生产、流通还是消费领域,物流活动几乎无所不在。这些物流活动虽然基本要素相同,但由于物流对象不同,物流目的不同,物流的范围、功能不同,因而出现了不同的特征,形成了不同类型的物流。

1. 根据研究角度的不同分类

1)宏观物流

宏观物流是指社会再生产总体的物流活动,是从社会经济运行体系中来认识和研究的物流活动。如果单从空间范畴来理解,那么具有很大空间范畴的物流活动,往往带有宏观性;而具有较小空间范畴的物流活动则带有微观性。从另一角度来看,宏观物流也指物流全体,或者说从总体来研究物流,而不是从物流的某个构成环节来研究物流,后者明显有着微观物流的特性。

我们通常把国民经济物流、社会物流、国际物流、综合物流归入宏观物流的范畴。它的特点是带有全局性、总揽性。其研究的主要内容包括:物流的总体构成、物流在国民经济运行中的产业位置、物流与经济发展的相互关联性、全社会物流系统的建立与运作等领域。

2)微观物流

微观物流是指消费者、生产者以及介于两者之间的第三方专业物流企业所从事的具体的物流活动。在整个物流活动中,某一局部或者某一接点的具体物流活动也属于微观物流。总之,相对于宏观物流而言,一切细微的、具体的物流活动都属于微观物流的范畴。

我们日常所涉及的物流活动,如生产物流、供应物流、销售物流、回收物流、危险品物流、保税物流、电子商务物流等,一般都属于微观物流。它的研究特点带有具体性和局部性,更贴近实际,是物流研究的主要领域。

2. 根据物流涵盖的领域不同分类

1)社会物流

社会物流是指超越了单个企业的范围,以全社会为舞台,面向社会为目的的物流。其研究的范围是社会经济的大领域,带有全局性、广泛性,研究全社会环境中物流体系的结构和运行机制。另一方面,具有社会性物流资质、从事社会物流活动的专业物流机构(如专业物流企业、机场、码头、道路设施等)相对于某企业内部的物流体系来说,也可称为社会物流。

2)企业物流

企业物流是指各家企业自身的物流活动,以及与这些物流活动相关的衍生微循环物流体系。它是具体的、微观的物流活动的典型领域。根据企业物流活动发生的前后次序,它又可分为五个部分:企业供应物流、企业生产物流、企业销售物流、企业回收与废弃物物流。

3. 根据地域的不同分类

1)国际物流

国际物流是指两个或两个以上国家(或地区)之间,伴随着经济交往,贸易活动和其他国际交流所发生的物流活动。随着物流全球化进程的加快,国际物流已成为现代物流学研究的热门课题。

2)国内物流

国内物流是相对于国际物流而言的。在一个国家内部不同地区之间伴随经济运行和其他交流所产生的一切物流活动,称为国内物流。就物流操作的繁琐度而言,它远比国际物流来得简单。

3)区域物流

区域物流是相对于国内物流而言的。它是指在特定的范围内(如一个城市或者一个经济圈,带有明显的区域特点),具有共同的政治、经济、文化背景下所开展的综合物流活动。

当前我国区域物流的研究重点是如何发展好三个经济圈的区域物流并最终带动全国物流的大发展。这三个经济圈物流是以北京、天津为中心的首都经济圈物流;以上海为龙头的包括苏南、浙东各主要城市在内的长江三角洲经济圈物流;以及以广州、深圳、珠海为中心外连港澳、内接珠江三角洲各新兴城市的珠江三角洲经济圈物流。在国外,包括美、日等发达国家,最初也是由区域物流的发展而带动整个物流产业大发展的。如日本的京滨工业区区域物流、阪京神工业区区域物流和北九州工业区区域物流等。因此,区域物流内涵丰富,研究价值广泛,是物流学研究的新的重点。

4. 根据服务对象的不同分类

1)一般物流

一般物流是指服务对象具有普遍性,物流运作具有共同性和一般化特点的物流活动。它的研究着眼点在于物流的一般规律,带有普遍的适用性。

2)特殊物流

特殊物流是相对于一般物流而言的,指在专门范围、专门领域、特殊行业所开展的具有自身特点的物流活动和物流方式。它的任务是研究这种特定物流的特殊规律,以期取得更大的社会效益和经济效益。从形式上看,城市环境物流、危险品物流、燃料物流、大件物品物流等都可算作特殊物流。

此外,根据物流功能的不同我们还可把物流划分为许多种类,如:城市共同物流、流通中心物流、口岸物流、航空物流、加工物流、电子商务物流、IT 物流等等,在这里我们不一一叙述。

三、现代物流的主要特点

现代物流包括运输的合理化、仓储自动化、包装标准化、装卸机械化、加工配送一体化和信息管理网络化等。现代物流主要具有如下特点:

1. 物流反应快速化

物流服务提供者对上游、下游的物流配送需求的反应速度越来越快,前置时间越来越短,配送间隔越来越短,物流配送速度越来越快,商品周转次数越来越多。

2. 物流功能集成化

现代物流着重于将物流与供应链的其他环节进行集成,包括物流渠道与商流渠道的集成、物流渠道之间的集成、物流功能的集成、物流环节与制造环节的集成等。

3. 物流服务系列化

现代物流强调物流服务功能的恰当定位与完善以及系列化。除了传统的存储、运输、包装、流通加工等服务外,现代物流服务在外延上向上扩展至市场调查与预测、采购及订单处理,向下延伸至配送、物流咨询、物流方案的选择与规划、库存控制策略建议、货款回收与结算、教育培训等增值服务;在内涵上则提高了以上服务对决策的支持作用。

4. 物流作业规范化

现代物流强调功能、作业流程、作业、动作的标准化与程式化,使复杂的作业变成简单的易于推广和考核的动作。

5. 物流目标系统化

现代物流从系统的角度统筹规划一个公司整体的各种物流活动,处理好物流活动与商流活动及公司目标之间、物流活动与物流活动之间的关系,不求单个活动的最优化,但求整体活动的最优化。

6. 物流手段现代化

现代物流使用先进的技术、设备和管理为销售提供服务。生产、流通、销售规模越大、范围越广,物流技术、设备和管理越现代化,使计算机技术、通信技术、机电一体化技术、语音识别技术等得到普遍应用。世界上最先进的物流系统运用了 GPS(全球定位系统)、卫星通信、射频识别装置(RF)、机器人,实现了自动化、机械化、无纸化和智能化。

7. 物流组织网络化

为了保证对产品促销提供快速、全方位的物流支持,现代物流需要有完善、健全的物流网络体系,网络上点与点之间的物流活动保持系统性、一致性,这样可以保证整个物流网络有最优的库存总水平及库存分布,运输与配送快速、机动,既能铺开又能收拢。分散的物流单体只有形成网络才能满足现代生产与流通的需要。

8. 物流经营市场化

现代物流的具体经营采用市场机制,无论是企业自己组织物流,还是委托社会化物流企业承担物流任务,都以"服务-成本"的最佳配合为总目标,谁能提供最佳的"服务-成本"组合,就找谁服务。国际上既有大量自办物流相当出色的"大而全"、"小而全"的例子,也有大量利用第三方物流企业提供物流服务的例子。比较而言,物流的社会化、专业化已经占到主流,即使是非社会化、非专业化的物流组织也都实行了严格的经济核算。

9. 物流信息电子化

由于计算机信息技术的应用,现代物流过程的可见性(Visibility)明显增加,物流过程中库存积压、延期交货、送货不及时、库存与运输不可控制等风险大大降低,从而可以加强供应商、物流商、批发商、零售商在组织物流过程中的协调和配合以及对物流过程的控制。

四、现代物流的发展趋势

1. 战略联盟、伙伴关系与外包

在 20 世纪 80 年代,许多企业认识到,不可能靠自己快速、有效地做所有的事情,同时还保持竞争优势。它们开始寻找第三方专家来帮做自己不具有"核心优势"的部分工作。这种行为被称为"外包",即一个组织雇佣外面的组织来提供本来应由自己提供的商品或服务,因为第三方是有效提供这种商品或服务的专家,而组织本身不是。

外包可以定义为战略性地利用外部资源完成传统上应由内部员工或内部资源来完成的活动。

许多企业开始将各种物流活动外包给第三方,并研究与这些企业之间建立起战略联盟和伙伴关系的可行性。由于公司面对着竞争压力、预算收缩、规模减小以及改善客户服务水平的需求,它们将部分或全部物流活动外包给了第三方。

例如,某家企业可能发现虽然自己拥有一个大型的汽车运输队,但与一家专业运输商签约,由它来服务某个特定的市场可能更加有利。

有一个超越外包的概念叫做供应商合作,是一种伙伴关系的形式,是一种现行的公司之间的关系。它包括了一段较长时期内的义务,并且相互分享这种关系的信息,共同分担风险和收入。这种与产品或服务的供应商建立紧密、长期的工作关系,创造了效率,促进了沟通改善、更好的服务以及共享的成本节约。

战略联盟是一种更紧密的伙伴关系。联盟关系的主要特点包括:

①组织在各种层次上进行密切合作;

②共同的企业文化、目标和政策;

③开明和相互信任;

④长期协定;

⑤共享信息、专业技术、规划和系统。

外包的使用和联盟或伙伴关系的数量逐年增长,因而更多的组织认识到协同作业、而不是独立工作能够带来共生效益。

2. 第三方物流与第四方物流

所谓第三方物流(3PL),是指由供需双方以外的物流企业来提供物流服务的业务模式。第三方物流服务的提供者可分两种,一种是物流代理,自身没有多少固定资产,靠合同或联盟形式调度大批运输或仓储企业,这是典型意义的第三方物流公司,所以有时第三方物流也称合同制物流;另一种是综合型物流公司。国外能够提供第三方物流服务者非常多,典型的综合型物流企业,如联邦快递(FedEx)、联合包裹(UPS)、敦豪(DHL)等。从世界和中国物流的发展趋势看,第三方物流是物流业发展的必然趋势。越来越多的企业选择将物流管理外包给专业服务公司,而专心发展自己的核心,提高竞争力。

国家和各地政府都在大力扶持第三方物流。国家经贸委目前确定了283家发展商品物流配送的重点企业,并表示国家将扶植、规范发展一大批第三方物流企业,争取"十五"期末社会化配送企业比重达50%以上。此外,深圳正在建设目前国内最大的平湖物流配送中心,总投资达到200多亿元,北京、天津等城市也纷纷建立自己的专业化配送中心。

第四方物流(EPL)是一个供应链的集成商,它对公司内部和具有互补性的服务提供商所拥有的资源、能力和技术进行整合和管理,以提供一整套供应链解决方案。第四方物流是管理代销双方和第三方提供商的关系的领导力量,它提供综合的供应链解决方案,也为顾客带来更大的价值。显然,第四方物流是在解决企业物流的基础上,整合社会资源,解决物流信息充分共享、社会物流资源充分利用的问题。同时也是发挥政府职能,推进我国现代物流产业发展的惟一切入点。短期内提高我国物流企业的国际竞争力,应对跨国物流公司的竞争,发展第四方物流是一个可行的办法。

第四方物流企业如何实现整合三方物流,必须满足三个条件:第四方物流必须不是物流的利益方;第四方物流必须能实现信息共享;第四方物流必须有能力整合所有物流资源。而真正满足此条件的只有一种虚拟的物流网络平台。从宏观角度来看,第四方物流的发展满足整个社会物流系统的要求,能最大限度地整合社会资源,减少货物流通时间,节约资源,提高物流效率,也减少环境污染。

3. 一体化物流

一体化物流(Integrated Logstics)是指不同职能部门之间或不同企业之间通过物流上的合作,达到提高物流效率、降低物流成本的效果。一体化物流或物流的一体化包括三种形式:垂直一体化物流、水平一体化物流和物流网络。

1)垂直一体化

垂直一体化物流要求企业将提供产品或运输服务等的供货商和用户纳入管理范围,并作为物流管理的一项中心内容。垂直一体化物流要求企业从原材料到用户的每个过程实现对物流的管理;要求企业利用企业的自身条件建立和发展与供货商和用户的合作关系,形成联合力量,赢得竞争优势。垂直一体化物流的设想为解决复杂的物流问题提供了方便,而雄厚的物质技术基础、先进的管理方法和通信技术又使这一设想成为现实,并在此基础上继续发展。随着垂直一体化物流的深入发展,对物流研究的范围不断扩大,在企业经营集团化和国际化的背景下,美国人 Michael Poner 首先提出了“价值链”的概念,并在此基础上,形成了比较完整的供应链理论。供应链管理强调核心企业与相关企业的协作关系,通过信息共享、技术扩散(交流与合作)、资源优化配置和有效的价值链激励机制等方法体现经营一体化。供应链管理的目标是将整个供应链上的所有环节的市场、分销网络、制造过程和采购活动联系起来,以实现顾客服务的高水平与低成本,赢得竞争优势。

2)水平一体化

水平一体化物流是通过同一行业中多个企业在物流方面的合作而获得规模经济效益和物流效率。例如,不同的企业可以用同样的装运方式进行不同类型商品的共同运输。当物流范围相近,而某个时间内物流量较少时,几个企业同时分别进行物流操作显然不经济,于是就出现了一个企业在装运本企业商品的同时,也装运其他企业商品的状况。从经济效益上看,它降低了企业物流成本;从社会效益来看,它减少了社会物流过程的重复劳动。显然,不同商品的物流过程不仅在空间上是矛盾的,而且在时间上也是有差异的。这些矛盾和差异的解决就要依靠掌握大量物流需求和物流供应能力信息的信息中心。此外,实现水平一体化的另一个重要的条件,就是要有大量的企业参与并且有最大的商品存在,这时企业间的合作才能提高物流效益。当然,产品配送方式的集成化和标准化等问题也是不能忽视的。

3)物流网络

物流网络是垂直一体化物流与水平一体化物流的综合体。当一体化物流每个环节同时又是其他一体化物流系统的组成部分时,以物流为联系的企业关系就会形成一个网络关系,即物流网络。这是一个开放的系统,企业可自由加人或退出,尤其在业务最忙的季节最有可能利用到这个系统。物流网络能发挥规模经济作用的条件就是一体化、标准化、模块化。实现物流网络首先要有一批优势物流企业率先与生产企业结成共享市场的同盟,把过去那种直接分享利润的联合发展成优势联盟,共享市场,进而分享更大份额的利润。同时,优势物流企业要与中小型物流企业结成市场开拓的同盟,利用相对稳定和完整的营销体系,帮助生产企业开拓销售市场。这样,竞争对手成了同盟军,物流网络就成为一个生产企业和物流企业多方位、纵横交叉、互相渗透的协作有机体。而且由于先进信息技术的应用,当加入物流网络的企业增多时,

物流网络的规模效益就会显现出来,这也促使了社会分工的深化,"第三方物流"的发展也就有了动因,整个社会的物流成本会由此大幅度地下降。

4. 电子商务物流

物流中引入电子商务手段,根本目的在于方便和全面,以实现完整的商品线和精确的送抵时限,提高竞争力。在电子商务物流的初始阶段,作为全新的商品流通模式,以严格限时的区域配送网络为核心,以网页、电话等多种信息模式为订购手段,以现有的超高商品作为货源,以现金为主要支付方式。从传统的流通渠道的角度来看,商流是从制造商经批发、零售到消费者的,与之相对应的物流则是从制造商经储运企业或储运部门到零售企业再到消费者的。现在,消费市场顾客需求已从"少品种、大批量、少批次、长周期"转变为"多品种、小批量、多批次、短周期"。为适应顾客需求的这一重大变化,商流渠道发生了大规模重组,带来物流渠道的重组,其结果是在商流领域出现了多级经销制、多级代销制、多级代理制及配送制(配送制被视为具有商流功能的一种流通组织形式);在物流领域出现了物流中心、配送中心,为顾客提供物流、配送服务;传统储运企业所提供的简单的存储、运输、包装等服务在物流渠道的重组中逐步为集成化、系列化、增值化的现代物流、配送服务所取代,新兴的非国有(包括外资)物流企业逐渐出现并正在逐步占领物流市场。为此,需要借助电子商务与现代物流相配合。

第四节 现代物流的科学范畴及其分类

一、现代物流学科的性质

1. 现代物流学是综合性交叉学科

在物流科学诞生之前,人们往往只是从不同侧面对其研究。例如从运输、仓库管理的角度出发,探索物流系统中某一个侧面的运作规律。自从物流科学诞生之后,人们发现物流学实质上是一门综合性交叉学科,对它的系统研究几乎涵盖了现代学科领域的各个层面。

首先,在社会科学层面,物流系统的管理属于管理科学的范畴;而物流成本控制和物流费用预测又涉及技术经济学和计量经济学的内容;同时现代物流注重最优化服务,注重人性化客户管理,这又和社会科学中的人文科学、心理学有着密切的关系;还有,物流作为国民经济新的支柱性产业,涉及到国家的方针、政策、法律、法规,这又是政治学的研究内容;甚至于在研究物流包装时还需要美学的知识。

其次,物流学本身涉及了自然科学和工程技术科学的许多领域,如物流管理中应用数学知识;仓储技术、包装技术中所运用的物理学、化学、生物学知识;运输、搬运技术中运用交通工学、机械工学、电器自动化等学科知识;现代物流是以IT技术为代表的现代信息科学作为其产业支撑的,因此信息科学也是它的一个重要研究内容。

总之,现代物流学是一门介于社会科学和自然科学之间的综合性交叉学科,它的研究方向渗透于现代科学的各个领域,研究范围极其广泛,必须综合性地运用各学科的研究成果,才能更好地解决现代物流所面临的实际问题。

2. 现代物流学具有系统科学的特征

系统性是物流学的最基本的特征。物流学就是系统科学的一个典型的模型,它包含了系统科学的一切要素。实际上,物流科学产生的基础就是人们发现了各物流环节之间存在着相互关联、相互制约的关系,证明了它们是作为统一的有机整体而存在的,这个有机整体就是物流系统。这一理念的确立,也使得现代系统科学的一整套理论、观点和方法在物流领域中得以广泛应用。例如:系统分析方法、系统综合方法、系统模型制作方法、发展和变化的观念、系统最大效益化、最优化理论等等,都是具有系统科学特征的物流科学研究的重要内容。同时,物流学和系统科学的融合,使其迅速形成了一个完整的研究体系,这也是现代物流学科走向成熟的重要标志。

3. 物流学属于应用科学范畴

物流学的研究虽然涉及了诸多的基础科学领域,但就总体而言,其性质还是属于应用科学的范畴。现代物流科学的强大生命力正是在于它的实践性和应用性。它的产生和发展是和社会经济的发展,社会大生产、大流通的发展密切相关的,其研究的基准点和成果也是为社会实践服务的。目前,物流科学的价值之所以被人们如此重视,正是在于它的应用性特征以及在实际应用中所体现的巨大经济利益。

二、现代物流学的定义

现代物流学是一门介于社会科学和自然科学之间的综合性交叉学科,是研究物质实体流动的理论、技术和方法的科学。

三、现代物流学的分类

现代物流学按研究的物流业务分为物流管理学和物流技术学(图 1-10);物流学按研究的物流范围分为企业物流学、社会物流学和国际物流学(图 1-11)。

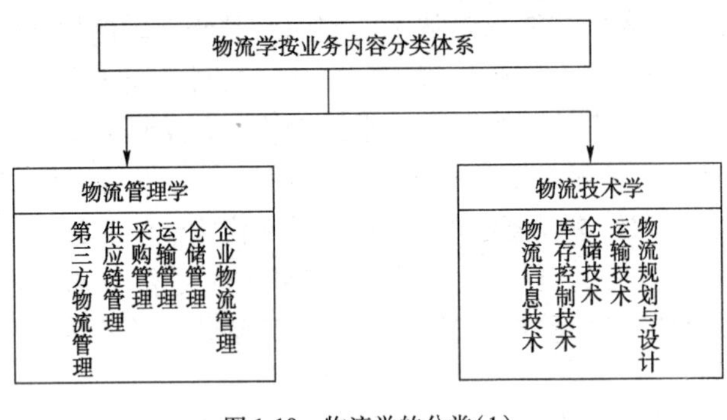

图 1-10 物流学的分类(1)

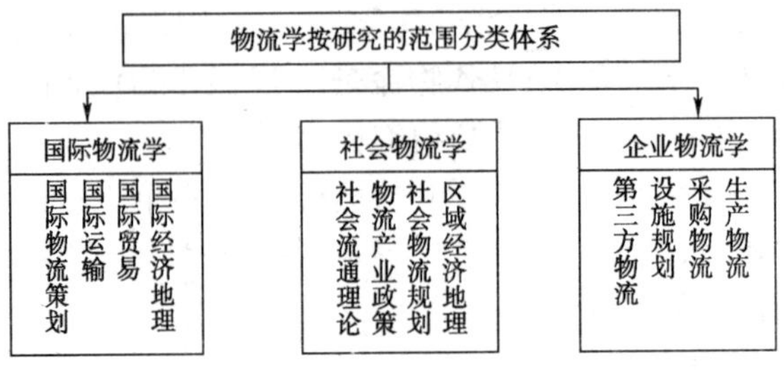

图 1-11 物流学的分类(2)

第五节 国外物流管理的演进与发展

一、美国物流管理发展历史

美国物流管理发展历史可以分为4个阶段。

1. 物流观念的启蒙与产生阶段(1901~1949年)

物流观念在理论上最初产生于1901年,约翰·F·格鲁威尔(John. F. Crowell)在美国政府报告"农产品流通产业委员会报告"中第一次论述了对农产品流通产生影响的各种因素和费用。

1916年阿什·肖(Arch Shaw)在《经营问题的对策》一书中,初次论述物流在流通战略中的作用。同年,L·D·H·威尔德(Weld)指出市场营销能产生3种效用,即所有权效用、空间效用和时间效用,与此同时,他还提出了流通渠道的概念,应该说这是早期对物流活动较全面的一种认识。

将物流活动真正上升到理论高度加以研究和分析的当数著名营销专家弗莱德·E·克拉克(Fred E . Clark),他于1929年在所著的《市场营销的原则》一书中,将市场营销定义为商品所有权转移所发生的各种活动以及包含物流在内的各种活动,从而将物流纳入到了市场经营行为的研究范畴之中。

1927年拉尔夫·布索迪(Ralph Borsodi)在《流通时代》一书中,初次用Logistics来称呼物流,为物流的概念化奠定了基础。总的来看,这一时期对物流的认识特点表现为,尽管物流已经开始得到人们的普遍重视,但是在地位上,物流仍然被作为流通的附属机能看待,也就是说,物流是流通机能的一部分,例如,克拉克将流通机能划分为"交换机能"、"物流机能"和"辅助机能"三部分。

从实践发展的角度看,1941~1945年第二次世界大战期间,美国军事兵站后勤活动的开展为人们对综合物流的认识和发展提供了重要的实证依据,而且也推动了战后对物流活动的研究以及实业界对物流活动的重视。这表现在1945年,美国正式形成了一个戴尔塔阿尔法输送组织,这是一个对输送管理知识教育给予奖励,并为进一步推广而在全美范围内结成的团体组织。此后,1946年在美国正式成立了全美输送物流协会(AST&L),该组织的主要职能是对专业输送者进行考试,并发予证书,从而将物流活动的培训纳入到正规化的轨道。

2. 物流理论体系的形成与实践推广阶段(1950~1978年)

1954年,在美国波士顿工商会议所召开的第26次波士顿流通会议上,鲍尔·D·康柏斯发表了题为"市场营销的另一半"演讲,他指出无论是学术界还是实业界都应该重视认识、研究市场营销中的物流,真正从战略的高度来管理、发展物流,应该讲,这是物流管理发展的一个里程碑。

1956年,霍华德·T·莱维斯(Howard T. Lewis)、吉姆斯·W·克里顿(James W. Culliton)和杰克·D·斯蒂勒(Jack D. Steele)3人撰写了《物流中航空货运的作用》一书,在书中他们指出航空货运尽管运费比较高,但是由于它能直接向顾客进行商品配送,因而节约了货物的在库维持费和仓库管理费,因此,应当从物流费用总体上来评价运输手段的优缺点。霍华德等学者的研究第一次在物流管理中导入了整体成本的分析概念,深化了物流活动分析的内容。

1961 年爱德华 · W · 斯马凯伊(Edward W. Smykay)、罗纳德 · J · 鲍尔素克斯(Ronald J. Bowersox)和弗兰克 · H · 莫斯曼(Frank H. Mossman)撰写了《物流管理》一书,这是世界上第一本介绍物流管理的教科书,在该书中他们详细论述了物流系统以及整体成本的概念,为物流管理成为一门学科奠定了基础。20 世纪 60 年代初期,密执安州立大学以及俄亥俄州立大学分别在大学部和研究生院开设了物流课程,成为世界上最早把物流管理教育纳入到大学学科体系中的学校。

1962 年美国著名经营学家彼德 · 德鲁克在《财富》杂志发表了题为"经济的黑暗大陆"一文,强调应当高度重视流通以及流通过程中的物流管理,从而对实业界和理论界又产生了一次重大的推动作用。

在这一背景下,1963 年成立了美国物流管理协会,该协会将各方面的物流专家集中起来,提供教育、培训活动,这一组织成为世界第一个物流专业人员组织。

此后,1969 年罗纳德 · J · 鲍尔素克斯在《市场营销杂志》上刊登了"物流的发展——现状与可能",对综合物流概念的过去、现状以及未来发展作出了全面分析。

1976 年,道格拉斯 · M · 兰伯特(Douglas M. Lambert)对在库评价的会计方法进行了卓有成效的研究,并撰写了"在库会计方法论的开发:在库维持费用研究"一文,指出在整个物流活动所发生的费用中,在库费用是最大的一个部分。道格拉斯对费用测定的研究,对物流管理学的发展作出了重大贡献。

总之,从 20 世纪 50 年代到 70 年代末,很多有关物流的论文、著作、杂志开始大量涌现,有关物流管理的研讨会也开始频繁召开,这些都推动了物流管理学的形成以及物流管理实践的广泛推广。

3. 物流理论的成熟与物流管理现代化阶段(1978 ~ 1985)

1977 ~ 1978 年"航空规制缓和法"的制定拉开了规制缓和的序幕,加速了航空产业的竞争,从而对货主和运输业产生了巨大影响。紧接着 1980 年通过了汽车运输法案和铁路法案,根据这两项法案,运输公司可以灵活决定运费和服务。到 1984 年随着海运法案的通过,运输市场已全面实现了自由化。随着运输业者、运输工具选择自由度的增加,一方面接受服务的水准得到提高,物流的效率性得以实现;另一方面,可以从发货地到目的地之间自由选择、组合交通工具,实现联合运输。

在物流管理理论上,这一时期随着 MRP、MRPII、ERP、DRP、DRPII、看板制以及 Just-In-Time (JIT)等先进管理方法的开发和在物流管理中的运用,使人们逐渐认识到需要从流通生产的全过程来把握物流管理,而计算机等现代科技的发展,为物流全面管理提供了物质基础和手段。

1984 年哥拉罕姆 · 西尔曼(Graham Soharmann)在《哈佛商业评论》上发表了题为"物流再认识"一文,指出现代物流对市场营销、生产和财务活动具有重大影响,因此物流应该在战略意义上得到企业高层管理人员的充分重视。

最具有历史意义的是 1985 年美国物流管理协会正式将名称从 National Concil of Physical Distribution Management 改为 National Council of Logistics Management,标志着现代物流观念的确立,以及对物流战略管理的统一化。

4. 物流理论、实践的纵深化发展阶段(1985 年迄今)

20 世纪 80 年代中期以后,在理论上,人们越来越清楚地认识到物流与经营、生产紧密相连,它已成为支撑企业竞争力的三大支柱之一。

1985 年,威廉姆·哈里斯(Harris William D.)和斯托克·吉姆斯(James R. Stock)在密执安州立大学发表了题目为"市场营销与物流的再结合——历史与未来的展望"的演讲,他们指出从历史上看,物流近代化的标志之一是商、物的分离,但是随着 1965 年以西蒙(Simon Leonard S.)为代表的顾客服务研究的兴起,在近 20 年的顾客服务研究中,人们逐渐从理论和实践上认识到现代物流活动对于创造需求具有相当大的作用,因此,在这一认识条件下,如果再像原来那样在制定营销组合特别是产品、价格、促销等战略过程中,仍然将物流排除在外,显然不适应时代的发展。因此,非常有必要强调营销与物流的再结合。这一理论对现代物流的本质给予了高度总结,也推动了物流顾客服务战略以及供应链管理战略的研究。

从物流实践来看,20 世纪 80 年代后期电子计算机技术和物流软件的发展日益加快,进而更加推动了现代物流实践的发展,这其中的代表是 EDI 的运用与专家系统的利用。EDI 是计算机之间不需要任何书面信息媒介或人力的介入,是一种构造化、标准化的信息传递方法。这种信息传递不仅提高了传递效率和信息的正确性,而且带来了交易方式的变革,为物流纵深化发展带来了契机。此外,专家系统的推广也为物流管理提高了整体效果。现代物流为了保障效率和效果,一方面通过 POS 系统、条形码、EDI 等收集、传递信息,另一方面利用专家系统使物流战略决策实现最优化,从而共同实现商品附加价值。美国近几十年来物流活动的发展状况将在后面详细介绍。

还值得特别提出的是,作为物流的一项重要内容和推动运输物流发展的政府政策,前美国运输部长罗德纳·斯拉特(Rodney E. Slater)提出了"美国运输部 1997 ~ 2002 财政年度战略规划"(以下简称"规划")成为美国物流现代化发展的指南之一。他在提出此"规划"时指出,这个"规划"反映了克林顿政府长期持有的主张,即运输不再只是水泥、沥青和钢铁。最大的挑战是建立一个以国际为所及范围、以多种运输方式的联合运输为形式、以智能为特性,并将自然包含在内的运输系统。"规划"全文约二十万字,由十四个部分组成。可以说,从整体上讲,这个"规划"是美国物流管理发展的又一个里程碑。

二、日本物流管理发展历史

1. 物流概念的导入和形成期(1956 ~ 1964 年)

1956 年日本流通技术考察团考察美国后,将物流观念引入日本,1958 年 6 月又组织了流通技术国内考察团对日本国内的物流状况进行了调查,大大推动了日本物流的研究。

从 1961 年到 1963 年前半年,日本将物流活动和管理称为 PD,即 Physical Distribution 的缩写形式。到 1963 年后半年,"物的流通"一词开始登场,日通综合研究所 1964 年 6 月期《输送展望》杂志中刊登了日通综合研究所所长金谷璋的"物的流通的新动向"演讲稿,正式运用"物的流通"概念来取代原来直接从英语中引用过来的 PD。

此外,1964 年 2 月发行的《日本的输送革新》(上、下两卷)一书中,也开始大量使用"物的流通"或"物理的流通"等词汇。

特别值得指出的是,1964 年 7 月 19 日的"日本经济新闻"中,发表了池田内阁时期"中期 5 年经济计划"流通领域计划委员会委员平原直的讲话,他在会见记者时指出"较之 PD 的称法,更应该叫做物的流通",并进一步提出"通产省为了降低产业全体的成本,将要推动除生产、流通的费用外第三种成本的削减,即搬运、保管、包装等 PD(Physical Distribution,物的流通)面的成本……产业构造审议会流通部中将要设立物的流通委员会……”,应该说,这对推动日本物流的近代化打下了基础。到 1965 年,物流一词已正式被理论和实践界全面接受。

还值得指出的是,在物流概念导入日本的过程中,物流已被认为是一种综合行为,即“各种活动的综合体”,因此,“物的流通”一词包含了运输、配送、装卸、保管、在库管理、包装、流通加工和信息传递等各种活动

2. 物流近代化时期(1965 ~ 1973 年)

这是日本大量物流设施建设、构筑的时代,同时也是日本经济高度成长、大量生产、大量销售的时代。

1965 年 1 月在日本政府(中期 5 年经济计划)中,强调要实现物流的近代化,日本政府开始在全国范围内开展高速道路网、港湾设施、流通聚集地等各种基础建设。

与此同时,各厂商也开始高度重视物流,并积极投资物流体系的建设。各企业都建立了相应的专业部门,积极推进物流基础建设,这种基础建设的目的在于构筑与大量生产、销售相适应的物流设施。所以可以说这一时期日本厂商的共同战略是增大物流量、扩大物流处理能力。

另一方面,开始广泛推广货台、铲车等机械化装卸设备,导入自动仓库,灵活运用货台和集装箱,开展单位货物装卸系统等等。同时,物流中心、中央物流中心等各种物流管理系统也不断增加。除此之外,这个时期的日本也在积极推行物流联网系统,开发 VSP、配车系统等物流软件。

这一时期是日本物流建设的大发展时期。这一阶段的发展直到 1973 年第一次石油危机爆发才告一段落。

3. 物流合理化时期(1974 ~ 1983 年)

第一次石油危机后,日本迎来了减量经营的时代,经营成本的降低成为经营战略的重要课题,从而要求物流能有所作为,所以说,这一时期是物流合理化的时代。

首先,这一阶段担当物流合理化作用的物流专业部门开始登上了企业管理的舞台,从而真正从系统整体的观点来开展降低物流成本运动。此外,这一时期物流子公司也开始兴起。“物流利润源学说”揭示了现代物流的本质,使物流能在战略和管理上统筹企业生产、经营的全过程,并推动物流现代化发展。

在实践上,这一时期对应于理论发展,开始广范围地设立合理化工程小组,实行物流活动中的质量管理。具体讲,当时物流合理化的主要对策是:

①缩短物流路径;

②扩大工厂直送;

③减少输送次数;

④提高车辆装载效率;

⑤实施计划输送;

⑥导入共同配送;

⑦改变运输手段,选择最佳运输方式;

⑧彻底实行在库管理,维持正常在库;

⑨提高保管效率;

⑩包装简单、朴素化；

⑪尽量做到包装材料的低价格；

⑫包装作业的机械化；

⑬集装箱、货台的导入与扩大；

⑭省力化机械的灵活运用。

物流联网也在蓬勃发展，其宗旨在于推进订货、发货等业务的迅速化，以及削减物流人员，降低劳动力成本，特别是以大型量贩店为中心的网上订、发货系统的导入在这一时期最为活跃，这是物流合理化在技术上的反应。

在物流管理政策上，1977 年日本运输省流通对策部公布了“物流成本算定统一基准”。这一政策对于推进企业物流管理有着深远的影响。从事物流成本控制的研究，各个企业都制定了自己独特的成本控制体系。

这一时期还值得一提的是专业物流部门或物流子公司设立的兴盛。

4. 物流纵深发展时期(1985 年迄今)

20 世纪 80 年代以后，日本的生产经营发生了重大的变革，消费需求差异化的发展，尤其是 90 年代日本泡沫经济的崩溃，使以前那种大量生产、大量销售的生产经营体系出现了问题，生产的多品种化和少量化成为新时期的生产经营主流，这使得市场的不透明度增加，在库排除的观念越来越强，其结果使整个流通体系的物流管理发生了变化，即从集货物流向多频度、少量化、进货短时间化发展。

在销售竞争不断加剧的状况中，物流服务作为竞争的重要手段在日本得到了高度重视，这表现在 20 世纪 80 年代后期日本积极倡导高附加价值物流、JIT 物流等方面。但是，随着物流服务竞争多样化，物流成本的高昂成为这一时期的特征，在日本有把这一时期称为“物流不景气”时代的说法，即由于经营战略的要求，使物流成本上升，出现赤字。因此，如何克服物流成本上升、提高物流效率是 90 年代日本物流面临的一个最大问题。

平成 9 年(1997 年)4 月 4 日，日本政府制定了一个具有重要影响力的《综合物流施策大纲》(以下称“大纲”)，该“大纲”是根据平成 8 年(1996 年)12 月 17 日日本政府决定的《经济构造的变革和创造规划》中有关“物流改革在经济构造中是最为重要的课题之一，到平成 13 年(2004 年)为止既要达到物流成本的效率化，又要实现不亚于国际水准的物流服务，为此各相关机关要联合起来共同推进物流政策和措施的制定”这一指示而制定的。这个“大纲”是日本物流现代化、纵深化发展的指针，对于日本物流管理的发展具有历史意义。这个“大纲”的主体框架是：

1)基本目标

“大纲”提出了到 2001 年物流发展的 3 项基本目标，第一，亚太地区便利性且充满魅力的物流服务；第二，实现对产业竞争不构成阻碍的物流成本；第三，减轻环境负荷。为实现上述目标，“大纲”还制定了实施措施的 3 项原则，包括通过相互合作来制定综合措施；为确保适应消费者需求的有效运输体系，以及创造良好的交通环境、道路、航空、铁路等交通机构合作共同制定综合交通措施；通过竞争促进物流市场活性化。

2)横向措施

横向措施包括三大部分。第一部分是社会资本配置，即在所规定的物流整体上集中使用资本，此外，加强相关部门的合作，这些物流整体有：①与利用者需求相对应的多样化的选择方法（社会资本的相互合作）。②物流瓶颈的消除。③国际港湾、机场的建设，例如高规格干线道路、地域间高规格道路、通往港湾机场的道路建设；主要干线铁路运输力的增强；中枢、中心国际港湾的设置；大都市圈物流中心、空港建设。第二部分是规制缓和，即在法规、政策上推动物流效率化，例如需求供给调整计划的废止；安全规制的制定（国际调和、推动技术水准提高的政策）。第三部分是物流系统的高度化，其中，一是信息化，如无纸贸易、一站服务、EDI 的发展；二是标准化，如集装箱的标准化等等；三是其他措施，如技术开发、商业惯例的改进等。

3）不同领域的措施

这一节也分为三部分。一是都市内物流，即缓和交通阻塞、提高汽车装载效率、提高物流服务质量、减轻环境负荷，在发展方向上主要是建立道路交通的通畅机制（物流共同配送、交通需求管理）以及货车的自营转换（提高装载率）。第二部分是地域间物流，通过多种方式完善陆、海、空运输的竞争条件，实现复合联合运输以及减轻环境负荷，在措施上主要是促进内航海运和铁路货运；道路、大范围物流中心的建设；货车规制缓和等。第三部分是国际物流，即为了对应日本市场商品输入增加的状况，缩减国际物流的时间和成本，纠正内外价格差，改善产业地域竞争力。主要措施是国际中枢、中心港湾据点的整顿、设立；进出口手续、港湾手续的信息化等。

4）构筑各机构合作的政策推进体制

该部分的目的在于推进各政府机关、地方公共团体、物流业者和货主联合采取物流现代化措施，加强地方与中央的合作。在措施上包括在中央强化与地方合作的体制；在地方强化与中央合作的体制、每年对所实施的举措效果和问题进行彻底调查。

从上面介绍的日本《综合物流施策大纲》中可以看出，今后日本物流进一步发展、强化的方向是：

①信息化的推进；

②物流技术的开发；

③物流人才的培育；

④新物流服务的开展；

⑤国际化的对应；

⑥包装机械化、在库管理数码化的推进；

⑦整体系统化的加强；

⑧社会资本的充实；

⑨规格化、标准化的推进；

⑩共同化、协作化的推进。

案例

从朝日啤酒公司感受物流带来的效率

啤酒业是个看天气吃饭的脆弱行业，啤酒的生产和销售受气候影响很大。近几年，由于日

本国内进行的消费税率改革及经济不景气等原因，使啤酒行业大受影响。为了给顾客提供新鲜的啤酒，日本朝日啤酒株式会社从1988年开始推行"鲜度管理"。为了进一步提高啤酒的物流效率，他们将"啤酒厂—零售店—消费者"的物流流程作为一个整体进行管理，并将"鲜度"作为顾客满意的目标。

1)从结果管理转变为减少啤酒在库天数的计划管理

朝日啤酒公司于1986年导入了CI(Corporate Identy)。同年开始推行"鲜度交替的管理"战略，其具体内容是：对产出20d后才出厂的啤酒进行回收。1992年公司重新出台了名为"鲜度交替"的鲜度管理方案，1993年公司进一步将"鲜度管理"作为公司经营最重要的问题加以强化。为了搞好此次活动，公司设立了以公司总经理为首的以"鲜度管理"为目标的活动。1994年该目标已上升为5d内出厂。从1997年起开始实施包含全流通阶段在内的鲜度管理，即从生产到门市共8d时间的"总鲜度管理"。鲜度管理委员会的最大任务是进行计划管理，由以前的从工厂出货日开始算起设定回收日的结果管理，转变为减少啤酒在库天数的计划管理。

当"总鲜度管理"成为管理目标后，零售店也成为要考虑的环节。因为要实现生产8d内送到顾客手里的目标，必须考虑批发商的库存，如果工厂控制在5d以内，批发商必须在3d内出手，否则无法达到目的。因此，公司在考虑批发商的库存等因素后决定控制出货量。为此，公司研究了啤酒的保存方法。木桶（装酒用的）虽保存于冷藏库中，但运输过程非常关键，因此公司决定采用保温配送的方法。同时，公司也对啤酒不适于照射紫外线，在夏季日晒后容易变质的问题采取了相应对策。为了实施鲜度管理方案，公司调整了管理体制。业务部门的目标是准确预测需求，制定计划，当生产计划与实际的动态产生偏差时，就迅速采取措施，使预测精度上升。同时，生产部门制定了相应的弹性生产计划，以应对变化的市场和小批量生产订单；物流部门为了减少在途库存而及时向生产部门提出生产建议，将产地和销售有机地联系起来，以有效地减少库存；业务部门根据物流部门提供的库存动态信息调整业务计划；生产部门高速实施生产计划等。

此外，公司还对业务人员进行业务培训以及品质保证培训，并在分公司、分店中选出鲜度管理者经常对库存啤酒进行检验，对特约店也通过发行鲜度管理手册来贯彻鲜度管理方案。这样，业务、生产、物流部门全都参与鲜度管理工作，并由全体人员进行鲜度管理计划的制订、修改和评价。

2)缩减中间环节不是简单的省去配送中心

1987年以后，随着啤酒销售额的增大，公司将重点放在了发展生产手段上，生产规模扩大后的一段时间内只顾设立新配送中心、租赁新的仓库，没有注意控制库存，导致了库存的增加，后来公司就开始解决这一问题。啤酒的配送有两种方案：一种是"工厂—配送中心—特约店"，配送线路多，因此需要更多的在途库存，使总库存增加；另一种是"工厂—特约店"，由于中间环节缩减，库存得到降低。因此，公司决定实施第二方案。

首先，减少工厂配送车辆的滞留时间，关键作业是拣货。为了提高效率，公司导入了自动分拣装置，以夜间为主体工作时间，将手工分拣改为自动分拣，将16名拣货员缩减到5名，装货时间也缩短了。

其次，公司改进了对配送车辆装车的调度和指挥。以前是对配送车辆作业进行示意，凭司机的直觉来拣货,现在研究出了配送车辆自动引导系统。该系统的运作程序是:先进行库存分配的模拟实验,然后对产品从入门到出门进行管理,尽量在一个场所完成一辆配送车的装车作业。使用这一系统可缩短装车时间。

再次,公司还对配送中心的管理进行了改革。公司决定在维持现有服务水平的前提下,对啤酒进行集中配送,采取的办法是逐渐减少租赁其他公司的仓库。如果公司的配送中心有余力还可招揽生意,为其他公司提供配送服务,以此减少啤酒配送所用的实际空间。进行这些改革后,从工厂直送的比例由1992年的64%上升为1997年的75%。为了削减库存水平,必须根据市场需求来确定订货。市场信息的收集、需求量的预测等是提高销售计划紧缺度的保证,为了作好销售计划,公司根据业务、生产、资材、物流各部提供的信息,每周召开市场需求与供给分析会议,每周重新评估和修订生产、运输和配送计划方案。

3)生产、销售、物流集成信息系统可以将库存精确到0.6d

1996年公司建立了生产、销售、物流集成信息系统,各部门都利用这一信息平台进行信息交换,并且各部门之间计划的制订公开化。比如,销售部的计划由生产、销售部门共同确定,生产部门的计划是在销售计划确定后与销售部门一起来制订。

物流部门的职责是根据集成信息系统各主干数据库提供的信息,根据销售计划、生产计划调整各集团库存及配送计划,向各地区的物流部门传送数据。由于各部门共用同样的数据库,这样,整个生产、销售和物流系统的不确定因素大大减少。

为了对库存进行严格管理,公司导入了库存管理系统。配送中心虽一般存有3d的库存,但根据模拟实验的结果,发现一般的品种只要有1.6d的库存就不会引起缺货,因此公司制定了将库存控制在1.6d至15d的方案。这一目标的实现,直接减少了配送中心的库存,也减少了所需配送中心的数量。

这一方案的实施结果是,库存天数由1992年的8d变成1996年的5d,如果将销售端的时间计算在内,也实现了8d这一目标。公司"总鲜度管理"方案实施以后,物流效率指标(销售额的增加值与物流量的比率:基准值100)从1992年开始一直下降,但1997年开始增加。从1997年起,公司一直在对储存饮料的临时仓库、啤酒仓库、自动仓库的增设、新工厂的建立等进行尝试调整。现在,公司正在研究新的鲜度管理方案,打算推出新的"鲜度管理"体制,同时考虑ECR以及SCM等新概念提出的要求,准备向未来挑战。

复习思考题

1. 什么是物流?物流的目标是什么?
2. 什么是供应链?什么是供应链管理?
3. 供应链管理的基本思想是什么?
4. 物流的作用有哪些?

2 第二章　物流的功能

学习目标

通过本章的学习，能够解释物流功能的定义；描述物流的基本功能；说明物流合理化的方法。

物流的功能指的是物流所具有的基本能力，这些基本能力有效地组合、联结在一起，便形成现代物流的总功能，便能合理、有效地实现物流的总目的。

物流的功能包括运输、仓储保管、包装、装卸搬运、流通加工、配送、物流信息。

现代物流是将运输、仓储、装卸、包装、加工、配送、信息等物流功能要素综合起来的一种集成式管理活动，其任务是尽可能降低物流的总成本，为顾客提供多功能、一体化的优质服务。

第一节　包　　装

一、包装概述

1. 包装的定义

所谓包装是指为在流通过程中保护商品、方便运输、促进销售，按一定技术方法而采用的容器、材料及辅助物等的总体名称。也指为了达到上述目的而采用容器、材料和辅助物的过程中施加一定技术方法等的操作活动。

2. 包装的功能

包装有以下几方面的功能：

(1)保护功能。避免搬运过程中的脱落，运输过程中的振动或冲击，保管中由于承受物重所造成的破损；避免异物的混入和污染；防湿、防水、防锈、遮光，防止因为化学或细菌的污染而出现的腐烂变质；防霉变、防虫害。

(2)定量功能。整理成为适合搬动、运输的单元；整理成为适合使用托盘、集装箱、货架或载重汽车、货运列车等运载的单元。

(3)便利功能。便于运输、搬动或保管，便于实施运输、搬动或保管等物流作业；便于生产废弃物的处理。

(4)效率功能。有利于提高生产、搬运、运输配送、保管等效率。

(5)标识功能。包装能帮助人们识别包装的物品，包括商品名称、个数、通用的商品代码、制造厂、容器类型等。

(6)促销功能。包装具有美化、宣传产品的作用。良好的包装往往能引起消费者的注意，激发购买欲望。

3. 包装与物流其他环节的关系

包装是生产的终点，同时又是物流的起点。包装作为物流系统的构成要素之一，与运输保管、搬运、流通加工均有十分密切的关系。

(1)包装与运输的关系。包装的规格、形状、重量与物品运输关系密切。包装尺寸与运输车辆、船舶飞机等运输工具箱、仓容积相吻合，方便了运输，提高了运输效率。因此包装应便利运输。

(2)包装与搬运的关系。物品经过适当的包装后，为装卸作业提供了方便。包装必须考虑装卸作业的形式，如用人工装卸，应按人工可以胜任的重量进行包装，如果使用装卸机械，则尽量包装成大单位。包装尺寸应标准化，为集合包装提供条件。可见，包装要便利装卸，以利提高装卸搬运效率。

(3)包装与保管的关系。货物的包装影响到堆码高度，如果码高，最下面货物的包装应能承受压在上面货物的总重量。包装物的各种标志要使管理人员易于识别、易于存取、易于盘点。可见，包装要便利储存、保管。

二、包装的种类

1. 按功能分类

(1)商业包装，也叫消费者包装或零售包装。主要是根据零售业的需要，作为商品的一部分或为方便携带所作的包装，即所谓逐个包装。

(2)工业包装，也叫运输包装。是指以保护运输和保管过程中的货物为主要目的的包装。

2. 按包装方法分类

按照包装的技术方法可以分为防湿包装、防锈包装、缓冲包装、收缩包装、真空包装等。

3. 按包装材料分类

根据包装物所使用的材料可以划分为纸箱包装、木箱包装、纸袋包装、玻璃瓶包装、塑料袋包装(软包装)等。

4. 按包装商品分类

按照商品的种类不同可将包装分为食品包装、药品包装、蔬菜包装、机械包装、危险品包装等。

5. 按内容状态分类

根据物品的物流状态可以分为液体包装、粉末包装、颗粒体包装等。

三、包装作业

包装作业是将商品盛入包装容器，按统一规定的标准进行合理包扎的操作过程。商品在储运过程中，都需要予以整理、加固或进行包装、拼装、改装、换装、回收等工作。

拼装，是指把不同品种、规格、牌号的商品拼装在一个包装物内。拼装必须注意：凡性质不同，相互之间有不良影响的商品不能拼装；不同运价等级的商品不能混装在一起；拼装商品不可过重或体积过大。

分装,是指由于业务需要,将整件包装中的商品进行拆整为零,按一定规格数量分为若干小包。进行商品分装工作时,必须根据商品的性质,设置具有一定条件的分装场所,准备必要的机具设备。

加固换装,商品包装的加固或换装是指物流过程中某储运环节发现不能再保障运输和储存的已破损的商品包装时,及时进行加固自理或改换新包装的包装作业。

四、运输包装的标志

运输包装的标志是指为了便于识别货物和计数,防止运输过程中错发、错运以及货物损坏等事故发生,而在包装上书写、压印或刷制的图形、文字和数字等,以引起工作人员的注意。

运输包装的标志按其用途可分为运输标志、指示性标志和警告性标志三种。

1. 运输标志

运输标志通常由一个简单的几何图形或文字、字母及数字组成,主要作用是便于在运输、装卸、仓储等工作中识别货物,避免错运、错发。运输标志的主要内容包括目的地的名称、收货人或发货人代号,以及件号、批号等。

2. 指示性标志

指示性标志又称注意标志。一般以简单、醒目的图形和文字在包装上标出。如“防潮”、“小心轻放”等。主要是用来提示工作人员在运输、装卸、保管过程中要加以注意。

3. 警告性标志

警告性标志又称危险品标志,是对易爆品、易燃品、腐蚀性物品、放射性物品等危险品在其运输包装上清楚而明确刷制的标志,以警告工作人员,在装卸、运输、保管、加工等过程中按货物的特殊性采取相应的保护措施,保护货物与人身安全。

五、包装合理化

包装是物流的起点,包装合理化是物流合理化的重要对象和基础。包装合理化,一方面包括包装总体的合理化,用整体物流效益与微观包装效益的统一来衡量;另一方面也包括了包装材料、包装技术、包装方式的合理组合与运用。

1. 包装合理化的要求

(1)防止包装不足,包括:包装物强度不足;包装材料水平不足;包装容量层次与容积不足;包装成本过低,不能保证有效的包装。

(2)防止包装过剩,包括:包装物强度设计过高;包装材料档次选择过高;包装技术过高,体积过大;包装成本过高。

(3)用科学方法确定最优包装,包括:确定包装形式,选择包装方法,都应与物流诸因素的变化相适应;必须考虑到装卸、保管、输送的要求,确定最优包装。

2. 包装合理化的途径

(1)包装尺寸标准化。包装尺寸与托盘、集装箱、车辆、搬运机械、货架等物流设备及机具的关系密切。只有它们之间相互匹配,才能实现物流全过程的合理化、高效化。因此,要从系统的观点制定包装的尺寸标准,实现包装尺寸标准化。

(2)包装作业机械化。实现包装作业的机械化是提高包装作业效率,减轻人工包装作业强度，实现省力的基础。包装机械化应首先从个装开始，之后向装箱、封口、挂提手等外装关联作业推进。

(3)包装的轻薄化。由于包装只是起保护作用，对产品使用价值没有任何意义，因此在强度、寿命、成本相同的条件下，更轻、更薄、更短、更小的包装，可以提高装卸搬运的效率。而且轻薄、短小的包装一般价格比较便宜，如果是一次性包装还可以减少废弃材料的数量。

(4)包装单位大型化。随着交易单位的大量化和物流过程中的装卸机械化，包装的大型化趋势也在增强，托盘包装、集合包装得到越来越多的应用。大型化包装有利于机械的使用，提高装卸搬运效率。

(5)包装成本低廉化。首先，在包装设计上要防止过剩包装；其次，要选择合适的包装材料，节约材料费开支；最后，要提高包装作业效率。通过机械与人工的合理组合，提高包装作业效率，节约包装费开支。

(6)包装的绿色化。绿色包装是指无害少污染的符合环保要求的各类包装物品，主要包括纸包装、可降解塑料包装、生物包装和可食性包装等，它们是包装的发展主流。

第二节　装卸搬运

一、装卸搬运概述

1. 装卸搬运的概念

所谓装卸，是指将物品在指定地点以人力或机械装入运输设备或卸下。装卸是以垂直位移为主的实物运动形式，它是物流过程中伴随包装、保管、输送所必须进行的活动。

所谓搬运，是指在同一场所内，对物品进行以水平移动为主的物流作业。搬运一般是在区域范围内(通常指在某一个物流结点，如仓库、车站、码头等)物品所发生的短距离位移。

2. 装卸搬运的作用

装卸搬运在物流系统中的作用表现在以下几个方面：

(1)装卸搬运是衔接生产各阶段和流通各环节之间相互转换的桥梁。装卸搬运的合理化，对缩短生产周期、加快物流速度、降低物流费用等，都起着重要作用。

(2)装卸搬运是保障生产和流通其他各环节得以顺利进行的条件。装卸搬运工作质量对生产和流通有着重要影响。如果装卸搬运工作不到位，会使生产过程不能正常进行，或者使流通过程不畅。因此，装卸搬运有“保障”和“服务”的功能和作用。

(3)装卸搬运是物流过程中的一个重要环节，它制约着物流过程中的其他各项活动，是提高物流速度的关键。物流过程的很多环节都是靠装卸搬运而联系在一起的。在整个物流过程中装卸作业所占比重较大，具有“闸门”和“咽喉”的特点。制约着物流过程各环节的活动。此外，装卸搬运搞不好会把物品弄脏或造成破损，从而影响物流服务质量。可见，改善装卸搬运作业，对加速车船周转，发挥港、站、库功能，加快物流速度，降低物流费用，提高物流服务质量，发挥物流系统整体功能，具有十分重要的意义。

近年来，由于物流中心的出现，与保管工作功能相比，发货和配送功能更加受到重视。因而装卸搬运在物流中的作用日益重要，大有成为主角之势。

二、装卸搬运作业

装卸搬运作业包括:将物品向输送设备的装入、装上和取出、卸下作业和对固定设备的出库、入库作业。

堆放拆垛作业。堆放(或装上、装入)作业是指把货物移动或举升到装运设备或固定设备的指定位置,再按要求的状态放置的作业;拆垛(卸下、卸出)作业则是其逆向作业。

分拣配货作业。分拣是在堆垛作业前后或配送作业之前把货物按品种、出入先后、货流进行分类,再放到指定地点的作业。而配货则是把货物从所定的位置按品种、下一步作业种类、发货对象进行分类的作业。

搬运、移送作业。这是为了进行装卸、分拣、配送活动而发生的移动物资的作业。包括水平、垂直、斜行搬送,以及几种组合的搬送。

理货作业,指将物品备齐,以便随时装货的作业。

三、装卸搬运机械

常用的装卸搬运机械大致可分为起重机类、输送机类、升降机类、提升绞车类、工业车辆类以及其他机器。

1. 起重机

起重机是将货物吊起在一定范围内作水平移动的机械。起重机按其构造或形状可分为天车、悬臂起重机、桥形起重机、集装箱起重机、巷道堆垛机或库内理货机、汽车起重机、龙门起重机等各种悬臂(转臂)式起重机。

2. 输送机

输送机是连续搬运货物的机械,根据用途和所处理货物形状的不同而种类各异。有带式输送机、辊子输送机、链式输送机、重力式辊子输送机、伸缩式辊子输送机、振动输送机、液体输送机等。输送机还可以分为移动式输送机和固定式输送机;此外还有重力式输送机和电机驱动式输送机。

3. 升降机类和绞车类

升降机和绞车是使物体作垂直方向移动的机械。升降机被广泛用于多层楼房仓库。绞车是使用缆绳和链条吊升重物的装置,有电动和手动两种。

4. 工业车辆类

在厂区、仓库、运输的起迄点内专用于搬运的车辆统称为工业车辆,主要有叉车、人力搬运车(台车,手推车,手动液压托盘搬运车,升降式搬运车)、动力搬运车(轨道无人搬运车,牵引车,挂车,底盘车等)。

5. 其他专业搬运机械

如托盘码垛机——将物品装上托盘的机械;托盘卸垛机——从托盘卸货的机械;台式升降机——使货台升降的装置;跳板——将货物列车或载重汽车的车厢与站台连接起来的方便货物装卸的板;跳板调平器——将甲板加以固定,能够用油压或弹簧进行调节的装置。

四、装卸搬运机械的选择

装卸搬运机械的选择要在考虑货物的特性、作业的特性、机械特性、作业环境以及经济性等方面的因素后作出综合判断,以便使机械发挥出最大的效益。

1. 货物的特性

货物的特性是指货物的种类,如散货、包装货物等,要在考虑货物特性的基础上选择最适宜的装卸机械。

2. 作业特性

作业特性是指作业的性质,如作业量、季节变动、流动性、理货的种类、搬运距离和范围、运输手段的种类、批量的大小、运输配送的特性等。装卸搬运机械的选择应该与上述作业特性相适应。

3. 环境特性

作业环境特性是指设施属于专用还是公用,本企业设施还是借用设施,货物的流程、设施的配置、建筑物的构造、站台的高低、地秤的承受重等各种因素。

4. 装卸机械特性

装卸机械特性是指装卸机械的安全性、性能、机动性、耗能、噪声、公害等因素。

5. 经济性

在对以上因素分析后,最终还要从成本费用等角度加以分析,在多个适用方案中选择出最优方案。

五、装卸搬运的合理化

实现装卸搬运的合理化应做好以下几方面的工作:

1. 消除无效搬运

只搬运必要的物资;避免过度包装,减少无效负荷;提高装载效率,充分发挥搬运机器的能力和装载空间;减少倒搬作业次数。

2. 提高装卸搬运活性

要求装卸作业必须为下一环节的物流活动提供方便,增强装卸搬运的灵活性。如在装上时要考虑便于卸下;在入库时要考虑便于出库;还要创造易于装卸搬运的环境和使用易于搬运的包装。

3. 利用重力作用

在装卸搬运时应尽可能消除物品重力的不利影响;同时尽可能利用重力进行装卸搬运,以减轻劳动强度和其他能量的消耗。如将槽或无动力的小型传送带倾斜安装在货车、卡车或站台进行卸货,使货物依靠本身重量完成装卸搬运作业。

4. 合理利用机械

装卸机械化是提高装卸效率的重要环节。装卸机械化程度一般分为三个级别。第一级是用简单的装卸器具;第二级是使用专用的高效率机具;第三级是依靠计算机控制实行自动化、无人化操作。以哪一个级别为目标实现装卸搬运机械化,要从经济、所装卸货物特点、人员素质、安全及对装卸搬运速度的要求等方面综合考虑,合理选择。

5. 集装单元化

将零放物品归整为统一格式的集装单元,称为集装单元化。它能发挥机械的效能,提高作业效率,使搬运更加灵活、方便;使负载的大小均匀,有利于实现作业标准化;在作业过程中还

能避免物品的损伤，对保护被搬运的物品有利。

6. 合理选择装卸搬运方式

在装卸时对货物的处理大体有三种方式：第一种是“分块处理”，即按普通包装对货物逐个进行装卸；第二是“散装处理”，即对粉粒状货物不加小包装进行原样装卸；第三是“单元组合处理”，即将货物以托盘、集装箱为单位进行组合后的装卸。实现单元组合，能充分利用机械进行操作，提高作业效率。在装卸搬运过程中，要根据物品的种类、性质、形状、重量来确定合理的装卸搬运方式。

7. 改进装卸搬运作业方法

要合理分解装卸搬运活动，不断改进装卸搬运各项作业，提高装卸搬运效率。如，采用直线搬运，减少货物搬运次数，使搬运距离最短；避免装卸搬运流程的“对流”、“迂回”现象；科学组织装卸搬运，防止人力和装卸搬运设备的停滞现象；合理选用装卸机具设备等。要以现代化管理理论和方法作指导，改进作业组织，实现装卸搬运的连贯、顺畅、均衡。

8. 创建“复合终端”

近年来，工业发达国家为了对运输线路的终端进行装卸搬运合理化的改造，创建了所谓的“复合终端”，即对不同运输方式的终端装卸场所，集中建设不同的装卸设施。例如，在复合终端内集中设置水运港、铁路站场、汽车站场等，这样就可以合理配置装卸、搬运机械，使各种运输方式有机地联结起来。“复合终端”的优点在于：第一，取消了各种运输工具之间的中转搬运，因而有利于物流速度的加快，减少装卸搬运活动所造成的货物损失；第二，由于各种装卸场所集中到复合终端，这样就可以共同利用各种装卸搬运设备，提高设备的利用率；第三，在复合终端内，可以利用大生产的优势进行技术改造，大大提高转运效率；第四，减少装卸搬运的次数，有利于物流系统功能的发挥，提高工作效率。

第三节 储存保管

一、保管概述

1. 储存、保管的概念

储存指保护、管理、储藏物品。保管是指对物品进行保存及对其数量、质量进行管理控制的活动。在社会经济生活中，储存保管活动普遍存在于商品生产和流通之中，如商品的暂时储存、生产储存、季节储存、转运储存、消费储存或长期储存等。

2. 储存、保管的功能

储存保管在物流系统中起着缓冲、调节和平衡作用，能有效克服产品与消费在时间上的差异，创造时间效用。储存、保管具有以下功能：

(1)保存和保管的功能。保管过程中应保证物品不丢失、不损坏、不变质。要通过制定完善的保管制度，合理使用搬运机具，采用正确的操作方法，保证在搬运和堆放中不损坏物品。应根据所储存物品的特性，配备相应的仓储设备，以保证储存物品的完好性。

(2)调节供需的功能。从实际看，生产节奏和消费节奏不可能完全一致。这就要求以储存作为平衡环节加以调控，使生产和消费协调起来。这也体现出物流系统创造时间效用的基本职能。

(3)调节货物运输能力的功能。各种运输工具的运量相差很大,如船舶的运量大,火车、汽车运量相对较小,当它们之间进行转运时,运输能力是很不匹配的。这种运力的差异也需要通过仓库或货场进行调节和衔接。

(4)配送和流通加工的功能。现代仓库除以保管、储存为主要任务之外,还向流通仓库方向发展,使仓库成为流通、销售、零部件供应的中心。其中的一部分在所属物流系统中起着货物供应的组织协调作用,被称为物流中心。这一类仓库不仅配备储存保管货物的设施,而且还增加了分拣、配送、捆包、流通加工、信息处理等设备,这样既扩大了仓库的经营范围,也提高了服务质量。

总之,在社会经济生活中,如无保管(储存),生产就会停止,流通就会中断。对整个物流体系来说,保管既有缓冲与调节作用也有创值与增效的作用,它发挥了稳定、促进经济活动的作用。

3. 储存保管作业

一般储存保管作业程序包括以下主要内容:

(1)接货。接货是根据储存计划、发运单位、承运单位和发货或到达通知,进行货物的接受和提取,并为入库保管做好一切准备的工作。具体包括五项内容:第一,与发货单位、承运单位的联络工作;第二,制定接货计划;第三,办理接货手续;第四,到货的处理;第五,验收工作。其中,验收工作是关键环节,要求做好核证、数量验收和质量验收工作。

(2)保管。保管是根据物资本身的特性以及进出库的计划要求对入库物资进行保护、维护管理的工作环节。要求在仓库规划化、存放系列化、保养经常化的基础上,做到保质、保量、保安全、保急需。具体要做好三项工作:第一,与接货单位及用货单位的联络工作;第二,制定保管计划;第三,办理入库、出库手续。

(3)发货。发货是根据业务部门的计划,在办理出库手续基础上,进行备货、出货、付货或外运付货工作。具体要做好四项工作:第一,与收货单位、外运承运单位的联络工作;第二,制定发货计划;第三,核对及备货;第四,办理交货手续。

4. 储存、保管的种类

仓库是保管、储存物品的建筑物和场所。仓库作为物流服务的据点,在物流作业中发挥着重要作用。它不仅具有储存、保管等传统功能,而且包括拣选、配货、检验、分类等作业,并具有多品种小批量、多批次小批量等配送功能以及附加标签、重新包装等流通加工功能。根据不同标准,可对仓库的储存保管进行分类:

1)按仓库在生产过程中所处的领域分类

(1)生产领域的仓库(生产仓库或企业仓库)。用于存放生产储备物品,以保证生产正常进行而建立的仓库。这类仓库主要是用于存放企业生产所需的各种原料、材料、设备、工具等,并存放企业生产的产品。按其存放的物品的性质,又可分为原材料仓库和成品仓库。

(2)中转仓库(储运仓库)。专门从事物品储存和中转业务的仓库,属于流通领域的仓库。

(3)国家储备仓库。用以存放国家储备物资的仓库,国家储备物资是较长时间脱离周转的物资,这类物资同样也处在流通领域。因此,国家储备仓库也属于流通领域的仓库。

2)按储存物资种类分类

(1)综合型仓库。又称通用型仓库,即在一个仓库里储存多种不同属性的物资。在综合型仓库里,所储存的各种物资的化学、物理性能必须是互不影响的。

(2)通用仓库。储存一般工业品、农副产品的仓库,它仅具有进出库、装卸、搬运、商品养护、安全要求一般的技术设施,无保温气调等特殊性装备。由于它可以存放各种一般的商品,适应性较强,利用率较高,在流通领域仓库中所占比重最大。

(3)专业型仓库。在一定时期内,一个仓库里只储存某一大类物资,或虽储存两类以上物资,但其中某一类物资的数量占绝大多数的仓库,如金属材料库、机电设备库等。由于专业型仓库存放的物资单一,比较容易实现仓库作业机械化。

3)按储存保管的不同条件分类

(1)普通仓库。存放一般性物资(如一般黑色金属材料和机电产品)的仓库。

(2)恒温、恒湿仓库。能使仓房内保持一定的温度和湿度,以适应有特殊保管要求和贵重物品等保管要求的仓库。

(3)高级精密仪器仓库。库房有防尘、防震、防潮设备,并有恒温装置,用以存放高级精密仪器、仪表等物品的仓库。

(4)冷藏仓库。能使仓房内保持低温,用于保管怕热、保鲜物资的仓库。

(5)特殊仓库。一般指危险品仓库,用以存放具易燃性、易暴性、腐蚀性、有毒性和放射性等对人体或建筑有一定危险的物资的仓库,在库房建筑结构及库房内布局等方面有特殊要求,还必须远离工厂、居民区。

4)按库房建筑构造特点分类

(1)普通封闭式库房和保温库房。封闭式库房适用于保管怕湿、怕暴晒的物资,主要储存有色金属材料、金属制品、一般机电产品等物品。保温库房用于存放精明仪器仪表等。

(2)混合结构的机械化库房。库房内装有起重机,实行机械作业。有的还有铁路专用线通入,可直接在库房内进行装卸作业。

(3)货棚和简易仓库。用于保管那些不需防低温,但受雨、雪侵蚀会损坏物资的简易仓库。

5)按使用范围分类

(1)自用仓库。保存自己货物的仓库称为自用仓库,包括工厂仓库(原材料、成品仓库)商业仓库、事业单位或团体的仓库等。

(2)营业仓库。为经营仓库保管业务,根据仓库业管理的有关法规设立的仓库。营业仓库面向社会提供仓储保管服务。商业系统、物资系统以及外贸等系统的储运仓库以及专业仓库企业的仓库都属于营业仓库。

(3)公共仓库。政府部门或公共团体、社会团体修建的,为社会物流业提供服务的仓库。如铁路车站的货物仓库,交通港口的码头仓库等都属于公共仓库。

(4)租赁仓库。仓库设施的所有者(营业仓库以外的企业或个人)本身并不直接提供保管服务,而是将其拥用的仓库设施租赁给他人用来储存保管物品,这种性质的仓库为租赁仓库。

6)按保管目的分类

(1)配送中心(流通中心)型仓库。以配送为主,储存为辅,以组织配送性销售或供应,进行实物配送为主要职能的仓库。其特点是:主要为特定客户服务;配送功能健全;有完善的信息网络;辐射范围小;储存物品品种多,批量小。

(2)储存中心型仓库。以储存商品、延长产品使用时间和稳定商品交易市场为主要目的的仓库。

(3)物流中心型仓库。具有储存、配货、流通加工功能的仓库。其特点是:主要面向社会服务;物流功能健全;有完善的信息网络;辐射范围大;储存物品品种少、批量大;储存、吞吐能力强;对物流业务进行统一管理。现代物流中心把商流、物流、信息流、资金流融为一体,成为产销企业之间的中介。

5. 储存保管方式的选择

储存保管方式指储存保管物品所采用的组织管理方法和形式。从物品储存保管的空间安排方式来看,有自建仓库、租赁公共仓库、采用合同制仓储三种方式。

1)自建仓库储存保管的优缺点

自建仓库储存指企业利用自有仓库储存保管物品。

自建仓库储存保管的优缺点:

(1)优点:便于控制仓储,货主能够对仓储实施更大控制,便于将仓储功能与企业的分销系统进行协调;管理更具灵活性,货主企业可以按照产品的特点和自身的要求对仓库进行设计与布局,从而对产品进行更加专业的保管;长期仓储时自有仓储的成本低于公共仓储;有助于树立企业良好形象,当企业将产品储存在自有的仓库中时,客户会认为企业经营十分稳定、可靠,是产品的可靠供应者,这有利于提高企业的竞争优势。

(2)缺点:修建自有仓库投资多、占用资金大、风险较高;自有仓库的位置、结构固定,灵活性较差。

2)租赁公共仓库储存保管的优缺点

租赁公共仓库储存指租赁提供营业性服务的公共仓库储存保管物品。

(1)优点:无需仓库投资,租赁公共仓库,货主企业无需对仓库设施、设备投资,只需支付相对较少的租金即可得到仓储服务;灵活性高,利用公共仓储不受仓储位置制约,没有仓库容量的限制,从而能够满足企业不同时期、不同情况下对仓储空间的需求;使用公共仓储的成本直接随着储存保管货物数量的变化而变动,便于管理者掌握成本;管理比较简单,使用公共仓储由于无须聘用员工及进行作业管理,因而可以避免管理上的困难;公共仓储的规模经济可以降低货主的储存保管成本;公共仓储能够采用更加有效的物料搬运设备从而提供更好的服务。

(2)缺点:增加了企业包装成本,使用公共仓储时,为了避免不同性质的货物相互影响,必须对货物进行保护性包装,从而增加了包装成本;增加了控制库存的难度,在控制库存方面使用公共仓储比自有仓库储存难度大,另外货主企业还可能由此泄露有关商业机密。

3)合同制仓储保管的优缺点

合同制仓储又称第三方仓储,指企业将储存保管等物流活动转包给专业化的外部公司,由外部公司为其提供物流服务。合同制仓储不同于一般公共仓储,它是通过货主企业与仓储企业之间建立伙伴关系来获得专业化、个性化、高效经济的服务。

(1)优点:有利于有效利用资源,合同仓储比自有仓储更能有效地处理季节性生产普遍存在的产品淡、旺季存储问题;有利于扩大市场,合同仓储能够通过仓储设施的网络系统扩大货主企业的市场覆盖范围;有利于企业进行新市场的测试;通过合同仓储网络,使货主企业可以

利用现有设施为客户服务，在促销或推出新产品时可以利用短期合同仓储来考察产品的市场需求；有利于降低运输成本，由于合同仓储处理不同货主的大量产品，因此经过拼箱作业后可大规模运输，这样大大降低了运输成本。

(2)缺点：合同仓储的单位成本较高，由于合同仓储将储存保管工作外包给其他公司，因而单位运输成本相对较高。

4)不同储存保管方式的成本比较

货主企业选择哪种储存保管方式，其决策的主要依据是物流成本是否最低。在三种方式中租赁公共仓库和合同制仓储的成本只包含可变成本，随着储存总量的增加，成本也就增加，其总成本与储存量成正比，其成本函数是线型的。自建仓库仓储的成本包括固定成本和可变成本两部分，其中固定成本不随储存总量的增减而变化，可变成本的大小与储存总量成正比例。自建仓库仓储与租赁公共仓库仓储的成本比较如图 2-1 所示。

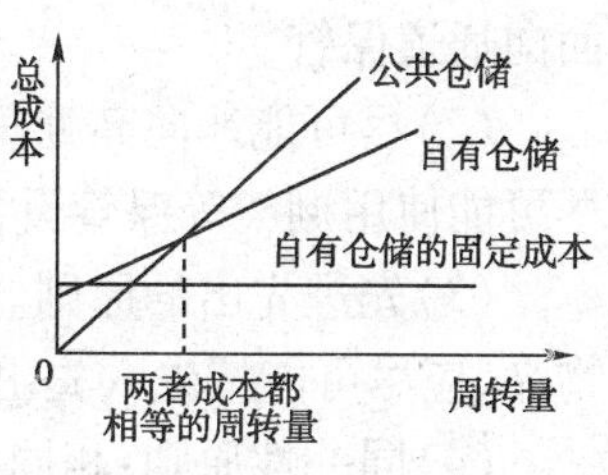

图 2-1　自建与租赁公共仓库仓储的成本比较

5)储存保管方式的选择标准

(1)总成本。物流总成本的大小是选择储存保管方式的主要依据。从图 2-1 可以看出，在周转量较低时，选择公共仓储比较有利。随着周转量的增加，在超过成本相等点以后，则使用自有仓库储存更有利。

(2)周转总量。如果周转量较高，自有仓储更经济。相反，当周转量较低以后，则选择公共仓储更为明智。

(3)需求的稳定性。需求的稳定性是自建仓库的一个关键因素。如果需求稳定，仓库具有稳定的周转量，则自建仓储运作比较经济。如果需求波动大，储存量不稳定，则选择公共仓储比较有利。

(4)市场密度。市场密度较大或供应商相对集中，修建自有仓库比较有利。相反，市场密度较低，则在不同地方使用几个公共仓储比一个自有仓库服务一个很大的地区更经济。

6. 集中储存与分散储存方式选择

采取集中还是分散方式储存保管物品，即仓库数量的选择，也是仓储管理的一项重要决策。企业规模不同，产品市场的竞争程度、产品的可替代性强弱不同以及物流总成本的大小，都会影响到仓库数量的选择。集中或分散储存方式的选择标准有：

(1)成本大小。仓库数量对物流系统的各项成本都有重要影响。一般来说，随着物流系统中仓库数量的增加，运输成本和失销成本迅速下降，从而使总成本下降。但是当仓库数量增加到一定规模时，库存成本的增加额超过了运输与失销成本的减少额，则总成本开始上升。因此，仓库数量要与储存成本平衡。

(2)客户服务的需要。影响仓库数量的另一个主要因素是货主企业对服务的需要。一般来说，产品的可替代程度与所需的客户服务水平之间存在很强的相关关系，当客户对服务标准要求很高时，需要更多的仓库来及时满足客户需求。

(3)运输服务水平。运输服务水平高，能实现快速运输服务，则需要仓库数量少。相反，在不能提供合适的运输服务情况下，就要增加仓库来满足客户对交货期的要求。

(4)客户的小批量购买。客户如果采取小批量购买，则需要分散化储存。

(5)计算机的应用。随着计算机在仓库管理中应用的普及,大大提高了仓库资源的利用率和运作效率,可以使货主企业对仓储的控制不再受仓库数量与位置的限制。

(6)单个仓库的规模。仓库规模大,则数量可少;规模小,则数量应增加。

7. 储存保管作业的合理化

实现储存保管作业的合理化,是提高物流管理的重要内容,为此应从以下方面入手:

(1)面向通道进行保管。为使物品出入库方便,容易在仓库内移动,其基本要求是将物品面向通道保管。

(2)尽可能地向高处码放,提高保管效率。为了有效利用库内容积,应当高层堆码,并应尽可能使用棚架等保管设备。

(3)先进先出的原则。对于易变质、易破损、易腐蚀的物品以及对于机能易退化、老化的物品,应尽可能按先入先出的原则,加快周转。

(4)同一性原则:相同品种在同一地方保管。为提高作业效率和保管效率,同一物品或类似物品应放在同一地方保管。

(5)重量特性原则:根据保管物品的重量来确定保管的位置。安排放置场所时要把重的物品放在下边,把轻的物品放在上边;对需要人工搬运的大型物品应码放在腰部以下位置,轻型物品应码放在腰部以上位置。

(6)根据出库频率选定位置。出货和进货频率高的物品应放在靠近出入口,易于作业的地方。流动性差的物品放在距离出入口稍远的地方。

(7)依据形状安排保管方法。依据物品形状来保管也是很重要的,如标准化商品应放在托盘或货架上来保管。

(8)设置标识原则。货物存放的场所要有明确的标识,以便于货物的查找,提高上货和取货的速度,减少差错的发生。标识的位置要便于作业人员的视觉识别。

第四节　运　　输

一、运输概述

1. 运输的概念

所谓运输是用设备和工具将物品从一地向另一地运送的物流活动。包括集货、搬运、分配、中转、装入、卸下、分散等一系列操作。

运输与搬运不同,它是在不同的地域范围内对物品进行空间位移,是较大空间范围的移动。搬运是在同一地域的活动,它一般指短距离 、小批量的运输。

2. 运输的功能

(1)物品转移功能。无论物品处于哪种形式,是材料、零部件、装配件、在制品还是产成品,也不管是在制造过程中将被转移到下一阶段还是将商品送达到最终顾客,运输都是必不可少的。

(2)物品储存功能。从本质上看运输车辆也是一种临时储存设施,具有临时储存物品的功能。当然用做临时储存物品的车辆是移动的,而不是闲置状态。

3. 运输的作用

(1)运输是社会物资生产的必要条件,是国民经济的基础。如果没有运输,生产过程就没法完成。通过运输将物品送到场所效用最高的地方,才能发挥物品的最大潜力,提高物品的使用价值,实现资源的优化配置。

(2)运输具有扩大市场、稳定价格的作用,它对发展经济,提高国民生活水平有着十分巨大的影响。

(3)运输是“第三利润源泉”的主要源泉。运输承担大跨度空间转移任务,要靠大量的动力消耗才能实现。据分析计算,在整个社会的物流总成本中,运输费用占到近50%,占据比例最大。因而合理组织运输活动,节约运输成本,是降低物流成本的重要内容。

4. 运输与物流其他环节的关系

(1)运输与包装的关系。货物包装的材料、规格、方法都不同程度地影响运输。包装的外部尺寸应与车辆的内部尺寸相吻合,这对提高货物的装载率有重要意义。

(2)运输与装卸的关系。只要运输活动发生就必然伴随装卸活动。物品在运输前的装车、装船活动是完成运输的先决条件。当货物运达目的地后的卸车搬运作为最终完成运输任务的补充劳动,使运输的目的最终完成。装卸还是各种运输方式的衔接环节,当一种运输方式向另一种运输方式转换时必须依靠装卸作为必要的衔接手段。

(3)运输与储存的关系。储存保管是货物的停滞状态,是货物投入消费前的准备。运输对货物的储存有重大影响,如果运输活动组织不善或运输工具不得力,就会延长货物在仓库的储存时间,这不仅增大了货物的储存量,而且还会使货物的损耗增大 。

(4)运输与配送的关系。在物流活动中将货物大批量长距离从生产工厂直接运达客户或者配送中心,称为运输。将货物从配送中心就近发运到地区内各客户手中,称为配送,它属于连接客户的末端运输。在物流系统中必须实现两者的有机结合,才能高效地完成物流任务。

二、运输的基本方式及特点

运输方式是指运送物品(货物)所采用的交通工具和方法的类型。目前主要有5种基本的运输方式,即铁路、公路、水路、航空和管道运输,其特点如下:

1. 铁路运输

是陆地长距离运输的主要方式。由于在固定轨道线路上行驶,可以自成系统,不受其他运输条件的影响。可重载高速运行,运输单位大,使运费和劳务费降低。但车站之间距离比较远,缺乏机动性。

2. 公路运输

是最普及的一种运输方式。最大的优点是空间和时间方面具有充分的自由性,不受路线和停车站的约束,可以实行从发货人到收货人之间门对门直达输送。由于减少了转运环节,货物包装可以简化。货物损伤、丢失和误送的可能性很小。汽车运输的运输单位小,产生不了大批量输送的效果。单位运输成本高,长距离输送中缺点较为显著。由于汽车数量的增多,产生的废气、噪声也造成了环境污染。

3. 水路运输

有海运和内河航运两种。利用水路运送货物，在大批量和远距离的运输中价格便宜，可以运送超大型和超重物。运输线路主要利用自然的海洋与河流，不受道路的限制，在隔海的区域之间是代替陆地运输的必要方式。水上航行的速度比较慢，航行周期长，易受天气影响，建设港湾也要花费高额费用。

4. 航空运输

主要优点是速度快。因为时间短，货物损坏少，特别适合一些保鲜物品的输送。但是航空运输在费用高、离机场距离比较远的地方利用价值不大。客运飞机可以利用下部货仓运送少部分货物，但是随着空运货物的增加，出现了专用货机，采用单元装载，缩短装卸时间，保证了“快”的特色。

5. 管道运输

自来水和城市煤气的输配送是和人们生活最为密切相关的管道运输。主要优点是：可以连续不断地输送大量物资，不费人力，运输成本低，管道铺设可以不占用土地或占地较少。管道运输的缺点是在输送地点和输送对象方面具有局限性。一般适用于气体、液体，但是近年也发展了粉粒体的近距离输送，如粮食、矿粉等。

三、运输方式的选择

每一种运输方式，都有其特定的运输线路、运输工具、技术运营特点、经济性能和合理的使用范围，因而恰当选择运输方式，对提高物流效率具有十分重要的意义。

1. 各种运输方式的成本结构和运营特征见下表(表2-1和表2-2)。

各种运输方式的成本结构 表2-1

运输方式	固定成本	变动成本
铁路	高(设备、轨道等)	低
公路	高	适中(燃料、维修等)
水路	适中(船舶、设备等)	低
航空	低(飞机)	高(燃料、劳动、维修等)
管道	最高	最低

各种运输方式的营运特征(分数越低越好) 表2-2

营运特征	铁路	公路	水路	航空	管道
速度	3	2	4	1	5
可行性	2	1	4	3	5
可靠性	3	2	4	5	1
能力	2	3	1	4	5
频率	4	2	5	3	1
合计得分	14	10	18	16	17

2. 运输方式的选择标准

运输方式的选择标准包括以下主要内容：

①取货、运输、送货的服务质量良好，即准确、迅速、安全、可靠；

②门到门运输服务费用合理、低廉；

③能够及时提供运输车辆和运输状况等业务的查询、咨询服务；

④货物丢失或损坏时，能够及时处理有关索赔事项；

⑤正确填制提单、货票等运输凭证；

⑥与企业保持长期真诚合作关系。

在评价选择过程中，可以根据其运输合同的实际履行情况，对上述因素按重要程度进行打分，按照总分(加权处理)多少判别优劣顺序，然后决定选择与否，如何选择、接洽。其具体操作可参考表2-3的格式。

运输方式综合评分表　　表2-3

评估因素	重要程度	承运绩效	等级判定
运输成本	1	1	1
中转时间长度	3	2	6
可靠性	1	2	2
运输能力	2	2	4
可达性	2	2	4
安全性	2	3	6

注：等级判定 = 重要程度 × 承运绩效。

重要程度：1—— 高度重要；2—— 适中；3—— 较低。

承运绩效：1—— 好；2——一般；3—— 较差。

四、运输作业

1. 货物发运

货物发运是指发货单位按照与运输单位的合同要求，通过一定运输方式，将货物从发货地运达目的地的具体业务工作。

货物发运主要有三种方式：①零担发运：是指一批货物，重量和体积都不足以单独使用一个整车，而按其性质又可与其他货物拼装运送的发运方式。可分为直达零担、中转零担、沿途零担；②整车发运：是指一批货物能装满整车。一般可分为单一整车、集装整车发运，集装整车中转发运，整车分卸，整车零担等；③包裹发运：是指一些零星贵重的商品所采用的一种发运方式。

货物发运的主要步骤：第一，组配。根据货源、动力状况，将待运的各种商品按照性质、重量、体积、包装、形状、运价等因素合理地配装在一定容积的运输工具里。第二，制单。主要是填制货物运单和运输交接单。第三，办理托运手续。第四，送单。领货凭证、付货收据、运输交接单等随货同行单据，应在办完托运手续后及时发送收货单位以便对方收货时清点验收。第五，预报。货物发运后，立即向收货单位，通报各有关情况。第六，结算。第七，统计归档。

2. 货物接运

是指货物从发运地运到收货地后，收货单位同承运部门办理的物品点验接受工作。一般包括:第一,接运准备。第二,办理接运手续。第三,办理物品入库或就港站直拨。

3. 货物中转

是指货物从发运地到收货地的运输过程中,由于受购销数量、自然地理位置和交通线路的影响,必须经过运输工具换装才能达到目的地的运输作业。主要包括:第一,衔接中转运输计划。第二,接受中转商物品。第三,发运中转物品。

五、运输合理化

物品从生产地到消费地的运输过程中,从全局利益出发,力求运输距离短、运输能力强、运输费用低、中间转运少、到达速度快、运输质量高,并充分有效地发挥各种运输工具的作用和运输能力,是运输活动要实现的目标。

1. 合理运输的“五要素”

(1)运输距离。在运输过程中,运输时间、货损、运费、车辆或船舶周转速度等运输的若干技术经济指标,都与运输距离有一定的比例关系。因此,运距长短是运输是否合理的一个最基本因素,缩短运距既具有宏观的社会效益,也具有微观的企业效益。

(2)运输环节。每增加一次运输,不但会增加起运的运费和总运费,而且要增加运输的附属活动,如装卸、包装等,从而使各项技术经济指标也会下降。所以,减少运输环节,尤其是同类运输工具的环节,对合理运输有促进作用。

(3)运输工具。各种运输工具都有其使用的优势领域,对运输工具进行优化选择,最大程度地发挥所用运输工具的作用。

(4)运输时间。运输是物流过程中需要花费较多时间的环节,尤其是远程运输,在全部物流时间中,运输时间占绝大部分,因而运输时间的缩短对整个流通时间的缩短有决定性的作用。此外,运输时间短,有利于运输工具的加速周转,充分发挥运力的作用;有利于货主资金的周转;有利于运输线路通过能力的提高;对运输合理化有很大贡献。

(5)运费费用。运费在全部物流成本中占很大比例,运费高低在很大程度上决定了整个物流系统的竞争能力。运费的降低,无论对货主企业来讲还是对物流经营企业来讲,都是运输合理化的一个重要目标。

2. 运输合理化的措施

(1)提高运输工具实载率。实载率是反映车船吨位和里程利用情况的综合指标。提高实载率,能充分利用运输工具的额定能力,减少车船空驶和不满载行驶的时间,减少浪费,从而求得运输的合理化。例如,当前国内外开展的“配送”形式,优势之一就是将多家需要的物品或一家需要的多种物品实行配装,以达到容积和载重的充分利用,减少回程空驶的效果。在铁路运输中,采用整车运输、整车拼装、整车分卸及整车零卸等措施,都是提高实载率的有效途径。

(2)改进运输,提高运输能力。在运输设施建设已定型和完成的情况下,通过改善运输组织可实现能源、设施的少投入,增加运输能力的目的。例如铁路运输中采取“满载超载”法(“满载”指充分利用货车容积和载重量,都载货,不空驶。“超载”指在机车能力允许情况下,多加挂车皮);水运上对竹、木等物品采用拖排和拖带法;内河驳船采用的顶推法;汽车挂车法等、都是在充分利用动力能力的基础上,增加运输能力。

(3)发展社会化运输体系。运输社会化的核心是打破一家一户自成运输体系的状况,发

挥运输的大生产优势,实行专业化分工与合作,实现运输的规模效益。实现运输社会化,可以统一安排运输工具,避免对流、倒流、空驶等多种不合理形式,不但可以追求组织效益,而且可以追求规模效益,如广泛开展的联合运输,取得了很大成绩。

(4)开展中短距离铁路、公路分流。在公路运输经济里程范围内,尽量利用公路。通过公路分流,缓解铁路运输的紧张状况。充分发挥公路门到门,机动灵活,在中短途运输中速度快的优势,实现铁路运输服务难以达到的服务水平。

(5)发展直达运输。当客户一次运输批量和一次需求达到一整车时,要尽量组织直达运输。此外,在生产资料、生活资料的运输中,通过直达,建立稳定的产销系统和运输系统,从而提高运输效率。

第五节　配　　送

一、配送概述

1. 配送的概念

所谓配送是指在经济合理区域范围内,根据客户要求对物品进行拣送、加工、包装、分割、组配等作业,并按时送达指定地点的物流活动。

配送是物流中一种特殊的、综合的活动形式,是商流与物流紧密结合,包含了物流中若干功能要素的一种物流活动。从物流角度来说,配送几乎包括了所有的物流功能要素,是物流的一个缩影或在较小范围中物流全部活动的体现。一般的配送集装卸、包装、保管、运输为一体,通过一系列活动完成将物品送达客户的目的。特殊的配送则还要以加工活动为支撑,所以包括的内容广泛。

配送在社会再生产过程中的位置,是处于接近客户的那一段流通领域。从商流来讲配送和物流不同之处在于,物流是商、物分离的产物,而配送是商、物合一的产物,配送本身就是一种商业形式。从配送的发展趋势看,商流和物流的结合越来越紧密,这是配送成功的重要保障。

2. 配送的特点

(1)配送以用户的要求为出发点。配送以用户的订货要求为出发点,用户处于主导地位。因此,配送必须树立"用户第一"、"质量第一"的观念。

(2)配送的实质是送货。但与一般送货有区别,一般送货可以是一种偶然行为,而配送是一种固定的形态。它是一种有确定组织、确定渠道、有整套设施和装备、有管理力量和技术力量,并有一套规范制度的完整体系。

(3)配送是从物流据点至用户的一种特殊送货形式。他表现为中转型送货,而不是工厂至用户的直达型送货。更重要的是,用户需要什么送什么,而不是有什么送什么。

(4)配送是配与送的有机结合。配送利用有效的分拣、配货等理货工作,使送货达到一定的规模,以利用规模优势取得较低的送货成本。

(5)配送强调以合理的方式送交用户。配送应在满足用户要求的同时,追求合理性,并指导用户,以使双方都有利可图。

(6)配送是面向最终用户提供的物流服务。在市场的主导权由处于上游的制造商或供应商向处于下游的零售商或消费者不断转移的态势下，物流服务需要更加接近市场。作为直接面向用户的配送，在满足个性化、高度化的物流需求方面发挥着极其重要的作用，对企业经营战略的实现极为重要。

二、配送的种类

配送可以按不同的标志进行分类

1. 按配送组织者不同分类

(1)配送中心配送。配送组织者为配送中心，通常有完善的配送设施、设备，配送专业性强，一般和用户有固定的配送关系。它具有配送能力强、配送品种多、数量大的特点，是配送的主要形式。

(2)仓库配送。它以仓库为据点进行配送，一般是在保持仓库储存保管功能的前提下，增加一部分配送职能。

(3)商店配送。配送的组织者为商业或物资的门市网点。这种配送形式除自身日常的零售业务外，还要按用户的要求配齐商品(包括本店经营商品和代客订货商品)后送达用户。在某种意义上讲，它是一种销售配送形式。

2. 按配送时间和数量的多少进行分类

(1)定时配送。这种配送是按规定的时间间隔进行配送，每次配送的品种、数量可按计划执行，也可以在配送之前以商定的联络方式通知配送时间和数量。它可以区分为日配送和准时——看板方式配送。

(2)定量配送。指按规定的批量在一个指定的时间范围内进行配送。这种配送方式由于配送数量固定，备货较为简单，可以通过与用户的协商，按托盘、集装箱及车辆的装载能力确定配送数量，从而提高配送效率。

(3)定时定量配送。这种方式是按照规定的批量在一个指定的时间范围内进行配送。兼有定时配送和定量配送的特点，对配送管理水平要求较高。

(4)定时定路线配送。它是在规定的运行路线上制定到达时间表，按运行时间表进行配送，用户可按规定路线、站点和规定时间接货，或提出其他配送要求。

(5)即时配送。这种配送是完全按用户提出的配送时间和数量随即进行配送，它是一种灵活性很高的应急配送方式。采用这种方式，用户可以实现保险储备为零的零库存，即以即时配送代替了保险储备。

3. 按配送企业专业化程度进行分类

(1)综合配送。这种配送的特点是配送的商品种类较多，且来源渠道不同，但在一个配送据点中组织对用户的配送，因此综合性强。

(2)专业配送。它是按产品性质和状态划分专业领域的配送方式。这种配送方式由于自身的特点，可以优化配送设施，合理配备配送机械、车辆，并能制定适用合理的工艺流程，以提高配送效率。诸如中、小件杂货配送，金属材料配送，燃料煤、木材、平板玻璃、化工产品、生鲜食品等的配送，都属于专业配送。

三、配送的意义

发展配送，对于完善物流系统，提高整个社会的经济效益具有重要作用。

(1)配送可以降低整个社会物资的库存水平。对于生产企业来说,依靠配送中心准时配送或即时配送,可以降低库存,甚至实现“零库存”。就整个社会来说,发展配送,实行集中库存,取代了原来分散于各企业的库存,从而降低社会的总库存量,这对于节约资金,降低库存成本具有重要意义。

(2)有利于提高物流效率,降低物流费用。发展配送,实行集中库存,可以发挥规模经济优势,降低库存成本;实行集中发货,可以节省运力,实现经济运输,提高物流经济效益。

(3)有利于提高物流服务水平。配送有利于灵活调度,更好地适应消费需求多样化和个性化的要求,使物流朝多品种、小批量方向发展。

(4)有利于流通社会化、物流产业化。实行社会集中库存、集中配送,可以从根本上打破条块分割的流通体制,实现流通社会化、物流产业化。

四、配送作业

配送作业包括集货、分拣、配货、配装、配送运输、送达服务以及配送加工等作业环节。

(1)集货。分散的或小批量的物品集中起来,以便进行运输、配送的作业。集货是配送的重要环节,为了满足特定客户的配送要求,有时需要把从几家甚至数十家供应商处预订的物品集中,并将要求的物品分配到指定容器或场所。集货是配送的准备工作或基础工作,是配送的优势之一,就是可以集中客户的需求进行一定规模的集货。

(2)分拣。将物品按品种、出入库先后顺序进行分门别类堆放的作业。分拣是配送不同于其他物流形式的功能要素,也是配送成功的一项重要支持性工作。它是完善送货、支持送货的准备性工作,是不同配送企业在送货时进行竞争和提高自身经济效益的必然延伸。所以,分拣是送货向高级形式发展的必然要求。有了分拣,就会大大提高送货服务水平。

(3)配货。使用各种拣选设备和传输装备,将存放的物品,按客户要求分拣出来,配备齐全,送入指定发货地点。

(4)配装。在单个客户配送数量不能达到车辆的有效载运负荷时,就存在如何集中不同客户的配送货物,进行搭配装载以充分利用运能、运力的问题,这就需要配装。与一般送货不同之处在于,通过配装送货可以大大提高送货水平及降低送货成本,所以配装也是配送系统中有现代特点的功能要素,是现代配送不同于以往送货的重要区别之一。

(5)配送运输。配送和一般运输形态的主要区别在于:配送运输是较短距离、较小规模、频度较高的运输形式,一般使用汽车作为运输工具。与干线运输的另一个区别是,配送运输的路线选择问题是一般干线运输所没有的,干线运输的干线往往是固定的运输线,而配送运输由于客户多,一般城市交通路线又较复杂,如何组合成最佳路线,如何使配装和路线有效搭配等,是配送运输的特点,是难度较大的工作。

(6)送达服务。将配好的货运送到客户还不算配送工作的结束,这是因为送达货物和客户接货往往还会出现不协调,从而使配送前功尽弃。因此,要圆满地实现运到物品的移交,并有效地、方便地处理相关手续并完成结算,还应讲究卸货地点、卸货方式等。送达服务也是配送独具的特殊性之一。

(7)配送加工。指按照配送客户的要求所进行的流通加工。在配送中,配送加工这一功能要素不具有普通性,但往往是有重要作用的功能要素。这是因为通过配送加工,可以大大提高客户的满意程度。配送加工是流通加工的一种,但配送加工有它不同于一般流通加工的特点,即配送加工一般只取决于客户要求,其加工的目的较为单一。

五、配送合理化的途径

1. 推行一定综合程度的专业化配送

通过采用专业设施、设备及操作程序,取得较好的配送效果并降低配送过分综合化的复杂程度及难度,从而实现配送合理化。

2. 推行加工配送

通过加工和配送结合,充分利用本来应有的这次中转,而不增加新的中转以求得配送合理化。同时,加工借助于配送,使加工目的更明确,和用户联系更紧密,避免了盲目性。将两者有机结合,投入不增加太多却可追求两个优势、两个效益,这是配送合理化的重要经验。

3. 推行共同配送

通过共同配送,可以以最近的路程、最低的配送成本完成配送,从而实现合理化。

4. 实行送取结合

配送企业与用户建立稳定、密切的协作关系,配送企业不仅成了用户的供应代理人,而且是用户的储存据点,甚至成为产品代销人。在配送时,将用户所需的物资送到,再将该用户生产的产品用同一车运回,这种产品也成了配送中心的配送产品之一,或者代存代储,免去了生产企业库存包袱。这种送取结合的方法,既使运力充分利用,也使配送企业功能有更大的发挥,从而实现了合理化。

5. 推行准时配送系统

准时配送是配送合理化的重要内容。配送做到了准时,用户才能有效把握资源,才可以放心地实施低库存或零库存,从而有效地安排接货的人力、物力,以追求最高效率的工作。另外,保证供应能力,也取决于准时供应。从国外的经验看,准时供应配送系统是现在许多配送企业追求配送合理化的重要手段。

6. 推行即时配送

即时配送是最终解决用户企业担心断供之忧,大幅度提高供应保证能力的重要手段。即时配送是配送企业快速反应能力的具体化,是配送企业能力的体现。即时配送成本较高,但它是整个配送合理化的重要保证手段,此外,用户实行零库存,即时配送也是重要保证手段。

第六节　流通加工

一、流通加工概述

1. 流通加工的概念

所谓流通加工是指物品从生产地到使用地的过程中,根据需要施加包装、分割、计量、分拣、组装、价格贴付、商品检验等简单作业的总称。

流通加工是在流通领域从事的简单生产活动,具有生产制造活动的性质。流通加工与生产领域的制造活动的区别是:前者改变加工对象的基本形态和功能,是一种创造新的使用价值

的活动。而流通加工不改变商品的基本形态和功能,只是完善商品的使用功能,提高商品的附加价值。从实际看在物品进入流通领域后,按客户要求进行加工活动,有利于提高物流速度和物品的利用率,促进销售。

2. 流通加工的功能

(1)弥补生产加工的不足的功能。由于产品生产企业多,分布面广,生产资料产品种类繁多,规格型号多杂,要完全做到产品统一及标准化极为困难。此外,社会需求的复杂性,也导致生产企业无法完全满足客户在品种、规格、型号上的需求。而流通企业了解市场供需双方情况,在流通领域开展加工,能弥补生产加工的不足,更好地满足客户的需要。

(2)强化产品保存的功能。流通加工使产品的使用价值得到妥善的保存。如对生产后消费品的冷冻、防腐、保鲜、防虫、防霉加工;对生产资料防潮、防锈、木材的防干裂加工等。

(3)方便配送的功能。配送是流通加工、整理、分拣、分类、配货、末端运输等一系列活动的集合。配送活动的开展,依赖于流通加工,流通加工是做好配送工作的前提。

(4)提高商品附加价值的功能。对蔬菜等食品原材料进行深加工,如加工成半成品,可以满足消费者对商品高度化的需求,提高商品的附加价值。

二、流通加工的形式

1. 流通加工的基本形式

由于目的和作用不同,流通加工的形式多种多样。

(1)以保存产品为主要目的的流通加工。通过对生活资料和生产资料进行流通加工可以达到延长产品使用时间的目的。

(2)为适应多样化需要的流通加工。将生产出来的单调产品进行多样化的改制,以满足消费者多样化的需求。如对钢材卷板的舒展,剪切加工;平板玻璃按需要的规格的开片加工,木材改制成方木、板材的加工;将商品的大包装改为小包装等。

(3)为了消费方便、省力的流通加工。发挥流通加工中心人才、设备、场所的优势,对产品进行深度加工,如对钢材定尺、定型、按需求下料;将木材、铝合金加工成各种可直接投入使用的型材;冷拉钢筋及冲制异型零件,钢板预制处理、整形、打孔等加工等,使消费者省力,方便了消费。

(4)为提高产品利用率的流通加工。利用流通领域的集中加工代替原分散在各使用部门分别加工,这不仅可以减少原材料的消耗,提高加工质量,而且还能使加工后的副产品得到充分利用。

(5)为提高物流效率,降低物流损失的流通加工。对一些形状特殊,影响运输、装卸作业效率,极易发生损失的物品进行加工,可以弥补其物流缺陷,如对自行车的消费地的装配加工,造纸用材料磨成木屑的加工,石油气的液化加工等,均可提高物流效率。

(6)为衔接不同运输方式的流通加工。某些流通加工,可以帮助克服生产大批量,高效率的输送与消费多品种,多户头的矛盾。如水泥中转仓库从事的散装水泥袋装流通加工以及将大规模散装转化为小规模散装,就属于这种流通加工形式。

(7)为实现高效率配送而进行的流通加工。配送中心通过对物品进行各种加工,如拆整化零、定量备货、定时供应等。这些加工活动为实现高效率配送创造了条件。

2. 我国流通加工的主要形式

我国常见的流通加工形式,包括剪板加工、集中开木下料、配煤加工、冷冻加工、分选加工、精制加工、分装加工、组装加工、加工定制等。

(1)剪板加工。在固定地点设置剪板机进行下料加工,或设置种种切割设备将大规格钢板切小或切成毛胚的流通加工。

(2)集中开木下料。在流通加工点,将原木锯裁成各种锯材,同时将碎木、碎屑集中加工成各种规格板材,甚至还可进行打眼、凿孔等初级加工。

(3)配煤加工。在使用地区设置加工点,将各种煤及一些其他发热物资,按不同配方进行掺配加工,生产出各种不同发热量的燃料,如无锡燃料公司开展的动力配煤加工等。

(4)冷冻加工。为解决鲜肉、鲜鱼等在流通中保鲜及搬运装卸问题,采取低温冷冻方式的加工。

(5)分选加工。针对农副产品规格、质量离散较大的情况,为获得一定规格的产品而采取的人工或机械分选方式加工。

(6)精制加工。在农、牧、副、渔等产品的产地和销地设置加工点,去除无用部分,甚至可以进行切分、洗净、分装等加工。

(7)分装加工。为了便于销售,在销售地区按所要求的零售起点进行新的包装,大包装改小、散装改小包装、运输包装改销售包装等。

(8)组装加工。采用半成品(高容量)包装出厂,在消费地由流通部门所设置的流通加工点进行拆箱组装,随即进行销售。

(9)加工定制。企业委托外厂进行加工和改制,是弥补企业加工能力不足或商店不经营的一项措施,如非标准设备、工具、配料、半成品等,可分为带料加工和不带料加工,前者有使用单位供料,加工厂负责加工,后者由加工厂包工包料。

三、流通加工作业

流通加工作业的内容包括袋装、定量化小包装、挂牌子、贴标签、配货、拣选、分类、混装、刷标记等。生产的外延流通加工包括剪断、打孔、打弯、拉拔、挑扣、组装、改装、配套以及混凝土搅拌等。

加工活动的组装环节是在流通过程中完成的。对在生产过程中装配完整,在运输时耗费很高的产品,一般都是把它们的零部件分别集中捆扎或装箱,到达销售地或使用地点以后,再分别组装成成品,这样使运输方便和经济。

有时根据生产经营需要,必须在流通过程中按照顾客的要求进行加工,包括:在物流活动中将货物分解、分类处理;在销售时进行安装、配置等。

四、流通加工的合理化

实现流通加工的合理化,涉及许多因素。因此,必须重点做好以下几方面的工作:

1. 搞好流通加工中心的布局规划与建设工作

流通加工布局状况是影响其合理化的重要因素。一般而言,为衔接单品种大批量生产与多样化需求的流通加工,加工地应设置在需求地区,这样既有利于销售,提高服务水平,又能发

挥干线运输与末端配送的物流优势，如平板玻璃的开片套裁加工中心。为方便起见，物流的流通加工应设在产出地，如肉类、鱼类的冷冻食品加工中心。这样使经过流通加工中心的货物能顺利地、低成本地进入运输、储存等物流环节。

2. 加强流通加工的生产管理

加强对流通加工中心人力、设备、动力、财务、物资等的管理，提高出材率，降低消耗，从而取得良好的效益。提高加工的灵活性，做到柔性生产，满足客户的多种需求。

3. 加强流通加工的质量管理

通过加强对加工产品的质量控制，满足用户的质量要求。

4. 实现流通加工与配送、运输、商流的有机结合

应做到加工与配送相结合，按配送需要加工，并使加工后的产品直接投入配货作业，提高配送水平。加工和配套相结合，通过流通加工，有效促成配套，提高流通加工作为桥梁与纽带的能力。加工与合理运输相结合，使干线运输与支线运输合理衔接、提高运输及运输转载效率。加工与合理商流相结合，通过加工有效促进销售，使商流合理化。加工与节约相结合，通过设置流通加工，达到节约能源、节约设备、节约原材料消耗的目的，提高经济效益。

第七节　物流信息管理

一、物流信息概述

1. 物流信息的概念

所谓物流信息是指反映物流各种活动内容的知识、资料、图像、数据、文件的总称。物流信息是物流活动中生成的信息，与物流过程中的运输、保管、装卸、包装等各种职能结合在一起，在物流活动中起着神经系统的作用。从来源上看，物流信息既有来源于物流活动本身的信息，也有来源于对物流活动有重要影响的外部环境信息。

2. 物流信息的特征

物流信息除具有一般信息的特征外，还具有反映物流活动的具体特征。

(1)信息量大。物流信息随着物流活动以及商品交易活动的展开而大量发生。从今后的发展来看，随着企业间合作倾向的增强，供应链系统的各个环节和各种活动也必然会产生更多的信息。

(2)周期性。物流为生产经营服务，必然反映市场周期性变化的影响，从而导致物流信息的周期性。

(3)及时性。物流信息必须适应企业物流高效运行的及时性需求。

(4)来源的广泛性。物流信息不仅包括企业内部物流信息，而且包括企业间的物流信息和与物流活动有关的基础设施的信息等。物流信息必须适应物流开放性、社会性发展的要求。

(5)精确性。物流信息必须准确反映当前物流状况。

(6)灵活性。物流信息必须有能力提供能迎合特定顾客需要的数据。

(7)全面性。在物流系统中，除对各项活动进行计划预测、动态分析时，需要及时提供有关的物流作业信息外，还要提供物流费用、生产情况、市场动态等相关信息。只有全面、及时地

收集和传输有关信息,才能使物流通畅化、定量化。

(8)关联性。物流信息涉及到物流管理的各个层次和环节,他们彼此之间相互关联。譬如源于客户订单的拣货清单不仅属于仓库和库存计划的战术性决策信息,而且还涉及战略决策,如最初的仓库布局等。

3. 物流信息的结构

物流信息的结构可以从纵向和横向两个角度分析。

(1)从水平方面(横向)看,信息系统贯穿于供应物流、生产物流、销售物流、回收和废弃物流中的运输、储存保管、搬运装卸、包装、流通加工等各种环节,联系着供应链中的每个节点。

(2)从垂直方向(纵向)看,可以分为三个层次,即战略层、管理控制层和作业层信息。其中,战略层信息主要是用来辅助企业高层领导指定中长期计划;战术层信息主要是用来辅助中层管理者制定中短期计划,如预测、生产计划和资源计划;操作层信息是用来辅助一线管理者和操作者进行短期瞬间决策的,如应对变化和偶发事件。各个层次信息包括的主要内容见表2-4。

各层次物流信息的主要内容 表2-4

信息的层次 信息需求者	战略层信息	管理控制层信息	作业层信息
采购	可供选择的供应商的信息	辅助订单安排的信息	有助于决定何时向供应商下达订单的信息
生产	有助于决定产品范围的信息	辅助生产周期决策的信息	原材料出库的信息
库存	有助于决定库存持有方式的信息	辅助决定库存水平的信息	供应商订单计划
仓储	有助于决定采用自营形式或利用第三方仓储服务的信息	有关所需资源水平的信息	拣货清单等
运输	有助于决定自购车辆或租用车辆运输的信息	有关行程安排和调度,以及资源供应的信息	出货清单等
营销	人口统计信息,商品需求的信息	有助于编制季节性订单计划的信息	收到的订单等

从以上分析可以看到,物流信息联结着物流系统的各个层次和各个环节,调节和控制着各项物流活动的进行。

4. 物流信息的基本功能

(1)支持保证功能。在物流活动的管理中,诸如运输工具的选择、运输路线的确定、在途货物追踪、仓库的有效利用、订单管理等,都需要详细、准确的物流信息。因此,物流信息对运输管理、库存管理、订单管理等物流活动具有支持保证的功能。在供应链管理中,它还具有联结整合整个供应链,使整个供应链活动效率化的功能。

(2)决策功能。物流信息能协调管理人员对物流活动进行评估、比较和成本-收益分析,从而更有效地进行物流决策,因而具有决策功能。

(3)控制功能。物流信息对于控制物流活动,确保物流服务水平,具有重要作用。

(4)战略功能。全面、及时、可靠的物流信息,有助于开发和确立物流战略。

总之,物流的所有组成部分都依赖于信息来进行计划、组织、协调与控制。物流信息的时间性和质量影响了决策的质量,优质的信息有助于制定好的策略,而不充分或不正确的信息只能导致决策的失败。

二、物流信息管理

1. 物流信息管理的概念

物流信息管理(数据管理)就是管理物流信息资源,包括:制定信息政策,定义信息需求,进行数据规划,编制数据字典,维护数据质量标准,统一规划、组织、控制信息处理活动(收集、加工、传输、存贮、检索、提供)的一整套特别的组织功能。

(1)信息政策。有关信息分享、传递、需要、标准、分类、储存等规则。

(2)信息需求。明确企业各级管理人员在进行物流管理决策和开展日常管理活动过程中何时、何处以及需要哪些信息。

(3)数据规划。从企业的战略高度,对数据资源的管理、开发、利用进行长远发展的计划,用以指导数据库和数据仓库的设计。

(4)数据字典。对企业数据流程图中的所有数据元素进行规范定义的一份详细清单。

(5)数据质量标准。为满足信息需求而应达到的时间、精度、格式、可得性方面的具体要求。

(6)信息处理。识别使用者的信息需要,对数据进行收集、存贮和检索,将数据转换成信息,对信息的传输加以计划,并将这些信息提供给使用者。

2. 物流信息管理

加强物流信息管理应重点做好以下工作:

(1)加强物流信息的收集、传递、整理、分析和应用管理。这是物流信息管理的基本内容。物流信息在物流管理和供应链管理中,容易出现信息的缺损、失真或者失效,不能满足物流活动的基本要求。因此必须强化对物流信息活动过程的组织和控制,加强物流信息系统基础设施建设,创造良好的物质环境。

(2)建立有效的信息交流、共享机制。信息只有传递、交流和应用才能产生价值。通过建立有效的信息交流,共享机制,不断形成信息资源的累积和优势转化,从而创造更多的信息价值。为此,要求积极培养物流管理人才,采用现代科学技术,提高信息的交流处理能力,创新物流信息的价值实现途径。

案例

韩国三星公司的物流运输合理化革新

企业物流工作进行的根本目标,就是通过在采购、生产、销售过程中有效地掌握物流、信息流去满足客户的要求,也就是在最合适的时间、最合适的地点提供给客户需要的产品。

今天的商业环境正在发生着显著的变化，市场竞争愈加激烈，客户的期望值正在日益提高。为适应这种变化，企业的物流工作必须进行革新，创建出一种适合企业发展、让客户满意的物流运输合理化系统。

三星公司从1989年到1993年实施了物流运输工作合理化革新的第一个五年计划。这期间，为了减少成本和提高配送效率进行了“节约成本200亿”、“全面提高物流劳动生产率运动”等活动，最终降低了成本，缩短了前置时间，减少了40%的存货量，并使三星公司获得首届韩国物流大奖。

三星公司从1994年到1998年实施物流运输工作合理化革新的第二个五年计划。重点是将销售、配送、生产和采购有机结合起来，实现公司的目标。即将客户的满意程度提高到100%，同时将库存量再减少50%。为了这一目标，三星公司进一步扩展和强化物流网络，同时建立一个全球性的物流链使产品的供应路线最优化，并设立全球物流网络上集成订货-交货系统，从原材料采购到交货给最终客户的整个路径上实现物流和信息流一体化。这样客户就能以更低的价格得到更高质量的服务，从而对企业更加满意。基于这种思想，三星公司物流工作合理化小组在配送选址、实物运输、现场作业和信息系统四个方面去进行革新。

(1)配送选址革新措施

为了提高配送中心的效率和质量，三星公司将其划分为产地配送中心和销售配送中心。前者用于原材料的补充，后者用于存货的调整。对每个职能部门都确定了最优工序，使配送中心的数量减少、规模得以最优化，便于向客户提供最佳服务。

(2)物流运输革新措施

为了及时地交货给零售商，配送中心在考虑货物数量和运输所需时间的基础上确定出合理的运输路线。同时，一个高效的调拨系统也被开发出来，这方面的革新加强了支持销售的能力。

(3)现场作业革新措施

为了使进出工厂的货物更方便快捷地流动，公司建立了一个交货地点查询系统，可以查询货物的进出库存频率，配置高效的配置资源。

(4)信息系统革新措施

三星公司在局域网环境下建立了一个通信网络，并开发了一个客户服务器系统，公司集成系统SAPR/3将投入物流中使用。由于将生产、配送和销售一体化，整个系统中不同职能部门将能达到信息共享。客户如有涉及物流问题，都可以通过实时订单跟踪系统得到回答。

另外，随着客户环保意识的增强，物流工作对环境保护负有更多的责任，三星公司不仅对客户许下了保护环境的诺言，还建立了一个全天开放的由回收车组成的回收系统，并由回收中心来重新利用那些废品，以此来提升自己企业在客户心目中的形象，从而更加有利于企业的经营。

复习思考题

1. 物流的功能有哪些?

2. 什么是物流信息管理？如何做好物流信息管理工作？

3. 包装的功能、种类和包装合理化的途径是什么？

4. 装卸搬运作业的内容以及装卸搬运合理化的途径是什么？

5. 如何选择储存保管方式？如何实现储存保管的合理化？

6. 如何选择合适的运输方式？运输合理化的措施有哪些？

7. 配送作业包括哪些形式？

8. 我国的流通加工主要有哪些形式？

3 第三章 物流系统

学习目标

通过本章的学习，应能够解释物流系统的定义；描述物流系统的基本要素；说明物流系统分析、设计与评价的基本方法。

物流是一个系统，用系统科学的观点来研究物流活动已成为现代物流学的重要特征。树立系统观念、准确地把握物流系统的本质，对我们学习物流的理论和方法具有十分重要的意义。

第一节 物流系统概述

一、系统的概念

1. 系统的定义

系统是由相互作用和相互依赖的若干组成部分结合而形成的，具有特定功能的有机整体，而这个整体又是它从属的更大系统的组成部分。简单地说，系统是同类或相关事物按一定内在联系组成的整体。相对于环境而言，系统具有一定目的和功能并相对独立。

系统的形成应当具备以下三个条件：

①由两个或两个以上要素组成。

②各要素之间相互联系，使系统保持相对稳定。

③具有一定结构，保持系统的有序性，从而使系统具有特定的功能。

系统具有普遍性。自然界和人类社会中的很多事物都可以看作为系统，如人体的循环系统、神经系统，铁路系统、公路系统，国家的教育系统、司法系统等。一个工厂、一个部门、一项计划、一个研究项目、一套制度等都可以看成是一个系统。

2. 系统的环境和模式

(1)系统的环境是系统的外部条件，是必须接受的外部条件。包括：

①系统的输入：是环境对系统的直接输入，是系统处理的对象。

②系统的输出：是系统对环境的直接输出，是系统处理的结果。

③约束和干扰：是系统处理的外部条件，是环境对系统的间接输入、强迫性输入，是系统处理的约束条件。

(2)系统的模式如图3-1所示。

约束主要表现为环境对系统在能源、信息、物资、人员、技术、政策、风俗、地理、气候等方面的正常输入。

干扰,也是一种约束,它与一般约束不同的地方在于,它是一种偶然的约束,突然发生、不能够预先估计到的约束,例如突然发生的故障、灾害等。

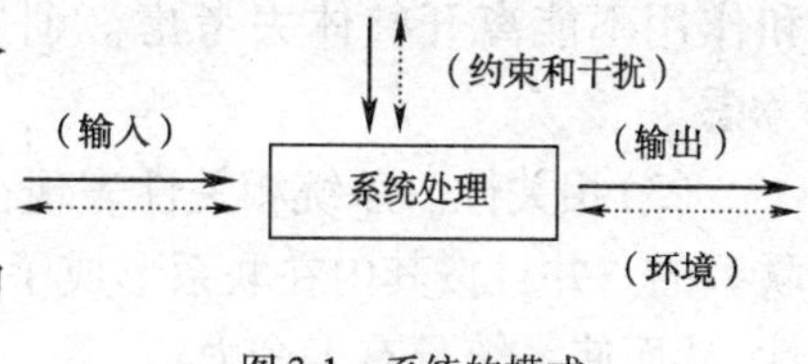

图3-1　系统的模式

3. 系统的分类

对系统进行分类,是研究系统不可缺少的工作。从不同角度考察,可以把系统分为不同的类型。以下我们举出几种常见的分类:

(1)根据客观世界存在的物质和精神两种现象,可以把一切系统划分为实体系统和概念系统。实体系统的要素都是物质实体,如天地系统、生物系统、机械系统。概念系统也叫思想系统,它的要素是由概念、原则、原理、符号等构成,如理论系统、法律概念系统等。

(2)根据人是否参与对系统或系统要素的改造,可以把系统区分为天然系统、人造系统和复合系统。一切由天然物质(不经人的改造)组成的系统叫天然系统,如宇宙系统、海洋系统等。人造系统包括人造自然系统和社会系统。人造自然系统是经过人加工改造过的天然系统,如机器系统、农田水利系统、材料系统等。社会系统是人创造的人和人的关系系统,包括政治、经济、军事、文化教育等组织及由一定的制度、程序等构成的管理系统和人们对自然、社会的认识所构成的科学体系、技术体系等。自然系统和社会系统的结合成为复合系统。在现实生活中,大多是复合系统。如工厂既有自然系统的原料、材料、机器,更离不开人和一整套管理制度,所以是复合系统也称"人-机系统"或"自然-社会系统"。

(3)按照系统的运动状态可分为动态系统和静态系统。生物体不停地新陈代谢,工厂不停地进行生产都是动态系统。一个设计图、一栋建筑物是相对静止的静态系统。

(4)按系统与环境的关系可分为开放系统和封闭系统。凡是与环境发生物质、能量、信息交换的系统是开放系统,反之则为封闭系统。如潜艇和宇宙飞船中的密封舱在一定时候与外界相对隔绝,是封闭系统。而大多数常见的系统是开放系统。

(5)按照系统的复杂程度,可将系统划分为简单系统、一般系统、大系统和特大系统。由为数不多的几个要素组成的系统是简单系统,如一个学习小组、一架比较简单的机器等。当系统的结构可以划分为二组以上的要素,并且各组要素相互作用着,那么这个系统是一般系统,如小型企业包括几个车间(可视为几组要素),各车间发生相互作用就是一般系统。大系统是指规模庞大、结构复杂、因素众多、目标多样、功能综合的系统,如大企业、大工程、复杂的成套设备、国家管理机构及其各个系统等。特大系统是指规模特别庞大、结构十分复杂的系统,比如整个人类社会、整个宇宙星系就是特大系统。

4. 系统的特征

系统应具备以下特征:

(1)目的性。指组成系统的各个要素之间的相互关系均受某一特定的要求制约,以达到某种既定目标,因此系统具有目的性。

(2)整体性。系统整体性表现在系统的特质、功能及其运动规律,只有从整体上才能显示出来。系统整体的功能不是各组成要素功能的简单叠加,而是呈现出各组成要素所没有的新功能,概括表述为"整体大于部分之和"。组成系统的各要素之间,其相互联系和作用不能离开整体去考虑。研究整体中某一要素或某些要素的作用不能离开整体去考虑。

(3)相关性。系统相关性表现在整体与组成整体的各要素之间,整体与环境之间,是有机联系的。并且按其内在联系形成了一定的有序结构,它们之间相互作用、相互影响,具有关联性,从而使系统具有生命力。

(4)结构稳定性和层次性。稳定性是指系统结构的相对不变性,表现在系统某一状态的持续出现。系统结构的稳定性也就是系统内部诸要素相互联系的稳定性。结构的层次性表现在一个系统有自己的结构,但对于更大范围或更多过程的系统来看,这个系统就成为其子系统或要素,这个系统的结构就以其子系统之一,与其他子系统或要素构成高一级层次的系统和结构。

(5)环境适应性。环境是指出现于系统以外的事物(物质、能量、信息)的总称,相对于系统而言,环境是一个更高级的、复杂的系统。由于系统是存在于更高级系统的环境之中,系统必须适应环境才能生存;系统可以能动地改造环境。所以系统对于外部环境具有适应性。

二、物流系统

1. 物流系统的概念

物流系统是由物流各要素所构成的具有特定物流功能的有机整体。在系统中各要素之间存在着有机的联系,它们互相支持、互相制约,这种联系使得物流系统更加趋向合理和优化。

物流系统是社会经济大系统的一个子系统。

2. 物流系统的一般模式

物流系统作为一个开放系统,和一般系统一样,具有输入、转换、输出三大功能。通过输入和输出使系统与社会环境进行交换,使系统和环境相互依存。如图 3-2 所示。

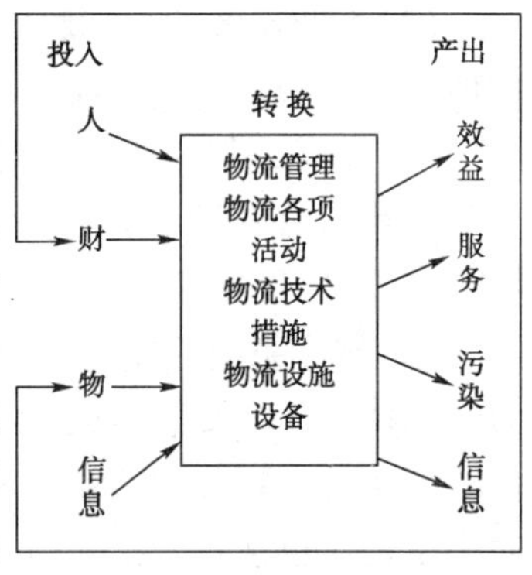

图 3-2　物流系统基本模式

图 3-2 是物流系统一般的、基本的模式。应当说明的是,在物流系统中,输入、输出及转换活动往往是在不同环境下,在不同领域或不同的子系统中进行的,所以具体的输入、输出及转换有不同的内容,不会是全然不变的。

3. 物流系统的目标

物流系统作为社会经济系统的一部分,其目标是得到宏观和微观两个方面的效益。具体来讲,物流系统要实现以下五个目标。

(1)服务。树立"客户第一"的观念,在为用户服务方面做到无缺货、货物无损伤和丢失现象,且费用便宜。物流系统采取的送货、配送等形式以及近年来出现的"准时供应方式"、"柔性供货方式"等,就是其服务性的表现。

(2)快捷。快速、及时既是一个传统目标,更是一个现代目标。随着社会经济的发展,客户对这方面的要求更加强烈了。在物流领域采用诸如直达物流,联合一贯运输等,就是这一目

标的体现。

(3)节约。在物流领域推行集约化管理，提高物流的能力，采取各种节约、省力、降耗措施，是节约这一目标的体现。

(4)规模优化。追求物流规模，实现"规模效益"是物流系统的目标之一。生产领域有规模效益问题，物流领域同样也存在规模效益问题。只是由于物流系统比生产系统稳定性差，因而难以形成标准的规模化模式。在物流领域以分散或集中等不同方式建立物流系统，提高物流集约化程度，就是规模化这一目标的体现。

(5)库存控制。在保证及时供应，不发生缺货的前提下，如何降低库存量、节约资金、降低物流成本，始终是物流管理所面临的重要课题。在物流领域中正确确定库存方式、库存数量、库存结构、库存分布就是这一目标的体现。

4. 物流系统的基本要素

现代物流是一个复杂而巨大的系统工程，它强调物流的总体性和综合性。

现代物流系统的基本要素包括一般要素、功能要素、支撑要素和物质基础要素。

1)现代物流的一般要素

现代物流的一般要素由三方面构成。

(1)劳动者要素。它是现代物流的核心要素。提高劳动者的素质，是建立一个合理化的现代物流并使之有效运转的根本。

(2)资金要素。交换是以货币为媒介的。实现交换的现代物流过程，实际上也是资金运动的过程。同时，物流服务的本身也是需要以货币为媒介，现代物流建设是资本投入的一大领域，离开资金这一要素，现代物流不可能实现。

(3)物的要素。物的要素包括物流的劳动对象，即各种实物。缺少这一要素，现代物流即成为无本之木。现代物流中物的要素还包括劳动工具、劳动手段，如各种物流设施、工具、各种消耗材料(燃料、保护材料)等。

2)现代物流的功能要素

现代物流的功能要素指的是物流系统所具有的基本能力，这些基本能力有效地组合、联结在一起，便形成现代物流系统的总功能，便能合理、有效地实现物流的总目的。

物流系统包括以下七大功能要素：

(1)包装功能要素。是指产品在运输和保管过程中乃至延伸至其前的生产过程和其后的销售过程中为了保证产品的价值和形态所开展的物流活动。

(2)装卸功能要素。是指发生在物流全过程中的物品取放活动，它具有将物流各环节相互衔接的功能。

(3)运输功能要素。是指运用一切可能的手段，使物品发生场所或者空间位移的物流活动，这种手段可以是各类交通工具，也可以是相对固定的输送管道和传输带。

(4)保管功能要素。是指和物品储存管理相关的物流活动，它是创造商品在生产者和消费者之间"时间价值"的主要手段。

(5)流通加工功能要素。是指当产品进入流通领域后，为了促进销售，保证产品合格率，实现物流高效化而进行产品后加工活动。

(6)配送功能要素。是指进入最终阶段的物流环节，包括运用集货、理货、配货、送货等方式开展的一种小型的综合物流活动,它涉及了其他各功能要素的内容。

(7)物流情报功能要素。是指为了物流系统正常运转而开展的相关信息收集、传输、处理、储存的一切活动的总称,是现代物流区别于传统物流的标志性功能要素。

在上述七个功能要素中,运输和保管分别解决了生产者和消费者之间的空间和时间的分离倾向,是物流创造“场所价值”和“时间价值”的主要功能要素,因而在物流系统中处于主导地位。

3)现代物流的支撑要素

现代物流的建立需要有许多支撑手段,尤其是处于复杂的社会经济系统中,要确定现代物流的地位,要协调与其他系统的关系,这些要素必不可少。主要包括:

(1)体制、制度。物流的体制、制度决定物流系统的结构、组织、领导、管理方式,国家对其控制、指挥和管理方式是现代物流系统的重要保障。有了这个支撑条件,现代物流系统才能确立在国民经济中的地位。

(2)法律、规章。现代物流系统的运行,都不可避免地涉及企业或人的权益问题,法律、规章一方面限制和规范物流系统的活动,使之与更大系统协调,一方面是给予保障。合同的执行、权益的划分、责任的确定都靠法律、规章维系。

(3)行政、命令。现代物流系统和一般系统不同之处在于,现代物流系统关系到国家军事、经济命脉,所以,行政、命令等手段也常常是支持现代物流系统正常运转的重要支撑要素。

(4)标准化系统。是保证物流环节协调运行,保证现代物流系统与其他系统在技术上实现联结的重要支撑条件。

4)现代物流的物质基础要素

现代物流系统的建立和运行,需要有大量的技术装备手段,这些手段的有机联系对现代物流系统的运行有决定意义。这些要素对实现物流和某一方面的功能也是必不可少的。主要有:

(1)物流设施。它是组织现代物流系统运行的基础物质条件,包括物流站、场,物流中心、仓库,物流线路,建筑物、公路、铁路、港口等。

(2)物流装备。它是保证现代物流系统开动的条件,包括仓库货架、进出库设备、加工设备、运输设备、装卸机械等。

(3)物流工具。它是现代物流系统运行的物质条件,包括包装工具、维护保养工具、办公设备等。

(4)信息技术及网络。它是用来掌握和传递物流信息的,根据所需信息水平不同,包括通讯设备及线路、传真设备、计算机及网络设备等。

(5)组织及管理。它是物流网络的“软件”,起着联结、调运、运筹、协调、指挥其他各要素以保障物流系统目的实现之作用。

5. 物流系统的特点

物流系统除了具有一般系统所具有的特点,即整体性、相关性、目的性、环境适应性外,同时还具有其自身的一些特性。

(1)物流系统是一个“人-机系统”。物流系统是由人和形成劳动手段的设备、工具所组成的。因此,在研究物流系统各个方面的问题时,应把人和物有机地结合起来,作为不可分割的

整体加以考察和分析,而且始终把如何发挥人的主观能动作用放在首位。

(2)物流系统是一个大跨度系统。这反映在两个方面,一是地域跨度大,二是时间跨度大。在现代经济社会中,企业间物流经常会跨越不同地域,国际物流的地域跨度更大。此外,由于生产节奏和消费节奏不一致,必须采取储存的方式解决产需之间的时间矛盾,这样时间跨度往往也很大。大跨度系统带来的主要问题是管理难度较大,对信息的依赖程度较高。

(3)物流系统是一个可分的系统。作为物流系统无论规模多么庞大,都可以划分为不同种类的子系统以及在层次上划分为不同阶段的子系统。如物流系统可以分为物流信息系统和物流作业系统,而作业系统又可划分为物资包装子系统、装卸子系统、运输子系统、保管子系统、流通加工子系统、配送子系统等。

(4)物流系统是一个复杂系统。物流系统的构成要素多、情况复杂。物流活动涉及范围广,横跨生产、流通、消费三大领域。要协调好各个环节的关系,合理组织和利用人、财、物资源是一个非常复杂的问题。

(5)物流系统是一个动态系统。物流系统是一个具有满足社会需要,不断适应环境变化的动态系统。为适应经常变化的社会环境,人们必须对物流系统的各个组成部分经常地修改、完善。这就要求物流系统必须具有足够的灵活性与可改变性。在有较大的社会变化情况下,物流系统甚至需要重新进行系统的设计。

6. 物流系统中存在的制约关系(效益悖反关系)

1)物流服务和物流成本间的制约关系

要提高物流系统的服务水平,物流成本往往也要增加。比如采用小批量即时送货制,就要增加费用。要提高供货服务水平需降低缺货率,增加库存,从而引起保管费用增加等等。其相互制约关系如图 3-3 所示。

2)构成物流服务子系统功能之间的约束关系

物流各子系统的功能如果不均匀,物流系统的整体能力将受到影响。如搬运装卸能力很强,但运输力量不足,会产生设备和人力的浪费;反之如装卸搬运环节薄弱,车、船到达车站、港口后不能及时卸货,也会带来巨大的经济损失。

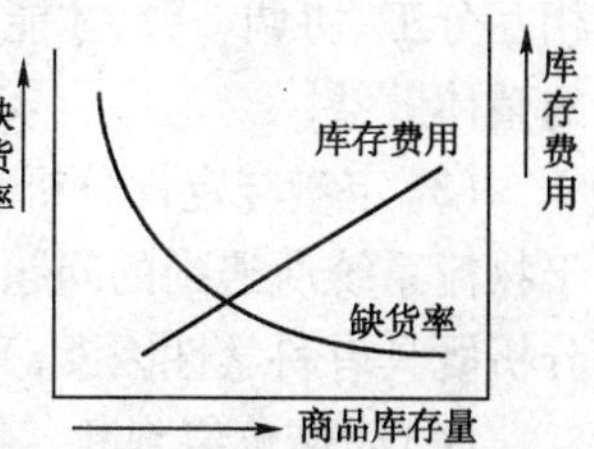

图 3-3 物流服务和成本的制约关系

3)构成物流成本的各个环节费用之间的制约关系

如为了降低库存采取小批量定货,则因运输次数增加而导致费用上升,运费和保管费之间有制约关系。

4)各子系统的功能和所耗费用之间的制约关系

任何子系统功能的增加和完善必须投入资金。如信息系统功能的增加,必须购硬件设备和开发计算机软件。增加仓库的容量和提高进出库速度,就要建设更大更先进的库房并实现机械化、自动化。可见改善功能和财力消耗是一对矛盾。在实际中必须考虑在财力许可的范围内改善物流系统的功能。

如上所述的制约关系不胜枚举。由于各物流子系统之间存在着相互制约的关系(效益悖反关系),因而要求在物流合理化过程中必须有系统观念,重视调整各个子系统之间的矛盾,使之有机地联系起来成为一个整体,以实现最佳效益。

第二节　物流系统分析

一、物流系统分析的概念和特征

1. 物流系统分析的概念

物流系统分析是在选定系统目标和价值准则的基础上，运用定量和定性分析的方法，对系统的功能、环境、费用、效益以及要素间相互关系等问题有步骤地进行分析，以把握物流系统行为的内在规律，寻求对物流系统整体效益最大化或损失最小化的策略活动。

物流系统分析的目的在于通过分析比较各种替代方案的有关技术经济指标，得出决策者形成正确判断所必需的资料信息，以便获得最优系统方案，为决策提供科学依据。

物流系统分析所涉及的问题范围很广，如搬运系统、系统布置、物流预测、生产-库存系统等。由于系统分析需要的信息量大，为了准确地收集、处理、分析、汇总、传递和储存各种信息，要应用多种数理方法和计算机技术，这样才能分析比较实现不同系统目标和采用不同方案的效果，为系统评价和系统设计提供足够的信息依据。

2. 物流系统分析的特点

物流系统分析过程有以下特点：

(1)将特定问题当作系统加以分析。作为一种处理问题方法的系统分析，首先要把特定问题、实践对象当作系统看待。为此需要确认物流系统的边界范围，将它从更大的系统中划分出来，建立起该系统与其环境的联系，同时研究这个系统的构成。必要时还可以将物流系统逐级逐阶再划分。

(2)以提高整体效益为目标。物流系统内的各个子系统都有其既定的功能和目标，只有相互分工、协调一致，才能达到系统的整体目标。从事任何系统分析，都必须着眼于提高系统的整体效益。

(3)定量与定性分析相结合。科学地解决问题必须以相对可靠的数字资料为依据。但由于物流系统所遇到的问题往往涉及方针政策、劳动条件、心理因素等诸多方面，因而物流系统分析既具有科学性因素，又含有艺术性的成分，必须将定量分析与定性分析结合运用。

(4)凭借价值判断。物流系统分析所处理的是复杂系统问题，它的层次关系复杂，不确定的内部矛盾因素和外部不可控因素较多。此外，对方案的评价需要将定量与定性分析、数据与经验结合，因此，判断不同方案可能产生的益损值要凭借一定的价值准则。

由上述特点不难看出：作为方法与工具的物流系统分析，它的主要任务是按照系统实现的目标去寻找优化方案。它的活动不是管理过程的全部，但由于它选择了最佳方案，因而成为搞好管理工作的关键。

3. 物流系统分析的组成要素

物流系统分析的因素很多，人们总结出其中五个基本要素：目标、替代方案、模型、指标、评价基准。

(1)目标。它是物流系统目的的具体化，是进行系统分析的出发点。通过对目的的分析来解决目标的针对性、明确性和规范性，确定物流系统的构成范围。由于目标是物流系统分析

的出发点和建立系统的依据，把握这一要素具有奠基意义。

(2)替代方案(备择方案)。一般情况下，为了实现某一目标，总会有几种可采取的方案或手段，这些方案彼此之间可以替换，故叫做替代方案或备择方案。这些方案总是各有利弊，经过分析比较、权衡利弊，选择一种最合理的方案是物流分析系统研究和解决的重要问题。

(3)模型。模型是根据目标要求，用若干参数或因素对实体物流系统本质的抽象描述，它可以将复杂的问题化为易于处理的形式。即使在实体物流系统尚未建立的情况下，通过对一定模型的分析也可以求出物流系统设计所需的参数，并据此确定各种制约条件。同时还可以利用模型来预测各种替代方案的性能、费用和效益，有利于各种替代方案的分析和比较。在物流系统分析中常常采用数字模型和逻辑模型，用以确定物流系统中各要素之间的定量关系和逻辑关系。

(4)指标。指标是分析的依据，它包括性能、费用与效益、时间等项内容。性能是技术论证的主要方面；费用与效益是经济论证的重要标志；时间是一种价值因素，而进度与周期则是它的具体表现。有了这些指标，既便于衡量总体目标，又有利于对替代方案进行比较。

(5)评价标准。评价标准是物流系统分析中确定各种替代方案优先顺序的标准。标准大体包括费用效益比、性能周期比、费用周期比等。有了它可对方案进行综合评价，并按不同准则排出替代方案的优先次序。由于物流系统自身的多义性、构成的多元性以及人们主观认识上的历史性，因而必须建立评价方案优劣的尺度、标准。评价标准一般应根据物流系统的具体情况而定，但费用与效益的比较是评价各个方案优劣的基本标准。

4. 物流系统分析的要点和步骤

1)物流系统分析的要点

在对某个具体的物流系统进行分析时，往往要通过追问一系列的“为什么”来使问题得到圆满的解答。

具体来讲，通过拟出下列问题，一一求答，就很容易抓住问题的要点。

(1)项目的对象是什么？即要干什么？(what)

(2)这个项目何以需要？即为什么这样子？(why)

(3)它在什么时候和什么样的情况下使用？即何时干？(when)

(4)使用的场所在哪里？即在何处干？(where)

(5)是以谁为对象的物流系统？即谁来干？(who)

(6)怎样做才能解决问题？即如何干？(how)

当然，除了上述问题以外，还可以再提出一些问题来，求得答案。在物流系统开发的各阶段，所需解决的问题应从宏观逐渐转移到微观，因而，对这些疑问的回答也要按照各个阶段来改变。

2)物流系统分析的步骤

任何问题的研究和分析，均有其一定的逻辑推理步骤。如图 3-4 所示。物流系统分析的步骤包括：

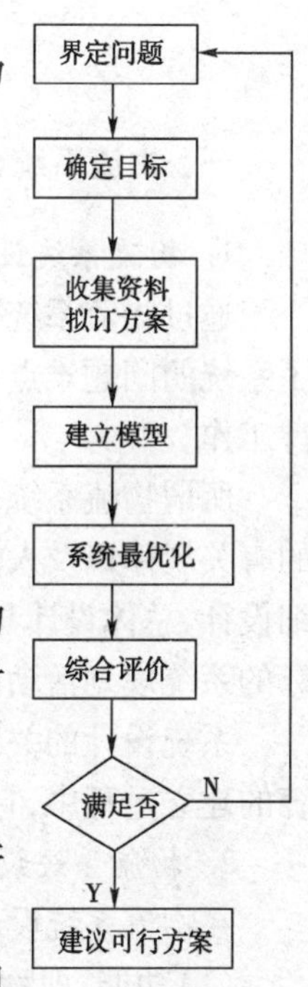

图 3-4 物流系统分析程序

(1)界定问题。即明确物流系统的性质，划分它的界限、范围。只有明确界定了问题，物流系统分析才有可靠的起点，才能进一步确定系统所包含的种种联系，探究问题产生的原因和确定可行的目标。

(2)确定目标。任何问题以及计划、任务都可以具体化为目标。物流系统分析是针对具体目标展开的,而目标又可以通过某些指标来表达。由于实现系统功能的目的是靠多方面因素来保证的,因此物流系统目标往往有多个。在有多个目标的情况下,要考虑目标的取舍与协调,防止轻视或漏掉一些必要的目标。同时注意目标的整体性、经济性和目标的约束条件。

(3)收集资料,拟订方案。收集与物流系统有关的资料和数据。在此基础上,拟制出能达到总体目标和符合约束条件的数个替代方案。这些方案在数量上应把所有的可能方案包括无遗,特别要避免漏掉最优方案。另外,各替代方案之间要有原则区别并且相互排斥、不宜只有细节上的差别。

(4)建立分析模型。依据不同目的,可以构建出各种不同的物流系统模型。模型能帮助人们了解影响物流系统功能的重要因素及其相互关系,确认这些因素对功能和目标的影响程度,揭示总目标和子目标的达成途径。

(5)用最优化方法解析模型。模型的优化方法因模型类型和性质的不同而不同,通常采用数学模型进行优化。在这一步骤中,利用模型对替代方案产生的结果进行计算和测定,考察参数与变量情况,记录各种指标达到的程度,并判断系统的参数与变量能否取得最优值或次优值、满意值。

(6)综合评价。利用模型和其他资料所获得的结果,将各个方案进行定量和定性的综合分析,显示出每一方案的利弊得失或成本效益。同时考虑到其他无形因素,如政治、经济、军事、文化等的影响,以获得综合结论。

第三节　物流系统设计与评价

一、物流系统设计

1. 物流系统设计的概念

通过物流系统分析,在弄清了系统的目标和约束条件,系统的框架结构和评价标准,找到了系统的问题难点和需要加以改善的地方以后,接下来就是按照决策方案的要求,进行系统设计工作。

所谓物流系统设计,是指借助于系统思想,充分利用物流系统分析的各种结果、系统科学的有关规律以及人们在长期实践中积累的成熟经验,通过内部设计与外部设计、轮廓设计与详细设计、总体设计与局部设计等环节,落实到具体物流项目上,以最大限度地实现物流系统目标的系统规划活动。

系统设计的关键在于充分利用和发挥系统分析的成果并使之具体化、结构化。在整个系统的建立过程中,它是造就系统结构,完善系统功能的重要手段。

2. 物流系统设计的要素

在物流系统设计中,一般涉及以下变量:

(1)功能,即物流系统的作用、目的、结果。

(2)输入,即资源、信息、反馈等。

(3)输出,即产出物或物流服务。

(4)程序,即使输入转换为输出的过程。

(5)环境,即系统的外部因素。

(6)物的媒介,即未来实施物流系统方案所必需的设备、工具等。

(7)人的因素,即整个交换过程中人的作用。

在这些变量中,有的是运行可控变量,有的是不可控变量。这要由设计者根据需要和可能性决定,并可通过数学工具测定它们在量上的具体情况。

3. 物流系统设计的程序

如图3-5所示,物流系统设计一般按以下步骤进行:

(1)系统设计的前期准备工作。对新系统设计来说,在该阶段要做的主要工作包括:把预期的物流系统用一定的形式表示出来,或者明确现行物流系统的特征,将系统设计的要求变成设计目标;将涉及的要素以文字或流程图等方式表示出来;调查系统可利用的时间、资金、原料、能源、设备、技术力量等必要的因素,搞清资源制约;初步构建理想系统,确认拟建系统所要达到的特性、指标。对于已有系统的设计,则要搞清拟建系统和现行系统之间的差别,提出改进办法。

(2)进行概略设计。该阶段主要工作是把物流系统的总目标、总要求,潜在的有实现可能的理想系统转换成周密的定性与定量的设计要求。它包括功能分析、功能分配、方案选择与优化、系统综合,并以图解形式揭示系统的种种特性等工作步骤。其中,功能分析的核心问题是构造、描述物流系统功能、系统开发规划、系统作业的数学模型、识别系统功能等;功能分配则按每个具体的系统的设计目标,把系统最上层的根本要求,分配到不同的子系统层上;方案选择,指在系统的范围内,设计者拿出不同的方案,进行系统分析,从中选择最好的设计方案。对设计效果的评价和设计方案的优化,通常利用模型或模拟进行;物流系统的综合,指将系统的各功能部分联结起来构成系统的功能实体,并详细说明物流系统的结构图以及它的可用性、可行性。

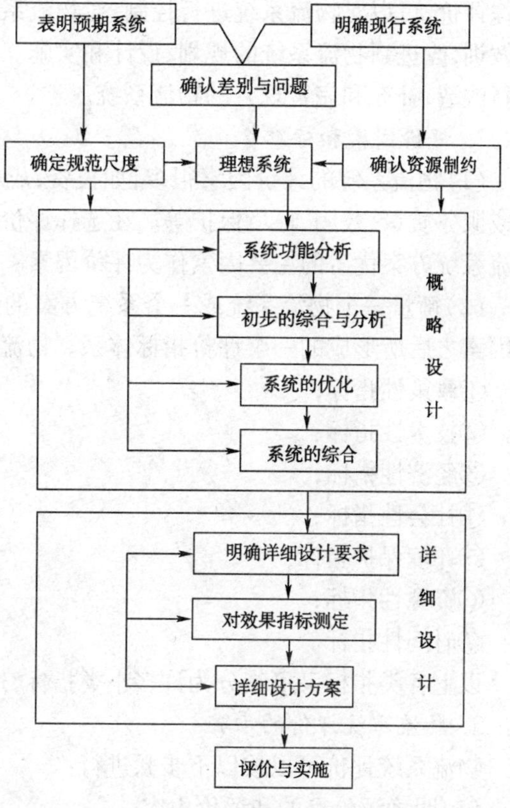

图3-5 物流系统设计程序

(3)详细设计。此阶段的主要工作包括:明确详细设计的要求(如功能、稳定性、服务水平、承载能力、人的因素、环境影响等),对物流系统费用效果指标的测定,由设计组进行的详细设计,拿出系统的详细方案。

(4)系统评价和实施。系统评价主要是根据物流系统的目标、功能等要求,结合评价指标,对物流系统的性能、效果等属性及其消耗占用的资源情况进行测定。然后按照他们技术上是否先进,经济上是否合理,实施上是否可行以及实施带来的效益,提出改进与完善系统的方法。系统实施,指对于经过系统评价或优选的方案可具体组织实施。

二、物流系统的评价

1. 物流系统评价的意义

物流系统的评价是物流系统工程的一项重要内容。依据评价标准对新的物流系统方案在实施前进行评价,可以判断项目的实施后果和影响,评价项目优劣;对实施过程中的方案进行跟踪评价,可以对物流系统进行控制;对物流系统实施结束以后进行回顾评价,有助于总结经验教训,改进新物流系统的规划、设计和实施。对已有的物流系统运行状况进行评价,有助于更新改造,补充和完善现有的物流系统。

2. 评价因素和标准

(1)物流系统的评价因素很多,如投资、成本、费用、收益、利润、投资回收期、资源消耗、产品或服务质量、效用、环境保护等。在选择评价指标时,应该抓住能反映一个物流系统或一个物流系统方案优劣的主要因素作为评价因素。

(2)衡量一个物流系统或一个系统方案的好坏要有一套评价标准,该标准是综合考虑多种因素之后所形成的一个评价指标体系。物流系统评价指标体系通常可以分为如下几类:

①政策性指标;

②技术性指标;

③经济性指标;

④社会性指标;

⑤环境保护指标;

⑥资源性指标;

⑦时间性指标。

以上各类指标又可细分为许多小类指标,这些指标的全体构成了评价指标体系。

3. 物流系统评价的步骤

物流系统评价可以按以下步骤进行:

(1)明确评价目的和评价内容;

(2)确定评价因素;

(3)确定评价指标体系;

(4)制定评价准则;

(5)确定评价方案;

(6)单项评价;

(7)综合评价。

其中单项评价是就物流系统或物流系统方案的某一方面进行详细的评价。综合评价是在各单项评价的基础上,按照评价标准进行全面的评价。应注意的是单项评价的结果不能作为判断方案优劣的最终依据。

4. 物流系统评价的方法

物流系统评价的方法一般可以分为定量分析、定性分析和将两者相结合的评价方法。如果从评价因素的个数上来分,又可分为单因素评价和多因素评价两种。单因素评价是指在评

价时只考虑一个主要因素,如物流成本、营业利润、产量或材料消耗等。多因素评价是指在对物流系统评价时要考虑两个以上的主要因素。若从时间上看,物流系统评价主要可以分为两类:一类是对物流系统现状进行系统评价,从而对现行系统有一个全面的了解,为系统调整和优化提供基础信息和思路。另一类是为研究物流项目的可行性以及效益大小进行评价,从而为最终决策提供信息支持。

第四节 物流系统工程

一、物流系统工程概述

1. 物流系统工程的概念

系统工程是综合应用系统思想、现代数学方法和计算机技术,对系统的构成要素、信息流动、组织结构、控制机构等进行分析、设计、评价、制造、管理,以期从总体上实现最优的工程技术。简单地说,系统工程是一种组织管理技术,它从系统的观点出发,跨学科考虑问题,运用工程的方法研究和解决各种关系问题,使目标达到最佳值。

物流系统工程是系统工程理论和方法在物流领域中的推广应用,属于应用工程。它以物流系统作为研究对象,着眼于物流系统的创建与改进,以期求得整体效益最优。

2. 物流系统工程的核心内容

物流系统工程的核心内容包括系统管理理论、运筹学管理数学模型和综合应用方法等项内容。

(1)系统管理理论。人们把在管理实践中行之有效的管理方法和原则总结出来,形成了系统管理理论。它是系统工程的第一个核心内容。物流系统管理理论的核心是物流整体系统管理的观念。所谓整体,是既把研究的对象看作一个系统整体,又把研究的过程作为一个整体,通过不断改善系统构成和系统运作的过程,对用户提供最佳物流服务,并最大限度地降低物流费用。整体系统管理的观念具体表现在物流管理人员必须明确以下相互联系的观念,即总成本法、避免次优化法、得失比较法。

总成本法指在保持一定服务水平的条件下,同时考虑物流系统中运输、保管、库存管理、物料搬运、包装、信息管理、用户服务等各项业务活动所有的有关成本项目,选择总成本最小的方案。次优化是指一个企业的各组成部分尽力完成了各自的工作,但企业未能实现整体最佳效果。避免次优化的发生,要求在物流管理中要协调各部门、各环节的管理目标,避免各行其事,从而防止发生次优化。得失比较分析法,就是在评价各个物流方案时,要比较分析各方案的所得和所失,在保持一定服务水平的条件下,选择得大于失的方案,作为最佳方案。

(2)运筹学管理数学模型。物流系统工程以运筹学作为主要的定量分析手段,建立运筹学管理数学模型,这是物流系统工程的第二个核心内容。

(3)综合应用方法。物流系统工程,强调综合运用各个学科和各个技术领域内所获得的成果和方法,使得各种方法相互配合,达到系统整体最优化。这是物流系统工程的第三个核心内容。

3. 物流系统工程的程序

物流系统工程作为一种实施系统管理的活动，应有步骤地进行。美国贝尔电话研究中心的霍尔，于1969年从时间维、逻辑维、知识维三个侧面提出的系统工程步骤（又称霍尔三维结构法），是被广泛采用的系统工程步骤与方法。比照霍尔三维结构，我们设计出物流系统工程的三维结构，如图3-6所示，即把系统工程进行的全过程用一个三维系统来描述，供实施物流系统工程时参考。

图3-6中表示，采用系统工程方法分析解决物流问题的过程可分为7个阶段（时间维），实施过程有7步骤（逻辑维），以及为此要应用多方面的专业知识（知识维）。

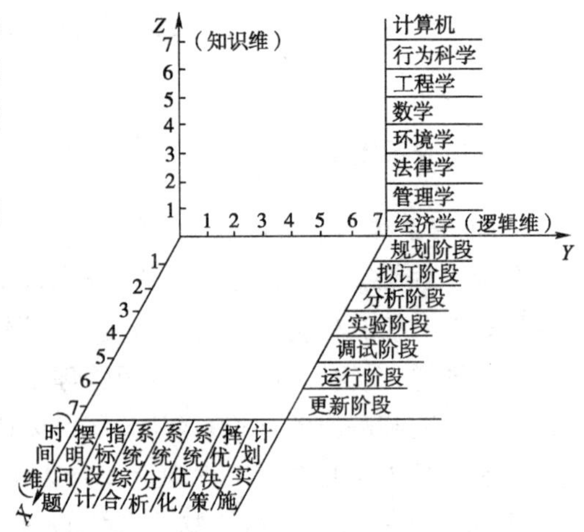

图3-6 物流系统工程的三维结构

X坐标表示时间维，全过程依次分为如下的七个阶段：

①规划阶段；

②拟订方案；

③分析阶段；

④实验阶段；

⑤调试阶段；

⑥运行阶段；

⑦更新阶段。

Y坐标表示逻辑维，即每个时间段上进行的步骤，依次分为如下的七个步骤：

①摆明问题；

②指标设计；

③系统综合；

④系统分析；

⑤系统优化；

⑥择优决策；

⑦计划实施。

Z坐标为知识维，表示每个时间段上每个步骤所用的知识，包括：

①经济学；

②管理学；

③法律学；

④环境学；

⑤数学；

⑥工程学；

⑦行为科学；

⑧计算机。

三维结构的核心是七个步骤，即：摆明问题、指标设计、系统综合、系统分析、系统优化、择优决策、计划实施。

二、物流系统工程的技术方法

物流系统工程的技术方法有：

1. 仿真技术

所谓仿真，是要抓住系统的数量特性，建立系统模型，使物流系统问题模型化。模型化是用说明系统结构和行为的适当的数学方式、图像以及物理的形式表达具体系统的一种科学方法。模型表现了实际系统的各组成因素及其相互间的内在联系，反映了实际系统的特征，建立模型有助于解决被抽象的实际系统。物流系统仿真的目标在于建立一个既能满足用户要求的服务质量，又能使物流费用最小的物流网络系统。

2. 系统最优化技术

最优化是指在一定的约束条件下，求出使目标函数为最大(或最小)的解。物流系统工程的基本思想是整体优化的思想，通过对所研究的对象采用定性、定量(主要是定量)的模型优化技术，经过多次测算、比较、求好选优、统筹安排，使系统整体达到最优化。

系统优化的方法很多，它是系统工程学中最具实用性的部分。常有的物流系统优化方法有：

(1)数学规划法。包括静态优化法和动态优化法。常用线性规划解决物资调运、分配和人员分派的优化问题；运用整数规划法选择适当的厂(库)址和流通中心位置；采用扫描法对配送路线进行扫描求优。

(2)动态规划法。

(3)探索法。

(4)分割法。

此外，运筹学中的博弈论和统计决策也是比较好的优化方法。

3. 网络技术

网络技术是现代化管理方法中的一个重要组成部分。它以数理统计为基础，以网络分析为主要内容，以电子计算机为先进手段的新型计划法的管理方法，称做 PERT(计划评审法)和后来发展的 CMP(关键路线法)。PERT 方法主要以时间控制为主，而 CMP 法则侧重于成本控制。由于物流系统属于关系复杂的多目标系统，因而利用网络模型“模拟”系统的全过程以实现其时间效用和空间效用是最理想的。通过网络分析可以明了物流系统各子系统之间以及与周围环境的关系，便于加强横向经济联系；运用网络技术设计物流系统，可使物资由始发点通过多渠道送往顾客的运输网络优化，以及使物料搬运路径最短。

4. 分解协调技术

在物流系统中，由于组成系统的项目繁多，相互之间关系复杂，涉及面广，这就给系统分析和量化研究带来一定困难。运用“分解-协调”方法是处理系统内外部的各种矛盾和关系的有效方法。所谓分解，是先将复杂的大系统分解成若干相对简单的子系统，以便运用通常的方法进行分析和综合，实现各子系统的局部优化。所谓协调，是根据系统的总任务、总目标的要求，使各子系统相互协调配合，在系统局部优化的基础上，通过协调控制，实现大系统的全局最优化。

除了上述方法外，预测、决策论和排队论等技术方法也较广泛地应用于物流系统的研究中。

需要强调的是,在运用系统工程的原理和方法对物流系统的分析研究中,除了运用上述科学方法外,还应注意研究人的思想和行为对系统效果的影响。即在重技术的同时,还必须重视“心理思维”的研究。如果体制合理,未来的物流系统能有效地发挥人的主观能动性,再加上物流硬、软技术的发展,其适应能力必将大大增强。

三、物流系统化

1. 物流系统化的概念

所谓物流系统化是指将物流从一种“混乱”的状态转化到有秩序的系统化状态,从而实现物流系统整体功能最大化或整体的物流合理化。

2. 物流系统化的方法

物流系统化的方法主要有:

(1)大量化。指通过一次性处理大量货物,提高设备的使用效率和劳动生产率,以达到降低物流成本的目的。如干线部分的大量运输,配送中心的集中进货,库存集中化等。

(2)共同化。指通过物流系统的合作,提高物流效率。如配送中心的共同作业,共同集配送活动等。通过加强企业间的协作,实施共同物流是中小企业物流合理化的重要途径。物流共同化可以以货主企业为主体,也可以以物流企业为主体。

(3)短距离运输。指通过商、物分离减少物流中间环节,以最短的线路完成商品的空间转移。

(4)自动化。通过引进技术装备,提高物流系统的机械化、自动化水平;采用先进的作业技术,实现自动化和省力化。

(5)标准化。包括作业标准化、信息标准化以及工具标准化等。物流涉及到多个部门、多个环节,标准化是实现物流各个环节相互衔接、相互配合的基础条件。实现标准化是有效开展物流活动、实现物流效率化不可缺少的环节。

(6)信息化。指运用现代计算机技术、信息网络技术和数字通信技术,构筑起能够对物流活动相关信息进行高效率地搜集、处理和传输的物流信息系统。通过信息的顺畅流动,将物流系统与采购、生产、销售系统密切联系起来,以便有效控制物流作业活动,提高作业效率。

四、系统工程发展简史

1. 国外发展情况(20 世纪 40 年代初开始)

20 世纪 40 年代美国贝尔电话公司提出“系统工程”和五个阶段的系统工程方法;

二次大战:运筹学,1942 年曼哈顿工程,研究原子弹,1945 年美国空军兰德公司;

1957 年美国密执安大学 H. H. Goode 和 R. E. Machol 第一本《系统工程》;

1958 年 1 月美国海军用“PERT”技术于北极星导弹核潜艇研制成功;

1961 ~ 1972 年阿波罗登月计划;

1965 年美国学者编写第一本《系统工程手册》,形成完整的理论体系;

以后得以推广,1972 年成立国际应用系统分析研究所(奥地利维也纳)。

2. 我国发展情况(20 世纪 60 年代初开始)
钱学森运用系统工程发展尖端技术；
华罗庚推广统筹法、优选法；
1980 年成立系统工程研究所和中国系统工程学会。

复习思考题

1. 什么是系统？什么是物流系统？各有什么特征？
2. 物流系统中存在哪些制约关系(效益悖反关系)？
3. 物流系统分析的要素和程序是什么？
4. 物流系统设计与评价的要素是什么？
5. 物流系统工程常用哪些技术方法？
6. 物流系统的方法有哪些？

4 第四章 企业物流

学习目标

通过本章的学习,能够解释企业物流的概念,分析企业物流的过程。

企业是为社会提供产品或服务的经济实体,企业物流是企业生产经营的重要组成部分,也是社会大物流的基础。企业物流与其他形式的物流相比具有自身特征。全面认识企业物流的内涵,对进行有效的物流管理,增强市场竞争力,提高企业的经济效益具有重要意义。

第一节 企业物流概述

企业内部物品实体的流动,形成企业物流。企业按其业务性质不同可以分为两类,即生产企业物流和流通企业物流。

一、生产企业物流

1. 概念

生产企业物流是指企业生产经营过程中,从原材料供应、生产加工到产成品销售,以及伴随生产经营过程中所产生的废弃物的回收、再利用的完整循环活动。从功能上看,生产企业物流包括了生产经营过程中发生的加工、检验、搬运、储存、包装、装卸、配送等物流活动。

2. 生产企业物流系统的结构

1)生产企业物流的水平结构

生产企业物流系统的水平结构如图 4-1 所示,根据物流活动发生的先后次序,可将其划分为四部分:

(1)供应物流。包括原材料等生产资料的采购、进货运输、仓储、库存管理和用料管理。

(2)生产物流。包括生产计划与控制,厂内运输(搬运),在制品仓储与管理等活动。

(3)销售物流。包括产成品的库存管理,仓储、发货运输,订货处理与顾客服务等活动。

(4)回收、废弃物流。包括废旧物资、边角余料等回收利用,各种废弃物(废料、废气、废水等)的处理等。

2)生产企业物流的垂直结构

生产企业物流系统构成的垂直结构如图 4-2 所示,物流系统通过管理层、控制层和作业层三个层次的协调配合实现其总体功能。

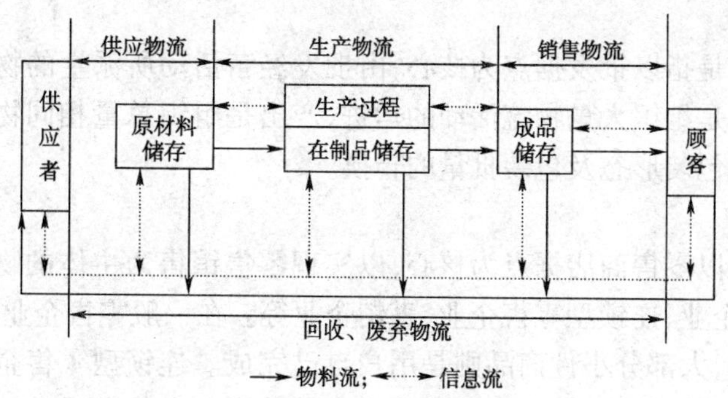

图 4-1　企业物流的水平结构

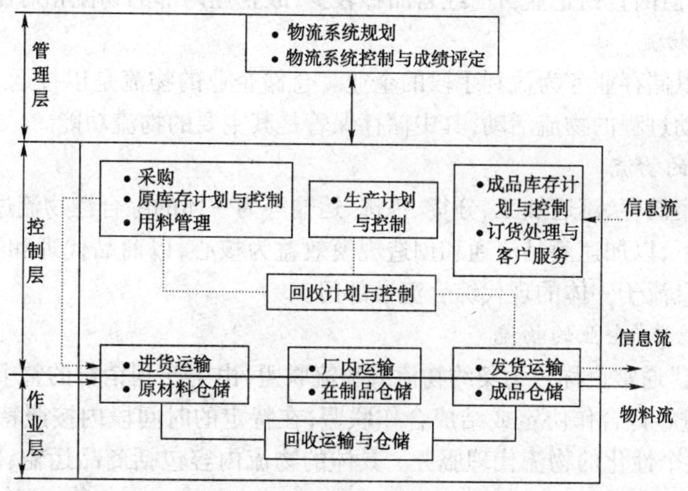

图 4-2　企业物流的垂直结构

(1)管理层。其任务是对整个物流系统进行统一的计划、实施和控制,包括的主要内容有物流系统战略规划、系统控制和成绩评定,以形成有效的反馈约束和激励机制。

(2)控制层。其任务是控制物料流动过程,主要包括订货处理与顾客服务、库存计划与控制、生产计划与控制、用料管理、采购等。

(3)作业层。其任务是完成物料的时间转移和空间转移。主要包括发货与进货运输、厂内装卸搬运、包装、保管、流通加工等。

由此可见,物流活动渗透到了生产企业的所有生产活动和管理活动中,对企业的影响甚为重要。

3. 生产企业物流的特点

(1)生产物流具有连续性。企业生产物流活动把整个生产企业所有孤立的作业点、作业区域有机地联系在一起,构成了一个连续不断的企业内部生产物流。

(2)物料流转是企业生产物流的关键特征。在企业生产中,物料流转贯穿于生产、加工制造过程的始终。

二、流通企业物流

流通企业物流是指从事商品流通的企业和专门从事实物流通的企业的物流。

1. 批发企业物流

批发企业的物流是指以批发据点为核心，由批发经营活动所派生的物流活动。这一物流活动对于批发的投入是组织大量物流活动的运进，产出是组织总量相同物流对象的运出。在批发据点中的转换是包装形态及包装批量的转换。

2. 零售企业物流

零售企业物流是以零售商店据点为核心，以实现零售销售为主体的物流活动。零售企业的类型有：一般零售企业、连锁型零售企业、直销企业等。在一般零售企业销售中，大件商品多采用送货和售后服务，大部分小件商品则是用户自己完成。连锁型零售企业物流的特点是由供配中心集中进行供货的物流，且大多数由本企业的共同配送中心完成。直销企业物流重点集中于销售物流，但因直销企业目前经营品种较少，故企业内部的物流相对比较简单。

3. 仓储企业物流

仓储企业是以储存业务为盈利手段的企业。仓储企业的物流是以接运、入库、保管保养、发运或运输为流动过程的物流活动，其中储存保管是其主要的物流功能。

4. 配送中心的物流

配送中心是集储存、流通加工、分货、拣选、运输等为一体的综合性物流过程。配送中心是在市场经济条件下，以加速商品流通和创造规模效益为核心，以商品代理和配送为主要功能，集商流、物流、信息流于一体的现代综合流通部门。

5. "第三方物流"企业的物流

"第三方物流"通常也称之为契约物流或物流联盟，由生产到销售的整个物流中进行服务的"第三方"，通过签订合作协定或结成合作联盟，在特定的时间段内按照特定的价格和服务要求，向客户提供个性化的物流代理服务。具体的物流内容包括商品运输、储存、配送以及附加的增值服务等。

第二节　企业采购及供应物流

一、供应物流概述

1. 供应物流的概念

供应物流指为生产企业提供原材料、零部件或其他物品时，物品在提供者与需求者之间的实体流动。它包括原材料等一切生产资料的采购、进货运输、仓储、库存管理、用料管理和供料运输。

供应作为生产准备工作的重要组成部分，是生产得以正常进行的首要条件或前提。供应商供应物料的数量、质量和供货时间，直接影响到生产的连续性和稳定性，而供应过程中发生的费用则直接构成产品的生产成本。因此，供应不仅仅是一个保证供应的问题，而且是以最低成本、最少消耗、最快速度来保证生产的物流活动。

2. 供应物流的构成

图4-3是供应物流系统的功能结构图，主要包括以下几项功能：

(1)采购。采购是供应物流与社会物流的衔接点，它是依据企业生产计划所要求的供应

计划制定采购计划，并选择和购买所需物品的活动。负责市场资源、供应厂家、市场变化等信息的采集和反馈任务。

(2)供应。它是供应物流与生产物流的衔接点，是依据供应计划-消耗定额进行生产资料供给的作业活动。负责原材料消耗的控制。生产企业的供应方式有两种基本形式，一种是用料单位到供应部门领料；另一种是供应部门按时按量送料(配送)。

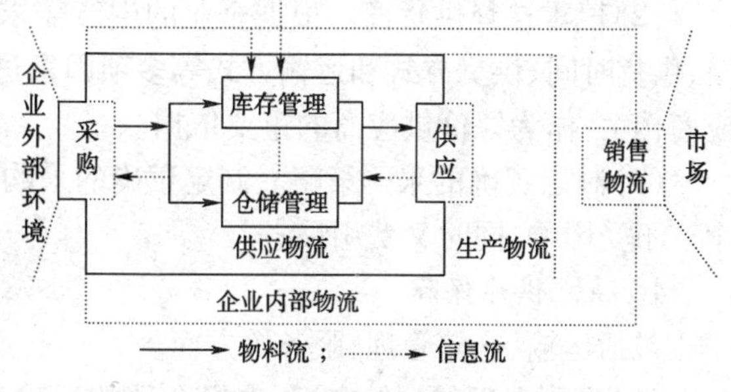

图 4-3　供应物流系统功能结构图

(3)库存管理。它是供应物流的核心部分。它依据企业生产计划的要求和库存状况，制定订货策略、库存控制策略以及库存计划的执行与反馈修改。

(4)仓库管理。它是供应物流的转折点，负责购入物资的接货、生产供应的发货，以及物料保管工作。

二、供应物流的合理化

实现供应物流的合理化，是保证企业良好的生产秩序和降低产品生产成本的重要内容。改善供应物流管理，必须抓好以下几方面的工作：

1. 准确预测需求

这里所讲的需求，是以企业生产计划对各类物资的需求为依据确定出的物资需求量。生产计划是根据市场对各种产品的需求量来制定的，而供应计划则是依据生产计划下达的产品品种、数量的需求，以及各种材料的消耗定额和生产工艺时序来制定。制定切实可行的生产计划，确定合理的物资消耗定额，是预测需求的关键。

2. 合理控制库存

供应物流中断将使生产陷于停顿，因此，企业必须有一定数量的物资储备，以保证生产的正常进行。这种储备包括以下两方面：

(1)正常库存。由于物资的采购是批量进行的，而生产是连续进行的，这二者的节奏并不一致，所以，要保证生产，必须有正常的库存。

(2)安全库存。为了防止发生意外事故和不可知因素的影响，供应活动受到阻碍时，需要有安全库存，以保证生产的正常进行。

库存控制是实施合理储存的重要手段。通过制定适宜的订货策略和科学的库存计划，保证物资有合理的储存量、合理储存结构、合理储存时间和合理储存网络，从而降低库存占用资金，节约物流成本。

3. 科学采购

科学采购是从源头上对供应物流实施合理化管理的重要方面。其关键是做好采购决策。采购决策包括：市场资源调查、市场变化信息的采集和反馈、供应商选择和确定进货批量、进货时间间隔等内容。科学采购要求：

(1)深入开展市场调查，掌握市场信息。要对所需原材料的资源分布、数量、质量和市场供需要求等情况进行调查,作为制定长远的采购计划的依据;同时,要及时掌握市场变化的信息,并对采购计划进行调整、补充。

(2)慎重选择供货商。根据企业的生产需求,对供货厂商的供给能力、原材料的质量、价格、供货时间、供货方式和运输方式等多项因素进行比较,选定合适的供应商。同时要建立供应商档案,作为评价供应商的重要依据。

(3)制定正确的采购策略。制定正确的采购批量和进货时间间隔,控制库存,不仅使企业生产不受影响,同时又费用最省。

4. 强化供应保障

包括运输、仓储管理、服务等方面。

(1)采用合理的运输方案,选择合适的运输工具,力求使运输线路短、环节少、时间快、费用省。

(2)引进先进的仓储管理,利用计算机进行物料进、存、耗的动态管理。采用先进设备进行机械化、自动化的仓储作业。

(3)在服务方面注意选择合适的供应模式,改进供应手段,增加供应的方便性、提高供应的可靠性、降低服务费用。

5. 逐步提高供应物流水平

从我国实际看,提高供应物流水平要有计划、有步骤地进行。

第一阶段,在各供货单位分别送货的情况下,依靠调整送货批量、时间间隔等措施降低物流费用。

第二阶段,从更广泛的角度将厂内的在制品和产成品的输送、配送中心与营业场所间的输送(国外购进的原材料也包含在内)统筹规划,建立综合供应物流体系。

三、企业采购管理

1. 采购的概念

采购是选择和购买物品的过程,包括了解需求、选择供应商、协议价格、签订合同、选择运输方案、跟踪订单、货物验收入库等作业事项。采购既是一个商流活动,又是一个物流活动。

对于生产企业而言,为销售而生产,为生产而采购是一个环环相扣的物料输入、输出的动态过程。采购是企业物流管理的起始点,最初的采购活动成功与否直接影响到企业生产、销售最终产品的定价情况和整个供应链的最终获利情况。因此,企业采购在物流管理中的龙头作用不可轻视。

2. 采购的功能和一般业务流程

1)采购的功能

采购的功能是选择企业各部门所需要的适当物料。即从适当的来源,以适当的价格、适当的送货方式(包括时间地点)获取适当数量的原材料。

2)采购的一般流程

采购流程由以下八个步骤组成:

(1)采购申请。根据生产或客户的需要以及现有库存量,在对所需物品的品种、数量、安全库存量等做科学的计算后提出,并经主管人员审核批准后执行。

(2)选择供应商。寻找供货商,调查其在产品数量、质量、价格、信誉等方面的情况后慎重选择供应商。

(3)价格谈判。由采购部门负责进行价格谈判。要求正确运用谈判策略,尽量从供应商处获得优惠的价格。

(4)签发采购订单。采购订单是买方提出的购买文件,是具有法律效益的合同。要求购货方仔细推敲并认真填写每项条款。确保供应商能够准确地按客户提出的性能指标进行生产和供货。

(5)跟踪订单。为了确保货物符合规定并按时进库,采购部门应监督供应商按时送货,防止发生对方的违约事件,保证订单顺利执行。

(6)接受货物。由收货部门按照订单条款,对收到的货物进行验收,以确保收到货物的质量、数量与选购要求相符。

(7)核对供应商的支付发票并划拨货款。收到供应商的发票时,须将采购订单、货物验收单、发票三件凭证进行核对。对于确认已履行的订单进行结算并划拨款项。

(8)评价采购工作。定期对采购管理工作进行评价,寻求高效率的采购流程模式。

3. 采购流程的变革

(1)传统采购流程从其效率和有效性来看存在许多不足,表现在:第一,信息私有化、不共享。即采购与供应双方都尽量隐瞒自己的信息,不能有效地进行信息共享;第二,供需关系是临时的或短期的合作关系。这种合作关系造成了竞争多于合作,从而导致采购过程中的不确定性;第三,响应用户需求能力迟钝。由于供应和采购双方在信息的沟通方面缺乏及时的反馈,在市场需求发生变化的情况下,采购方不能改变供应方已有的订货合同,缺乏应付市场变化的能力;第四,对于质量和交货期进行事后把关。使采购方很难参与供应方的生产过程和有关质量控制活动。

(2)当前,经济发展的三大趋势影响和推动着采购流程的重组。首先,随着全球经济一体化趋势的日益明显,跨国公司全球战略的逐步推行,全球采购已成为其重要的组成部分。其次,随着电子商务的发展,电子采购(BTOB BTOC)正成为众多企业延伸自己的采购营销业务的手段。再次,合作竞争的思想促使大量的采购行为向"纵向一体化"(如企业与供销商、企业与经销商)延伸、扩展。

(3)采购流程的变革方向。同传统的采购流程相比,现在许多企业已经采取供应链管理策略来改进他们与供应商之间的关系,并称之为基于供应链环境下的采购流程。它包括企业内部协同、外部协同,强调协同采购的理念。实现从"库存采购"向"订单采购"、从采购管理向外部资源管理、从一般买卖关系向战略协作伙伴关系的转变。通过建立最佳供应商组合,逐步实现供应价值链的最优化。这一策略有助于双方共享节约,缩短产品开发周期和提高效率,改进质量和交货性能,并为进一步提高合作,提供增值服务创造了机会。

4. 采购管理

1)采购管理的概念及目标

所谓采购管理是指为了维护企业利益,实现企业目标而对采购工作所进行的计划、组织、协调和控制工作。实施采购管理旨在实现以下目标:

(1)正确计划用料,加强对用料的控制,预防呆滞废料的产生。

(2)适当的存量管理。通过强化重点管理(如ABC管理),改善库存结构、降低库存量、减少库存资金占用。

(3)按照适价、适质、适时、适地的原则做好采购工作,降低采购成本。

(4)发挥储存运输功能,确保物品品质、规范收发作业、维护仓库安全。

(5)加强供应商关系管理。与供应商建立一种能促使其不断降低成本,提高质量的长期合作关系。

2)采购管理策略

实现采购管理的目标,应当正确地运用采购管理策略。包括:

(1)通过选择可靠的供应商来确保采购质量。

(2)采用ABC分类法等科学方法采购,降低库存量,减少库存资金。科学确定订购批量与订购时间,降低采购成本。

(3)采取分类管理、策略管理,处理好与供应商的关系。如对于制造企业而言,原材料和零部件的采购最为频繁,要加强对原材料供应商的日常管理;对于设备类物品采购,一次性投资大,在设备的维修方面需要与供应商建立良好的沟通与合作,所以选择能提供优质服务的供应商十分重要;对办公用品采购,一般尽可能选择少数供应商,保持长期的合作关系,以获得批量优惠,节约企业管理费用;对于物流服务采购,随着公司业务的扩大,专业分工的细化,物流的运输职能越来越倾向于利用外部资源,请第三方物流公司承担。

四、与MRP系统配合的采购与供应物流

1. MRP系统简介

MRP系统是一种以物料需求计划为核心的生产管理系统。是针对多品种、小批量生产物流类型中,由于产品结构和物料清单对物料(采购品)在品种、数量、交货期(生产提前期)等方面要求的细化所带来的管理复杂度而开发的计算机信息管理系统。在MRP中,定义了每个物料的期量标准,把企业的销、产、供这三项主要业务信息集成起来,将生产计划和采购计划一次生成。如果需求有了变化,通过系统运算,很快就能把上千种物料的采购计划重新编排。

2. MRP系统中的采购和供应物流的特点

(1)通过物料快速分类查询,对每一类物料,按需用的频度规定优选原则。在简化采购物料的品种规格基础上,能够保持一定批量以争取优惠,从而对降低采购成本起到保证作用。

(2)编制可以延续到未来某个任意日期的周密计划,这样既可以做到按需采购,又可以保证足够的采购提前期和采购预算,防止因突发性采购而增加额外的采购费用。

(3)通过控制采购权限,严格控制成本,从而规范采购管理。即在系统中设置每一个采购员采购物料的范围和支付权限,同时规定超过限额的审批层次和权限等内容,规范了采购管理。

(4)控制库存量以便管理人员采取纠正措施。例如,对每一种物料规定最大储存量和最长储存限期,超过最大值时,系统会发出提示信息。

(5)建立供应商文件和认证目标,以保证每个材料的质量。根据ISO9000的要求,系统对各种物料的供应商进行认证,对于没有建立主文件的供应商,系统将拒绝执行向其采购。

(6)通过提供多种查询途径(如从采购单编号、物料号、供应商号、采购员代码、交货日期等),跟踪采购订单以及采购合同执行情况。

(7)严格控制付款程序。付款前系统将自动进行一系列的对比,如物料规格性能、合格数量、交货日期是否与采购单一致,报价单与发票金额是否一致。必须几方面都相符才能执行付款程序,严格控制不良资金流出。

(8)MRP系统对采购供应部门的员工素质也提出了更高的要求。采购人员的主要精力将放在同企业内部人员和供应商一起研究如何降低成本、提高采购质量方面的问题,包括:参与零件设计的价值分析,以最低成本满足功能需求;编制、审定采购预算和采购权限;确定每个采购件的合理批量、安全储存量,控制库存资金占用;指导供应商改进外购件的性能质量,研究降低成本的措施;通过EDI、互联网/内联网,跟踪采购订单的进度,共同协调运输,保证及时供应。

总之,MRP系统对采购与供应物流的管理提供了一系列的规范化流程,以利于简化采购计划与调配,同时又可以形成批量采购、简化运输管理、减少库存,从而控制质量、降低成本,使得采购物流系统的整体效率得到提高。

五、与JIT方式配合的采购与供应物流

1. JIT生产与JIT采购

JIT(Just In Time)生产一般译为准时制生产或准时生产制,是在日本丰田汽车公司生产方式的基础上发展起来的一种先进管理模式。JIT的理念是:在需要的时候(既不提前也不推迟)、按照需要的数量和质量送到需要的地点。体现在生产系统中就是准时进货、准时生产、准时销售。

JIT采购是指,只在需要的时候,按照需要的品质,订购企业所需要的原材料和外购件。他强调恰时、恰量的进货,否则进货太早会增加企业库存,太迟又会影响生产进程。

2. JIT采购与供应物流的特点

传统上,企业物品采购的目的是以最低的成本费用来获取所需要的原材料和外购件。但在JIT环境下,采购功能发生了深刻变化。二者的区别详见表4-1。

准时采购方式与传统采购方式的对比 表4-1

比较因素	传统采购	准时采购
供应商的选择	采用较多的供应商,协调关系工作量大,质量不稳定	采用较少的供应商,关系稳定,质量稳定
供应商评价	合同履行能力	合同履行能力,生产设计能力,物料配送能力,产品研发能力等
交货方式	由采购商安排,按合同交货	由供应商安排,确保交货准时性
进货检验	每次进货检查	由于质量得到保证,无进货检查
信息交流	信息不对称,容易暗箱操作	采购、供应双方高度共享准确实时信息,快速、可靠,易建立信任
采购批量与运输	大批量采购,配送频率低,运输次数相对少	小批量采购,供应商配送频率高,运输次数多

JIT采购与供应物流的主要特点是：

(1)单源供应。即减少供应商的数量，最理想的情况是，对某种原材料或外购件只从一个供应商处采购，这种做法称为单源供应。这是JIT采购的基本特征之一。单源供应的优点在于企业与供货商之间增加了依赖性，有利于建立长期互利合作的伙伴关系。另一方面，单源供应使供应商获得长期稳定的订货，从而又可使购买的原材料和外购件价格降低。在日本，有98%的JIT企业采用单源供应。但在实际操作时，一些企业常采用同一原材料或外购件有两个供应商供货的方法，其中一个供应商为主，另一个供应商为辅。

(2)小批量采购。这是JIT采购的又一基本特征。由于JIT采购旨在消除原材料或外购件的库存，采购必然是小批量的。采购批量小将使送货频率增加，从而引起运输资费的上升，因此，必须相应改善供货物流系统。

(3)合理选择供应商。由于实行单源供应，选择合格的供应商是能否成功实施JIT的关键。选择的因素包括产品的质量、交货期、价格、技术能力、应变能力、批量柔性、交货期与价格的均衡、批量与价格的均衡、地理位置等，而不能再像传统采购那样把价格作为惟一因素。

(4)从根源上保证质量。实施JIT采购策略后，企业的原材料和外购件库存极少，以至于接近于零，因此必须保证所采购物资的质量。这种保证不是由购货企业的物资采购部门负责，而是由供应商来负责。为此，要求供应商必须参与制造商的产品设计过程，同时制造商也要帮助供应商提高技术能力和管理水平。

(5)可靠的送货。由于消除了缓冲库存，供应商交货的失误和送货的延迟将导致企业生产线的停工待料。因此，可靠的送货是实施JIT的前提条件。送货的可靠性主要取决于供货商的生产能力、运输条件和应变能力。

(6)对包装有特定的要求。良好的包装不仅可以减少装货、卸货对人力的需求，而且使原材料、外购件的运输和接收更为便利。最理想的情况是，对每一种材料和外购件采用标准规格且可重复使用的包装容器，既可提高运输效率，又能保证准确交货。

(7)有效的信息交换。供需双方可靠而快速的双向信息交流，是准时按量供货的重要保证。实施JIT采购要求供应商和制造商之间进行有效的信息交换。信息交换的内容包括生产作业计划、产品设计、工程数据、质量、成本、交货期等。现代信息技术的发展，如EDI、E-mail等为有效的信息交换提供了强有力的支持。

3. JIT采购的实施条件

JIT采购的实施必须具备一定的条件。首先，制造商和供应商要建立长期互利合作的战略伙伴关系，相互信任、相互支持、共同获利。其次，要注意基础设施建设。良好的交通运输和通讯条件是实施JIT采购策略的重要保证。企业间通用标准的采用对JIT采购的推行也至关重要。第三，JIT采购离不开供应商的积极参与。供应商的参与不仅体现在准时、按质按量供应制造商所需的原材料和外购件上，而且还体现在积极参与制造商的产品开发设计过程。与此同时，制造商有义务帮助供应商改善产品质量，提高劳动生产率，降低成本。第四，建立实施JIT采购策略的组织。企业必须成立包括采购、产品设计、生产车间、质量管理、财务等部门人员参加的JIT采购组织，制定实施方案，组织实施，对实施效果进行评价，并进行持续不断的改进。第五，重视教育与培训。通过教育和培训，使制造商和供应商充分认识到实施JIT采购的意义，掌握JIT采购的技术和标准。最后，加强信息技术的应用。加强对信息技术，特别是电

子数据交换(EDI)技术的应用投资,以更加有效地推行 JIT 采购策略。

4. 实施 JIT 采购与供应物流管理的效益

JIT 采购与供应物流管理策略是关于物品采购、供应的一种全新的思路。企业实施 JIT 采购与供应管理后能够取得显著的效益:

(1)大幅度减少了原材料和外购件的库存。根据国外实施 JIT 采购的企业测算,原材料和外购件的库存可降低 40% ~85%。这对于减少企业流动资金占用,加快资金周转,以及降低库存成本都有重要意义。

(2)降低了原材料和外购件的采购价格。由于供需双方密切合作以及内部规模效益与长期订货,加上消除了采购过程的一些环节(如订货手续、装卸环节、检验手续等)从而使外购件的价格降低。例如,美国施乐公司通过实施 JIT 采购策略,使其采购物品的价格下降了 40% ~50%。

(3)保证了所购原材料和外购件的质量。这样既减少了采购的直接损失,又保证了生产正常有序地进行。

此外,推行 JIT 采购与供应管理策略,缩短了交货时间,节约了采购过程所需的资源(包括人力、资金、设备等),提高了企业的劳动生产率,增强了企业的适应能力。

第三节　企业生产物流基本原理

企业生产物流是企业物流的关键环节,研究生产物流的基本原理,掌握不同生产类型的物流特征,对于企业优化物流管理具有重要意义。

一、企业生产物流概述

1. 企业生产物流的概念

企业生产物流是指伴随企业内部生产过程的物流活动。在生产过程中原材料、在制品、半成品等按照工艺流程在各个加工点、工厂内部供应库之间不停顿地移动、转移,形成了生产物流。生产中物流和信息流的示意图如图 4-4 所示。

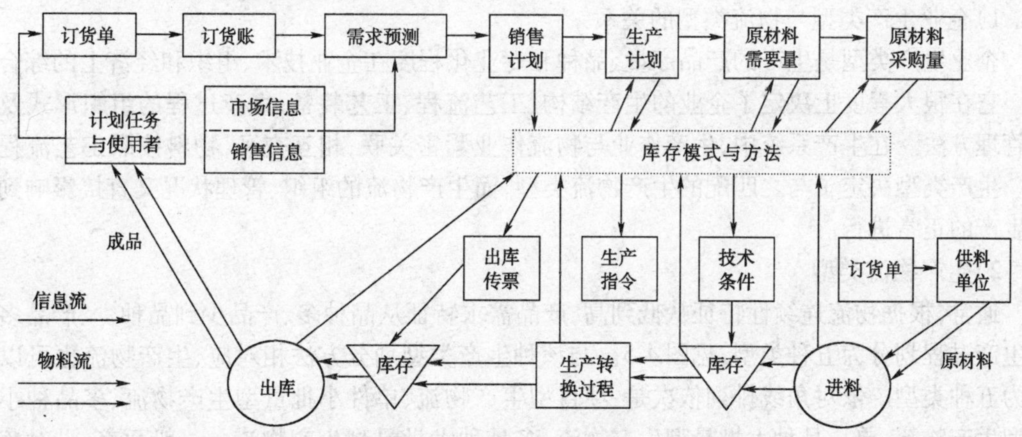

图 4-4　生产物流和信息流的示意图

生产物流研究的核心问题是如何对生产过程中的物流和信息流进行科学的规划、管理与控制。

2. 企业生产类型

研究生产物流的生产特征,首先必须研究企业生产类型。

(1)根据生产、物流的稳定性和重复性,可以把生产过程划分为单件、大量、成批三种类型。

①单件生产。其特点是产品对象基本上是一次性需求的专用产品,一般不重复生产。产品的品种繁多,生产对象不断变化,生产设备和物流设备采用通用设备。

②大量生产。其特点是生产的品种少,每一种产品批量大、生产重复度高。产品在一定时期内具有相对稳定的需求。

③成批生产。其生产的对象是通用产品,生产具有重复性,产量介于大量生产和单件生产方式之间。通常又可划分为:大批量生产、中批量生产和小批量生产。

(2)根据物料在生产工艺过程中的特点,可把生产过程划分为固定式生产、流程式生产、加工装配式生产。

①固定式生产(又称为项目型生产):指制造大型设备、建造大型设施。从物料流动特征来看,有两种状态:一种是物料进入生产场地后就被凝固在场地中,和生产场地一起形成最终产品,如住宅、厂房、公路、铁路、机场、大坝等。另一种是物料进入生产场地后,"滞留"很长一段时间,形成最终产品后再流出,如制造大型机电设备、轮船、飞机等。

②流程式生产(又称为连续性生产):生产均匀、连续地进行,不能中断。生产出的产品和使用的设备以及工艺流程都是固定且标准化的。该生产方式下其物料管理的重点是保证连续供应物料和确保每一个生产环节的正常运行。

③加工装配式生产(又叫离散性生产):产品由许多零部件构成,各个零部件的加工过程彼此独立,整个产品的生产工艺是离散的。该生产方式下其物料管理的重点是在确保及时供料和零件、部件加工质量的基础上,准确控制零部件的生产进度,缩短生产周期,既减少在制品积压,又保证生产的成套性。

3. 生产物流的类型

1)企业生产类型与物流类型的关系

企业生产类型是生产的产品产量、品种和专业化程度在企业技术、组织和经济上的综合反映。它在很大程度上决定了企业的生产结构、工艺流程、工艺装备、生产过程的组织形式及生产管理方法。在生产系统中,生产作业与物流作业紧密关联,相互交叉,物料按照工艺流程流动。生产类型决定了与之匹配的生产物流类型,而生产物流的组织、管理状况又直接影响到企业生产的正常进行。

2)生产物流类型

通常,根据物流连续性特征从低到高,产品需求特征从品种多、产品少到品种少、产品多而把生产过程划分为五种类型,见图4-5。与该种生产类型划分方法相对应、生产物流也可以划分为五种类型。依对角线排列依次是:项目型生产物流、单件小批量型生产物流、多品种小批量型生产物流、单一品种大批量型生产物流、多品种大批量型生产物流。一般而言,沿对角线来选择和配备生产物流的过程比较符合技术经济效益原则。

二、各生产类型的物流特征分析

1. 项目型生产过程及其生产物流特征

1)项目型生产过程的特点

项目或固定地点生产是大型复杂项目产品最常用的方式。这些产品在整个生产装配过程中始终停留在一个固定的地点。例如,建筑物、公路、桥梁等。有些产品则可能经过相当长时间的装配生产之后移动一个位置。例如火车机车、船舶、飞机等。项目型生产的特点是:

(1)一次性生产。一般是接到客户订货后,按用户要求组织一次性生产。

(2)产品生产周期长。从设计、施工准备到物资采购、储运、施工或生产,直至交付客户使用,一般要经过数月或数年,无法按流水线方式组织生产。

(3)物料投入大、造价高。物料种类多、吨位大,生产过程的库存控制、质量控制、成本控制较难,生产效率低,产品成本高。

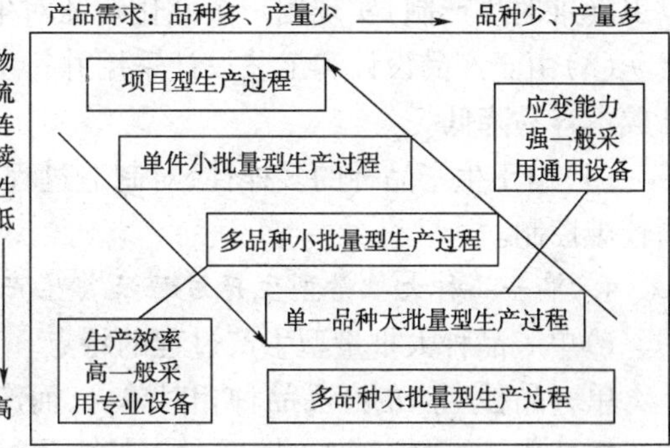

图4-5 产品-工艺矩阵图

(4)物料凝固。物料进入生产场地后就被凝固在场地中和生产场地一起形成最终产品,或在进入生产场地后,“滞留”时间很长,形成最终产品后再流出。

(5)生产的适应性强。能够较好地适应客户的个性化要求。

2)项目型生产的物流特征

(1)物料采购量大,供应商多变,外部物流较难控制。

(2)生产过程中原材料、在制品占用大,几乎无产成品占用。

(3)物流在加工地的方向不固定,加工路线变化大,工序间的物流联系不规律。

(4)物料与具体产品的建造存在着一一对应的相关需求。

2. 单件小批量型生产过程及其生产物流特征

1)单件小批量型生产过程的特点

按照每个用户的要求进行单件或小批量生产,生产重复度低;生产工人个人具有高超技术;生产组织分散;设备使用通用设备;产品品种繁多。

2)单件小批量型生产的物流特征

(1)生产重复度低,从而物料需求与具体产品制造存在一一对应的相关需求。

(2)由于单件小批量生产,产品设计和工艺设计重复性低,从而物料的消耗定额不容易或不适宜准确制定。

(3)由于生产品种的多样性,使得制造过程中采购物料涉及的供应商多,外部物流较难控制。

3. 多品种小批量型生产过程及其生产物流特征

1)多品种小批量型生产过程的特点

该种生产的产品品种繁多,并且每一品种有一定的生产数量,生产的重复度中等;产品设计系列化、零部件制造标准化、通用化；工艺过程采用成组技术；运用FMS(柔性制造系统)使生产系统能适应不同的产品或零部件的加工要求，并能减少加工不同零部件之间的换模时间。

2)多品种小批量型生产的物流特征

由于企业必须按用户需求以销定产，使企业的供、产、销物流的协调及配送管理工作复杂化。其生产物流特征是：

(1)物料生产的重复度介于单件生产和大量生产之间。

(2)以MRP(物料需求计划)实现物料的外部独立需求与内部的相关需求之间的平衡。以JIT(准时生产制)实现用户个性化特征对生产过程中物料、零部件、成品的拉动需求。

(3)由于产品设计和工艺设计采用并行工程处理，物料的消耗定额容易准确制定，从而产品成本容易降低。

(4)由于生产品种的多样性，对制造过程中物料供应商有较高的要求，从而外部物流的协调较难控制。

4. 单一品种大批量型生产过程及其生产物流特征

1)单一品种大批量型生产过程的特点

单一品种生产的产品品种相对单一，而产量相当大，生产重复度非常高；产品设计和零件制造标准化、通用化、集中化；零件互换性强，装配简单，因而生产效率高，成本低，产品质量稳定。

2)单一品种大批量型生产的物流特征

(1)由于物料被加工的重复度高，从而物料需求的外部独立性和内部相关性易于计划和控制。

(2)由于产品设计和工艺设计相对标准和稳定，从而物料的消耗定额容易并且适宜准确制定。

(3)由于产品的单一性，使得制造过程中物料采购的供应商固定，外部物流相对容易控制。

(4)为达到物流自动化和效率化，强调在采购、生产、销售物流各功能的系统化方面，引入运输、保管、配送、装卸、包装等物流作业中各种先进技术和设备。

5. 多品种大批量型生产过程及其生产物流特征

1)多品种大批量型生产过程的特点

多品种大批量型也叫大批量订制生产。它是一种以大批量生产的成本和时间，提供满足顾客特定产品需求和服务的生产系统。其基本思想是：将订制产品的生产，通过产品重组和过程重组转化或部分转化为大批量生产问题。对顾客而言，所得到的产品是订制的，个性化的；对厂家而言，该产品是采用大批量生产方式制造的成熟产品。这种方式目前在国外得到了较快的发展，并作为一种有效的竞争手段逐步被企业所采纳。事实上，制造的全球化和专业化是促使大批量订制生产在全球范围内逐步实施的动力。

由于该生产系统既能满足客户个性化需求而又不牺牲企业利益，因而具有以下几个显著的特点：

(1)生产方面，要增加订单生产中库存生产的比例，可以将客户订单分离点尽可能向生产过程的下游转移，减少为满足客户订单中的特殊需求而在设计、制造及装配等环节中增加的各种费用。

(2)在时间维优化方面,关键是有效地推迟客户订单分离点。企业不是采用零碎的方法,而必须对其产品设计、制造和传递的过程和整个供应链的配置进行重新思考。通过采用集成的方法,使企业能够以最高的运转效率、以最小的库存满足客户的订货要求。

(3)在空间维优化方面,关键是有效地扩大相似零件、部件和产品的优化范围,并充分识别、整理和利用这些零件、部件和产品存在的相似性。

2)多品种大批量型生产的物流特征

多品种大批量型生产物流特征表现在:

(1)由于要按照大批量生产模式生产出标准化的基型产品,并在此基础上按客户订单的实际要求对基型产品进行重新配置和变型,所以物料被加工成基型产品的重复度高,而对装配流水线则有更高的柔性要求,从而实现大批量生产和传统订制生产的有机结合。

(2)物料的采购、加工、装配、销售等流程要满足个性化订制要求,这就促使物流必须有一坚实的基础——订单信息化、工艺过程管理计算机化与物流配送网络化。而实现这个基础需要一些关键技术支持,如现代产品设计技术(CAD CAM)、产品数据管理技术(PDM)、产品建模技术、编码技术、产品与过程的标准化技术、面向MC(商品分类管理)的供应链管理技术、柔性制造订制系统等。

(3)产品设计的"可订制性"与零部件制造过程中由于"标准化、通用化、集成化"带来的"可操作性"的矛盾,往往与物料的性质与选购、生产技术手段的柔性与敏捷性有很大关联。因此,创建可订制的产品与服务非常关键。

(4)库存不再是生产物流的终结点,以快速响应客户需求为目标的物流配送与合理化库存,将真正体现出基于时间竞争的物流速度效益。单个企业物流将发展成为供应链系统物流、全球供应链系统物流。

(5)生产品种的多样性和规模化制造,要求物料的供应商、零部件供应商以及成品的销售商之间的选择将是全球化、电子化、网络化。这将促进生产与服务紧密结合,使得基于标准化服务的订制化产品和基于订制服务的产品标准化,从交货点开始就提升整个企业供应链价值。

第四节　企业生产物流计划与控制原理

企业要低成本、高效率地组织生产,减少生产混乱,必须对生产进行严格的计划与控制,其中也包括了对生产物流的计划与控制。

一、生产物流计划概述

1. 生产物流计划

生产物流计划,是根据计划期内规定的出产产品的品种、数量、期限,对物料在各工艺阶段的生产进度所做的安排。生产物流计划的核心是生产作业计划的编制工作。

2. 生产物流计划的任务

(1)保证生产计划的顺利完成。为了保证按计划规定的时间和数量出产各种产品,必须研究物料在生产过程中的运动规律以及在各工艺阶段的生产周期,以此来安排经过各工艺阶段的时间和数量,并使系统内各生产环节的在制品的结构、数量和时间相协调。

(2)为均衡生产创造条件。均衡生产是指企业及企业内部的车间、工段、工作地等生产环节，在相等的时间段内，完成等量或均衡数量的产品。均衡生产的要求如下：

①每个环节都要均衡地完成所承担的生产任务。

②不仅要在数量上均衡生产和产出，而且各阶段物流要保持一定的比例性。

③要尽可能缩短物料流动周期，同时要保持一定的节奏性。

(3)加强在制品管理，缩短生产周期。保持在制品、半成品的合理储备是保证生产物流连续进行的必要条件。在制品过少，会使物流中断而影响生产；反之，又会造成物流不畅，加长生产周期。因此，对在制品的合理控制，既可减少在制品占用量，又能使各生产环节衔接、协调，按物流作业计划有节奏地、均衡地组织物流活动。

3. 期量标准

期量标准是生产物流计划工作的重要根据，因此，又称为作业计划标准。它是对加工对象在生产过程中的运动经过科学分析和计算，从而确定的时间和数量标准。期表示时间，如生产周期、提前期等；量表示数量，如一次同时投入生产的在制品数量、仓库应储存的在制品数量等。

期和量是构成生产作业计划的两个方面。为了合理地组织生产活动，有必要科学地规定生产过程中各个环节之间在生产时间和生产数量上的内在联系。合理地确定期量的标准，为编制生产计划和生产作业计划提供了科学的依据，从而提高计划编制的质量。同时，按期量标准组织生产，有利于建立正常的生产秩序、实现均衡生产。

二、生产物流控制的内容和程序

在实际的生产物流系统中，由于受内外部各种因素的影响，计划与实际之间会产生偏差。为了保证计划的完成，必须对物流活动进行有效的控制。

1. 生产物流控制的内容

(1)进度控制。物流控制的核心是进度控制，即物料在生产过程中的流入、流出时间以及物流量的控制。

(2)在制品管理。在生产过程中对在制品进行静态、动态控制以及占有量的控制。在制品控制包括在制品实物控制和信息控制。有效地控制在制品，对及时完成作业计划和减少在制品积压均有重要意义。

(3)偏差的测定和处理。在进行作业过程中，按预定时间及顺序检测执行计划的结果，掌握计划量与实际量的差距，根据发生差距的原因、差距内容及严重程度，采取不同的处理方法。首先，要预测差距的发生，事先制定消除差距的措施，如动用库存、组织外协等；其次，为及时调整产生差距的生产计划，要及时将差距的信息向生产部门反馈；再次，为了使本期计划不作或少作修改，要将差距的信息向计划部门反馈，作为下期调整的依据。

2. 生产物流控制的手段

实现对生产物流的控制可以采用不同的形式。但无论采取何种形式，都具有一些共同的要素。这些要素包括以下几个方面：

(1)强制控制和弹性控制。即通过有关期量标准、严密监督等手段所进行的强制控制或自觉控制。

(2)目标控制和程序控制。目标控制通过核查生产实际结果与计划的差异来实施控制；

程序控制通过对生产程序、生产方式进行核查来实施控制。

(3)管理控制和作业控制。管理控制的对象是全局,是指为使系统整体达到最佳效益而按照总体计划来调节各个环节、各个部门的生产活动。作业控制是对某项作业进行控制,是局部的,其目的是保证其具体任务或目标的实现。有时不同作业控制的具体目标之间可能会出现脱节或矛盾的情况,需要管理控制对此进行协调,以使整体达到最优效果。

3. 生产物流控制的程序

生产物流控制的程序一般包括以下几个步骤:

(1)制定期量标准。物流控制从制定期量标准开始,所制定的标准要保持先进与合理的水平,随着生产条件的变化,标准要定期和不定期地进行修订。

(2)制定计划。依据生产计划制定相应的物流计划,并保持生产系统能够正常运转。

(3)物流信息的及时收集、传送、处理。

(4)短期调整。为了保证生产的正常运行,要及时调整偏差,以保证计划顺利完成。

(5)长期调整及其有效性的评估。

三、生产物流控制原理

生产物流控制有两种模式:推进式和拉引式

1. 物流推进式控制原理

1)推进式控制的基本原理

物流推进式控制的基本原理是,根据最终的产品需求量,在考虑各阶段的生产提前期之后,向各阶段发布生产指令量。企业对生产物流实行集中控制,每个阶段物流活动服从集中控制的指令,各阶段没有独立影响本阶段局部库存的能力。

推进式控制模式是基于美国计算机信息技术的快速发展和美国制造业大批量生产基础上提出的 MRPII(制造资源计划)技术为核心的生产物流控制模式。但从实践结果来看,该模式的长处却在多品种小批量生产类型的加工装配企业得到了最有效的发挥。其具体做法是,在计算机、通信技术控制下制定和调节产品需求预测、主生产计划、物料需求计划、能力需求计划、物料采购计划、生产成本核算等环节。生产物流严格按照各工艺顺序确定的物料需要数量、需要时间(物料清单所表示的提前期),从前道工序"推进"到后道工序或下游车间。在整个控制过程中,信息流往返于每道工序、车间,并与生产物流完全分离。通过信息流控制保证按生产作业计划的要求完成物料加工任务。其原理如图 4-6 所示。

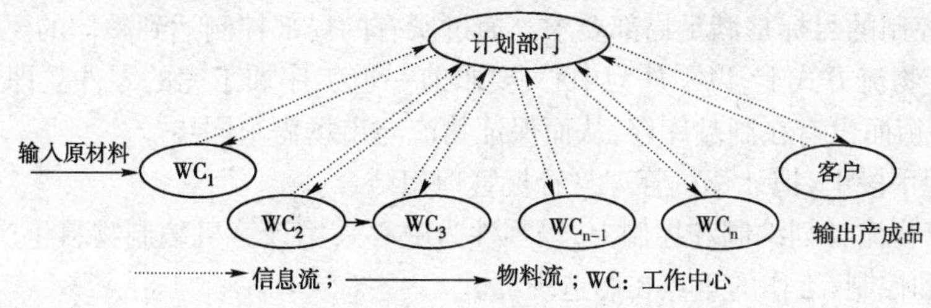

图 4-6 推进式模式下信息与物料流向图

2)推进式物流控制的特点

(1)在生产物流方式上,以零件为中心,强调严格执行计划,维持一定量的在制品库存。

(2)在管理手段上,大量运用计算机管理。

(3)在生产物流计划编制和控制上,以零件需求为依据,计算机编制主生产计划、物料需求计划、生产作业计划。执行中以计划为中心。工作的重点在管理部门,着重处理突发事件。

(4)在对待在制品库存的态度上,认为"风险"是外界的必然,因此必要的库存是合理的。也就是说,为了防止计划与实际的差异所带来的库存短缺现象,编制物料需求计划时,往往采用较大的安全库存和留有余地的固定提前期,而实际生产时间又往往低于提前期,于是不可避免地会产生在制品库存。这些安全储存量,从利的方面讲,它可以用于调节生产和需求之间、不同工序之间的平衡;从弊的方面讲,过高的储存会降低物料在制造系统中流动速度,使生产周期加长。

2. 物流拉引式控制原理

1)拉引控制的基本原理

物流拉引式控制的基本原理是,在最后阶段按照外部市场需求,向前一阶段提出物流供应要求,前一阶段按本阶段的物料需求量向上一阶段提出供应要求。以此类推,接受供应要求的阶段再重复地向前一阶段提出供应要求。采用此方式的物流控制原理称为物流拉引控制原理。如图 4-7 所示。

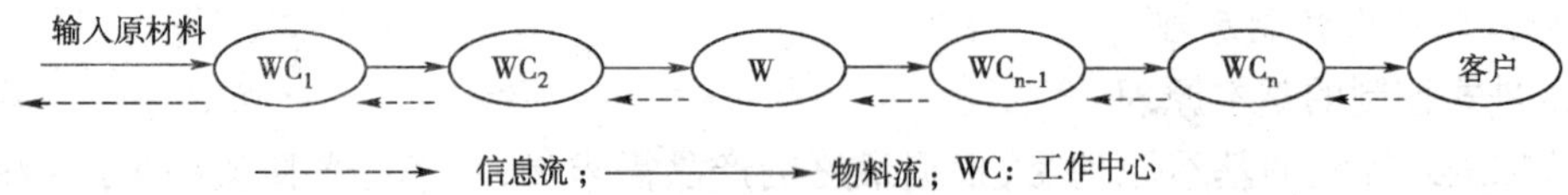

图 4-7　拉引模式下的信息与物料流向图

拉引式模式是以日本制造业提出的 JIT(准时制)技术为核心的生产物流管理模式。具体表现为,使物流始终处于不停滞、不堆积、不超越、按节拍地贯穿于从原材料、毛坯的投入到成品的全过程。该模式强调物流同步管理,要求在恰当的时间将恰当数量的物料送到恰当的地点。采用从后向前拉动控制的方法,即从最终市场需求出发,对于每道工序,上游车间只生产后道工序——下游车间需要的一定数量的零部件。在拉引控制中,信息流与物流完全结合在一起,但信息流(生产指令)与生产物流方向相反。信息流控制的目的是要保证按后道工序要求准时完成物料加工任务。如图 4-7 所示。

2)拉引式物流控制的特点

(1)实行分散控制。在多道工序生产中,指令由各阶段各自独立发布,因而属于分散控制。每一分散控制的目标是满足局部要求。通过所有的局部控制达到整体的要求。

(2)在生产物流方式上,以零件为中心,要求前一道工序加工完的零件立即进入后一道工序,强调物流平衡而没有在制品库存,从而保证物流与市场需求同步。

(3)在管理手段上,把计算机管理与看板管理相结合。

(4)在生产物流计划编制和控制上,以零件为中心采用计算机编制物料生产计划,并运用看板系统执行和控制,工作的重点在制造现场。

(5)在对待库存的态度上,认为就整个生产系统而言,"风险"不仅来自于外界,更重要的是来自于内部的在制品库存。因此,应将一切库存视为"浪费",予以消灭。其库存管理思想表现为:一方强调供应对生产的保证,另一方强调实现"零库存",从而消灭库存产生的浪费。

第五节 企业生产物流的组织方式

一、以推进控制原理为理论指导的生产物流组织方式

包括:物料需求计划(MRP)、制造资源计划(MRPII)、企业资源计划(ERP)

1. 物料需求计划(MRP)

1)物料需求计划的概念

物料需求计划简称MRP,它以市场营销计划为依据确定企业的主生产进度计划MRS;再根据产品结构各层次物品的从属和数量关系,以每个物品为计划对象,逐层逐次地求出各种零件的需要量和需求时间,从而实现按需要的准时生产。它是运用推进式生产物流控制原理的典型方法。

物料需求计划包括自制计划和采购计划。对于需要本企业自制的零部件,应按工艺规程确定的时间要求提前安排投产时间,形成零部件生产计划。对于外购件,则要根据各自的订货提前期统筹安排,形成采购计划。如果企业能够严格按照生产工艺规程的进度制造零部件,并且准确地执行采购计划,那么生产的各个环节都能在规定的时间得到所需要的原材料或零部件进行现阶段的生产,从而能够把本环节的在制品准时地送交下一工序,并最终准时将产成品送交给客户。

2)MRP原理

对于庞大而复杂的生产系统,MRP计划的制定与执行具有很高的难度,必须有强有力的计算机软、硬件系统实行集中控制,才能达到预想的效果。MRP的逻辑原理如图4-8所示。

下面对几个相关因素作进一步的说明:

(1)主生产进度计划MPS。根据销售合同、市场预测和其他生产需求、BOM和工艺规程决定成品出厂时间和各种零部件的制造进度。它决定了产成品、零部件在各个时间段内的生产量,包括产出时间、数量或装配时间和数量等。

(2)产品结构文件BOM。它反映产品的层次结构,即所有零部件的结构关系和数量组成。根据BOM可以确定该产品所有零部件的需要数量、需要时间以及相互关系。

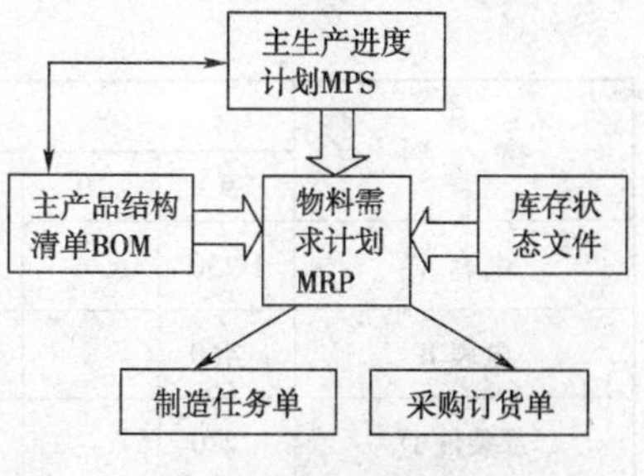

图4-8 MRP逻辑原理图

(3)产品库存文件。包括原材料、零部件和产成品的库存量、已订未到量和已分配但还没有提取的数量。根据物料需求计划计算最终所需的物料量,首先应考虑仓库现有存量,不足部分再进行采购。

从MRP的逻辑原理图中可以看出,由物料需求计划产生制造计划和采购计划,生成制造任务单和采购订货单,再据此组织产品的生产和物资的采购。

3)MRP的特点

(1)需求的相关性。在生产系统中,需求具有相关性。例如,根据订单确定所需产品的数量之后,由产品结构文件BOM即可推算出各种零部件和原材料的数量。这种根据逻辑关系推算出来的物料数量称为相关需求。不但品种数量有相关性,需求时间与生产工艺过程的决定也是相关的。

(2)需求的确定性。MRP 的需求都是根据主生产进度计划、产品结构文件和库存文件精确计算出来的,品种、数量和需求时间都有严格要求,不可改变。

(3)计划的复杂性。MRP 计划要根据产品主生产计划、产品结构文件和库存文件、生产时间和采购时间,把主产品的所有零部件需要数量、时间、先后关系等准确计算出来。当产品结构复杂、零部件数量特别多时,其计算工作量非常庞大,人力根本无法胜任,必须依靠计算机实施这项工程。

4)MRP 的实施步骤

MRP 的实施步骤包括:

(1)利用主进度找出 0 层次产品的总需求;

(2)减去现有存货及将要到达的订货,找出对 0 层次产品的净需求;

(3)利用物料清单将上一层次的净需求转化为对本层次部件的总需求;

(4)轮换处理各种物料并减去现有存货和已安排的运输,找出物料需求;

(5)利用前置期和其他相关信息找出这些订单的规模和时间。

下面是一个使用 MRP 的例子。

安培公司生产一种安装在住宅中的测量用电量的电表。MRP 系统的任务是确定一个主生产计划,指出各项物料需求的时区和数量,然后对计划的可行性进行检验,如果有必要,则对计划进行调整。

表 4-2 显示了半年内对电表极其零件(电表 A、电表 B,部件 D,零件 E)的需求,我们假定对已知的需求根据当月对客户的交货计划进行交货,而满足随机需求的物料则必须在当月的第一周就可以交货。

主生产计划 表 4-2

物料	周次								
	9	10	11	12	13	14	15	16	17
电表 A	1 250				850				550
电表 B	460				360				560
部装件 D	270				250				320
零件 E	380				430				380

图 4-9 描绘了仪表 A 和 B 的产品结构,表 4-3 描述了现有库存量和提前期,表 4-4 描述了仪表 A 和 B,部件 C 和 D,零件 E 和 F 的物料需求计划。

库存文件中所具有的现有库存量的提前期数量 表 4-3

物料	现有库存/单位	提前期/周	物料	现有库存/单位	提前期/周
A	50	2	D	30	1
B	60	2	E	30	1
C	40	1	F	40	1

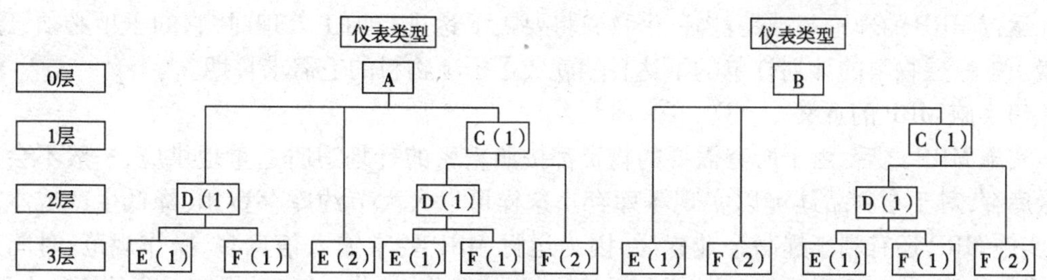

图 4-9 仪表 A 和 B 的产品结构

仪表 A 和 B，部件 C 和 D，零件 E 和 F 的物料需求计划 表 4-4

物料		4	5	6	7	8	9	10	11	12	13
A（提前期=2）	毛需求						1 250				850
	现有库存 50						50				
	净需求						1 200				
	计划订单						1 200				
	计划订单下达				1 200						
B（提前期=2）	毛需求						460				360
	现有库存 60						60				
	净需求						400				
	计划订单						400				
	计划订单下达				400						
C（提前期=1）	毛需求				400 1 200						
	现有库存 40				40						
	净需求				1 560						
	计划订单				1 560						
	计划订单下达			1 560							
D（提前期=1）	毛需求			1 560	1 200		270				250
	现有库存 30			30	0		0				
	净需求			1 530	1 200		270				
	计划订单			1 530	1 200		270				
	计划订单下达		1 530	1 200		270					
E（提前期=1）	毛需求		1 530	1 200	2 400 400	270	380				430
	现有库存 30		30	0	0	0	0				
	净需求		1 500	1 200	2 800	270	380				
	计划订单		1 500	1 200	2 800	270	380				
	计划订单下达	1 500	1 200	2 800	270	380					
F（提前期=1）	毛需求		1 530	3 120 1 200	800	270					
	现有库存 40		40	0	0	0					
	净需求		1 490	4 320	800	270					
	计划订单		1 490	4 320	800	270					
	计划订单下达	1 490	4 320	800	270						

运行 MRP 的理论基础是:当一个物料将要被下达进行加工处理时,它的子项必须已准备就绪。上一层物料的计划订单的下达日期就成了子项物料的毛需求日期。

4)实施 MRP 的意义

实施 MRP 之后,由于所有需要的物资都按照精密的计划适时适量地供应,一般不会产生超量库存,对于在制品还可以实现零库存。这样可以大大节约库存费用,降低生产成本。此外,实施 MRP 还有利于提高企业素质,因为运行 MRP 要求输入信息多、操作规范、时间观念强、系统协调性好,这样企业就必须加强系统化、信息化、规范化管理,提高企业的管理水平。

2. 制造资源计划(MRPII)

1)制造资源计划的概念

MRP 只产生物料需求计划,而没有考虑完成这个计划的能力。在执行中可能会产生能力短缺与闲置浪费并存的情况,致使计划不能顺利执行。为此,发展出了制造资源计划。

制造资源计划是以 MRP 为基础形成的,英文名称的字头也是 M、R、P,为与 MRP 区别起见,简称 MRPII。它的内容和 MRP 有很大不同,它已经是一个把 MRP 和所有其他与生产经营活动直接相关的工作、资源、财务计划等连成一体所形成的全面的生产管理系统。可以对 MR-PII 下这样一个定义:MRPII 是从整体最优化的角度出发,运用科学的方法,对企业的各种制造资源和企业生产经营各环节实行合理有效的计划、组织、控制和协调,达到既能连续均衡生产,又能最大限度降低各种物品的库存量,进而提高企业经济效益的生产管理系统。

2)MRPII 的原理

如图 4-10 所示,同 MRP 相比,它增加了以下内容:

(1)增加了对生产能力资源的管理。生产能力包括人力、物力、财力,体现为工时、机时或台时等。MRP 输出的生产任务必须有足够的生产能力才能保证其实施,MRPII 增加了生产能力与生产需求之间平衡的处理功能。

(2)增加了车间管理。其主要功能是接受 MRP 投放的生产任务单、制定能力需求计划,安排落实生产任务。

(3)增加了仓库管理。MRPII 不仅管理物资,还增加了订货管理和供应商管理功能。

(4)增加了成本管理功能。MRPII 在考虑每一道工序时,同时也计算出加工成本,最终计算出产品成本。这就可以进行成本的监督和控制,进行资金预算和使用的管理。

(5)形成闭合的信息反馈系统。由于 MRPII 增加了生产管理和库存管理功能,物料需求计划执行结果的信息可以反馈到系统,从而为系统提供了信息支持。总之,MRPII 以 MRP 为核心扩展了许多功能,进一步增强了对生产物流进行管理的能力。

3)MRPII 的特点

(1)MRPII 实现了企业内部信息的集成。MRPII 将企业的经营计划、销售计划、主生产计划、物料需求计划和生产能力计划、资金流动计划以及物料需求和生产能力需求计划的实施执行等通过计算机有机地结合起来,形成一个由企业各功能子系统有机结合的一体化信息系统,使各子系统在统一的数据环境下运行。

(2)运用管理会计概念,用货币形式说明企业物料计划带来的效益,便于实时做出决策。MRPII 通过计算机模拟功能,将系统输出的按实物量表示的业务活动计划和以货币表示的财务报表集成,保证了"资金流"(财务账)同"物流"(实物账)的同步和一致,从而改变了资金信

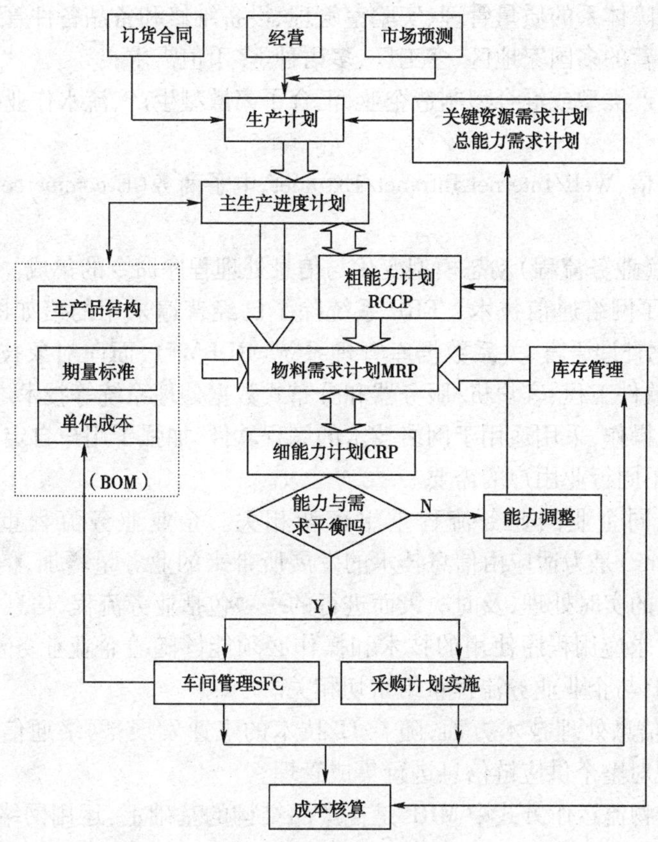

图4-10 MRPII 逻辑原理

息滞后于物料信息的状况,便于实时做出决策。

3. 企业资源计划(ERP)

1)ERP 的概念

ERP 是由美国加特纳公司(Cartner Group Inc)在20世纪90年代初首先提出的。其核心管理思想是供应链管理。即在 MRPII 的基础上将物流与信息流、资金流、客户需求和企业内部的生产活动以及供应商的制造资源整合在一起,体现完全按用户需求制造的一种供应链管理思想的功能网络结构模式。它强调通过企业间的合作;强调对市场需求快速反应;采用高度柔性的战略管理以及降低风险成本、实现高收益目标等优势,从集成化的角度管理供应链问题。

2)ERP 的特征

ERP 的特征,主要体现在以下三个方面:

(1)ERP 是一个面向供应链管理(Supply Chain Management)的管理信息集成。ERP 除了包括传统 MRPII 系统的制造、供销、财务功能外,在功能上还增加了如下内容:

①支持物料流通体系的运输管理、仓库管理(供应链上供、产、需各个环节之间都有运输和仓储的管理问题);

②支持在线分析处理(On Line Analytical Processing ,OLAP)、售货服务及质量反馈、实时准确地掌握市场需求的脉搏;

③支持生产保障体系的质量管理、实验室管理、设备维修和备品备件管理；

④支持跨国经营的多国家地区、多工厂、多语种、多币值需求；

⑤支持多种生产类型或混合型制造企业，汇合了离散型生产、流水作业生产和流程型生产的特点；

⑥支持远程通信、Web/Internet Intranet/Extranet、电子商务（E-commerce、E-business）、电子数据交换（EDI）；

⑦支持工作流（业务流程）动态模型变化与信息处理程序命令的集成。

（2）ERP 采用了网络通信技术。ERP 系统除了已经普遍采用的诸如图形用户界面技术（GUI）、SQL 结构化查询语言、关系数据库管理系统（RDBMS）、面向对象技术（OOT）、第四代语言/计算机辅助软件工程、客户机/服务器和分布式数据处理系统等技术之外，还要实现更为开放的不同平台互操作，采用适用于网络技术的编程软件，加强了用户自定义的灵活性和可配置性功能，以适应不同行业用户的需要。

（3）ERP 系统同企业的业务流程重组密切相关。企业业务流程重组（BRP：Business Process Reengineering）是为适应由信息技术的发展所带来的业务量增加，信息量敏捷畅通，企业必须进行的信息的实时处理，及时决策而进行的一项包括业务流程、信息流程和组织机构的变革。ERP 系统要求应用程序使用的技术和操作必须能够随着企业业务流程的变化而相应地调整。因此，ERP 与企业业务流程重组密切相关。

（4）在计算机信息处理技术方面，随着 IT 技术的飞速发展，网络通信技术的应用，使得 ERP 系统得以实现对整个供应链信息进行集成管理。

上述三种生产物流运作方式中 MRP 是在产品结构的基础上，运用网络计划原理，根据产品结构各层次物料的从属和数量的关系，以每个物料为计划对象，以完工日期为时间基准倒排计划，按提前期长短区别各个物料，下达计划的先后顺序。它不仅说明了工序之间品种和数量的关系，而且说明了供需之间的时间关系。MRPII 是在 MRP 基础上考虑了所有其他与生产经营活动直接相关的工作和资源（如财务计划），把物料流动和资金流动结合起来，形成的一个完整的经营生产信息系统。即把人力、物料、设备、能源、资金、空间和时间等各种资源进行有效的计划，合理运用，实现企业管理的系统化。而 ERP 又是在 MRPII 的基础上通过前馈的物流与反馈的信息流和资金流，把客户需求和企业内部的生产活动以及供应商的制造资源整合在一起，形成了一种完全按用户需求制造的供应链管理思想的功能网络结构模式，它是从集成化的角度管理供应链问题。

二、以拉引控制原理为理论指导的生产物流组织

拉引控制原理在生产中运用的典型方式是准时制生产（简称 JIT）。

1. 准时制生产的概念

（1）JIT 的定义：在精确测定生产各环节作业效率的前提下，按订单准确地计划，以消除一切无效作业和浪费为目标的一种管理模式。

（2）JIT 的基本思想：旨在需要的时候，按需要的量，生产所需要的产品。

（3）JIT 与传统制造系统中物流从零件到组装再到总装的做法的区别：JIT 主张从反方向来看物流，即从装配到组装再到零件。在生产过程中由需方起主导作用，需方决定供应物料的

品种、数量、到达时间和地点，供方只能按需方的指令供应物料。

2. 准时制生产的目标

JIT 的中心思想是彻底消除一切无效劳动和浪费。它的具体目标有以下几点：

(1)实现最大的节约。JIT 认为，多余生产的物资或产品不但不是财富，反而是一种浪费，因为它要消耗材料和人工，还要花费装卸搬运和仓储等物流费用。在 JIT 中生产指令是由生产线终端开始，根据订单依次向前一工序出发的，因而在各个环节不会产生多余的库存。

(2)库存量最低(零库存)。传统的观点认为，在制品库存和产成品库存都是资产，代表系统中已积累的增值。JIT 认为，任何库存都是浪费，必须予以消除。库存是生产系统设计不合理、生产过程不协调、生产操作不良的证明。

(3)废品量最低(零废品)。传统的生产管理认为一定数量的不合格产品是不可避免的，是可接受的质量水平。而 JIT 的目标是消除各种引起不合格品的因素，在加工过程中，每一道工序都力求达到最好水平，使每个需方都拒绝接受废品，让废品只能停留在供方，不让其继续流动而损害以下的工序。

(4)使生产提前期最短。JIT 是短的生产提前期与小批量结合的系统，应变能力强、柔性好。

(5)减少零件搬运，使搬运量降低。

3. JIT 系统的特点

JIT 系统采用拉引式控制方式。它采用“取料式”的方法，即后道工序根据市场需要的产品品种、数量、时间和质量进行生产，一环一环地“拉动”各个前道工序。对于本工序在制品短缺的量，从前道工序取相同的在制品量，从而消除生产过程中的一切“松弛点”，实现产品“无多余库存”以至“零库存”，最大限度地提高生产过程的有效性。JIT 系统上下工序之间的关系是市场供求关系，下道工序用客户的眼光来检查上一道工序的零件，而这恰恰是实行全面质量管理的有效前提。

4. 实施 JIT 的条件

JIT 的原理虽然简单，但由于对物流控制的要求很高，实施具有一定的难度。它要求：

(1)整个生产均衡化。即合理组织，使生产物流在各作业之间、生产线之间、供需之间、工厂之间均衡地流动。

(2)尽量按照产品专业化的要求布置生产设备，以减少排队时间、运输时间和准备时间。

(3)实行全面质量管理。必须建立质量保证体系，消灭各环节的不合格品，消除可能引起不合格品的根源，从根本上保证产品质量。

(4)合理设计产品。使产品与市场需求相一致，并且易生产、易装配。如采用模块设计，设计的产品尽量使用通用件、标准件，设计时应考虑实现自动化。

(5)采用强制性方法解决生产中存在的不足。由于库存已降到最低状态，生产无法容忍任何中断，所以整个生产过程必须精心组织安排，以避免任何可能出现的问题。

5. JIT 的应用——看板系统简介

JIT 的实施方法多种多样，无论采用何种方法都要贯穿及时物流的思想，即在一个物流系统中，原材料准确(适量)无误(及时)地提供给加工单位(或加工线)，零部件准确无误地提供给装配线。从 JIT 实施情况看，最著名案例是日本丰田汽车公司发明的看板方式。

1)看板的概念

所谓看板方式就是一种卡片,用它来传递信息,协调生产过程以及生产过程的每个环节,使生产过程同步。看板的样式和内容也有多种多样,但最基本的内容应当包括需求物资的品种规格、需求数量、需求时间和送达地点等。

2)看板的种类

(1)拿取看板。用于向前一道工序取货,应标明拿取的产品的种类和数量。

(2)生产订货看板。它是生产加工的指令,应标明前一道工序应生产的产品的种类和数量。

(3)外协看板。用于向供应商取货用的看板。

(4)信号看板和其他特种看板。

3)看板使用规则

(1)下道工序必须准时到前道工序取适量的零件。

(2)前道工序必须及时适量地生产后道工序所需的产品。

(3)决不允许将废次品送给下道工序。

(4)看板的数量必须减少并控制到最少。

(5)看板应具有微调作用。

三、以约束理论(TOC)为指导的生产物流管理

1. 约束理论的基本思想及核心内容

约束理论把企业看作是一个完整的系统,认为任何一种生产体制至少都会有一个约束因素。犹如链条中最虚弱的那一环,决定着整个链条的作用一样。正是各种各样的制约(瓶颈)因素限制了企业出产产品的数量和利润的增长。因此,企业通过逐个识别和消除这些约束,使得企业的改进方向和改进策略明确化,才能实现"有效产出"的目标。

为了达到这个目标,约束理论强调:首先,在能力管理和现场作业管理方面寻找约束因素。(约束是多方面的,有市场、物料、能力、工作流程、资金、管理体制、员工行为等,其中,市场、物料和能力是主要约束)。其次,应该把重点放在瓶颈工序上,保证瓶颈工序不发生停工待料,提高瓶颈工作中心的利用率,从而得到最大的有效产出。第三,根据不同的产品结构类型、工艺流程和物料流动的总体情况,设定管理的控制点。例如,如果约束来自于市场,则根据市场的约束制定物料的初步生产规划,生成主生产计划 MPS,MRP/ERP 也同步运行。

2. 运用 TOC 理论组织生产物流的要点

运用 TOC 理论组织生产物流,对生产物流进行计划与控制的关键步骤是:

(1)识别企业的真正约束(瓶颈)点。这是控制物流的关键。一般来说,当需求超过能力时,排队最长的机器就是瓶颈。如果管理人员知道一定时间内生产的产品及其组合,就可以按物料清单计算出要生产的零部件。然后,按零部件的加工路线及工时定额,计算出各类工序的任务工时,并将任务工时和能力工时比较,负荷最高、最不能满足需求的机床就是瓶颈。找出瓶颈之后,可以把企业里所有的加工设备计划分为关键资源和非关键资源。

(2)依据瓶颈约束,建立产品产出计划。建立产品产出计划的前提是使受瓶颈约束的物流达到最优化。为此,需要按有限能力法来进行生产安排,使瓶颈机器最大限度地工作。对于

非约束资源安排作业计划,则按无限能力倒排法,使之与约束资源上的工序同步。

(3)在所有瓶颈和总装工序前设置“缓冲器”(可分为“库存缓冲”与“时间缓冲”),保证瓶颈资源得以充分利用,防止出现等待任务的情况,从而实现企业最大的产出。

(4)对企业物流进行平衡,使得进入非瓶颈的物料应被瓶颈的产出率所控制。

四、对企业三种生产物流组织方式的比较

TOC与MRPII、JIT是在不同时代、不同经济与社会环境下产生的不同的企业管理方式。但从组织生产物流的角度看,三者在以下几个方面各有所长。

1. 生产运营条件与生产物流专业化技术方面

MRPII是为了适应西方消费者对产品式样、规格多样化,交货期缩短的要求,基于MRP发展起来的运用计算机对不同的产品的物料需求进行详尽管理的系统,源于大量生产的鼎盛期,生产专业化程度较高。初期适用于产品种类、结构变化不大和生产流程较稳定的环境,后期随着MRPII向ERP的拓展,也逐渐面临产品变化多,特别是多配置项的生产与市场要求,对专业化依赖性减弱。

JIT产生于社会需求基本为多品种、中小批量且资源缺乏,难以建立高度专业化的生产线时期。其出发点是把制造过程中的浪费(如残次品、在制品存储、搬运时间等等)降到最低的限度。

TOC是基于频繁多变的市场波动使得企业内部生产能力不平衡现象尤为突出的背景。它迫使企业生产中每道工序在库存水平、批量大小、提前期等各项指标都要适应这种动态的变化,多应用于离散型生产环境。

2. 生产物流管理手段方面

1)从制定生产物流的计划方式看

MRPII采用集中式的物料计划方式,计算机系统首先建立一套规范、准确的零件,产品结构及加工工序等数据系统,并在系统中维护准确的库存、订单等供需数据,MRPII据此按照无限能力计划法,集中展开对各级生产单元以及供应单元的生产与供应指令。

JIT采用看板管理方式,按照有限能力计划,逐道工序地倒叙传递生产中的取货指令和生产指令,各级生产单元依据所需满足的上一级的需求组织生产。

TOC先安排约束环节上关键件的生产进度计划,以约束环节为基础,把约束环节之前、之间、之后的工序分别按拉动、工艺顺序、推动的方式排定,并进行一定优化,然后再编制非关键件的作业计划。

2)从平衡生产能力的方式看

MRPII提供能力计划功能。由于MRPII在展开计划的同时将工作指令落实在具体的生产单元上,因此要求实现物料与生产能力的相对平衡。

JIT在计划展开时基本不对能力的平衡作太多考虑,企业以密切协作的方式保持需求的适当稳定,并以高柔性的生产设备来保证生产线上能力的相对平衡。对于总体能力的平衡一般作为一个长期的规划问题来处理。

TOC首先按照能力负荷比把资源分为约束资源和非约束资源,通过前述五大核心步骤来消除“约束”,改善企业链条上最薄弱的一环。

3)从物料采购与供应的方式看

MRPII 的采购与供应系统主要根据由计划系统下达的物料需求指令进行采购决策,并负责完成与供应商之间的联系与交易。

JIT 将采购与物料供应视为生产链的延伸部分。在实际生产中,由于企业间多已建立密切的合作关系,所以供应商一般也根据提出的需求组织生产,保证生产链的紧密衔接。在此情况下,采购供应部门更像协作管理部门。

TOC 具体运行需要大量的数据支持,如产品结构文件、加工工艺文件以及加工时间、调整准备时间、最小批量、最大库存、替代设备等。物料采购提前期不事先固定,而由上述数据共同决定。物料的供应与投放则按照一个详细作业计划来实现。

4)从物料质量的管理法方式看

MRPII 对出现的物料质量问题认为是概率性问题,允许一定的废品出现,在最终检验环节加以控制。

JIT 在每道生产工序中控制物料质量,并以生产中的质量控制来替代最终检验,消灭废品。

TOC 一方面在约束环节前设置质检,以避免前道工序的波动对约束环节的影响。另一方面当"质量管理"因素成为一个无形约束时,通过核心步骤来找到突破点,以避免质量问题波及到约束环节。

5)从物料库存的控制方式看

MRPII 一般设有各级库存,强调对库存管理的明细化、准确化。

JIT 在生产过程中一般不设在制品库存,只有当需求期到达时才供应物料,所以基本没有库存。生产直接面对客户,追求零库存,消灭一切浪费。

TOC 强调要合理设置"时间缓冲"和"库存缓冲",以防止随机波动,使约束环节不至于出现等待任务的情况。例如,如果成品运输受到约束,则应允许储备适量的成品作为缓冲。

总之,MRPII 的目标是有效合理地利用资源,改善计划,压缩库存;JIT 的目标是追求尽善尽美,而 TOC 认为企业目标是在现在和将来赚到更多的钱,因此必须增加有效产出、降低库存、降低运行费。

第六节　企业销售物流

一、销售物流概述

生产企业售出产品的物流过程称为销售物流,它是生产者至用户或消费者之间的物流。包括产成品的库存管理、仓储、发货运输、订货处理与客户服务等活动。

销售物流是企业物流与社会物流的又一个衔接点,它与企业销售系统相配合共同完成产品的销售任务。

二、企业物流和销售的关系

任何企业都有输入和输出两种物流,与企业营销工作有关的是输出物流,即实物配送。它的高水平运作是促进和发展销售的一项积极因素,能为企业产品销售占有市场优势创造机会。

将物流管理纳入市场营销的范畴,可以说是激烈的市场环境对于企业发展的必然要求。二者之间具有密不可分的关系。

1. 二者都以市场为起点

顾客对产品的需求是形成物流需求的核心和动力,如果没有市场对产品的需求,物流就失去了递送服务的对象。

2. 物流服务对企业的销售具有重要影响

(1)物流服务与营销定价有关。物流费用是产品价格的重要组成部分,对企业产品定价有重要影响。

(2)物流与促销工作密切联系。企业采取各种手段促销,增加产品销售,要求物流部门在实物配送、保证供应方面给予积极配合。

(3)物流是新产品发展应考虑的重要因素。在新产品设计、开发时要考虑包装规格、运输、装卸搬运的便利和储存方法的特殊要求。

(4)物流是市场营销部门确定客户服务政策和标准的重要依据,同时也是实现良好服务的重要保证。图4-11显示了物流部门应具有的营销服务素质。

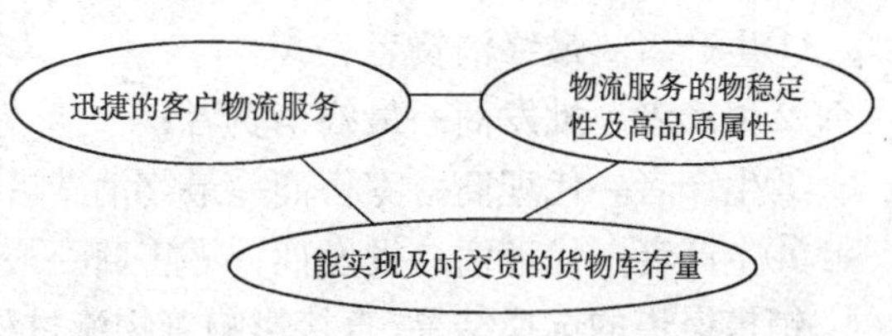

图4-11 物流部门应具有的三种营销服务素质

由于物流管理对销售工作的影响力日益重要,因此,企业物流管理部门要以市场为起点,以顾客满意为原则与销售部门协调目标、统一策略,根据企业营销的需要来组织好物流。

三、企业销售物流系统的构成

1. 产成品包装

包装是生产的终点,同时又是销售物流的起点。企业应结合生产后的物流系统情况来考虑包装。

2. 产成品储存

包括仓储作业、商品保管和养护、库存控制等。

3. 订单服务

订单服务指按客户的订单将货物装运发出直到送到客户手中的服务过程。它是企业销售物流工作中最重要的内容之一。订单服务包括订单传递服务、订单处理服务、订单分拣和集合服务三部分内容,如图4-12所示。

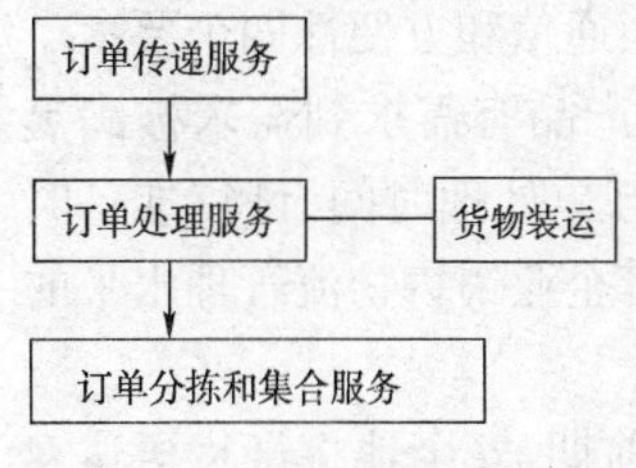

图4-12 企业订单服务流程

订单传递指从客户发出订单直到企业收到订单期间所进行的系列工作。订单处理指从接受订货到发运交货(包含受理客户收到货物后的反映意见)的处理单据的过程。包括确认交易、下达发运指令、备货整装、制单等主要工作。订单分拣与集合服务。包括填制文件、组织货物分拣及装车发运等内容。

上述三个部分紧密结合,形成了完整的订单服务过程。

随着计算机和现代化通信设备的广泛应用,电子订货方式被广泛采用。企业建立电子订货服务系统,已成为扩大销售、改善物流服务质量的重要内容。

4. 选择销售渠道

销售渠道有两种结构形态：

(1)生活资料商品的销售渠道结构，一般有五种形态。

①生产者→最终消费者；

②生产者→零售商→最终消费者；

③生产者→批发商→零售商→最终消费者；

④生产者→代理商→零售商→最终消费者；

⑤生产者→代理商→批发商→零售商→最终消费者。

(2)生产资料商品销售渠道结构，一般有四种类型。

①生产者→最终消费者；

②生产者→批发商→最终消费者；

③生产者→代理商→零售商→最终消费者；

④生产者→代理商→批发商→零售商→最终消费者。

销售渠道的选择结果，直接影响着物流过程组织和物流路径。企业结合自身产品的特点，通过对影响销售渠道的各种因素的结合，选择最佳销售渠道。

5. 产成品的发送

根据产成品的批量、运送距离、地理条件、时间、费用、运输质量要求以及运输工具情况，制定运输、配送方案，组织产成品的发送。

6. 装卸搬运

包括对产成品进行装卸、搬运等作业活动。要重视装卸搬运质量，避免把货物弄脏或损坏，从而影响产品销售。

7. 信息处理

流通中的信息，包括物流信息和商流信息两类。商流中交易、合同等信息，不仅提供了交易的结果，也提供了物流的依据。物流信息中库存量信息，不仅是物流的结果，也是商流的依据，二者紧密相联、相互交叉。这就要求企业建立和完善销售系统和物流系统的信息网络，加强二者协作的深度和广度，并建立与社会物流沟通和联系的信息渠道。

四、企业销售物流服务

1. 销售物流服务及其构成要素

销售物流服务即销售物流中的客户服务。它包括时间、可靠性、通信和方便性四个要素。

(1)时间。时间要素通常是指订货周期，是从客户确定对某种产品有需求到需求被满足之间的时间间隔，也称为提前期。时间要素主要受订单传送时间、订单处理时间、订货准备时间及订货装运时间等几个变量的影响。客户订货周期的缩短标志着企业销售物流管理水平的提高。

(2)可靠性。可靠性是指根据客户订单的要求，按照预定的提前期，安全地将订货送达客户指定的地点。它包括提前期的可靠性、安全交货的可靠性、正确供货的可靠性等内容。可靠的提前期能使客户的库存、缺货、订单处理和生产计划的总成本最小化。安全准时交货可以降

低库存量，减少缺货损失，降低库存成本。正确供货可以避免给客户造成失销或停工待料的损失。

(3)通信。与客户通信是监控客户服务的可靠性的关键手段。设计客户服务水平必须包括客户通信，通信渠道应对所有客户开放。没有与客户的联系，管理者就不能提供有效经济的服务。

(4)方便性。方便性是指服务水平具有灵活性。它体现在根据客户不同的要求以及根据客户的具体情况，为他们提供适宜的服务水平。只有这样才可以使管理者针对不同客户以最经济的方式满足其需求。

2. 提高销售物流服务的意义

销售物流服务的重要性表现在以下三个方面：

(1)提高销售收入。销售物流服务是企业物流的重要要素，它直接关系到企业的市场营销。服务是产生差异性的重要手段，搞好销售物流服务可以“区别”在客户印象里有没有区别的产品。一般来说，提高客户服务水平可以增加企业销售收入，提高市场占有率。

(2)提高客户满意度。客户服务是由企业向购买其产品或服务的人提供的一系列活动。对于消费者来说，他关心的是所购买的全部产品，即不仅仅是产品的实物特点，还有产品附加价值。而销售物流服务就是提供产品附加价值的活动，它能增加购买者所获得的效用。良好的销售物流服务会提高产品价值和客户的满意度。因此，许多企业都将销售物流服务作为企业物流的一项重要功能。

(3)留住客户。研究表明，同开发新客户相比，留住现有客户成本低，而且满意的客户会提供中介并且愿意支付溢价。相反，一个对服务提供者感到不满的客户将被竞争对手所获得。留住客户目前已成为企业的战略问题。物流领域的高水平客户服务是吸引并留住客户的重要手段。

总之，提高销售物流客户服务水平是提高企业竞争优势的重要途径，企业的销售物流服务与产品质量具有同等重要性，需要引起企业管理者的高度重视。

五、企业销售物流计划与控制(DRP)

1. DRP 的概念

配送需求计划(Distuibution Requirements Planning, DRP)被定义为：“MRP 原理和技术在配送领域中的应用。该技术主要解决分销物资的供应和调度问题。”

它是一种既保证有效地满足市场需求又使得物流资源配置用量最省的计划方法。

2. DRP 的适用范围

DRP 主要解决分销商品的供应计划和调度问题，DRP 在两类企业中得到应用。一类是流通企业，如储运公司、配送中心、物流中心、流通中心等。这些企业的基本特征是不一定搞销售，但一定有储存和运输业务，其目标是在满足用户需要的原则下，追求有效地利用资源(如车辆等)，达到总费用最省；另一类是大型的生产企业，他们有自己的销售网络和销售物流系统，具体组织储、运、销活动。这两类企业的共同之处是：

①以满足社会需求为自己的宗旨；

②依靠一定的物流能力(储、运、包装、装卸搬运能力等)来满足社会的需求；

③从制造企业或物资资源市场组织商品资源。

3. DRP 的原理

DRP 的原理如图 4-13 所示,它输入三个文件,输出两个计划。现分别说明如下:

1)输入的文件

(1)社会需求文件。包括所有用户的订货单、提货单和供货合同,以及下属子公司、企业的订货单,此外,还要进行市场预测,确定一部分需求量。所有需求要按品种和需求时间进行统计,整理成社会需求文件。

(2)库存文件。对自有库存商品进行统计列表,以便针对社会需求量确定必要的进货量。

(3)生产厂资源文件。包括可供应的品种和生产厂的地理位置等,其中地理位置和订货提前期有关。

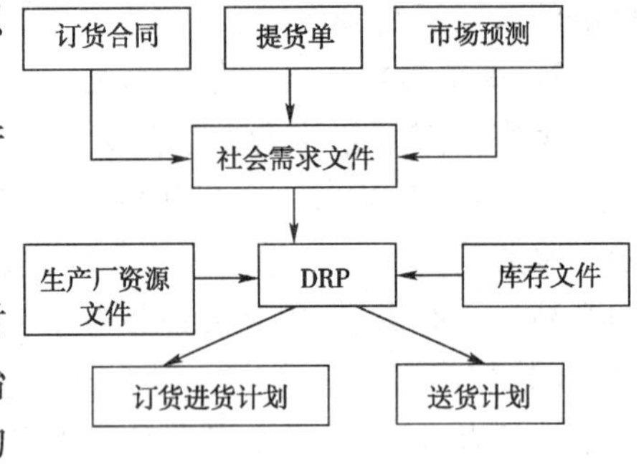

图 4-13 DRP 原理

2)输出文件

(1)送货计划。对用户的送货计划,为了保证按时送达,要考虑作业时间和路程远近,提前一定时间开始作业。对于大批量需求可实行直送,而对于数量众多的小批量需求可以进行配送。

(2)订货进货计划。是指从生产厂订货进货的计划。对于需求商品,如果仓库内无货或者库存不足,则需要向生产厂订货。当然,也要考虑一定的订货提前期。

这两个文件是 DRP 的输出结果,是组织物流的指导文件。

4. 实施 DRP 的意义

应用 DRP 的潜在经济效益很大,据一些成功实施 DRP 的企业总结:实施 DRP 以后,客户服务水平从 85% 提高到 97%;物流系统库存量减少 25%;物流成本减少 15%;库存积压物资减少 80%。更为重要的是,实施 DRP 还能为企业带来难以用数字描述的、更为广泛的潜在效益。

5. DRP 的发展——DRPII

1)DRPII 的内涵

配送资源计划(Distuibution Resource Planning,DRPII)是配送需求计划(DRP)的延伸。DRPII 将分期 DRP 逻辑应用于补充多级别仓储系统中的库存。

2)DRPII 的原理

DRP 和 MRP 一样,只提出了需求,而没有考虑执行计划的能力问题。因此,在 DRP 的基础上,又产生了 DRPII。它是在 DRP 的基础上,增加物流能力计划,形成的一个集成、闭环的商品资源配置系统,其原理如图 4-14 所示。

3)DRPII 主要特点

(1)在功能方面,DRPII 除了对商品进、销、存管理外,还具有对车辆、仓库的配置利用及成本、利润核算等功能。此外,还有物流优化、管理决策等功能。

(2)在具体内容上,DRPII 增加了车辆管理、仓储管理、物流能力计划、物流优化辅助决策系统和成本核算系统。

(3)具有闭环性。DRPII 是一个自我适应、自我发展的闭环系统,信息系统也是一个闭环

反馈系统,订货信息和送货信息都反馈到仓库和车队。

举例说明如下:

MMH 公司有 3 个分销中心(DC_S),分布在美国,还有一个中央供应站,位于加拿大魁北克的生产工厂。这里描述的是它的 DRPII(分销资源系统)在 8 周的期间内是如何运作的,如图 4-15 所示。

波士顿 DC 有一设定在 55 个单位装饰品的安全库存水平,当库存低于该水平时,DC 即发出订单订购 500 个单位。从中央供应站到波士顿 DC 的运送时间是 2 周。

波士顿 DC 的 DRP 显示器显示 8 周的需求预测,被称为总需求。从 352 单位的手头库存开始,DC 预测到第 5 周时将仅剩 42 单位(122 个手头库存减去 80 个单位的总需求)。

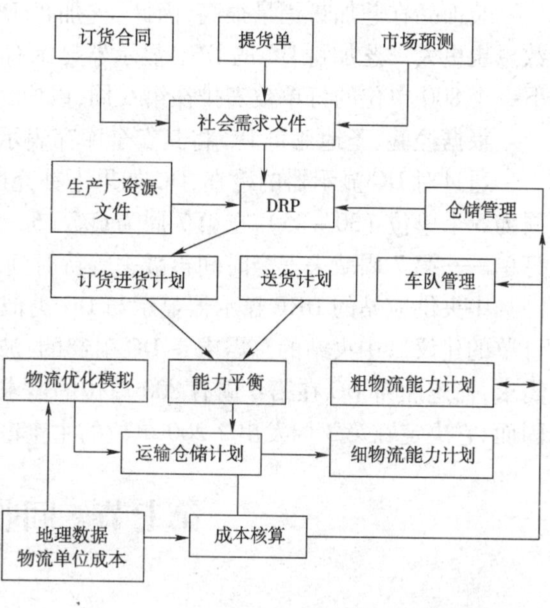

图 4-14 DRPII 的原理

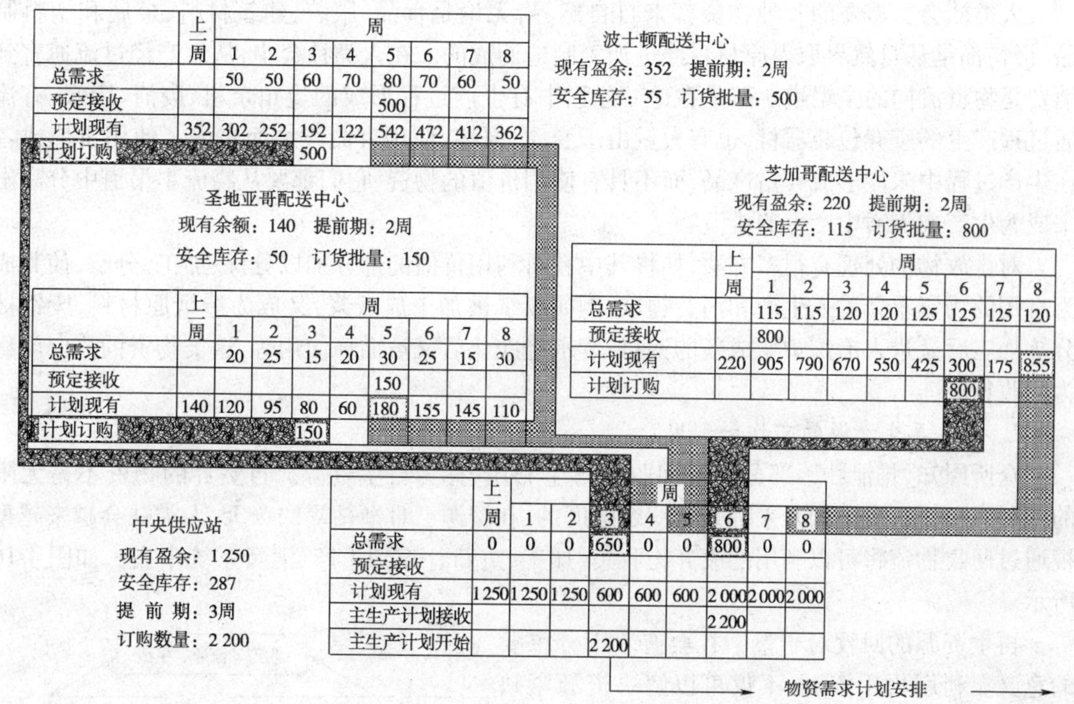

波士顿配送中心

现有盈余:352 提前期:2周

安全库存:55 订货批量:500

	上周	1	2	3	4	5	6	7	8
总需求		50	50	60	70	80	70	60	50
预定接收						500			
计划现有	352	302	252	192	122	542	472	412	362
计划订购				500					

圣地亚哥配送中心

现有余额:140 提前期:2周

安全库存:50 订货批量:150

	上周	1	2	3	4	5	6	7	8
总需求		20	25	15	20	30	25	15	30
预定接收						150			
计划现有	140	120	95	80	60	180	155	145	110
计划订购				150					

芝加哥配送中心

现有盈余:220 提前期:2周

安全库存:115 订货批量:800

	上周	1	2	3	4	5	6	7	8
总需求		115	115	120	120	125	125	125	120
预定接收		800							
计划现有	220	905	790	670	550	425	300	175	855
计划订购							800		

中央供应站

现有盈余:1 250

安全库存:287

提 前 期:3周

订购数量:2 200

	上周	1	2	3	4	5	6	7	8
总需求	0	0	0	650	0	0	800	0	0
预定接收									
计划现有	1 250	1 250	1 250	600	600	600	2 000	2 000	2 000
主生产计划接收							2 200		
主生产计划开始				2 200					

图 4-15 DRPII 的应用

这将低于安全库存水平,因此 DC 在第 3 周发出 500 单位的订单(第 5 周减去提前期)。货物如期到达,DC 又重新回到安全水平。

装饰品在芝加哥销量很高,因此,芝加哥 DC 的总需求高于波士顿 DC。它一次性订购的数量也更大。芝加哥 DC 的 DRP 显示器显示有 800 单位的装饰品已经在途,并于第 1 周抵达。下一个 800 单位的订单被安排在第 6 周,以应付第 8 周即将出现的库存消耗。

根据经验,圣地亚哥 DC 将其安全库存表示为安全时间 2 周。

通过对 DC 显示器的检查,DC 如果不补充库存,到第 5 周将只剩 30 单位(60 - 30),到第 6 周为 5 个单位 (30 - 25),在第 7 周为负数(5 - 15)。因此,DC 在第 3 周计划发出 150 单位的订单——第 7 周减去安全时间再减去等待时间。

中央供应站的 DRP 显示器显示与 DC 类似,但是它主要安排和提供关于开始和接收制造订单的建议。中央站的总需求是 DC 引起的:波士顿和圣地亚哥 DC 在第 3 周共有 650 单位的需求,而芝加哥 DC 在第 6 周有 800 单位的需求。中央站发现在第 6 周将出现负的手头余额。因而,它决定在第 3 周发出 2 200 单位的主生产计划订单,以避免出现短缺局面。

第七节 回收与废弃物流

一、回收物流

1. 回收物流的概念

人类社会所需要的各种物资都来自自然界,无论是食品、服装、建筑材料、金属和塑料制品,最初都是从自然界取得原材料经过加工制造而成的。在人类社会中,从生产经过流通直到消费是物资流向的主渠道。但是在这一过程中有生产过程形成的边角余料、废渣、废水,有流通过程产生的废弃包装器材,也有大量由于变质、损坏、使用寿命终结而丧失了使用价值或者在生产过程中未能形成合格产品,而不具有使用价值的物资,它们都要从物流主渠道中分离出来成为生产或流通中产生的排泄物。

对排放物的处理有很多方法,如将其中有再利用价值的部分加以分拣、加工、分解,使其成为有用的物资重新进入生产和消费领域,例如废纸被加工成纸浆,又成为造纸原材料,废钢被分拣加工后又进入冶炼炉变成新的钢材,废水经净化后又被循环使用等,这类物资的流向就称为回收物流。

2. 企业再生资源的回收和利用

众所周知,排泄物一部分可以回收并再生利用,称为再生资源。自然界的物资不是无限的,森林的采伐、矿山的开采都是有一定限度的,在资源已日渐枯竭的今天,人类社会越来越重视通过回收物流将可以利用的废弃物收集、加工、重新补充到生产、消费系统中去。如图 4-16 所示。

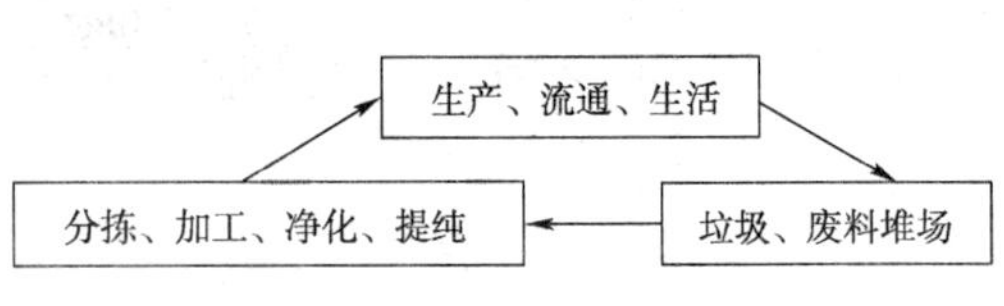

图 4-16 再生资源回收利用循环图

再生资源的回收对于整个社会有着十分重要的意义。利用再生资源,不仅可以解决资源紧缺问题,减少成本,增加效益,而且对于解决环境问题,减少流通费用也起着十分积极的作用。例如,废纸回收已成为造纸业原料供应不可缺少的一环,1987 年,我国回收废纸达 160 万吨。据统计,钢铁产量有近三分之一来自回收的废钢。在

日本,每年报废的汽车达 600 万辆,其中半数以上被分解成废钢、橡胶和玻璃,而回收利用。城市垃圾中的一些成分也可以加工成肥料或燃料,甚至有些废物、废材经过适当加工,可以直接成为商品进入消费领域。

3. 企业废旧包装的回收和利用

企业在流通过程中也会产生排放物。流通也是产业部门,需要消耗燃料及其他动力与资材,这些都会产生废弃物。流通部门最典型的废弃物是被捆包的物体解捆以后所产生的废弃捆包材料。如木箱、编织袋、纸箱、纸带、捆带、捆绳等。上述这些废旧包装如果只进行一次使用,势必会造成资源浪费,并且会产生大量的垃圾,对于这些废旧包装可以进行二次使用,但需经过必要的技术处理,不能影响其再次使用。处理按以下流程进行:废旧包装——→统一回收——→综合利用技术——→验收——→复用。

二、废弃物物流

在上述内容中,我们所说的排泄物都是指可以回收并再生利用的再生资源,但有一部分排泄物,在循环利用过程中,基本或完全失去使用价值,形成无法再利用的最终排放物,即废弃物。废弃物经过处理后返回自然界,形成了废弃物流。

对于这些已丧失再利用价值的排放物,从环境保护的目的出发将其焚烧,或送到指定地点堆放掩埋,对含有放射性物质或有毒物质的工业废物,还要采取特殊的处理方法。其工作流程如图 4-17 所示。

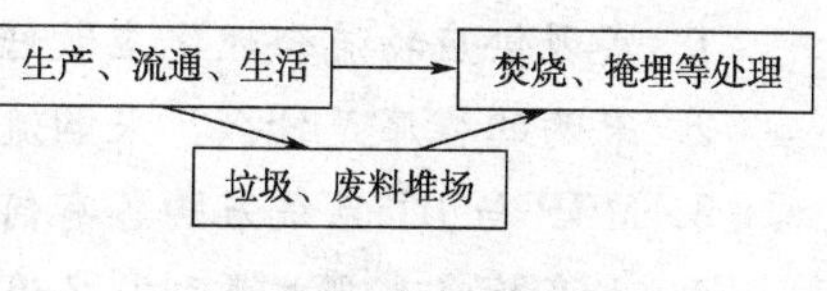

图 4-17 废弃物物流流程图

由于废弃物的大量产生严重地影响人类赖以生存的环境,并且由于产生的垃圾数量巨大,每天必须有庞大的环卫队伍,耗费巨额资金进行收集、搬运和处理。当前社会最关切的问题之一就是环境问题,而环境污染的根本问题是废弃物造成的。造纸厂和化工厂的废水任其流入自然界的水源中,将污染河流、海洋,不仅危害人类,水生动植物也将受到致命打击。核废料的处理已成为国际公害,受到世界舆论的密切关注。

现在社会正在从以下几个方面做出努力:在设计阶段就考虑尽量把产品设计成不排出废弃物的;即使有废弃物排出,也尽量使用不会对环境构成严重影响的材料;采取可提高运输效率的模件化设计等,使环境问题成为人人都关心的社会问题。

案例

海尔集团的物流

1999 年,海尔集团进行流程再造,成立了物流推进本部,下设三个事业部,即采购事业部、配送事业部、储运事业部,实行集中采购、集中配送、集中储运,将分散在各个环节、各个部门、各个公司和工厂中的物流元素加以集成。

海尔实行"一流三网"的物流管理模式,即以订单信息流为中心,建立全球供应链资源网络、全球用户资源网络和计算机信息网络。实现 4 个目标:

(1)为订单而采购,消灭库存。

(2)实现双赢。海尔和供应商之间不再是简单的买卖关系,供应商提前参与到海尔产品的设计阶段,与海尔共同面向客户,使订单增值。

(3)3 个 JIT 实现同步流程。由于物流技术和计算机管理的支持,海尔物流通过 3 个 JIT,即 JIT 采购、JIT 配送和 JIT 分拨物流来实现同步流程。

(4)利用计算机网络开展电子商务。海尔 100% 的采购订单在网上下达,使采购周期由原来的平均 10d 降低到 3d,网上支付已达总额支付的 20%,降低了供应链成本。

目前,海尔在国内已建立了 42 个配送中心,每天可将 5 万多台定制产品配送到 1 550 个海尔专卖店和 900 多个营销店。在中心城市实现 8h 配送到位,区域内 24h 到位,全国 4d 以内到位。

海尔物流的再造,已取得明显成效,供应商由原来的 2 336 家优化至 667 家,呆滞物资降低 73.8%,仓库面积减少 50%,库存资金由 1999 年的 15 亿元人民币降为 2001 年的 3 亿元人民币,商品库存周转期由 30d 降至 7d。2001 年,海尔全球销售突破 600 亿元人民币,正在向世界 500 强快速迈进。

复习思考题

1. 实现供应物流合理化应做好哪些工作?
2. 采购的程序是什么?采购流程变革有什么趋势?
3. MRP 与 JIT 系统采购各有何特点?
4. 生产物流有哪些类型?各有何特点?
5. 生产物流控制的内容、程序是什么?
6. 简述生产物流控制的原理。
7. 什么是 MRP、MRPII 和 ERP?各有何特点?
8. 什么是 JIT?有何特点?
9. 物流部门应具备哪些营销服务素质?
10. 什么是 DRP 和 DRPII?
11. 回收物流与废弃物流有什么区别和联系?

5 第五章　第三方物流

学习目标

通过本章的学习，应能够解释第三方物流的定义；分析第三方物流的产生；描述第三方物流的选择及实施方法。

第三方物流是西方20世纪80年代中后期出现的一种新型的物流服务方式。从它诞生后就以其能提高顾客服务水平、降低成本、增加企业柔性、使厂商的主业更集中等优势显示出了良好的增长势头，对企业自营物流的传统观念提出了极大的挑战。

第一节　第三方物流概述

一、第三方物流的基本含义

第三方物流国外常称之为“契约物流”、“物流联盟”、“物流外部化”，是20世纪80年代中期才在欧美发达国家出现的概念。“第三方”这一词来源于物流服务提供者，作为发货人(甲方)和收货人(乙方)之间的第三方这样一个事实。我国对第三方物流的定义是：由供货方与需方以外的物流企业提供物流服务的业务模式。

理解第三方物流应把握以下三点：

(1)第三方物流的经营主体是第三方，既非生产者自身或货主，也非最终用户。它所提供的产品并不是自己所有的，这是第三方物流最基本的内涵，自营物流不属于第三方物流。

(2)第三方物流的服务是建立在现代技术基础之上的物流活动，包括支持物流服务过程实现的功能技术和信息技术，其中电子信息技术的支持显得尤为重要。所谓功能技术指支持物流作业流程和相应管理职能的技术依托，如装卸、仓储、运输、配送、流通加工及其一体化作业所需技术设备，实现托盘化物流、物流增值服务所需的技术设备等。信息技术，主要是指基于电子计算机和移动通信的电子信息技术，它是支持集成化物流、个性化物流管理的技术依托，如：基于互联网、内联网、外联网技术平台的移动通信，全球定位系统(GPS)，数据交换技术(EDI)，电子商务(EC)，条形码技术等，它们能够充分支持满足客户所需全部或部分物流需求的集成运作、可视化监控、个性化服务等过程的技术要求。

(3)第三方物流提供者与客户之间是现代经济关系，并以合同这一调整和约束现代经济活动行为和关系的法律形式为基础得以体现。现代经济关系包括个性化服务、合作双方或多方建立企业间战略联盟、业务联盟等形式，采用合同规范双方或多方的长期合作伙伴关系，一般可建立1~5年或更长时间的合作关系。

二、第三方物流的产生

现代意义上的第三方物流，只有十几年的历史。早期，有许多厂商既从事制造和经销业务，又拥有自己的车队、仓库，从事运输和仓储作业。随着市场竞争日益加剧和社会分工的日趋细化，厂商们开始注意到自己并不是经营运输作业和库存管理的行家。为了把更多的精力和有限的资源集中于自己的核心业务上，以便与自己的主要对手展开竞争，有些厂商开始把一些自己不十分在行的如运输、仓储这样的业务交给"第三方"经营。当然，商家们所选择的"第三方"都是那些十分有经验、有实力的专业运输企业和仓储企业。把物流作业交给这样的企业经营，自然比他们自己要得心应手，服务质量更高，也比他们自己经营更经济合算。于是，一部分在市场中有较好声誉的准物流企业，如运输公司、仓储公司、海运公司、空运公司等便开始进入某些厂商的物流链中。他们一般是从帮助厂商运输材料、在制品、零部件和制成品做起，而后，逐渐扩大到经营仓储、包装加工和配送等业务，成为这些厂商的合作伙伴，进而发展成为颇具规模的第三方物流服务公司。在美国，像Ryder、Exel以及GATX等这一类物流服务公司所走的就是这样一条发展道路。如今，第三方物流服务业已在欧美国家异军突起，成为21世纪最有发展前途的朝阳行业之一。

三、第三方物流服务业给企业带来的优势

由于第三方物流企业对物流各环节如仓储、运输等作业的严格管理，再加之其拥有一大批具有专业知识的物流人才，使得他们可以有效地运转整个物流系统。当其客户不再拥有自己的车队和仓库等有关物流设施，而是全部依赖于第三方物流企业为他和他的客户提供部分或全部的物流服务时，客户与第三方物流服务公司之间就形成了一种"一荣俱荣，一损俱损"的合作伙伴关系。这种彼此间以取长补短为出发点而形成的对双方都有利的合作联盟，给企业带来了如下的优势：

1. 作业利益

第三方物流服务业给企业带来的第一个优势是"作业改进"的利益，它包括了两方面的好处：第一是可以使惠顾的工商企业获得自己的组织并不能提供的服务或生产要素（指物流服务），这也是厂商之所以要使用外协物流的重要原因。工商企业内部的物流系统有可能无法满足其所有的物流服务需求，在许多情况下，他们的顾客所需要的物流服务往往要求具有特别的专业知识和技能，如果仅由厂商内部组织来满足往往是不经济的。

第二个好处就是第三方物流服务可以提高厂商内部管理的绩效，具体表现为它可以提供更加灵活的服务、更高效率的服务，以及服务的一致性。

2. 经济利益

第三方物流服务给厂商带来的第二个优势与经济利益相关，也即降低物流作业成本。这是因为第三方物流服务业在经营规模、经营范围上的经济性，使其提供的包括劳动力要素在内的物流作业成本较低。此外，由于企业使用外协物流作业，既可以避免盲目投资，又可将资金

用于更适当的地方。这一优势与降低成本同样重要,因为通过外协,不变成本可以转变成可变成本。

稳定的和可视的成本也是厂商寻求外协的积极因素。一方面,稳定的成本可以使厂商的规划和预算手续更为简便;另一方面,某一个环节的成本一般来讲难以与别的环节清晰地区分开来,这样,当雇用外协物流后,成本的透明度就增加了,因为物流服务供应商是要申报成本或费用的。

3. 管理利益

第三方物流服务业给厂商带来的第三个优势与管理利益相关。外协物流可以使厂商的人力资源集中到其核心的业务中去,同时又分享了外协公司的核心能力。通过第三方物流来整合供应渠道,减少供应商数目给厂商带来的利益也是第三方物流之所以受到青睐的潜在原因。如果厂商使用的是单一供应来源的外协物流,还可以使其减少交易费用,减轻厂商在几个物流服务供应商之间协调的压力。

第二节　第三方物流服务提供商的类型与服务形式

一、物流服务提供者的类型

(1)按提供服务的种类划分,可将物流服务提供商分为以资产为基础的物流服务提供商、以管理为基础的物流服务提供商和综合物流服务提供商。

①以资产为基础的物流服务提供商。他们主要通过运用自己的资产来提供专业的物流服务,这些资产可以是车队和仓库。

②以管理为基础的物流服务提供商。他们一般不拥有资产，而是通过系统数据库和设计咨询等提供物流管理服务，他们经常以一个承包人的身份，负责部分或全部的客户相关业务。

③综合物流服务提供商。这种出售综合物流服务的公司拥有资产,一般是卡车、仓库或两者都有。但是他们所提供的服务,并不以使用自己的资产为限。一旦需要,便可与其他提供者签订子合同来提供相关的服务。

(2)按所属的细分的物流市场分,可将物流服务商分为:操作性的公司、行业倾向性的公司、多元化的公司和顾客化的公司。

①操作性的公司。在操作性的细分市场当中,承运人通常以成本优势进行竞争,他们一般精于某项操作。

②行业倾向性的公司。又称行业性的公司,他们常为满足某一特定行业的需求而设计自己的作业能力。比如荷兰的 Pakhoed 公司,为满足化工行业的需求而建立了作业能力和基础设施。

③多元化的公司。多元化公司开发出一系列相关又不具相互竞争性的服务。

④顾客化的公司。顾客化的公司面向一些有很高专业需求的客户,他们之间的竞争主要在于服务而不是费用。例如 Frans Maasg 公司不仅为客户的原材料的运入和产成品的运出安排运输,还提供最终产品装配的操作。

二、第三方物流的服务形式

第三方物流的服务形式主要有以下几种：

(1)专一用户的合同配送。这种合同形式通常既包括提供运输服务，又包括提供仓储服务。它进入用户的场地，专为此一用户服务。这种形式的优点是，服务不会因其他用户的需要而受到影响。这种服务形式实际上可以使用户把某个第三方物流资源当作自己的自货自运车队使用。这类合同一般是2~5年。第三方物流服务供应商在提供多功能、量体裁衣式服务的同时，也为他们自己创造了一个应用物流概念和先进的IT信息技术的极好空间。

(2)专一用户的合同运输。这种形式与第一种形式差不多，所不同的是在该种形式下，第三方物流服务供应商只提供运输服务。

(3)多个用户的合同配送。这种形式的合同是一个"第三方"配送者为几个用户服务。当几个用户在某个方面也有共同的专门需求时往往采用这种形式，如在包装、装卸、仓储方面需求一致，或者是在送达目的地方面，如目的地是同一所属医院等。

(4)多个用户的合同运输。此种合同形式与第三种差不多，只是它只提供运输服务。

(5)快件运输。通常运送的是小批量、小尺寸的货物(一般不超过25kg)，但需提供的往往是第二天必须送达的高水平服务。

(6)批量递送。与前者不同的是，此种形式主要是对于大批量货物的运输，当然递送时间也相对慢一些，用户服务水平总体上低于快件运输。

(7)一般货运和仓储。提供通常的货物运输与仓储。

(8)一般货运。只提供通常的货物运输。

2000年中国仓储协会组织的我国工商企业物流将业务交给第三方物流服务商的情况调查表明，在利用第三方物流服务内容构成中主要是单纯运输(其中生产企业占20%，商业企业占29%)，干线运输(其中生产企业占48%，商业企业占29%)，市内配送(生产企业占28%，商业企业占29%)，包装(生产企业占4%，商业企业占29%)。说明当前国内生产企业的外包物流主要集中在干线运输，其次是市内配送和仓储，再次是包装。

第三节　第三方物流服务的选择和实施

一、物流活动经营方式的选择

工商企业采用自营物流还是使用第三方物流，取决于两个因素的平衡，即物流对于企业成功的关键程度以及企业管理物流的能力。如图5-1所示，企业所处的位置决定了其奉行的战略。如果客户对服务要求高，物流成本占总成本的比重大，且已经有高素质的人员对物流运作进行有效的管理，那么该企业就不应将物流活动外包出去，而应当自营。

沃尔玛就是这样的公司，其供应渠道的管理非常出色。另一方面，如果对于一家企业来说，物流并不是其核心战略，企业内部物流管理水平也不高，那么将物流活动外包给第三方物流供应商就有利于降低成本，提高客户服务质量。戴尔电脑公司认为其核心竞争力是营销，是制造高科技的个人电脑硬件，而不是物流，因此，戴尔电脑在世界各地直销时，就与几家第三方

物流企业合作，在一定地理范围内分销商品。

如果物流是企业战略的核心，但企业物流管理能力很低，那么寻找物流伙伴将会给该企业带来很多收益。好的合作伙伴在公司现有的、甚至还未进入的市场拥有物流设施，可以向工商企业提供自营物流无法获得的运输服务及专业化的管理。相反，如果公司的物流活动不那么重要，但是由专业人员管理，那么该公司就会主动寻找需要物流服务的伙伴，通过共享物流系统提高货物流量，实现规模经济效益。

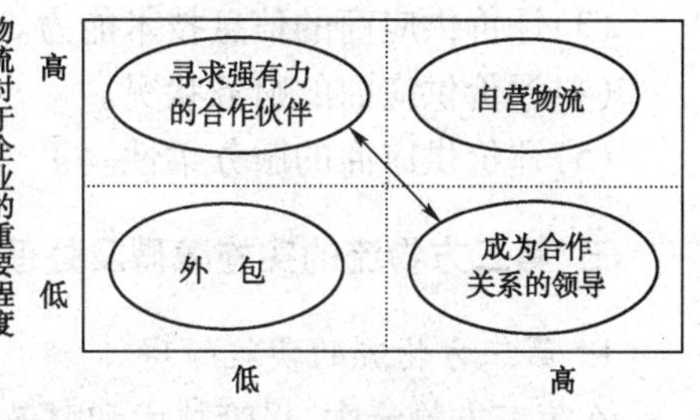

图 5-1　物流活动经营方式

二、第三方物流服务商的选择

工商企业采用第三方物流服务时，首要的问题是选择物流伙伴。外协物流能否成功，很大程度上取决于事先对物流伙伴的挑选。选择第三方物流企业的程序如下：

1. 列出一个简明的工作范围

当决定采用第三方物流服务后，企业应明确自己的需求，对于达到什么目标以及这些目标完成后，会怎样影响公司的每一个职能领域，应有准确的了解。

2. 建立目标和选择标准

要想获得全面收益，企业应该使需求目标化，同时还要制定达到到期目标的选择标准，这样有助于企业判断哪一个是最符合要求的。当然，对需要外购的所有物流服务都应建立目标和选择标准。

3. 识别合格的提供方

物流业发展很快，企业不可能对这个行业中的每一家都熟悉，因而，存在信息不完全的问题，寻找企业想外购服务的公司，从欧美500家的工商企业的经验来看，主要通过两种渠道：与其他物流同行的交流和第三方物流公司的销售拜访(参见表5-1)。

信　息　渠　道　　表5-1

信 息 源	西欧(%)	美国(%)	信 息 源	西欧(%)	美国(%)
与其他物流同行交流	77	46	专业广告	19	11
第三方代表的销售拜访	69	54	当地物流会议	15	14
国内物流会议	19	19	直邮广告	15	11

4. 出标

出标时，应对企业的目标和特定的物流项目作详细说明，详细到假设在卖方对公司情况(产品线、运送量、销售量预测、所处行业等)一无所知，而且对各个潜在卖方一视同仁。

5. 竞标评价

对出价和出价方的评价，并不像一次交易那样挑选要价最低者，因为合同一旦签订，与伙伴的关系就要维持相当一段时间，应选择那种最适合企业需求和文化互补的公司。为此，应从下列几方面着手进行优劣评价：

(1)掌握供应商的地理位置。

(2)调查供应商的背景。
(3)评价供应商的信息技术能力。
(4)评价供应商的财务状况。
(5)评价供应商的服务柔性。

三、第三方物流的实施障碍及处理

1. 第三方物流的实施障碍

在第三方物流中,尽管技术和财务方面的支持作用非常重要,但这并不是实施第三方物流的主要障碍。实施第三方物流的主要障碍来自于组织内和法律间的协调。

组织内的障碍与企业文化有关,也和各部门的职能划分有关。物流的直线职能组织机构,使得每一个职能部门都能相对较独立地完成自己的任务,但第三方物流的实施是跨越职能界限的,因此,传统的组织结构给第三方物流造成了较大的障碍。伙伴间的障碍则主要是由于伙伴间存在着文化、经营条件、能力等方面的巨大障碍,如第三方物流服务公司对企业产品和客户不够了解,以及对合同条款的不同理解等,而其中一个重要的障碍往往来自信息系统的接口方面,因为对企业间的合作来说,最重要的是要做到信息系统与物流的统一。另外一个重要的障碍就是实行了物流的外包,会受到物流部门的员工的抵制,因为这将直接影响他们的利益。

2. 对障碍的处理

实施第三方物流会遇到很多障碍,针对不同的类型及产生障碍的不同原因,可以采取不同的处理方式,经常使用的处理方法有以下几种:

(1)建立统一的目标。建立统一的目标是要求企业各部门必须充分认识到他们是利益共享、风险共担的一个整体。只有他们之间团结协作,为了共同的目标而努力,才能使企业得到发展。否则会使局部利益损坏整体利益。

(2)协调双方的工作。双方企业之间通过经常接触,相互通报工作中遇到的问题,并就工作中的分歧互相达成谅解,能够减少冲突发生的可能性,并能对已发生的冲突采取适当的方式进行解决。

(3)严格制定和执行合同。冲突的发生,往往是由于合同制定与执行过程中的问题引起的,因而通过认真制定合同,明确双方的目标和利益关系,使双方都严格执行合同才会大大减少冲突发生的可能。

第四节　第三方物流的定位

一、第三方物流的定位

1. 第三方物流是客户的战略同盟者

现代意义上的第三方物流企业不是运输公司、仓储公司,也不是货代公司、单纯的速递公司,而是客户物流领域的战略同盟者。在服务内容上,它为客户提供的不仅仅是一次性的运输或配送服务,而是一种具有长期契约性质的综合物流服务,最终职能是保证客户物流体系的高

效运作和不断优化供应链管理。从这个角度看,第三方物流企业与其说是一个专业物流公司,不如说是客户的一个专职物流部门,只是这个“物流部门”更具有专业优势和管理经验。

与传统运输、仓储企业相比,第三方物流的服务范围不仅仅限于运输、仓储业务,而是更加注重客户物流体系的整体运作效率与效益,供应链的管理和不断优化是它的核心服务内容。第三方物流企业的业务触及到客户的销售计划、库存管理、订货计划、生产计划等整个生产经营过程,远远超越了与客户一般意义上的买卖关系,而且紧密地结合成一体,形成了一种战略合作伙伴关系。从长远看,第三方物流的服务领域还将进一步扩展,甚至会成为客户销售体系的一部分,其生存与发展必将与客户企业的命运紧密地联系在一起。

在西方的物流理论中特别强调“相互依赖”关系,也就是说一个企业的迅速发展光靠自身的资源、力量是远远不够的,必须寻找战略合作伙伴,通过同盟的力量获得竞争优势。第三方物流扮演的就是这种同盟者的职能。

2. 第三方物流是客户的战略投资人,也是风险承担者

第三方物流企业追求的不是短期的经济效益。更确切地说,它是以一种投资人的身份为客户服务的,同时也是风险的承担者,这是它身为战略同盟者的一个典型特点。比如,为了适应客户的需要,第三方物流企业往往自行投资或合资为客户建造现代化的专用仓库、个性化的信息系统以及特种运输设备等,这种投资少则几百万元,多则上亿元,直接为客户节省了大量的建设费用,而这种投资的风险必然也由自身承担。所以,第三方物流服务本身就是一种长期投资,这种投资的收益在很大程度上取决于客户业务量的增长,这就形成了双方利益一体化的基础。

同时,随着我国资本市场的发展,法人企业作为战略投资人已经成为一类重要的资本市场投资主体,在业务关系上的紧密性为第三方物流企业与客户在资本市场上的合作创造了难得的条件,可以预见双方在股权、资本上的融合将更加紧密,第三方物流战略投资人的性质将更加明显。

3. 第三方物流与客户是市场共生关系

传统物流管理着重于企业内部作业与组织的整合,对下游顾客的对应以服务品质为主要管理重心。因此,评价管理绩效的指标多半为订单周期的速度、供货率等。

然而,在供应链管理模式下,企业逐渐转而强调跨企业界限的整合,使得对于与顾客的关系的维护和管理变得越来越重要;通过全球性的信息网络,使顾客的供应链管理完全透明化,顾客可以随时通过 Internet 了解供应链的情况;第三方物流提供者是物流专家,他们利用完备的设施和训练有素的员工对整个供应链实现完全的控制,减少物流的复杂性;他们也可通过遍布全球的运输网络和服务提供者(分承式)大大缩短交货期,从而也帮助顾客改进了服务。物流管理已从物的处理提升到物的增值方案的管理,亦即须充分了解顾客需求,通过“量体裁衣”式的设计,制定出以顾客为导向,低成本、高效率的物流方案,为顾客在竞争中取胜创造条件,使顾客在同行中脱颖而出。在虚拟整合趋势下,供应链体系得以成功发展,物流产业也获得更大支持,得以配合主体企业商流之需,不断开发出创新的增值服务项目,形成更专业的第三方物流,为市场、顾客提供更多、更好及更有价值的(产品)服务。因此,第三方物流与客户形成的是相互依赖的市场共生关系。

4. 利益一体化是第三方物流管理的利润基础

从本质上讲,第三方物流管理的利润来源于现代物流管理科学的推广所产生的新价值,也就是经常提到的"第三利润源泉"。以美国为例,1980 年全美企业存货成本总和占 GDP 的 29%,由于物流管理中零库存控制的实施,到 1992 年这一比例下降到 19%,下降了近 10 个百分点。可以说,这种库存成本的节约就是物流科学创造的新价值。这种新价值是第三方物流与客户共同分享的。这就是利益一体化,就是"双赢"。

所以,与传统的运输、仓储服务相比,第三方物流企业的利益来源与客户的利益是一致的,而不是矛盾的,并不是一方多赚一分钱、另一方就少赚一分钱的传统交易方式。第三方物流服务的利润来源不是来自运费、仓储费用等直接收人,不是以客户的成本性支出为代价,而是来源于与客户一起在物流领域创造的新价值。为客户节约的物流成本越多,利润率就越高,这与传统的经营方式有本质的不同。因此,以降低客户经营成本为根本的经营目标是第三方物流的发展方向,是实现与客户的双赢和利益一体化的真实反映,也是真正实现战略合作的经济基础。

二、第三方物流的价值创造

第三方物流供应方挑战的是能够提供比客户自身进行运作更高的价值。第三方物流创造价值主要体现在以下几个方面:

1. 运作效率

物流服务供应商为客户创造价值的基本途径是达到比客户更高的运作效率,运作效率的提高意味着对每一个最终形成物流的单独活动进行开发。如,运输、仓储等。例如,仓储的运作效率取决于足够的设施与设备及熟练的运作技能。在作业效率范畴中的另一个更先进的作用是协调连续的物流活动。

2. 客户运作的整合

带来增值的另一个方法是引入多客户运作,或者说是在客户中分享资源。例如,多客户整合的仓储或运输网络,客户运作可以利用相似的结合起来的资源。整合运作的规模效益成为能取得比其他资源更高的价值。整合运作的复杂性需要高水平的信息技术与技能。

3. 横向或纵向的整合

创造价值的另一种方法是横向或纵向的整合。纵向的整合,发展与低层次服务的供应商关系;横向整合,第三方供应方能够结合类似的但不是竞争的公司,比如,扩大为客户提供服务的地域覆盖面。

物流运作的专业化使第三方物流公司可能在专门技术和系统领域内超越最有潜力的客户的能力,因为客户还要分配资源同时关注其他几个领域。

第五节　第三方物流的运作方式

一、第三方物流的运作方式

第三方物流的运作方式,可分为简单的第三方物流运作方式和复杂的第三方物流运作方式。简单的第三方物流运作方式如图 5-2 所示,复杂的第三方物流运作方式,如图 5-3 所示。

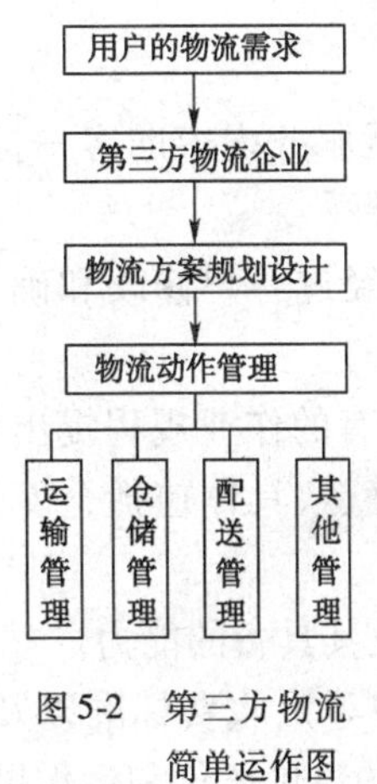

图 5-2　第三方物流简单运作图

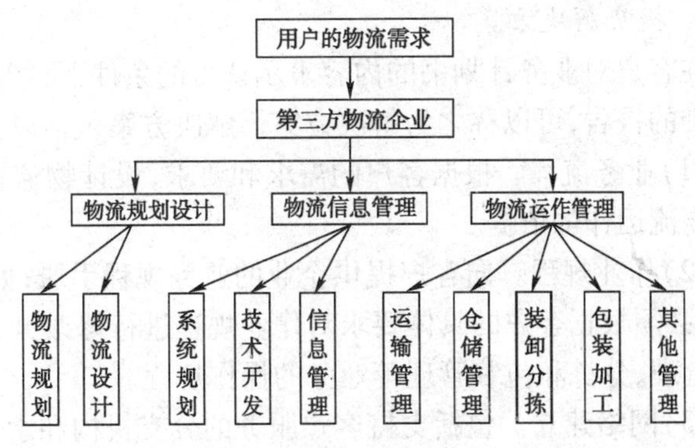

图 5-3　第三方物流复杂运作图

二、第三方物流服务业务的开发

第三方物流业务开发的一般流程如图 5-3，具体包括以下内容：

1. 商务沟通

第三方物流企业应主动开展商务沟通，即以电话、传真、信件、快件、电子邮件、参加会议等方式与潜在的客户进行联系，从而获得商务机会。

2. 商业洽谈

对洽谈时间的选择，应在征求客户的意见以后，根据客户的意见和自身的情况选择适当的时间，但注意不要以一种非常急迫的心理要求客户尽快和自己见面。在洽谈地点选择上，第一次最好到客户的地方，一方面表示对客户的尊重，另一方面可以了解客户更多的信息。当然，也可以选择自己的单位或第三方地点，但选择第三方地点时要选择双方比较熟悉的地方，以免因为地点的环境气氛不好，影响双方的洽谈。在洽谈之前，应准备好各种必要的文件，最好能够提供专门为顾客编写的资料，这样，一方面能够有针对性地向客户介绍自己的能力和优势；另一方面表示对客户的尊重，从而获得客户的好感。在洽谈中，洽谈人员应认真记录与客户交谈的内容，除此之外，还需对客户进行认真观察，以了解客户的真实动机。

3. 业务计划

通过商业洽谈，客户表示愿意接受企业提供的物流服务时，物流企业应向客户提供一个初步的简单的物流业务计划书，其内容应包括：公司简介、物流资源、技术条件、客户资源、业务设想、费用方案和其他相关资料等。

4. 收集信息

物流企业在业务发展初期或业务发展的初期阶段，由于没有足够的物流资源信息，为了制定解决方案，必须根据客户的需求收集能够提供相应服务的代理商或承包商的资源信息或价格信息。而当企业已经建立了物流数据资源库时，物流业务的开发过程，可能就不需要收集信息这个过程。另外，考虑到可能有两个以上的服务商向客户提供服务，企业还有必要收集竞争对手的信息。

5. 选择承包商

根据收集的物流资源信息，确定承包商的备选方案，从每个单项的承包商中必须选择两个以上作为备选。

6. 提交解决方案

在客户对业务计划书的内容表示认可的条件下，物流企业应当就服务内容向客户提供更加详细的报告，可以称之为解决方案。解决方案包括以下内容：

(1)业务流程。根据客户的需求和要求，设计物流业务流程，在经过客户修改和确认后，作为物流运作的依据。

(2)作业规程。向客户提供企业的业务规程手册，如果客户对原有的作业规程提出疑义，那么，必须根据客户的具体要求对作业规程进行修改并得到客户的确认，具体包括仓库管理、运输管理、分拣和包装管理等业务的操作规程。

(3)网络建立。包括支持客户服务的分支机构和承包商的选择及其具备的能力。

(4)费用方案。包括仓储费用、运输费用(长途、短途和市内运输等)、收费标准以及总体费用方案，在费用方案中要注意报价技巧和留有余地，以便应付客户的讨价还价和运作风险。

(5)成本分析。通过与客户现有的业务(服务)和成本进行对比，评价方案在成本和服务方面的优势。

(6)信息管理。在解决方案中必须确定在物流业务具体运作过程中的物流信息管理的内容。比如双方确认信息主管人员、数据(文件表单)处理方法、信息交换的方式(传真、电子邮件、快件，甚至要确定使用的电子邮件和快件的承运商等)。

7. 签订合同

为了确保合同的周密，在签订每个业务合同时，应遵循以下几点：

(1)由业务部门草拟合同主要内容。

(2)由法律部门或法律顾问审核。

(3)必要时应当对合同进行公证。值得注意和提醒的是，无论是资料、业务计划，还是解决方案和合同，企业应当注意上述文件的编辑、打印和装订的质量，千万不能敷衍了事。

8. 准备运行

准备运行阶段包括对客户的实地考察、确认和对承包商的实地考察、确认两部分内容，其中对承包商运作准备清款的考虑包括：

(1)考察现场、了解仓库设备、物流装备、交通状况、消防安全、人员素质。

(2)文件交换。将企业与客户所签订的合同的主要内容通报给承包商，同时，向承包商进一步强调彼此间合作的内容、报价、业务流程图。

(3)布局任务。根据合同当面进一步明确承包商的权利和义务。

(4)进行作业指导。包括操作规程、岗位职责、注意事项、紧急事项处理、各种表单的填报等。

(5)开展业务培训。在必要时派遣企业物流主管对承包商的业务人员进行培训。

9. 试运行

试运行是关键期，物流企业要协调自身与客户和承包商的各种运作，并及时对出现的问题进行调整。

10. 正式运行

在正式运行时要求对物流业务过程中的各种业务、财务以及统计信息严格管理，包括：单

据、凭证、表单、统计表等，严格按照业务流程和作业流程运行。对于运行中发生的事故也要真实全面地记录并报告，及时查明原因，提出解决方案，采取补救措施，以防过失再次发生。

11. 客户反馈

包括客户的日常反馈和集中反馈。物流企业通过电话征询、登门拜访、开联谊会等多种方式了解客户意见。

12. 改进服务

包括优化业务流程、改进作业规程、优化网络结构、选择承包商、改进技术装备等方面内容。

第六节　国内外第三方物流的发展

一、第三方物流市场

1. 全球第三方物流市场

据分析，1996 年全球第三方物流服务市场份额为 1 340 亿美元，占当年全球物流总支出的 3.9%；1998 年全球第三方物流服务市场份额为 1 740 亿美元，占当年全球物流总支出的 5%；2000 年全球第三方物流市场份额为 2 070 亿美元，占当年全球物流总支出的 5.5%，到 2002 年末，全球第三方物流市场份额为 2 810 亿美元，占当年物流总支出的 7%。经测算，从 1996 年到 2002 年末，全球第三方物流市场的年平均增长率为 13%。

全球第三方物流十强企业比较见表 5-2。

2. 欧洲第三方物流市场

第三方物流市场最发达的是在欧洲，占物流市场的份额接近 25%，达 310 亿美元。其中，第三方物流市场份额最大的是英国，约占 35%；其次是法国，约占 27%；荷兰，约占 25%；德国，约占 23%；意大利，约占 12.7% 左右。

3. 美国第三方物流市场

据美国权威的第三方物流咨询公司 A&A 公司的分析报告：2000 年美国的第三方物流市场份额为 564 亿美元，占当年美国物流总支出的 5.6%，比上年增长 22.6%（1999 年占 5%，增长率为 16.5%；1998 年占 4.45%，增长率为 15%）。其中专用合同运输 87.2 亿美元；国内货运管理 100.3 亿美元；增值仓储 204.4 美元；以美国为基地的国际物流管理 138.5 亿美元；物流软件 35 亿美元。

A&A 公司认为，由于许多财富 500 家企业还没有外包，诸如货运、仓储和存货管理等非核心竞争力的业务，同时许多中小型企业正在寻求由单一的合同物流公司来管理其一体化供应链系统，所以第三方物流市场的发展还存在巨大的空间。预计在未来的 3 ~ 5 年，美国的第三方物流服务市场将以 15% ~20% 的速率增长。

4. 日本第三方物流市场

日本近期以制造业和批发业货主为对象，对货主企业的物流现状进行了调查，调查表明，日本约 70% 的货主企业将本企业的物流业务委托外部公司承办。其中近 30% 的企业表示今后将进一步扩大物流相关企业外包的比例。

全球物流十强企业

表 5-2

公　司	资　产	总　部	业务地区	业务结构
UPS	303 亿美元	美国	美洲业务占总收入的 89%，欧洲占 7%，亚洲占 4%	国内陆上运输占 54%，国内空运占 19%，国内延迟运输占 10%，对外运输占 9%，非包裹业务占 8%
FedEx	210 亿美元	美国	美洲业务占总收入的 76%，欧洲业务占 15%，亚洲业务占 9%	空运业务占 83%，公路占 11%，其他占 6%
Deutsche post Would Net	25.5 亿欧元	德国	德国、法国、意大利和欧洲其他国家业务分别占总收入的 23%、17%、8%、23%，斯堪的纳维亚、美洲、远东、澳洲分别占 12%、11%、6%	邮政、快递、物流和金融业务分别占 49%、21%、18% 和 12%
Maersk		丹麦		世界最大的船运公司
Nippen Express		日本	经营收入有 93% 来自日本	汽车运输、空运、仓库及其他分别占 44%、16%、5%、25%
Ryder		美国	美国业务占总收入的 82%，国际业务占 18%	运输服务占 57%，物流占 32%，其他占 11%
TNT		荷兰	欧洲业务占总收入的 85%，其他占 15%	邮递、速递、物流分别占 42%、41% 和 17%
Expeditors		美国	远东业务占总收入的 85%，其他占 15%	空运占 63%，海运占 25%，货代占 12%
Panalpina		瑞士	欧洲、非洲业务占总收入的 52.7%，美洲占 33.9%，亚太地区占 13.4%	空运、海运、物流及其他分别占 44.9%、31.3%、20.3%、3.5%
EXEL	65 亿美元	美国	英国与爱尔兰业务占总收入的 39%，美国占 30%，欧洲大陆占 21%，非洲及亚太占 10%	配送占 58%，运输管理占 39%，环境服务占 3%

从行业种类看，一般机械、运输机械、精密仪器等机械制造业和食品饮料业、纸张纸浆业、消费产品批发业将物流业务委托外部专业公司承办的比率较高。从业务类别看，运输业外包的比例约占九成；商品保管、装卸业务外包的比例约占六成；捆包、包装的比例约为四成。其他相关业务和委托处理废弃物外包的比例也较高。

5. *我国第三方物流市场*

与第三方较为成熟的发达国家相比，我国的第三方物流启动和发展都比较缓慢。中国仓储协会于 2001 年 2 ~ 4 月，组织了第三次全国范围内的物流供求状况调查，调查范围覆盖全国的生产、企业、商业和储运及物流企业，从调查结果看：生产企业原材料物流成品销售物流使用第三方的占 21%，与第二次调查数据相比，上升 5 个百分点；商业企业物流使用第三方的为 13%；有 57% 的生产企业和 38% 的商业企业在寻找新的物流代理商。

从总体上看，目前全球第三方物流市场的总量虽然还不是很高，但第三方物流市场的增长

率是物流市场总体增长率的3倍多(从1996年到2002年,全球物流市场的年平均增长率为4%)。就世界范围而言,全世界的第三方物流市场具有潜力大、渐进性和高增长率的特征。

二、我国第三方物流的发展

1. 专业化物流服务需求初露端倪

近年来,随着买方市场和竞争格局的形成,企业对物流作为"第三利润源泉"有了比较深刻的认识,优化企业内部物流管理,降低物流成本成为目前多数国内企业最为强烈的愿望和要求。

与此同时,专业化的第三方物流服务需求已经出现,且发展势头极为迅速。其一是跨国公司在中国从事采购、生产经营、销售分拨等活动过程中,对高效率、专业化物流服务的巨大需求;其二是一批颇具竞争实力的我国优势企业(例如海尔集团、青岛啤酒、上海宝钢等)已开始尝试和利用专业化物流服务;其三是在一些新型的经济领域中,如私营企业、快递服务行业以及电子商务领域等)也产生和存在着一定规模的专业物流服务需求。

2. 专业化物流企业开始涌现

近年来,我国经济中也出现了许多物流企业,主要由三部分构成:一是国际物流企业,如丹麦有利公司等。这些国际物流公司一方面为其原有的客户——跨国公司进入中国市场提供延伸物流服务,另一方面,针对中国市场正在生成和发展的专业化物流服务需求提供物流服务,如UPS、INT等国际大型物流企业正在纷纷进入中国的快递市场。二是由传统运输、储运及批发贸易企业转变形成的物流企业,他们依托原有的物流业务基础和在客户、设施、经营网络等方面的优势,通过不断拓展和延伸其物流服务,逐步向现代物流服务企业转化。例如,中国外运集团在与摩托罗拉(中国)公司的合作中,根据客户市场的发展和物流需求的变化,不断规范、调整和创新企业的物流服务内容,提高服务质量,使物流服务内容从简单空运发展为全程物流服务;服务区域从天津市场扩展至全国,服务规模从最初的几笔货物发展到每月数百吨,成为摩托罗拉(中国)公司最主要的物流服务供应商。三是一些民营物流服务企业,通过几年的发展,已经成为物流市场上的一支新生力量和我国物流产业发展的重要补充。

3. 服务的整体优化是第三方物流企业的发展方向

面对日益激烈的竞争,作为供应链中重要一环的第三方物流企业要积极采用先进的物流设备和技术,提高作业效率。充分利用现代信息技术和通信技术,准确、及时地收集和处理信息,指挥物流活动高效运转。在实现物流各环节优化的基础上,整体优化物流供应链并建立高效的物流网络。通过提供优质高效的专业化物流服务,改善与托运人的关系,争取更多的工商企业将物流业务外包,不断扩大用户群体。

三、全球第三方物流发展趋势

随着经济全球化步伐的加快,科学技术尤其是信息通讯技术的发展,以及跨国公司的出现所导致的本土化生产、全球采购、全球消费趋势的加强,当前全球第三方物流发展呈现出一系列新特点。

1. 物流服务的全球化趋势

就物流的区域化以及全球化发展趋势而言,21 世纪必将是物流服务全球化的时代。这既是“经济全球化、物流无国界”的必然要求,也是物流企业实现顾客服务全球化的必要条件。

物流服务地理范围的扩大,源自企业生产经营方式的改变和生产效率、效益提高的要求。许多现代大型企业均已实现或正朝着原料、加工、销售三地分离的方向发展。特别是全球经济一体化发展步伐加快,为获取更廉价的原材料、实现最低加工成本、获得最佳销售利润,三地分离的趋势愈来愈明显,使物流流动的地理范围正以超常速度拓展。与此同时,现代科技在交通运输领域、信息领域大规模应用,极大地提高了物资的沟通能力与效率,既支持了物流服务地理范围的拓展,也使物流活动的效率越来越高。

2. 物流服务的综合化趋势

面对日益激烈的市场竞争和迅速变化的市场需求,为客户提供全部物流业务服务,即所谓一站式一体化的综合物流服务,成为现代第三方物流企业生存与发展的关键。第三方物流企业的服务将更加注重客户物流体系的整体运作效率和效益,客户供应链的管理与不断优化将成为其核心服务内容。综合物流业务的开展将实现海、陆、空等各种运输方式的一体化及各种物流功能的一体化,这是第三方物流的重要发展方向。

物流企业的“混业”经营——船运公司上岸、货代公司下海、互为代理或在全球范围内的网络扩张,加速了物流服务或供应链管理市场的一体化整合。如为实现全球“混业”扩张的战略,以为客户提供“一体化的国际供应链解决方案”为战略目标的、以航运起家的美国总统轮船公司(APL)的美集物流公司(ACS),于 2001 年 1 月花费 2.1 亿美元收购了美国第二大以增值仓储服务为主业的、北美和南美洲最好的第三方物流服务供应商之一的 GATX 物流公司,此举使其年营业额提高 70% 即 3 亿美元。利用 GATX 物流公同的仓储分拨系统,APL 的全球供应链可以直达最终客户。同年 3 月 25 日,APL 物流公司又成功收购了特别擅长于处理零售、消费类电子产品物流运作的德国汉堡的 Mare 物流公司。紧接着在同年 6 月 14 日,APL 物流公司为了加强在俄国和波罗地海地区诸国集装箱多式联运市场的开发和改进客户服务水平,以及把其在亚洲和北美的服务通过汉堡港和伯明翰港经支线与该地区市场连接,任命了新的地区市场总监,要在该地区市场上充当物流运作的组织者,逐步形成海、陆物流综合一体化的全球网络和能力。又如国际快递公司尽管在中国的网络发展受到来自地方的抵制和有关部门的限制,但近年来 DHL、TNT、UPS、FedEx 的分公司和代理点已经开始从沿海扩张到内地,从一级城市扩张到二级城市,他们与中外运和大田公司合资合作建立起来的网络已经可以到达全国 100 多个城市。再如东方海外公司(OOCL)集海运、河运、公路运输、铁路运输于一体,提供门到门的国际货物运输,一个系统一张单,负责到底。

需要指出的是,尽管物流服务向着综合化方向发展,但多数第三方物流企业也不是所有物流业务都自己做,仍保持了其专业化特点,具有突出的主业物流,即其所擅长领域。例如,美国的物流公司一般都有明确的行业定位,对自己不十分精通的领域,第三方物流企业也会采取“外包”,如荷兰的铁行渣华擅长海运,其在陆上的物流服务常常利用其他擅长陆上物流服务的公司。

3. 物流服务的绿色化趋势

日益严峻的环境问题和日趋严厉的环保法规,要求从环境保护的角度对物流体系进行改

造，形成一种环境共生型的物流管理系统，改变原来经济发展与物流、消费生活与物流之间的单向作用关系，在抑制物流对环境造成污染、浪费资源及引起危害等的同时，形成一种能促进经济和消费生活健康发展的现代物流系统，即向绿色物流（台湾称之为“善待地球环境的物流”）、循环型物流转变。物流与环境之间日益形成了一种相辅相成的推动和制约关系，即物流的发展必须建立在与环境共生的基础上。

物流与经济发展、消费生活以及环境共生的关系演变，如图5-4所示。即在经济高速成长时期，经济发展最受重视，因而物流与经济发展具有密切的关系。近年来，物流逐渐从产业物流向产业与消费双方向物流发展，因此物流的关联领域得到了扩大。21世纪，除了从经济发展和消费生活发展的角度推动物流的深化外，还必须放在有效利用资源和维护地球环境、与环境共生的立场来不断推进物流的全方位发展。

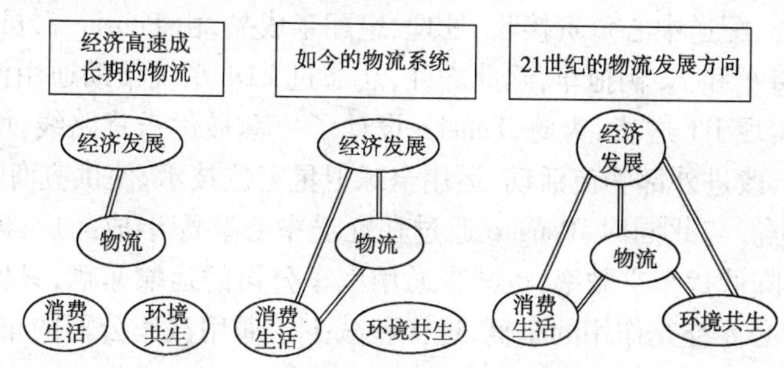

图5-4　物流与环境的关系演变

目前，世界各国政府和物流企业非常重视4R原则：Reduce（减量化）、Reuse（再使用）、Reclaim（可回收）、Recycle（再循环），重视物流服务的绿色化，都在尽力把绿色物流的推广作为物流发展的重点，积极开展绿色环保物流的专项技术研究和出台相应的绿色物流政策和法规。通过倡导采用替代燃料及排污量小的货车车型、近距离配送、夜间运货等方式，各国正在积极解决物流活动中的环境问题，努力建立绿色物流体系。

美国在其到2025年的《国家运输科技发展战略》中，规定交通产业结构或交通科技进步的总目标是：“建立安全、高效、充足和可靠的运输系统，其范围是国际性的，其形式是综合性的，其特点是智能性的，其性质是环境友善的。”

4. 物流企业的战略联盟

物流企业战略联盟指两个或多个物流企业为了实现资源共享、开拓新市场等特定战略目标而签订的长期互利的协作关系，联盟企业分享约定的资源和能力。物流服务由于运作的复杂性，某一单一的物流服务提供商往往难以实现物流运作整体的有效控制与管理，难以实现物流全过程的价值及经营行为的最优化，难以实现低成本、高质量的物流服务，也无法给客户带来较高的满意度。通过与相关物流企业间战略结盟，可以使物流企业在未进行大规模的资本投资的情况下，利用伙伴企业的物流服务资源，增加物流服务品种，扩大物流服务的地理覆盖面，为客户提供“一站式”服务，提升市场份额和竞争能力，进而从联合营销和销售活动中获益。目前，这已成为许多具有一定实力的物流企业的发展战略。物流业经营和研究人员认为，相同的文化背景、彼此相互依赖、有效而积极的信息沟通、共同的企业经营目标和凝聚力、技术上的互补能力、双方高层管理人员在管理方面的共同努力等，是物流企业间战略联盟成功的关键因素。

案例 5-1

通用公司使用第三方物流

美国通用汽车公司在美国的14个州中,大约有400个供应商负责把各自的产品送到30个装配工厂进行组装,由于火车实载率很低,使得库存和配送成本急剧上升,为了降低成本,改进内部物流管理,提高信息处理能力,委托Penske专业物流公司为它提供第三方物流服务。

Penske公司调查分析半成品的配送路线之后,建议通用汽车公司在Cleveland使用一家有战略意义的配送中心,配送中心负责接收、处理、组配半成品,由Penske派员工管理,同时Penske也提供60辆载货车和72辆拖车,除此之外,还通过EDI系统帮助通用汽车公司调度供应商的运输车辆以便实现JIT送货,为此,Penske设计了一套最优送货路线,增加供应商的送货频率,减少库存水平,改进外部物流活动,运用全球卫星定位技术,使供应商随时跟踪了解行驶中的送货车辆的方位。与此同时,Penske通过在配送中心装配半成品后,再对装配工厂实施共同配送的方式,既降低货车空驶率,也减少通用汽车公司的运输车辆,只保留了一些对Penske所提供的车队有必要补充作用的车辆,这样就减少了通用汽车公司的车辆相关费用、运输单据处理费用。

此外,美国通用汽车公司选择目前国际上最大的第三方物流公司Ryder负责其土星和凯迪拉克两个事业部的全部物流业务,选择Allied Holdings负责北美大陆上车辆运输任务,选择APL公司、WWL公司负责产品的洲际运输。

案例 5-2

美国凯利伯物流公司基本功能和增值性功能设计

美国凯利伯物流公司是一家在世界范围内较有影响的专业物流公司,该公司设立的公共型物流中心为客户提供如下服务:

(1)JIT物流计划。该公司通过建立先进的信息系统,为供应商提供培训服务及管理经验,优化了运输路线和运输方式,降低了库存成本,减少了收货人员数量及其成本,并且为货主提供了更多更好的信息支持。

(2)合同制仓储服务。该公司推出的此项服务减少了货主建设仓库的投资,同时,通过在仓储过程中采用CAD技术,执行劳动标准,实行目标管理和作业监控来提高劳动生产率。

(3)全面运输管理。该公司开发了一套专门用于为客户选择最好的承运人的计算机系统,使用该系统可以得到如下利益:使运输方式最经济,在选定的运输方式中选择最佳的承运人,可以获得与凯利伯公司关联的企业提供的服务,对零星分散的运输作业进行控制,减少回程车辆放空,可以进行电子运单处理,可以对运输过程进行监控等。

(4)生产支持服务。该公司可以进行如下加工作业:简单的组装、合并与加固、包装与再

包装、JIT配送、贴标签等。

(5)业务过程重组。该公司使用一套专业化业务重组软件,可以对客户的业务运作过程进行诊断,并提出专业化的业务重组建议。

(6)专业化合同制运输。该公司的此项功能可以为客户提供的服务有:根据预先设定的成本提供可靠的运输服务,提供灵活的运输管理方案,提供从购车到聘请司机直至优化运输路线的一揽子服务,降低运输成本,提供一体化的、灵活的运输方案。

(7)回程集装箱管理。公司提供的服务包括:回程集装箱的跟踪、排队、清洗、储存等。可以降低集装箱的破损率,减少货主的集装箱管理成本,保证货物安全,对环保也有好处。

复习思考题

1. 什么是第三方物流?第三方物流主要的服务项目有哪些?
2. 分析我国第三方物流的发展现状,提出我国第三方物流的发展模式。
3. 物流服务有哪些典型的类型?

6 第六章 物流中心

学习目标

通过本章的学习，应能够解释物流中心的定义；描述物流中心的种类；说明物流中心的设计原则。

物流中心是随着社会生产的发展和社会分工的细化而产生的，主要面向社会提供服务性的物流活动场所或组织。物流中心作为物流活动的据点，在物流的综合管理中发挥着重要作用。

第一节 物流中心的种类及作用

一、物流中心的基本含义

物流中心又称流通中心，是组织、衔接、调节、管理物流的较大的物流据点。物流中心的主要功能是大规模集结、吞吐货物，因此必须具备运输、储存、保管、分拣、装卸、搬运、配载、包装、加工、单证处理、信息传递、结算等主要功能，以及贸易、展示、货运代理、报关、检验、物流方案设计等一系列延伸功能。

我国对物流中心下的定义是：从事物流活动的场所或组织，应符合下列要求：主要面向社会服务；物流功能健全；完整的信息网络；辐射范围大；少品种、大批量；存储、吞吐能力强；物流业务统一经营、管理。

二、物流中心形成的原因

物流中心是随着社会生产的发展和社会分工的细化而产生的，这主要基于以下条件：

1. 货运量迅速增加

随着科学技术的进步和迅速发展，人类开发利用自然资源的规模在迅速扩大，资源分布的不均衡性，经济技术发展的不平衡性，导致原料、材料、产品在世界范围内的大量流动。货运量的增加促进了运输业的增长，也促进了作为物流结点的仓库功能的变化：从原来的单一保管功能发展到收货、分货、装卸、加工、配送等多种功能。港口、码头、汽车和火车货栈、机场货栈等物流结点都在扩展自己的功能，许多物流结点都逐渐变为现代的物流中心。

2. 运输方式的多样化和运输工具的发展

单一的运输工具可能不需要货物在运输工具之间的转换，但当飞机、火车、汽车、轮船等多

种工具和多种运输方式融合在一起的时候,货物在运输工具之间的转换使物流业务变得异常复杂。首先,货物在物流结点装卸、换载、理货、配载的工作量大大增加;其次,不同货物的同一流通方向,同一货物的不同流通方向,不同货主的同一流向货物,同一货主的不同流向,不同运输工具之间的转换、交接,使得物流结点必须拥有足够的场地、泊位、铁路专用线、站台、仓库才能完成这些工作,这些因素要求物流结点发展成为物流中心。

3. 道路交通发展的因素

高速公路的发展,大大缩短了货物运输的时间,使1 000km以内的运输越来越多地使用公路。全国高速公路网的建立改变了物流结点布局的变化和规模的扩大,众多的小仓库消失了,代之而起的是分布在交通枢纽、城市边缘的设备先进、周转速度快的物流中心。

4. 物流成本降低的因素

竞争的压力和追求高额利润的动力,迫使厂商不断降低自己的物流成本。当市场竞争的压力还不足够大的时候,厂商、仓库和运输业主之间是彼此相互独立的,但当市场竞争压力逐渐增大之后,这三者才发现,它们之间必须密切配合,才能降低物流成本。首先,拥有自备仓库的厂商认识到,必须将仓储业务交给专业仓储商去干,减少自己在仓储上的投入,增加生产资金,扩大生产规模;其次,必须减少仓库的库存量,减少产品成本的资金占压,这就需要加快运输速度,减少货物损耗,需要与仓储运输企业密切合作,才能缩短货物在库、在途时间,降低物流成本;第三,专业化的操作使复杂的业务流程简单化,工作熟练程度的提高可以使处理货物流通的速度加快,从而达到降低成本的要求。

5. 城市经济发展的因素

城市是一个国家或地区政治、经济、文化的中心,也是物流的集结之地。城市经济的发展,对物流中心的形成及类别、功能起着至关重要的作用。首先,城市经济规模的扩大需要较大的物流场所与之适应,那种较小的单一功能的仓库也就被规模较大的多功能的物流中心所取代;其次,城市中心仓库由于地价昂贵、交通不畅、装卸不便、车辆尾气、噪声污染等原因从而导致其从城市内部迁往郊区,在迁建或新建过程中,更新增添了设备,扩大了规模,形成了物流中心。

6. 科学技术发展的因素

自动识别技术、计算机技术、信息传递技术、卫星定位技术以及货物递送、分拣、装卸、运输等技术的发展,使得大型物流中心有了先进的技术支持。

7. 贸易形式变化的因素

在零售行业,随着激烈的商业竞争,超市、仓储超市、连锁商业、专卖店等新的贸易形式大量出现,贴近顾客低价格销售的营销方式使物流中心应运而生。

三、物流中心的类型

1. 按功能分类

物流中心的主要功能有:集散、周转、保管、分拣、配送和流通加工等,根据其侧重点不同,可分为如下几种:

(1)储存型物流中心。此类物流中心拥有较大规模的仓储设施,具有很强的储存功能,从而把下游的批发商、零售商的商品储存时间及空间降至最低程度,实现有效的库存调度。这样的物流中心多起源于传统的仓库。

(2)流通型物流中心。一般情况下,流通型物流中心主要以随进随出方式分拣、配货和送货,其典型方式是整进零出,商品在物流中心仅做短暂停滞。

(3)加工型物流中心。此类物流中心的主要功能是对产品进行再生产或再加工,以强化服务为主要目的,提高服务质量和服务水平,为消费者提供更多的便利。如食品或农副产品的深加工,木材或平板玻璃的再加工、水泥混凝土及预制件的加工等。

(4)配送中心。专门从事配送工作的物流据点称配送中心,是物流中心中数量较多的一种。

(5)转运中心。承担货物转运的物流中心,也称转运站、转运终端。这种中心承担卡车到卡车、卡车到火车、卡车到轮船、卡车到飞机、火车到轮船等不同运输方式的转运任务。转运中心可以是两种运输方式间的转运,也可以是多种运输方式间的终点。

2. 按商品分类

(1)综合型物流中心。综合型物流中心是指那些储存、加工、分拣与配送多种商品的物流中心,这种物流中心的加工、配送品种多、规模大,适合各种不同需求用户的服务要求,应变能力较强。

(2)专业型物流中心。所谓专业型物流中心是指专门服务于某些特定用户或专门从事某大类商品服务的物流中心。例如煤炭、钢材、建材、食品冷藏等。

3. 按服务范围与服务对象分类

(1)区域型物流中心。此类物流中心是有较强辐射能力的库存商品,向省际之间、全国甚至国际范围的用户服务的物流中心。其物流设施齐全,库存规模较大,用户较多,配送量也较大,而且往往是配送给下一级的城市物流中心,也配送给批发商和大企业用户。这种物流中心在国外十分普遍。

(2)城市型物流中心。这是以所在城市区域为配送范围的物流中心。由于城市范围一般处于汽车运输的经济里程,因此,这种物流中心都采用机动性强、调度灵活的汽车进行运输,直接配送到最终用户,实现"门到门"式的配送活动。

四、物流中心的作用

物流中心对物流过程的优化起着重要作用。

1. 集中储备,提高物流调节水平

多数物流中心虽不以储备为主要目的,但也保持一定量的储备,因为这样才会对配货、集货、调节、加工的功能有所保证。物流中心的储备与各个小的用户或生产企业比较起来是一种集中性质的储备,这种储备的存在,保证了供、销能力,从而可免除或降低分散储备,不但更有效地保证了调节能力,而且通过集中储备总量的降低实现较好的经济效益。

2. 有效地衔接,提高物流水平,降低成本

物流中心有效解决了流通过程中的转换衔接,从而使衔接前后的物流都能保持优化。

3. 进行适当加工,衔接产需,合理利用资源,提高效益

除了专门从事流通加工的物流中心外,其他许多物流中心或多或少地承担一些加工任务,如配送中心为配货所进行的加工,集货中心包装加工等,这种加工有利于衔接产需,合理利用

资源,提高效益。

4. 物流中心的情报系统,有效地为物流系统指挥和决策提供依据

物流中心往往也是物流情报系统的一个环节,物流系统运行的指挥、监测、调节都是以物流中心的信息为依据。所以,物流中心还起着指挥的作用。

五、物流中心的基本作业

物流中心的基本作业内容如表 6-1 所示。

物流中心功能与作业　　表 6-1

业务	功能		主要作业
进货	进货检查	商品检查 入库准备	1. 进货商品与进货清单的核对(数量核对、质量检查); 2. 保管条形码的贴付
	货物入库	保管场所标示	1. 在流动场所设置时,输入入库商品货架号后保管; 2. 在固定场所保管时,在贴附条形码的货架中保管
保管	保管业务	数量管理	1. 检查在库数量是否适当; 2. 保持正确的账单记录
		质量管理	把握是否存在长期滞留品
	发货准备	流通管理	1. 按客户的要求进行包装作业; 2. 根据客户要求贴付价格标签
发货	货物出库	备货	1. 根据装箱商品和小件商品划分备货; 2. 备货品与客户订单核对
	配送	分拣包装	1. 根据不同配送对象分拣包装; 2. 发货单、运送单等单据制作
		配车计划	1. 安排与发货预定数量相符的车辆; 2. 货车与装载货物的确认

第二节　物流中心网络布局

一、物流中心网络

单独的物流中心只能在局部范围内起作用,其产生的效果是很有限的。对于大范围甚至全国的经济区域来讲,多个物流中心进行合理布局才能满足组织物流的需要。这种多个物流中心的合理布局及合理分工、合理衔接就是物流中心网络。其中每个物流中心是整个物流网络中的节点(网点)。

建立物流中心网络,必须遵循下述原则:

1. 按经济区域建立物流中心

经济区域是在经济上有较密切联系的地区,我国尤其指交通联系便利的区域,这种区域往往是跨行政区域的。按经济区域建立物流中心,能借助物流中心将区域内的企业密切联系起来。物流中心的工作可以和区域发展结合，同时在具体组织物流时能有效消除不合理运输，实现物流的优化。

2. 以城市为中心建立物流中心

城市是物资的集中生产地与集中消费地，因此，物流中心的设置，必须首先满足城市生产及消费的需要，要以城市为中心考虑其布局问题。

3. 物流中心网络应在商、物分离基础上形成

商、物分离是物流合理化的一个核心问题，商业交易中心和物流中心在性质上、作用上、功能上有很大区别，商业交易中心往往需要处于市区繁华场所，以利于联系客户及谈判交易。而物流中心则不同，由于它主要考虑本身合理化，往往和商业交易中心不是合一的，而是分离的。不能将物流中心和贸易中心混为一谈。物流中心的设置原则是宜处于城市范围内，但不宜处于繁华场所；宜处于运输方便处，但又不宜处在繁华市区的交通要道。这两方面正好与贸易中心相左。

4. 物流中心网络应是有效的情报网

现代物流水平在很大程度上取决于信息情报水平，在建立物流网络时，必须同时或率先考虑情报网络的问题。每一个物流中心，都应是情报网络的一个分支或终端。

二、物流中心布局的类型

1. 辐射型

如图 6-1 所示，该类物流中心位于许多用户的一个居中位置，产品从此中心向各方向用户运送，形成辐射。如果用户较为固定，则此物流中心所处位置与各用户距离之和应为各待选位置与各用户距离之和中的最低值。这种物流中心适合在以下几种条件下采用：

(1)物流中心附近是用户相对集中的经济区域，而辐射面所达之用户只起吸收作用。这种形式对于所辐射之区域来讲，形成单向物流。

(2)物流中心是主干输送线路中的一个转运站，通过干线输送的货物到达物流中心后，从物流中心开始采取终端输送或配送形式将货物分送至各个用户。

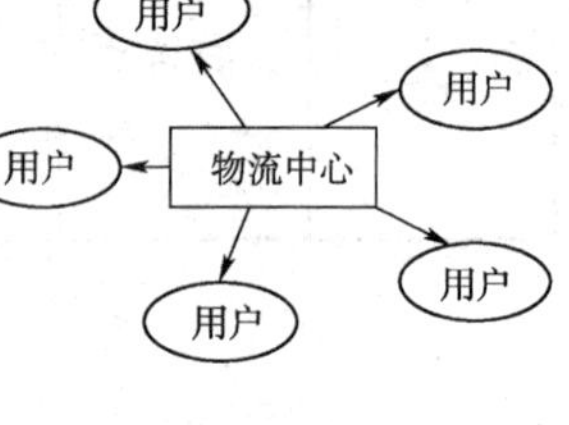

图 6-1　辐射型

2. 吸收型

如图 6-2 所示，该类物流中心位于许多货主的某一居中位置，货物从各个点向此中心运送，形成吸收。同样，此物流中心所处位置与各货主位置距离之和也应为各待选位置中的最低者。

3. 聚集型

如图 6-3 所示，形式类似吸收型，但处于中心位置的不是物流中心，而是一个生产企业密集的经济区域，四周分散的是物流中心而不是货主或用户。这种形式的布局，往往是因为经济区域中生产企业十分密集，不可能设置若干物流中心，或是受交通条件所限，无法在生产企业密集区域中再设物流中心，这样，在周围地区尽可能靠近生产企业集中的地区设置若干物流中心。如果这一经济区域比较大，则可考虑各物流中心的最优供应区域，实行分工。

4. 扇型

如图6-4所示,产品从物流中心向一个方向运送,这种单向辐射称扇型。这种布局形式的特点是产品有一定的流向,物流中心位于干线中途或终端,物流中心的辐射方向与产品在干线上的运动方向一致。在运输主干线上,物流中心距离较近,下一个物流中心的上风向区域,恰好是上一个物流中心合理运送区域时,适合采取这种布局形式。

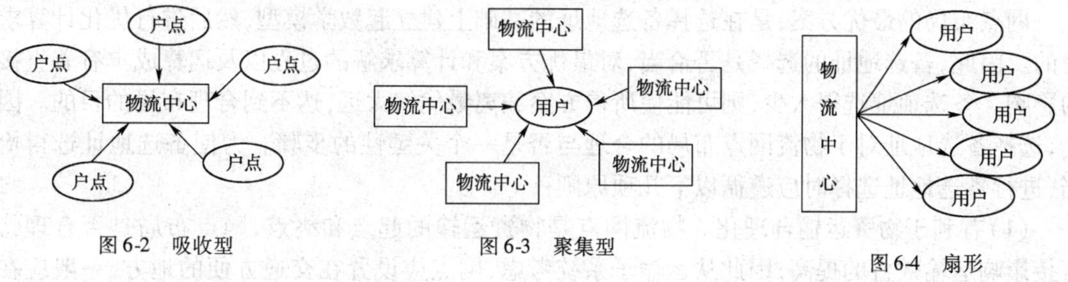

图6-2 吸收型　　图6-3 聚集型　　图6-4 扇形

三、物流中心网络的合理布局

1. 物流中心选址应考虑的因素

1)经济环境因素

(1)货运量的大小。物流中心的建设一定要以足够的货流量为条件。

(2)货物的流向。货物的流向决定着物流中心的工作内容和设施设备配套。对于供向物流来说,物流中心主要为生产企业提供原材料、零部件,应当选择靠近生产企业的地点,便于随时为生产企业提供服务。对于销向物流来说,物流中心的主要职能是将产品集结、分拣,配送到门店或用户手上,故应选择靠近客户的地方。

(3)城市的扩张与发展。城市物流中心的选址,要考虑城市扩张的速度和方向,避免因城市的发展使物流中心处于闹市区,大型货车的进出受到管制,而不得不再次外迁的情况发生。

(4)交通便利。对于综合型物流中心,一定要选择在两种以上运输方式的交汇地。对于港口物流中心,还要选择内河运输与海运的交汇地,既要满足吃水较深,能停靠大型货船的需要,又要克服泥沙淤积,河道输通的困难。对于城市物流中心,要选择干线公路或高速公路与城市交通网络的交汇地,还要拥有铁路专用线或靠近铁路货运编组站。

2)自然环境因素

(1)地理因素。物流中心的规模应该与市镇的大小相适应。另外,地形对仓库基建投资的影响也很大。地形坡度应在1%~4%之间,库区设置在地形高的地段,容易保持物资干燥,减少物资保管费用;临近河海地区,必须注意当地水位,不得有地下水上溢。此外,由于物流中心作业比较繁忙,容易产生许多噪声,所以应远离闹市和居民区。应考虑物流中心周边不应有产生腐蚀性气体、粉尘和辐射热的工厂,至少应处于这些企业的上风方向。此外还应与易发生火灾的单位保持一定的安全距离,如油库、加油站、化工厂等。

(2)气候因素。在物流中心规划前,应详细了解当地的自然气候环境条件,例如在自然环境中的湿度、降雨量、风向、风力、顺势风力、地震、山洪、泥石流等。

3)政策环境因素

政策环境条件也是物流选址评估的重点之一,如果有政府政策的支持,则更有助于物流业者的发展。政策环境条件包括企业优惠措施(土地提供、减税)、城市规划(土地开发、道路建设计划)、地区产业政策等。目前,许多城市建立了现代物流园区,其中除了提供物流用地外,也有关于税赋方面的减免,这有助于降低物流业者的成本。

2. 物流网络网点备选地址的选择原则

网点布局的最优方案,是在选择备选地址的基础上建立起数学模型,然后进行优化计算求得的。因此,备选地址的选择是否恰当,对最优方案和计算求解的过程以及运算成本有着直接的影响。备选地址选得太少,则可能使所得方案偏离最优解太远,达不到合理布局的目的。因此,选择备选地址对于物流网点布局的合理与否是一个关键性的步骤。为使备选地址选得恰当,进行备选地址选择时应遵循以下几项原则:

(1)有利于物资运输合理化。物流网点是物资运输的起点和终点,网点布局是否合理将直接影响运输效益的提高,因此从运输子系统考虑,网点应设置在交通方便的地方,一般应在交通线上。

(2)方便用户。物流中心的服务对象是物资的供需双方,而且主要是物资的需求用户,因此应该使网点尽量靠近用户,特别是在用户比较集中的地方设置网点。

(3)有利于节省基建投资。网点的基建费用是布局网点所考虑的主要费用之一。为降低基本建设费用,应在区位比较有利的位置设置网点。

(4)能适应国民经济一定时期发展的需要。国民经济的不断发展必然导致生产力布局的变更,生产结构和运输条件也会发生变化,这些变化无疑对物流系统的效益产生新的要求和影响。设置网点时,除了考虑现存的情况外,还应对计划区域内生产发展水平和建设规划进行预测,以使网点布局方案对今后一定时期内国民经济的发展有较好的适应能力。

3. 物流网点集中与分散设置的利弊分析

物流网点的设置有集中式和分布式两种基本模式,每种方式各有利弊,详见表6-2与表6-3所示。

物流网点分散的利弊分析 表6-2

利	弊
1. 可向顾客提供高质量服务; 2. 规模较小,易于运营管理; 3. 设备机具规模小,所需费用少; 4. 向顾客配送距离较短,配送车辆的周转率高	1. 人头费负担增多; 2. 库存管理难,掌握实际库存情况也难; 3. 库存量增多; 4. 规模小,不容易实现机械化、省力化; 5. 库存管理不完善,容易发生断档; 6. 仓库维修和系统维修费用增加; 7. 入库、出库等指令复杂,使系统规模大型化

从总体上看将物流网点集中,可以减少库存,使运输计划大型化,可以扩大多品种货物配送范围。通过协同配送降低运输费用,可以减少土地购买费、建设费、机器设备费、人力费用等物流网点经费,从而减少物流总成本。

过去物流网点集中,则必然延长运输距离、增加运输时间,办理订货、下达发货指令、向外订货、处理商品过多、拣选商品等也都耗费时间。现在由于高速公路网更加完善,时间和距离都已不成为障碍,而且开发出大量处理多批次、小批量的系统,作业速度加快。又由于信息化

物流网点集中的利弊分析　　表6-3

利	弊
1. 土地、房屋费用下降； 2. 库存减少； 3. 库存可以集约化，对库存进行一元化管理； 4. 可以减少劳动力； 5. 可以进行多品种配送； 6. 货物量增加，容易实现自动化； 7. 通向物流网点信道变宽，可实现输送合理化	1. 输送距离延长，时间增多； 2. 为供货、发货、接受订货处理等进行联络耗费时间； 3. 需要处理的商品过多，不易处理，耗费时间； 4. 设备、机具费用有可能增多

的发展，各处企业均已联网，可以及时联系。正是由于这种信息和作业速度的提高，集中物流网点已成为可能和合理。

4. 物流网点布局的常用方法

近一、二十年来，选址理论发展迅速，各种不同的选址方法也越来越多。特别是电子计算机的广泛应用，促进了物流系统选址问题的研究，为不同方案的可行性分析提供了强有力的手段和多种多样的选址方法，概括起来可归纳为三大类。

1）解析方法

解析方法是通过数学模型进行物流网点布局的方法。采用这种方法，首先根据问题的特征、外部条件和内在联系建立起数学模型或图解模型，然后对模型求解，获得最佳布局方案。解析方法的特点是能获得精确的最优解，但是，这种方法对某些复杂问题难以建立起恰当的模型，或者由于模型太复杂使求解困难，或要付出相当高的代价。因而这种方法在实际应用中受到一定的限制。

采用解析方法建立的模型通常有微积分模型、线性规划模型和整数规划模型等。对某个问题究竟建立什么样的模型，要根据具体分析而定。

下面就易通公司物流中心的定位问题进行分析。

易通公司正在修建一个总的物流中心，用于汇集3处供应商的元件，并将产成品送到6个地区的仓库。这些设施的位置和产品供求量如表6-4所示，它们应该定位在哪里？

易通公司设施的位置和产品供求量　　表6-4

位　置	X、Y的坐标	供 求 量	位　置	X、Y的坐标	供 求 量
供应商1	(91,8)	40	仓库3	(63,87)	22
供应商2	(93,35)	60	仓库4	(11,85)	38
供应商3	(3,86)	80	仓库5	(9,16)	52
仓库1	(83,26)	24	仓库6	(44,48)	28
仓库2	(89,54)	16			

解决方案如图6-5和图6-6所示。

	A	B	C	D	E	F
1	重心					
2						
3						
4		X	Y	供求量	X* 供求量	Y* 供求量
5	供应商					
6	1	91	8	40	3 640	320
7	2	93	35	60	5 580	2 100
8	3	3	86	80	240	6 880
9						
10	仓库					
11	1	83	26	24	1 992	624
12	2	89	54	16	1 424	864
13	3	63	87	22	1 386	1 914
14	4	11	85	38	418	3 230
15	5	9	16	52	468	832
16	6	44	48	28	1 232	1 344
17						
18	合计			360	16 380	18 108
19						
20	重心 X=45.5					
21	Y=50.3					

图 6-5　重心的估计

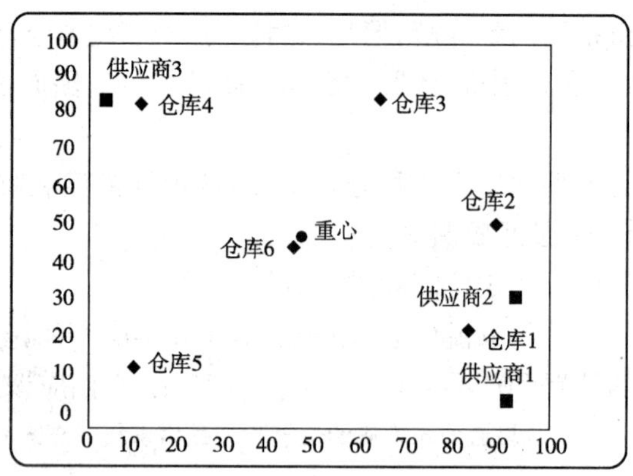

图 6-6　易通公司物流中心位置

正如你所看到的，重心是 $X_0=45.5$，$Y_0=50.3$，我们可以通过如下计算得到：

$$X_0=\frac{\sum X_i W_i}{\sum W_i}=\frac{16380}{360}=45.5$$

$$Y_0=\frac{\sum Y_i W_i}{\sum W_i}=\frac{18108}{360}=50.3$$

一个适当的地点就在(45.5,50.3)附近，由于该地点非常接近仓库6，所以在这个地点扩展要比寻找一个全新的位置更好一些。

2)模拟方法

网点布局的模拟方法是将实际问题用数学方程和逻辑关系的模型表示出来，然后通过模

拟计算和逻辑推理确定最佳布局方案。这种方法较之用数学模型找解析解简单。采用这种方法进行网点布局时,必须提供预定的各种网点组合方案以供分析评价,从中找出最佳组合。因此,决策的效果依赖于分析者预定的组合方案是否接近最佳方案,这也是该方法的不足之处。

3)启发式的方法

启发式方法是针对模型的求解方法而言的,是一种逐次逼近最优解的方法。这种方法对所求得的解进行反复判断、实践修正直至满意为止。启发式方法的特点是模型简单,需要进行方案组合的个数少,因此便于寻求最终答案。此方法虽不能保证得到最优解,但只要处理得当,可获得决策者满意的近似最优解。

用启发式方法进行网点布局时,一般应包括以下几个步骤:

(1)定义一个计算总费用的方法;

(2)拟订判别准则;

(3)规定方案改选的途径;

(4)建立相应的模型;

(5)迭代求解。

第三节　物流中心设计

一、物流中心的类型及设计要求

1. 储备型

以储备物资为主要目的,如战略物资储备、季节物资储备、备荒物资储备、流通调节储备等。储备型物流中心的主要设备为各种仓库及各种储存货架、堆场、仓桶等,同时,由于储备型物流中心内物资存放量大、存放周期长,所以,还需有专用的维护、保养设施。由于进出库不频繁,往往是整批出、整批进,所以进出库作业场信道相对所占面积比例较小,仓库平面利用率高。机械设备适于选用作业能力大,但作业不频繁,停止作业时一般不占有效仓库面积的机种。

2. 配送型

以组织物资集货配送为主要目的,配送型物流中心的主要设施包括:

(1)配货、理货、拣选货物场地,这些场地在平时是不能用来存货的。

(2)放置供配货物的仓库、货架、货场、仓桶等设施,但这些设施也不同于一般储备仓库的类似设施。配送型中心的货架等设施放置的货物取放方便,因而,大小、高度都有限制。

(3)放置配好货物的处所,一般按发到地区分别、分堆放置。由于配好的货物尺寸不一,数量不等,很难像单品种货物那样整齐密堆,因此,占地面积较大,单位面积存放数量较少。

(4)各种分货、输送、分发、配拣机器设备,包装、扎捆及装车机械。

(5)和配送作业相适应的储备库、场。

(6)进货、出货作业场,道路、停车场等。

配送型中心作业频繁,作业场与储备场所占面积的相对比例较高,单位面积利用率低,库内设备要求经常开动,采用固定设备有一套固定流程。此类物流中心一旦设计施工完成,很难再改做它用，机动性较小。

3. 中转型

中转型物流中心以中转储备为主要目的，其中转作用类似于配送型中的单品种、大批量型，其储备作用又类似于储备型。由于中转型以大批量中转配送为主，所以，中心内的设施要有大量储存的能力，即要有类似于储备型的储存仓库、货架、货场、仓桶等设施。但由于进出库频度比一般储备型的高，所以，进出货处理场、库内信道等部位所占面积较大，也需要安装设置经常工作的进出货机械。这和配送型不同之处在于，其拣选配货的要求较低，基本是大批进货、切块发货，有时可不必设置拣选机械及拣选配货场地。中转型进出货数量较大，在设计时必须保证有足够的进出货站台、车道、停车场、专用线。

4. 转运型

转运型主要指转运中心，是以衔接不同运输工具为主，这种物流中心的主要设计要求如下：

(1)货场不存放或仅做临时存放，不用设置货架等固定储存设施，但需有衔接不同运输方式的暂存站台等场地设施。

(2)要用大部分面积设置各种不同运输工具的道路、停车场、专用线，这些线路配置要恰当。

(3)主要机械装备是转运机械，往往是设置转运能力大的固定设备。

5. 加工型

以流通加工为主要目的的物流中心，比一般工厂有较多的储存设施。其目的是除加工之外，保持一定的储存能力和组织物流能力，同时为适合加工后的要求，还可设置配货设施等。其主要设备是和一般加工厂类似的加工设备，设计也要考虑加工流程。总之，一般的加工型物流中心具有加工厂和物流中心的两种职能。

二、物流中心设计的一般原则

1. 规模的经济性

工业生产企业规模的经济性非常明显，在允许限度内，采用大生产方式可以降低单位产品的成本。同样道理，物流中心也存在规模经济性的问题，采用大规模处理货物的手段，可以降低成本，但是，制约物流中心规模的因素显然多于一般生产企业，主要是受客观物流量的限制，也受当地交通运输等方面的条件限制。在考虑物流中心的设计原则时，要根据物流量、环境条件来选择规模。

2. 据点数量的经济性与服务能力

在总规模明确的前提下，确定据点的数量要考虑三个主要因素：

(1)单个据点规模。单个据点规模越大，单位投资越低，如果采用大规模处理货物的设备，物流成本也可以降低，因此，从据点规模来看，据点数量少规模则大，成本可因规模而降低。

(2)物流成本。除规模因素影响成本外，据点数量和成本也有直接关系。数量多，建设成本高，但物流中心之外(如配送)的成本，因距离较近而可降低，这就需进一步进行分析，做出权衡。

(3)服务水平。一般而言，据点越少，服务水平越低；据点越多，服务水平可能越高。

3. 先进技术的采用

随着物流的发展,已产生了许多的先进技术,如立体仓库、自动分拣等。在设计时要对技术方案进行经济、技术、条件等各方面的论证,做出正确的决策。例如,对立体仓库来讲,不但造价高,而且投产后的费用也高,所以,许多先进国家也形成了一种看法:单层平房的经济性优于立体仓库,因此,除不得已的情况下,是不轻易采用立体仓库这种先进设计方案的。

4. 在设计中贯彻标准化

物流中心的设计必须采用标准化的成果,和社会上已形成的标准系统相匹配,如运输车辆、作业车辆、建设模数等早已形成标准化系统的装备、机械等,应成为设计的基础。物流中心只是物流系统的一个环节,而且往往是衔接环节,所以在设计时,必须考虑全系统的统一和标准化。

5. 据点的能力弹性

设计物流中心的能力时,必须有弹性的考虑,主要原因是流通相对于生产而言具有一定的被动性,由于市场变化,生产涨落,流通量也必然会有较大波动,这种波动往往高于企业生产的波动。在一般情况下,物流中心对于这种波动应该有容纳能力。这就要求在设计时对物流中心进出能力、加工能力、存储能力、转运能力等做出一定的弹性安排。

第四节　物流中心建设的可行性研究

一、可行性研究的一般内容

在整个物流系统建设中,物流中心要进行大量的基本建设工作,是投资数额较大的投资项目。因此,必须按照基本建设程序办事,尤其要做好基本建设的前期工作,包括做好可行性研究工作,以防止出现盲目性。

物流中心建设的可行性研究主要包括以下十项内容:

1. 总论

包括此物流中心的建设背景,投资的必要性和经济意义,物流中心可行性研究的依据和范围。

2. 流通量预测和拟建规模

包括本地区物流量的预测;本地区物流设施建设的预测;物流方式的预测;本中心可能承担物流量的中、长期预测;如拟进行分阶段建设,则还需进行短期预测,以决定一期建设规模;拟建物流中心的规模、功能及发展方向的技术经济分析。

3. 货源、货物种类、物流系统情况

包括货源状况,各货物品种、形状分析,运进、发出方式、与物流中心相连接的物流系统及其他环节情况。

4. 建设方案的建设条件

包括拟建地区的地理位置、气象、水文、地质、地形条件和社会经济现状、外部条件的现状及发展趋势、物流中心位置的比较选择方案。

5. 设计方案

包括投资总额、平面图、物流中心内部的布局方案、土建工程方案及估算、技术选择和技术工艺方案,结构选择和方案,公用辅助设施方案等。

6. 环境状况

物流中心会对环境产生不利的影响(如噪声、粉尘、有毒物污染),在可行性研究中应提出环境保护、三废防治方案。

7. 企业组织、领导和人才

提出组织结构方案,物流中心不同环节的领导和协调组织方案,工作任务及劳动力配置与定员,人员培训等。

8. 施工进度建议

提出签约日期、设计完成日期、施工期及试运行期、最终投产期的方案。

9. 投资估算和资金筹措方式

包括各项建筑工程的投资初步估算,所需流动资金的估算,资金来源、筹措方式及借贷的偿还方式的方案。

10. 社会评价和经济效果评价

包括有关系统、有关联系部门及社会的评价,投资收益的计算及评价,投资回收评价,利润分析及评价,财务评价等。

二、物流中心建设的经济评价

物流中心的建设评价和一般的工程建设项目一样,最终要以经济评价作为取舍的主要依据,但在具体评价时,又和一般工业项目有一定区别。

经济评价包括企业经济评价和国民经济评价(或社会评价)两部分。根据物流中心的性质,物流中心的主要活动不同于生产企业,它是在社会的广域中开展活动的,其对社会的作用大于一般固定资产总值相同的工业生产企业。因此,物流中心经济评价的特点,是较重视国民经济及社会评价。

物流中心建设项目经济评价指标体系如下:

1. 投资额

作为分析投资可行性的基础资料,它是从宏观上判断财力允许与否的资料。由于物流中心建设项目服务性较强,在投资前预测项目建成后的收益和投资回收速度有一定困难,因此,投资额也是衡量企业微观投资允许程度的指标。

2. 投资回收期

3. 投资收益率,又称投资利润率

4. 流通费用节约额

在掌握未建物流中心之前该地区总物流费用的基础上,预测同数量货物经物流中心后的流通费用,两者之差为物流费用节约额。该指标是一项宏观的社会经济评价指标,也是物流中心的主要经济评价指标。由于物流中心是具有服务性的中间环节,如果不能为社会贡献,起不到降低用户物流成本的作用,则该项目便毫无价值可言。

5. 总投资收益率

在经过多方分析,掌握足够资料之后,可首先确定基准收益率和基准总收益率,然后和第三项的投资收益率及第五项的总投资收益率进行比较,从微观及宏观两方面确定投资的可行性。

第五节 物流园区

一、物流园区的概念

物流园区是一家或多家物流中心在空间上集中布局的场所,是具有一定规模和综合服务功能的物流集结点。

物流园区最早出现在日本东京,近十年来在欧洲一些国家也开始出现,是政府从城市整体利益出发,为解决城市功能紊乱,缓解城市交通拥挤,减轻环境压力,顺应物流业发展趋势,实现"货畅其流",在郊区或城乡边缘地带主要交通干道附近专辟用地,通过逐步配套完善各项基础设施、服务设施,提供各种优惠政策,吸引大型物流中心在此聚集,使其获得规模效益,降低物流成本,同时,减轻大型物流中心在市中心分布所带来的种种不利影响。

二、物流园区产生的原因

物流园区的产生主要有以下几个方面的原因:

1. 减轻物流对城市交通的压力

交通问题是世界任何大城市都难以避免的,通过建立物流园区,将货运交通尽量安排在市中心区外是国外不少城市缓解交通压力的有利措施。如日本东京20世纪60年代在它的内环线外的市郊边缘带建设了四个物流园区,使进入市区的货物先集中在物流园区,化整为零,按市内的运输路线统一配送,限制大型运输车辆进入市区;出市区的货物集中到物流园区,集零为整,便于统一运输,提高车辆利用率。

2. 减小物流对城市环境的种种不利影响

物流除了会对城市交通带来压力和产生噪声污染外,物流中心本身也会对城市环境造成一些不利影响,因而,在空间布局上受到规划的限制和制约。如大型仓库本身就不太容易与周围的建筑环境相协调,会带来对城市景观的破坏。另外物流园区的建设将散布的物流中心集中于一处,有利于物流中心产生的废弃物的集中处理,有利于环境保护,这是近年来大型物流园区出现在欧洲一些城市周边地区的主要影响因素之一。

3. 促进城市用地结构调整

随着市区不断扩展,原来的城市边缘区成为市中心区,商贸、金融、饮食服务等第三产业在此集中,大型配送中心因无力支付上涨的地价和对城市交通和环境影响较大需要迁出中心区,物流用地性质发生变化,城市用地结构亟待调整。物流园区的出现既为配送中心提供了新的发展空间,也为城市用地结构调整创造了条件。

物流园区的出现,极大地促进了日、德等国家物流企业的快速发展,根据德国权威机构的研究,未来十年,即使在日本、德国这样运输业高度发达的国家,物流基地的建设仍将处于蓬勃发展时期。在我国,物流业的发展正在起步,深圳、上海等物流业较为发达的城市,对物流园区的建设已经开始了大量积极有益的理论探索和实践尝试,深圳、北京、天津等地均已规划投入巨资建设物流园区。随着这些物流园区的规划与建设,我国的物流产业必将迎来一个崭新的发展机遇。

案例

美国沃尔玛的商品配送中心

该配送中心是沃尔玛公司独资建立的,专为本公司的连锁店按时提供商品,确保各店稳定经营。该中心的建筑面积为12万平方米,总投资7 000万美元,有职工1 200多人;配送设备包括200辆车头、400节车厢、13条配送传送带,配送场内设有170个接货口。中心24h运转,每天为分布在纽约州、宾夕法尼亚州等6个州的沃尔玛公司的100家连锁店配送商品。

该中心设在100家连锁店的中央位置,商圈为320km,服务对象店的平均规模为1.2万平方米。中心经营商品达4万种,主要是食品和日用品,通常库存为4 000万美元,旺季为7 000万美元,年周转库存24次。在库存商品中,畅销商品和滞销商品各占50%,库存商品期限超过180d为滞销商品,各连锁店的库存量为销售量的10%左右。1995年,该中心的销售额为20亿美元。

复习思考题

1. 什么是物流中心?
2. 物流中心的种类有哪些?
3. 什么是物流园区?

7　第七章　国 际 物 流

学习目标

通过本章的学习，应了解国际物流的基本知识和特征、国际物流结点在国际物流网络中的作用；明确国际物流系统的构成要素与系统目标、国际物流结点的功能；掌握国际物流系统的运作模式、国际物流的业务活动和国际物流的各种运输方式及特点。

国际物流是现代物流系统中重要的物流领域之一，近十几年来有很大发展，也是一种新的物流形态。东西方冷战结束后，随着经济的日益全球化，贸易国际化的势头越来越盛，越来越多的企业已经意识到，市场已经不仅限于国内，而且已覆盖了整个世界。这又使国际物流出现了新的情况，国际物流形式也随之不断变化。近年来，各国学者非常关注并研究国际物流问题，世界第九届国际物流会议的主题就是"跨越界限的物流"，物流的观念及方法随物流的国际化步伐不断扩展。

第一节　国际物流概述

一、国际物流的含义

什么是国际物流？国际物流（International Logistics，简称 IL）是指不同国家之间的物流。国际物流是国内物流的延伸和进一步扩展，是跨国界的、流通范围扩大的物的流通。国际物流的实质是按照国际分工协作的原则，依照国际惯例，利用国际化的物流网络、物流设施和物流技术，实现货物在国际间的流动和交换，以促进区域经济的发展和世界资源优化配置。国际物流是国际间贸易的一个必然组成部分，各国之间的相互贸易最终通过国际物流来实现。

对国际物流可从广义和狭义两个方面理解。广义的国际物流是指各种形式的物资在国与国之间的流入或流出。包括进出口商品、转运物资、过境物资、捐赠物资、援助物资、加工装配所需物料及部件等在国与国之间的流动。狭义的国际物流是指一国与另一国之间与进出口贸易相关的物流活动。包括货物集运、分拨配送、货物包装、货物运输、仓储、装卸与搬运、流通加工、报关、保险等。例如：某一国企业出口其生产的产品给另一国的客户或消费者时，为了消除生产者与消费者之间的时空差异，使货物从卖方的处所移动到买方处所，并最终实现货物所有权的跨国转移，这时国际物流的一系列活动就产生了。

在国际物流活动中，为使物流更加合理化，必须按照国际物流的标准开展物流活动。而且在降低物流费用的同时,还要考虑提高顾客的服务水平(Service Level,简称 SL),提高销售竞争能力和扩大销售效益,即提高国际物流系统的整体效益。

二、国际物流的特点

1. 物流环境存在差异

国际物流的一个非常重要的特点是各国物流环境的差异,尤其是物流软环境的差异。不同国家的不同物流适用法律使国际物流的复杂性远高于一国的国内物流,甚至会阻断国际物流;不同国家不同经济和科技发展水平会造成国际物流处于不同科技条件的支持下,甚至有些地区根本无法应用某些技术而迫使国际物流全系统水平的下降;不同国家的不同标准,也造成国际间"接轨"的困难,因而使国际物流系统难以建立;不同国家的风俗人文也使国际物流受到很大局限。

由于物流环境的差异而迫使一个国际物流系统需要在几个不同法律、人文、习俗、语言、科技、设施的环境下运行,无疑会大大增加物流的难度和系统的复杂性。

2. 物流系统范围广

物流本身的功能要素、系统与外界的沟通就已很复杂,国际物流再在这复杂系统上增加不同国家的要素,包括地域的广阔和空间的广阔,而且所涉及的内外因素更多,所需的时间更长,广阔范围带来的直接后果是难度和复杂性增加,风险增大。

当然,也正是因为如此,国际物流一旦融入现代化系统技术之后,其效果才比以前更显著。例如,开通某个"大陆桥"之后,国际物流速度会成倍提高,效益显著增加,就说明了这一点。

3. 国际物流必须有国际化信息系统的支持

国际化信息系统是国际物流,尤其是国际联运非常重要的支持手段。国际信息系统建立的难度,一是管理困难,二是投资巨大;再由于世界上有些地区物流信息水平较高,有些地区较低,所以会出现信息水平不均衡因而使信息系统的建立更为困难。

当前,建立一个较好的国际物流信息系统的办法是和各国海关的公共信息系统联机,以及时掌握有关各个港口、机场和联运线路、站场的实际状况,为供应或销售物流决策提供支持。国际物流是最早发展"电子数据交换"(EDI)的领域,以 EDI 为基础的国际物流将会对物流的国际化产生重大影响。

4. 国际物流的标准化要求较高

要使国际间物流畅通起来,统一标准是非常重要的,可以说,如果没有统一的标准,国际物流水平是提不高的。目前,美国、欧洲基本实现了物流工具、设施的统一标准,如托盘采用 1000mm × 1200mm,集装箱采用统一规格及条形码技术等。这样一来,大大降低了物流费用,降低了转运的难度。而不向这一标准靠拢的国家,必然在转运、换车底等许多方面耗费更多的时间和费用,从而降低其国际竞争能力。

在物流信息传递技术方面,欧洲各国不仅实现了企业内部的标准化,而且实现了企业之间及欧洲统一市场的标准化,这就使欧洲各国之间的系统比其与亚、非洲等国家交流更简单、更有效。

5. 国际物流以远洋运输为主,并由多种运输方式组合

海运是国际物流运输中最普遍的方式,特别是远洋运输是国际物流的重要手段,谁能提高远洋运输效率,降低远洋运输成本,谁就能在国际物流竞争中占有优势地位。反过来国际物流

可以促进远洋运输技术的发展。在国际物流活动中,门到门的运输方式越来越受到货主的欢迎,使得能满足这种需求的国际复合运输方式得到快速发展,逐渐成为国际物流中运输的主流。

三、国际物流的发展

国际物流在20世纪的发展大体经历了以下几个阶段:

第一阶段:20世纪40~60年代。这一阶段国际经济交往发展迅速,贸易量巨大,开始形成国际间的大规模物流,原有的仅为满足运送必要货物的运输观念已不能适应新的要求,系统物流就是在这个时期进入国际领域。

第二阶段:20世纪60~80年代初。这一阶段物流设施和物流技术得到了极大的发展,建立了配送中心,广泛运用电子计算机进行管理,出现了立体自动化仓库,一些国家建立了本国的物流标准化体系等。物流系统的改善促进了国际贸易的发展及物流活动的国际化进程,国际物流不仅在数量上进一步发展,船舶大型化趋势进一步加强,而且有了提高国际物流服务水平的要求,大数量、高服务型物流从石油、矿石等物流领域向物流难度最大的中、小件杂货领域深入,其标志是国际集装箱及国际集装箱船的大发展,国际间各主要航线的定期班轮都投入了集装箱船,因而迅速提高了散杂货的物流水平,使物流服务水平获得很大提高。

第三阶段:20世纪80~90年代初。随着经济和技术的发展,国际经济往来日益频繁,范围不断扩大,物流国际化趋势开始成为世界性的共同问题。美国密歇根州大学教授波索克斯认为,进入20世纪80年代,美国经济已经失去了兴旺发展的势头,陷入长期倒退的危机之中。因此,必须强调改善国际性物流管理,降低产品成本,并且要改善服务,扩大销售,在激烈的国际竞争中获得成功。与此同时,日本正处于成熟的经济发展时期,以贸易立国,实现与其对外贸易相适应的物流国际化,并采取了建立物流信息网络,加强物流全面质量管理等一系列措施,以提高物流国际化的效率。这一阶段物流国际化的趋势局限在美、日和欧洲一些发达国家。

第四阶段:20世纪90年代至今。90年代以来,Internet、条形码以及卫星定位系统在物流领域得到普遍应用,而且越来越受到人们的重视。这些高科技在国际物流中的应用,极大地提高了物流的信息化和物流服务水平,高科技的服务手段和高科技的信息技术成为物流企业保证自身竞争力的必备法宝。这一阶段,世界各国广泛开展国际物流方面的理论和实践方面的大胆探索。人们已经形成共识:只有广泛开展国际物流合作,才能促进世界经济繁荣。

国际物流发展的四个阶段,如图7-1所示。

四、国际物流的分类

1. 国际物流的分类

根据不同的标准,国际物流主要可以分为以下几种类型:

(1)根据货物在国与国之间的流向,可以将国际物流区分为进口物流和出口物流。

当国际物流服务于一国的货物进口时,即称为进口物流;当国际物流服务于一国的货物出口时,即为出口物流。由于各国在物流进出口政策、海关管理制度上的差异,进口物流与出口物流既存在着交叉的业务环节,又存在不同的业务环节,需要物流经营管理人员组别对待。

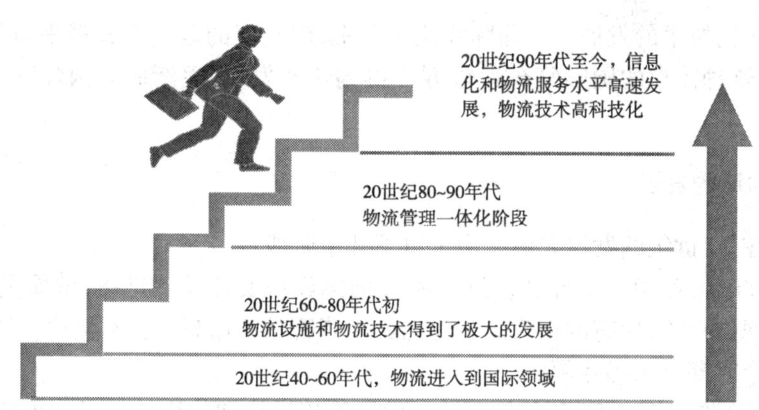

图7-1　国际物流发展的四个阶段

(2)根据货物流动的关税区域,可以将国际物流区分为不同国家之间的物流和不同经济区域之间的物流。

区域经济的发展是当今国际经济发展的一大特征,比如欧洲经济共同体国家之间由于属于同一关税区,成员之间物流的运作与欧洲经济共同体成员国与其他国家或者经济区域之间的物流运作在方式和环节上存在着较大的差异。

(3)根据跨国运送的货物特性,可以将国际物流分为国际军火物流、国际商品物流、国际邮品物流、国际捐助或救助物资物流、国际展品物流、废弃物物流等。

此外,根据国际物流服务提供商的不同,可以将国际物流企业区分为国际货运代理公司、国际船务代理公司、无船承运人、报关行、国际物流公司、仓储公司、配送公司等。

2. 国际物流与国内物流的比较

国际物流与国内物流的划分标准关键在于物流据点的地理位置是否在一国境内。当生产和消费等所有物流据点都在一个国家境内进行时所形成的物流就是国内物流。相对于国内物流而言,国际物流不仅在运作的时间和空间距离上扩大,而且在运作的方式、复杂性及技术要求上与国内物流有着较大的差异。

1)国际物流与国内物流的经营环境不同

由于各国文化历史、生产力发展水平、物流基础设施、技术和地理条件不同,政府挂零国际物流的政策法规多种多样,各国企业从事国际物流的能力和水平千差万别,使国际物流的经营环境极为复杂。

例如,一个国家的政府在管理其国内物流时,主要对危险品等一些特殊货物的运输、储存等制定了各种标识、载重、安全标准,设定各种运送条件。而在管理国际物流时,一方面需要更多的政府机构,如海关、商品检验和检疫、交通运输、对外贸易主管部门、港务局等参与管理;另一方面在管理的标准和要求上也必须考虑如何适应有关国际惯例、公约以及相关法规的规定。

2)国际物流与国内物流中采用的主要运输方式不同

在国内物流中,货物从卖方向买方的运送主要通过公路运输和铁路运输方式完成,运输线路相对比较短。而在国际物流中,海洋运输、航空运输以及集装箱多式联运是主要的运送货物的方式,运输线路较长,气候条件复杂,在运输途中货物的保管、存放条件要求高,并且经常有转运、换装、换载等情况的发生。

3)国际物流与国内物流的信息沟通方式不同

在国际物流运作中,生产企业高度依赖于货运代理企业、无船承运人、报关行、出口贸易管理公司、对外贸易公司、出口包装公司等物流服务提供商完成货物的跨国运送,还有政府主管部门的参与,使国际物流的信息沟通系统及渠道极为复杂,开展国际物流业务的企业不仅需要耗费时间和成本,还得完成大量的单证工作,而且必须实现不同类别的单证在不同渠道内的准确而有效的传递。目前,国际物流的信息沟通方式在与 EDI、Interent 等信息技术加速结合,但是各国、各行业间信息技术标准的不统一,在一定程度上阻碍着国际信息系统的建立和发展。

4)国际物流比国内物流面临的危险大

由于运输时间、距离的扩大,货物在途中的转运、装卸的频率较大,各口岸处理货物的设备、基础设施条件千差万别,在国际物流中货物灭失和损坏的风险较大。另外由于汇率的变化,企业资信问题使国际物流运作中面临更多的信用及金融风险。国与国之间的政治、经济关系的变化,可能会给跨国开展的国际物流带来国家风险,需要企业具有较强的风险意识,找出防范风险的办法,以减少可能造成的损失。

5)国际物流的标准化要求高于国内物流

由于国际物流的运作既涉及到各国政府宏观管理手段和方式问题,又涉及各种物流基础设施和设备,还涉及信息传递和沟通的方式,如果贸易关系密切的各国之间在这些问题上无法形成相对统一的标准,国际物流的运作就会存在大量的资源浪费和重复或多余的劳动,而造成不必要的物流成本,国际物流的运作水平也就难以提高,最终客户的物流服务要求也就无法得到满足。目前,美国和欧洲已基本实现了物流工具、设施等统一标准,从而极大地促进了国际物流的有效开展。

第二节 国际物流系统

一、国际物流系统构成

国际物流系统就是“为了有效达到物流目的的一种机制”,而物流的目的是“追求以最低的物流成本向客户提供优质的物流服务”。国际物流系统的建立和运行,需要有大量技术装备手段,这些手段的有机联系对物流系统的运行有决定意义。这些要素对实现物流和某一方面的功能也是必不可少的。要素主要有物流设施,它是组织物流系统运行的基础物质条件,包括物流站、场,物流中心、仓库,物流线路,建筑、公路、铁路、港口、信息技术及网络等。

国际物流系统由国际货物运输子系统、仓储子系统、商品检验子系统、商品包装子系统、通关子系统、进出口商品装卸与搬运子系统、信息子系统等构成。

1. 国际货物运输子系统

国际货物运输是国际物流系统的核心子系统,运输的作用是将商品使用价值进行空间移动,物流系统依靠运输作业克服商品生产地和需要地的空间距离阻隔,创造了商品的空间效益。国际货物运输是国际物流系统的核心。商品通过国际货物运输作业由卖方转移给买方。国际货物运输具有路线长、环节多、涉及面广、手续繁杂、风险性大、时间性强、内外运输两段性和国际多式联运等特点。

国际货物运输的两段性是指在国际货物运输中的国内运输段(包括进口国、出口国)和国际货物运输段。

1)出口货物的国内运输段

出口货物的国内运输段是指出口商品由生产地或供货地运送到出运港(站、机场)的国内运输,是国际物流中不可缺少的重要环节。离开国内运输,出口货源就无法从产地或供货地集运到港口、车站或机场,也就不会有国际运输段。出口货物的国内运输工作涉及面广,环节多,要求各方面协同努力,组织好运输工作。从摸清货源、产品包装、加工、短途集运、国外到证、船期安排和铁路运输配车等各个环节的情况,做到心中有数,力求搞好车、船、货、港的有机衔接,确保进口货物运输任务的顺利完成,减少压港、压站等物流不畅的局面。国内运输段的主要工作有:发运前的准备工作、清车发运、装车和装车后的善后工作。

2)国际货物运输段

国际(国外)货物运输段是国内运输的延伸和扩展,同时又是衔接出口国运输和进口国货物运输的桥梁与纽带,是国际物流畅通的重要环节。出口货物被集运到港(站、机场),办完出关手续后直接装船发运,便开始国际段运输。有的则需要暂进港口仓库储存一段时间,等待有效泊位,或有船后再出仓装船外运。国际段运输可以采用由出口国装运港直接到进口国目的港卸货,也可以采用中转经过国际运点,再运给用户。

目前,国际货物运输业的发展是随着科学技术的不断进步而迅速发展起来的。大宗货物散装化、杂件货物集装箱化已经成为运输业技术先进的重要标志。

2. 仓储子系统

商品的储存和保管使商品在其流通过程中处于一种或长或短的相对停滞状态,这种停滞是完全必要的。因为,商品流通是一个由分散到集中,再由集中到分散的源源不断的流通过程。国际贸易和跨国经营中的商品从生产厂家或供应部门被集中运送到装运港口,有时需临时存放一段时间,再装运出口,这是一个集和散的过程。它主要是在各国的保税区和保税仓库进行的,主要涉及各国保税制度和保税仓库建设等方面。

3. 商品检验子系统

由于国际贸易和跨国经营具有投资大、风险高、周期长等特点,就是使得商品检验成为国际物流系统中重要的子系统。通过商品检验,确定交货品质、数量和包装条件是否符合合同规定。如发现问题,可分清责任,向有关方面索赔。在买卖合同中,一般都订有商品检验条款,其主要内容有检验时间与地点、检验机构与检验证明、检验标准与检验方法等。

4. 商品包装子系统

目前大多数消费者在购买商品时是根据商品的包装装潢进行购买的,国际市场和消费者是通过商品来认识企业的,而商品的商标和包装就是企业的面孔,它反映了一个国家的综合科学文化水平。

在考虑出口商品包装设计和具体作业过程中时,应把包装、储存、搬运和运输有机联系起来,统筹考虑,全面规划,实现现代国际物流系统所要求的“包、储、运一体化”,即从开始包装商品时就考虑储存的方便、运输的快速,以加速物流,减少物流费用,符合现代物流系统设计的各种要求。

5. 通关子系统

国际物流的一个重要特点就是货物要跨越关境。由于各国海关的规定并不完全相同,所以,对于国际货物的流通而言,各国的海关可能会成为国际物流中的"瓶颈"。要消除这一瓶颈,就要求物流经营人熟知有关各国的通关制度,在适应各国的通关制度的前提下,建立安全有效的快速通关系统,保证货畅其流。我国的海关和检验检疫等口岸机构为进出境的货物制定了有关的监管规定和程序,以促进我国对外贸易的发展,并为办理有关手续提供方便。

6. 进出口商品装卸与搬运子系统

装卸搬运子系统主要包括对国际货物运输、保管、包装、流通加工等物流活动进行衔接活动。进出口商品的装卸与搬运作业,是短距离的商品位移,是仓库作业和运输作业的纽带和桥梁,实现的也是物流的空间效益。它是保证商品运输和保管连续性的一种物流活动。

在国际物流活动中,装卸活动是频繁发生的,因而是产品损坏的重要原因。对装卸活动的管理,主要是确定最恰当的装卸方式,力求减少装卸次数,合理配置及使用装卸机具,以做到节能、省力、减少损失、加快速度、节省装卸搬运费用,与此同时,也是降低物流成本的重要环节,以最终获得较好的经济效果。

近些年来,国际物流的装卸与搬运活动随着集装箱的广泛应用,提高了搬运装卸的效率。以标准化的集装箱装卸为前提,港口码头装卸设备的标准化和大型化、装卸作业的效率化成为了现实。

7. 信息子系统

信息子系统的主要功能是采集、处理及传递国际物流和商流的信息情报。没有功能完善的信息系统,国际贸易和跨国经营将寸步难行。国际物流信息主要包括进出口单证的作业过程、支付方式信息、客户资料信息、市场行情信息和供求信息等。

国际物流信息系统的特点是信息量大、交换频繁;传递量大、时间性强;环节多、点多、线长,所以要建立技术先进的国际物流信息系统。国际贸易中 EDI 的发展是一个重要趋势。我国应该在国际物流中加强推广 EDI 的应用,建设国际贸易和跨国经营的信息高速公路。

二、国际物流系统的运作模式

国际物流系统通过与各子系统的联系从而发挥各自的功能,包括采购功能、运输功能、储存功能、装卸搬运功能、包装功能、流通加工功能、商品检验功能以及信息处理功能等。它们相互协作,以实现国际物流系统所要求达到的低国际物流费用和高客户服务水平,从而最终达到国际物流系统整体交易最大的目标。

国际物流系统是以实现国际贸易、国际物资交流大系统总体目标为核心的。国际贸易合同签订后的履行过程,就是国际物流系统的实施过程。国际物流系统的运作流程图如图 7-2 所示。

国际物流系统在国际信息流系统的支持下,借助于运输和储运等作业的参与,在进出口中间商、国际货代及承运人的通力协助下,借助国际物流设施,共同完成一个遍布国内外、纵横交错、四通八达的物流运输网络。

国际物流系统的一般运作模式包括:系统的输入部分、系统的输出部分以及将系统输入输出的转换部分。在系统运行过程中或一个系统循环周期结束时,有外界信息反馈回来,为原系

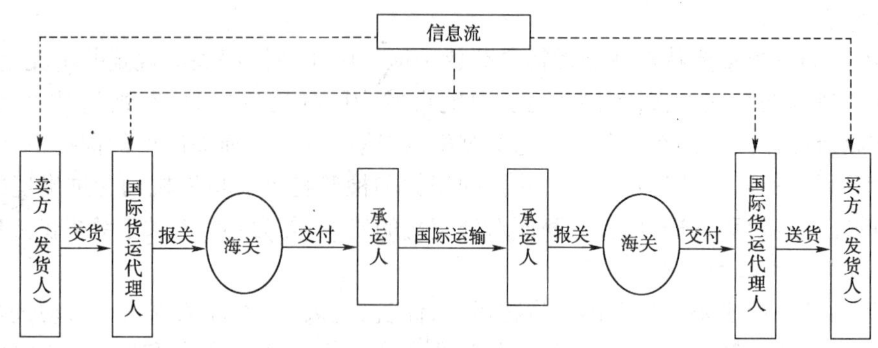

图 7-2　国际物流运作流程

统的完善提供改进信息，以使下一次的系统运行有所改进。如此循环往复，使系统逐渐达到有序的良性循环。国际物流系统遵循一般系统模式的原理，构成自己独特的物流模式。下面以国际货物出口为例，阐述国际物流系统的模式。

1. 国际物流系统的输入

国际物流系统输入部分的内容有：备货，货源落实；到证，接到买方开来的信用证；到船，买方派来船舶；编制出口货物运输技术；其他物流信息。

2. 国际物流系统的输出

国际物流系统输出部分的内容有：商品实体从卖方通过运输送达买方手中；交齐各项出口单证；结算、收汇；提供各种物流服务；经济活动分析及理赔、索赔。

3. 国际物流系统的转换部分

国际物流系统的转换部分包括：商品出口前的加工整理；包装、标签、储存、运输（国内、国际段）、商品进港、装船、制单、交单、报关、报验。此部分将涉及许多现代管理方法、手段和现代物流设施的介入。

三、国际物流系统的目标及要素

1. 国际物流系统的目标

国际物流系统的目标包括：服务目标，快速、及时目标，节约目标，规模化目标，库存调节目标等。

1）服务目标

物流系统是起"桥梁、纽带"作用的流通系统的一部分，它具体地联结着生产与再生产、生产与消费，因此要求有很强的服务性。物流系统采取送货、配送等形式，就是其服务性的体现。在技术方面，近年来出现的"准时供货方式"、"柔性供货方式"等，也是其服务性的表现。

2）快速、及时目标

及时性不但是服务性的延伸，也是流通对物流提出的要求。快速、及时既是一个传统目标，更是一个现代目标。其原因是随社会大生产发展，这一要求更加强烈了。在物流领域采取的诸如直达物流、联合一贯运输、高速公路、时间表系统等管理和技术，就是这一目标的体现。

3）节约目标

节约是经济领域的重要规律，在物流领域中除流通时间的节约外，由于流通过程消耗大而

又基本上不增加或提高商品使用价值,所以领先节约来降低投入,是提高相对产出的重要手段。

4)规模化目标

以物流规模作为物流系统的目标,是以此来追求"规模效益"。生产领域的规模生产是早已为社会所承认的。由于物流系统比生产系统的稳定性差,因而难于形成标准的规模化格式。在物流领域以分散或集中等不同方式建立物流系统,研究物流集约化的程度,就是规模优化这一目标的体现。

5)库存调节目标

库存调节目标是服务性的延伸,也是宏观调控的要求,当然,也涉及到物流系统本身的效益。在物流领域中正确确定库存方式、库存数量、库存结构、库存分布就是这一目标的体现。

2. 国际物流系统的要素

1)物流系统的功能要素

物流系统的功能要素是指物流系统所具有的基本能力,这些基本能力有效地组合、联结在一起,便成了物流的总功能,便能合理、有效地实现物流系统的总目标。物流系统的功能要素包括运输、储存保管、包装、装卸搬运、流通加工、配送、物流信息等。

2)物流系统的支持要素

物流系统的建立需要有许多支持手段,尤其是处于复杂的社会经济体系中,要确定物流系统的地位,要协调与其他系统的关系,这些物流系统的支持要素必不可少。主要包括:体制、制度、法律、规章、行政、命令和标准化系统。

3)物流系统的物资基础要素

物流系统的建立和运行,需要有大量技术装备手段,这些手段的有机联系对物流系统的运行有决定性作用。这些要素对实现物流和某一方面的功能也是必不可少的。物流系统的物资基础要素主要有:物流设施、物流装备、物流工具、信息技术及网络、组织及管理。

四、国际物流网络

国际物流网络是由执行运动使命的线路和执行停顿使命的结点两种基本元素组成的。线路与结点相互关联、相对配置,组成了不同的国际物流网络。国际物流网络的水平高低、功能强弱就取决于网络中这两个基本元素的配置。

国际物流网络就是由多个收发货的"结点"和它们之间的"连线"所构成的网络,以及与之相伴随的信息网络组成的有机整体。

国际贸易和经营的竞争要求国际物流系统的物流费用要低,客户服务水平要高。为实现这一目标,建立完善的国际物流系统网络十分重要。

1. 国际物流网络的构成

国际物流网络是指由多个收发货的"结点"和它们之间的"连线"所构成的物理网络,以及与之相伴随的信息网络组成的有机整体。

国际物流的网络如图 7-3 所示。

2. 国际物流信息网络

国际物流信息网络也可理解成由"结点"和它们之间的"连线"所构成。连线通常包括国

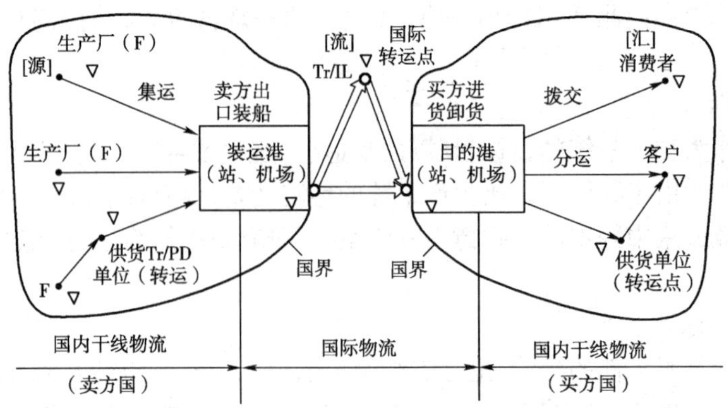

图 7-3　国际物流网络简图

F-工厂；T_r-运输；PD-分销物流；IL-国际物流；∇-仓储；◊-国际段运输；→-国内段运输

内外的邮件或某些电子媒介（如电话、电传、电报、EDI 等），其信息网络的结点则是各种物流信息的汇集及处理之点，如员工处理国际订货单据、编制大量出口单证、准备提单或用电脑对最新库存量的记录。

国际物流网络与国际物流信息网络并非各自独立，它们之间是密切相关的。物流的每一活动几乎都有信息支持，物流质量取决于信息，物流服务也要依靠信息。如果没有信息流，将只会成为一个单向的难以调控的半封闭式的国际物流系统。而信息流的双向反馈作用，则可以使国际物流系统易于控制、协调，使其能合理高效地运转，充分调动人力、物力、财力、设备及资源，以达到最大限度地降低国际物流总成本、提高经济效益的目的。

由于国际物流是国际间的物品运动过程，因此，我们不仅要研究国际物流系统内部的相互联系，还要研究横跨各国地域的整体物流的合理化，取得各有关国家之间的协助与配合，这就要做到时刻把握国际物流的脉搏，跟踪处理。信息流的动态跟踪作用解决了这一问题。

以国际海运为例，在物品的载体——国际货船离港的次日，信息流便分别向发运国和到货国传递货物海运保险申请书并制作运费报告，当货物运送完毕时，信息流按港口类别的集装箱海运日程及时报告行踪，并预报到港地点、时间及各种服务，如发生其他障碍和问题，信息流也会立刻发出警告信息。通过这种动态跟踪的信息流，不仅可以随时掌握国际物流的行踪，而且可以达到使损失减少到最小、获取效益最大的目标。

由于国际物流市场瞬息万变，国际物流系统就要求有高效率的信息网络。信息的作用是使物流向更低成本、更高服务、更大量化、更精细化方向发展。许多重要的物流技术都是依靠信息才得以实现的，这个问题在国际物流中比国内物流表现得更为突出。21 世纪是国际物流信息化的时代。近年来，各国在国际物流信息系统的发展建设方面均投入了大量的精力和资金，各种国际物流信息系统正在蓬勃发展之中。

3. 国际物流网络的建设

国际物流网络研究的中心问题是确定进出口货源点（或货源基地）和消费者的位置，各层级仓库及中间商批发点（零售点）的位置、规模和数量，从而决定国际物流系统的合理布局和合理化问题。

在合理布局国际物流网络的前提下，国际商品由卖方向买方实体流动的方向、规模、数量就确定下来了。同时，国际贸易的贸易量、贸易过程（流程）的重大战略问题，进出口货物的卖出和买进的流程、流向、物流费用、国际贸易经营效益等，也就都一一得到了确定。完善和优化国际物流网络，有利于扩大国际贸易，提高企业的物流竞争能力和成本优势。

建立和完善国际物流网络应注意如下问题：

首先，在规划网络内建库的数目、地点及规模时，都要紧密围绕商品交易计划，乃至一个国家国际贸易的宏观总体规划。

其次，明确各结点的供应范围、分层关系及供应或收购数量，注意各层结点间的有机衔接，优化运输线路。例如：生产厂家仓库与各中间商仓库、港（站、机场）区仓库间在存储能力以及出口装运能力方面相互配合和协同，以保证国内外物流的畅通，尽量少出现或不出现在某一层仓库储存过多、过长的不均衡状态。

最后，国际物流网点规划要考虑现代物流技术的发展，要留有余地，以备将来的扩建之需。为发展外向型经济，扩大国际贸易，增强商品在国际市场上的竞争力，要努力建立健全高效、通畅的国际物流体系，实现国际物流合理化和国际贸易扩大化。

第三节　国际物流结点

整个国际物流过程是由多次的运动—停顿—运动—停顿所组成的。与这种运动相对应的国际物流网络就是由执行运动使命的线路和执行停顿使命的结点这两种基本元素组成。线路与结点相互关联组成了不同的国际物流网络。国际物流网络水平的高低、功能的强弱则取决于网络中这两个基本元素的配置。由此可见，国际物流结点对优化整个国际物流网络起着重要作用。它不仅执行一般的物流职能，而且还越来越多地执行着指挥调度、信息等神经中枢的职能，因而日益受到人们的重视。所以人们把国际物流结点称为整个物流网络的灵魂。

一、国际物流结点概述

1. 国际物流结点的概念

物流结点（Nodes）是物流网络中物流线路的连结点或端点。物流结点又称物流节点或物流据点，其基本形态有两种，即枢纽型结点和普通结点，如图7-4所示，a、f、g为普通结点，b、c、d、e都是枢纽型结点。通常来讲，枢纽型结点至少有两条或两条以上物流线路交汇，其物流规模也较大。一些大型物流枢纽结点往往是多种运输线路（水路、铁路、公路、航空）的立体交汇点。

全部物流活动是在线路和结点上进行的。在线路上进行的物流活动主要是运输，物流功能要素中的其他所有功能要素，如包装、装卸、储存、配货、流通加工等，都是在结点上完成的。而且，线路上的物流活动也是靠结点组织和连结的。因此，物流结点在物流网络中具有非常重要的地位，对水路和航空运输系统而言，其建设投资中绝大多数是用于结点（码头、机场）的。

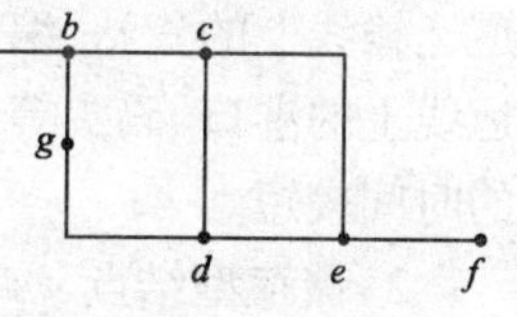

图7-4　物流结点示意图

国际物流结点是指那些从事与国际物流相关活动的物流结点，如制造厂仓库、中间商仓库、口岸仓库、国内外中转点仓库以及流通加工配送中心和保税区仓库、物流中心等；国际贸易商品或货物就是通过这些仓库和中心的收入和发出,并在中间存放保管,来实现国际物流系统的时间效益,克服生产时间和消费时间上的分离,促进国际贸易系统顺利运行的。

国际物流结点一般采取以下手段来衔接物流:①通过转换运输方式,衔接不同运输手段;②通过加工,衔接干线物流及配送物流;③通过储存,衔接不同时间的供应物流与需求物流;④通过集装箱、托盘等集装处理,衔接整个“门到门”运输,使之成为一体。

2. 国际物流结点的功能

国际物流结点主要具有以下三项主要功能:

1)衔接功能

国际物流结点将各个物流线路连结成一个系统,使各个线路通过结点变得更为贯通而不是互不相干,这种作用我们称之为衔接作用。

在物流未达到系统化之前,不同线路的衔接有很大困难。例如轮船的大量输送线和短途汽车的小量输送线,两者的输送形态、输送装备都不相同,再加上运量的巨大差异,所以往往在两者之间有长时间的间隔,然后才能逐渐实现转换,这就使两者不能贯通。物流结点利用各种技术的、管理的方法,则可以有效地起到衔接作用,将中断转化为通畅。

2)信息功能

国际物流结点是整个物流系统或与结点相接的物流信息的传递、收集、处理和发送的集中地。这种信息作用在国际物流系统中起着非常重要的作用,也是使复杂的国际物流能联结成有机整体的重要保证。

在国际物流系统中,每一个结点都是物流信息的一个点,若干个这种信息点和国际物流系统中的信息中心结合起来,便形成了指挥、管理、调度整个系统的信息网络,这是一个国际物流系统建立的前提条件。

3)管理功能

国际物流系统的管理设施和指挥机构大都设置于物流结点之处。实际上,物流结点大都是集管理、指挥、调度、信息、衔接及货物处理为一体的物流综合设施。整个物流系统的运转有序化、正常化和整个物流系统的效率高低都取决于物流结点的管理水平。

3. 国际物流结点的类型

在国际物流中,由于各个物流系统的目标不同以及结点在网络中的地位不同,结点的主要作用往往也不同,故迄今尚无明确的分类。这里仅根据其主要功能分为以下几类:

1)转运型结点

以衔接不同运输方式或同种运输方式的不同运输工具为主要功能的物流设施。例如:铁道运输线上的货站、编组站、车站等;公路运输线上的车站、货场(站)等;航运线上的机场;海运线上的港口、码头等;不同运输方式之间的转运站、终点站、口岸等。货物在这类结点上停滞的时间较短。

2)储存型结点

储存型结点是以存放货物为主要职能的结点。例如:储备仓库、营业仓库、中转仓库、口岸仓库、港口仓库、货栈等。国际货物在这类结点上停滞的时间较长。

3)流通型结点

流通型结点是以组织国际货物在系统中运动为主要职能的结点,流通中心、配送中心就属

于这类结点。

4)综合型结点

综合型结点是指在国际物流系统中集中于一个结点中全面实现两种以上主要功能,并且在结点中并非独立完成各种功能,而是将若干功能有机结合于一体的集约型结点,如国际物流中心。

综合型结点是为适应国际物流大量化和复杂化而产生的,它使国际物流更为精密准确,在一个结点中要求实现多种转化而使物流系统简化。综合型结点是国际物流系统中结点发展的方向之一。

二、几种主要的国际物流节点

1. 口岸

口岸是由国家指定对外经贸、政治、外交、科技、文化、旅游和移民等往来,并供往来人员、货物和交通工具出入国(边)境的港口、机场、车站和通道,是国家指定对外往来的门户,也是国际货物运输的枢纽。

一般来说,口岸大多设在沿海的港口,随着陆、空交通运输的发展,对外贸易的货物、进出境人员及其行李物品、邮件包裹等,可以通过铁路、公路和航空直达目的地。因此,在开展国际联运、国际航空、国际邮包、邮件交换业务以及其他有外贸、边贸活动的地方,国家也设置了口岸。

改革开放以来,我国口岸逐渐向边境、内河和内地城市发展。现在,除了对外开放的沿海港口之外,口岸还包括:国际航线上的机场;山脉国境线上对外开放的山口;国际铁路、国际公路上对外开放的火车站、汽车站;国界河流和内河上对外开放的水运港口。

2. 港口

港口是水、陆、空交通的集结点和枢纽,工农业产品和外贸进出口物资的集散地,船舶停泊(飞机起降)、装卸货物、上下旅客、补充给养的场所。由于港口是联系内陆腹地和海洋运输(国际航空运输)的一个天然界面,因此,人们也把港口作为国际物流的一个特殊结点。

按照综合物流的观点,港口在现代国际生产、贸易和运输系统中处于十分重要的战略地位,并且发挥着日益重要的作用。港口不仅是货物水、陆、空运输的中转地,而且提供了发展转口贸易、自由港和自由贸易区的机会。

港口之所以能在现代国际生产、贸易和物流系统中发挥战略作用,主要是由港口的以下特点决定的:

1)港口在整个物流供应链上是最大量货物的集结点

经济全球化使国际贸易量急速增加,港口作为海洋运输的起点与终点,无论是集装箱货还是散货,远洋运输总是承担着其中最大的运量,因而港口在整个物流供应链上总是最大量货物的集结点。当需要从事附加的工业、商业和技术活动时,选择在港口这样的集结点进行往往最能取得规模经济效益。

2)港口是生产要素的最佳结合点

如果两个大陆之间,或者两个相距甚远的国家之间在生产要素方面有着最大的禀赋差异,那么,要把这些生产要素以最有利的方式结合起来,港口往往是最合乎逻辑的选址。许多国家依赖于进口原材料的钢铁厂往往都建在港口地区,其原因正在于此。在港口地区建设出口工业,利用钢铁作为原材料生产汽车和机械,就可以节省大量成本,增强在国际市场上的竞争力。

3)港口是最重要的信息中心

对于国际物流来说,港口仍然是不同运输方式汇集的最大、最重要的结点。在港口地区落户的有货主、货运代理行、船东、船舶代理行、商品批发部、零售商、包装公司、陆上运输公司、海关、商品检验机构及其他各种有关机构。因此,港口就成为一个重要的信息中心。

3. 自由贸易区(自由港)

自由贸易区(Free Trade Zone)也称为对外贸易区、自由区、工商业自由贸易区等。自由港(Free Port)有的也被称为自由口岸,自由港或自由贸易区都是划在关境以外,对进出口商品全部或大部分免征关税,并且准许在港内或区内开展商品自由储存、展览、拆散、改装、重新包装、整理、加工和制造等业务活动,以便于本地区的经济和对外贸易的发展,增加财政收入和外汇收入。其对国际贸易和国际物流的促进作用主要体现在以下两个方面:

1)优越的地理位置和优惠的条件吸引大量商品、物品聚集

自由贸易区的最大优势是提供了方便商品进出、储存及整理的条件,以及提供了可以使投资者降低产品成本并增加市场竞争能力的优惠政策。各国的自由贸易区不仅普遍豁免关税和减免其他税收,还在土地使用、仓库、厂房租金、水电供应、劳动工资等方面采取低收费的优惠政策。这是大量商品、物品聚集于此的重要原因。

2)多功能的综合物流结点为投资者提供各种经营选择

自由贸易区是国际物流中多功能的综合型物流结点。在自由贸易区内,可以提供仓储、再加工、展示及各种服务,未售出的各种商品可以前来储存,或针对市场需要对商品进行分类、分级和改装,或进行商品展销,以便选择有利时机,就地销售或改运临近市场销售。许多自由贸易区都直接经营转口贸易,大量货物是在流经自由贸易区后投放世界市场的。自由贸易区各种功能的发挥,极大地促进了国际贸易和国际物流的发展。

4. 保税仓库与保税区

1)保税仓库

保税仓库是指由海关监督的专门用于存放保税货物的仓库。保税货物是指经海关批准进境后缓办纳税手续,在国内储存,待加工、装配后复出境的货物。这类货物如在规定的期限内复运出境,经海关批准核销。如果转内销,进入国内市场,则必须事先提供进口许可证和有关证件,正式向海关办理进口手续并缴纳关税,货物才能出库。保税仓库的类型包括:

(1)专业性保税仓库:是由有外贸经营权的企业,经海关批准而建立的自管自用的保税仓库。

(2)公共保税仓库:是具有法人资格的经济实体,经海关批准建立的综合性保税仓库。这类保税仓库一般不经营进出口商品,只为国内外保税货物持有者服务。

(3)保税工厂:是整个工厂或专用车间在海关监督管理下,专门生产进料加工、进件装配复出口产品的工厂。

(4)海关监督仓库:主要存放已进境但所有人未来提取的货物或行李物品,或者无证到货、单证不齐、手续不完备以及违反海关规程,海关不予放行,需要暂存海关监督仓库等候海关处理的货物。海关监督仓库的另一种类型是出口监管仓库,专门存储已对外成交,并已结汇,

但海关批准暂行不出境的货物。

2)保税区

保税区是指我国海关境内的某一个特定的,与国际市场紧密相连的,按照国际经济惯例运作并具有自由贸易区性质的封闭式区域。外国商品在海关监管下,可暂时不缴纳进口关税存入保税区的保税仓库内。如再出口不需缴纳出口税,但如输入国内市场则必须缴纳进口税。保税区为海关监管区域,不完全等同于国外的自由贸易区(自由港)、出口加工区。对其政策的制定主要是根据中国国情,同时也参考和吸收国外类似区域的有关政策和通行作法。

1990 年,经国务院批准,我国借鉴国际通行的做法,按照自由贸易区模式建立了中国第一个保税区——上海外高桥保税区,随后又先后建立了天津港、深圳福田、深圳沙头角、大连、广州、江苏张家港、青岛、宁波、福州、厦门、汕头、海口、深圳盐田港和珠海保税区,使保税区总数达到了 15 个。设立保税区的目的是为了改善投资环境和吸引外资。保税区是我国目前开放度最大的地区,是对我国"经济特区"、"经济技术开发区"的重要补充和发展。我国的保税区在发挥招商引资、出口加工、国际贸易、转口贸易和仓储等功能,带动区域经济发展等方面显示出了独特的优势。

5. **出口加工区**

出口加工区是指专为发展加工贸易而开辟的经济特区。出口加工区的产生和发展是国际分工的必然结果,是全球经济一体化的重要表现。

第二次世界大战后,西方工业国家的经济出现了相对稳定的发展时期,特别是科学技术的巨大进步,使西方工业国家的生产力和对外贸易空前发展,并导致了资本与技术过剩。同时,国际分工从过去的产业间分工发展为产业内部的分工,劳动密集型产业从发达国家逐步向发展中国家(地区)转移。一些工业发达国家和地区从输出商品到输出资本,进而发展到在东道国开办工厂。20 世纪 60 年代前后,不少发展中国家(地区)大力发展出口加工制造业,以增加外汇收入,出口加工区由此应运而生。1959 年,爱尔兰在香农国际机场创建了世界上第一个出口加工区。此后的 40 多年来,出口加工区在全球遍地开花,成为所在国或地区吸引外资最多、对外贸易最为活跃的区域,有力地促进了各国或地区经济的发展。

20 世纪 80 年代以来,全球出口加工区出现了新的发展趋势。部分出口加工区的出口加工业由劳动密集型转向技术密集型,纷纷建立新的科技型的出口加工区。部分出口加工区的企业和高等院校、科研机构密切结合,形成雄厚的科技力量,以科技为先导,大力开发技术、知识密集型的新兴产业和高附加值的尖端产品,成为引起世界注目的知识型出口加工区——科学工业园区。科学工业园区同出口加工区一样,通过划出一个地区,提供多方面的优惠条件,吸引外国的资本和技术,但它从事的是高技术产品的研制,促进技术、知识密集型产品的发展和出口。

第四节　国际物流的运输方式

国际物流运输即国际货物运输,是发生在国与国之间的货物在空间或时间上的转移活动。国际物流运输通常也称国际贸易运输,或对外贸易运输,简称外贸运输。它的主要功能是实现物品转移。

在国际物流中可采用的运输方式很多,其中包括海、陆、空等各种运输方式,而每种运输方式都有其自身的特点和经营方式。了解各种运输方式的特点和经营方式,对于合理选择和正确利用各种运输方式有着重要的意义。

第一,国际货物运输是国际物流不可缺少的重要环节。

在国际贸易中,进出口商品在空间上的流通范围极为广阔,没有运输,要进行国际间的商品交换是不可能的。商品成交以后,只有通过运输,按照约定的时间、地点和条件把商品交给对方,贸易的全过程才算最后完成。国际货物运输是国际贸易和国际物流不可缺少的重要环节。

第二,国际货物运输能够促进国际物流的发展。

国际货物运输工具的不断改进,运输体系结构、经营管理工作的逐步完善和日趋现代化,使得国际货物运输能够促进国际贸易的发展,继而促进国际物流的发展。

第三,国际运输是国际物流"第三利润"的主要源泉。

国际运输又承担着大跨度空间转移的任务,消耗的绝对数量大,其节约的潜力也就大。如从运费来看,运费在全部国际物流费用中占接近50%的比例,节约的潜力是很大的。又由于国际运输总里程大,运输总量巨大,通过体制改革和运输合理化可大大缩短运输吨公里数,从而获得比较大的节约。

我国常用的国际物流运输方式有国际海洋货物运输、国际铁路货物运输、国际航空货物运输、国际公路货物运输、国际集装箱运输和国际多式联运等多种方式。

一、国际海洋货物运输

海洋运输是国际物流中最主要的运输方式,它是指使用船舶通过海上航道在不同国家和地区的港口之间运送货物的一种方式。海洋面积占地球表面积的三分之二,并把陆地分隔成几块,使得各块陆地之间只有通过空中或海上交通才能相互沟通,实现各块陆地上人们之间的往来和物资的交流。海洋运输通过能力大,万吨以上甚至数十万吨的巨轮都可在海洋中航行。由于海洋运输量大,运输成本低,所以许多国家,特别是沿海国家的进出口货物,大部分都采用海洋运输。目前,国际贸易总运量中的2/3以上,我国进出口货运总量约90%左右,都是通过海上运输完成的。因此,海洋运输在国际物流运输方式中占有重要的地位。

但国际海洋货物运输主要从事国际间的运输,通常都要远涉重洋,活动范围广阔,航行距离长,容易受自然条件和气候的影响,风险较大,且航行速度较慢,因此,对于不宜经受长期运输的货物以及急用和易受气候条件影响的货物,一般不采用海洋运输方式。远洋运输船舶一旦遭遇海上危险后,给船舶和货物所造成的损失往往是十分巨大的。为了分散危险,防止和减少海上事故的发生;为了在发生事故并带来损失时能得到一定的经济补偿,逐步形成了一些被人们普遍接受的、比较特殊的制度。这些制度包括共同海损制度、海上保险制度、海上救助制度、承运人责任限制制度和船舶所有人责任限制制度等。

1. 海洋运输的优势

与其他方式相比,海洋运输的优势主要体现在以下几个方面:

1)运量大

由于造船技术的不断提高,巨型客船、巨型油船、一般杂货船等运输船舶的运载能力,远远

大于铁路运输和公路运输。一艘万吨轮载重量相当于250～300个火车皮的载重量,50万吨油船载重量相当于12 500个火车皮。

2)成本低

按规模经济观点,因为运量大、航程远,分摊于每吨的运输成本低,因此海运运价低廉。加之海运航道天然构成,港口设备一般均为政府修建,商船运载量大,使用时间又长,运输里程较远。所以,与其他运输方式相比,运价低廉。1t货物的海洋运费仅相当于铁路运费的1/5,汽车运费的1/10和航空运费的1/20。

3)通过能力大

海洋运输利用天然航道四通八达,不受道路和轨道限制,通过能力大。如因政治、经济贸易条件变化,可随时改选最有利的航线。

4)对货物适应性强

远洋轮船可适应多种货物运输需要,如有多用途船、专用船等,对超重、超长的货物也有较强的适应性。并易于改进运输工艺,适应外贸新发展的需要。

2. *海洋运输方式*

按照船公司对船舶经营方式的不同,可分为班轮和不定期船两种类型,但由于这两种类型的船舶在经营上各有自己的特点,所以海洋运输又可分为班轮运输和租船运输两种方式。

1)班轮运输方式

班轮运输又称定期船运输。是指在固定的航线上,以既定的港口顺序,按照事先规定的船期表,从事船舶运输。班轮运输主要表现为承运人和货主之间不签订租船合同,仅按船公司签发的订有详细的有关承运人、托运人或收货人的权利和义务条款的提单,处理运输中的有关问题。

除承运批量大的货物,有时根据协议可允许发货人或收货人在船边交货或提货外,通常要求托运人将货物运送至承运人指定的码头仓库交货,或将货物卸至承运人指定的码头仓库,收货人在这一仓库提货。

班轮运输方式"四固定"的特点。即固定航线、固定港口、固定船期和相对固定的运费率。班轮公司为了使货主掌握班轮抵达和驶离各停靠港口的日期,一般都将预先制定的一定时间内的船期表印发给有关货主或在报刊上、网络上公布。班轮运费一般由班轮公司按照定期班轮运价表的规定计收运费。班轮运费费率相对比较稳定,受国际航运市场行市的变化影响小,核算运费在货价中的比重较容易。

一般不规定固定的装卸定额,也不计滞期、速遣费。班轮运输一般适用于零散货物的运输。

2)租船运输方式

租船运输则为不定期船运输(Tampshipping),是相对于定期船运输而言的另一种远洋船舶运输方式,租船人向船东租赁船舶用于运输货物的业务。在租船运输业务中,航期、航线、运价、港口等均不固定,装卸费及船期延误按租船合同规定划分及计算。双方的权利义务和责任豁免按租船合同的规定执行。在国际海运业务中,租船方式主要有定程租船和定期租船两种。

(1)定程租船(Voyage Charter;Trip Charter)

定程租船又称航次租船,是指由船舶所有人负责提供船舶,在指定港口之间进行一个航次或数个航次，承运指定货物的租船运输。在这种租船方式下，依照租船合同的约定，船舶出租人向租船人提供船舶或船舶的部分舱位，装运约定的货物，从一港运至另一港，由租船人支付约定的运费。定程租船又分为单程航次租船（Single Trip Charter）、来回程航次租船（Return Trip Charter）、连续航次程租船（Consecutive Voyages）等。

（2）定期租船（Time Charter）

定期租船又称期租船，是指由船舶所有人将船舶出租给承租人，供其使用一定时期，承租人向船东给付租金的租船运输方式。这种租船方式，是依照租船合同的规定，船舶出租人向租船人提供约定的由出租人配备船员的船舶，由租船人在约定的期间内按照约定的用途使用，并支付租金。租期短的仅几个月，长的可达几年或十几年甚至一直到船舶报废时为止。除租船合同另有规定外，租船人可将租赁的船舶作为班轮营运，或作为程租船使用，或将其转租给第三者。

此外，还有一种定期租船方式，即光船租船（Bare Boat Charter）。它与一般定期租船不同的是，船舶出租人向租船人提供不配备船员的船舶，在约定的期间内由租船人占有、使用和营运，并向出租人支付租金。

近年来，国际上发展起一种介于航次租船和定期租船之间的租船方式，即航次期租（Time Charter on Trip Basis，TCT），这是以完成一个航次运输为目的，按完成航次所花的时间，按约定的租金率计算租金的一种租船方式。

就外贸企业来说，使用较多的租船方式是定程租船。它主要用于运输批量较大的大宗初级产品，如粮食、油料、矿产品和工业原料等。

二、国际铁路货物运输

国际陆上货物运输主要是指国际铁路货物运输，它所承担的国际物流份额仅次于国际海运，铁路运输的运行速度较快，载运量较大且在运输中遭受的风险较小，它一般能保持终年正常运行，具有高度的连续性，是国际货物运输中使用频率较高的一种运输方式。

我国对外贸易铁路货物运输包括港澳地区的国内铁路货物运输和国际铁路货物联运两种方式。

1. 港澳地区的国内铁路货物运输

内地对香港铁路运输由大陆段和港九段两部分铁路运输组成，是“两票运输，租车过轨”。即出口单位将货物送到深圳北站，收货人是深圳外贸运输机构，由该收货人作为各地出口公司的代理向铁路租车过轨，交付租车费，并办理出口报关等手续，由香港中国旅行社收货后转交给香港或九龙的实际收货人。

我国目前还没有直通澳门的铁路，从内地运往澳门的货物只能在广州中转。内地出口单位将货物发送到广州南站，收货人是广东省外运公司，再由广东省外运公司办理水运中转至澳门。货到澳门由南光集团运输部接货并交付实际收货人。如图7-5所示。

供应香港、澳门的铁路运输货物，凡凭信用结汇的，都由发货地外运公司签发的“承运货物收据（Cargo Receipt）”与其他单证一起办理结汇。

我国进口货物由港口经铁路转运到各地，出口货物由产地经铁路集中到港口装船；以及各省、市、自治区之间产品的流通，均属于国内铁路运输的范畴。供应港澳地区的货物由产地经

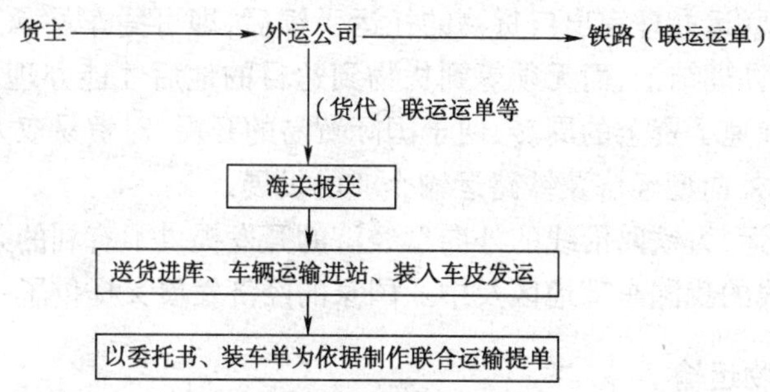

图 7-5　港段铁路运输出口示意图

铁路运往深圳北站或广州南站，也属于国内铁路运输，但又与一般的国内运输不一样。

2. 国际铁路货物联运

国际铁路货物联运是指在两个或两个以上国家之间进行的铁路货物运输，只需在始发站办妥托运手续，使用一份运送单据，由一国铁路向另一国移交货物时，无需发、收货人参加，铁路当局面对全程运输负连带责任，这种运输方式称"国际铁路货物联运"。

国际铁路货物联运是铁路运输的重要方式，许多国家非常重视并参加了协约组织，订立了各种协定。参加国际铁路货物联运的国家主要分为两个集团，一个是以英、法、德等 32 个国家组成并签订有《国际铁路货物运送公约》的"货约"集团，另一个是以前苏联为首的 12 个国家组成并签订有《国际铁路联运协定》的"货协"集团。

尽管"货协"中的前苏联、东欧各国政体在 20 世纪 80 年代解体了，但铁路联运业务并未终止，原"货协"的运作制度仍被沿用。

国际铁路货物联运的范围：适用于国际货协国家之间的货物运送，发货人只需在发货站办理铁路托运，使用一张运单，即可办理货物的全程运输；适用于未参加国际货协铁路间的顺向或反向货物运输，在转换的最后一个或第一个参加国的国境站改换适当的联运票据。图 7-6 表示了国际铁路联运进口的流程。

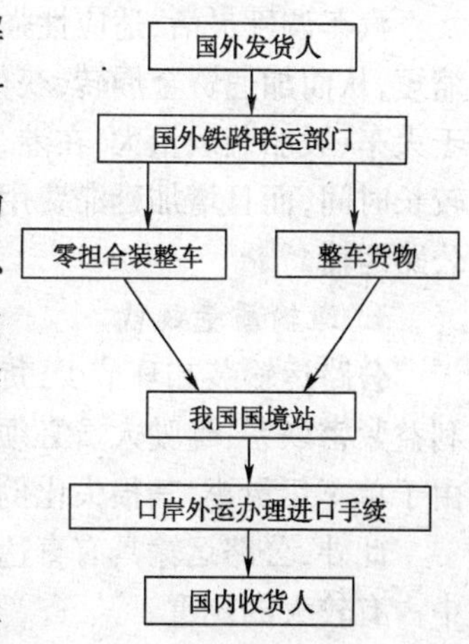

图 7-6　国际铁路联运进口示意图

国际铁路货物联运具有以下优点：

1）手续简化

虽然货物在全程运送中要经过多个国家，涉及到多次交接甚至多次换装等作业，但作为发货人只需在始发站办理一次性托运手续，即可将货物运抵另一个国家的铁路到站，发货人或收货人无需在国境站重复办理托运的繁琐手续，方便收、发货人。

2）便于在国际贸易中充分利用铁路运输的优势

铁路运输具有成本较低、运输连续性强、运输风险小和不易受天气季节变化的影响等优势。实行国际铁路联运后，参加联运国铁路连成一体，形成国际铁路运输网络，便于发货人根据货物的运输要求，充分利用铁路运输优势和选择运输路径，既可加快其送达速度，又能节省有关费用支出。

3）可及早结汇

发货人利用国际联运办理完出口货物的托运手续后，即可凭车站承运后开据的有关联运凭证和其他商务单证办理结汇，而无须等到货物到达目的地后才能办理。这样既能保证发货人及时收取货款，又加速了资金的周转，便于国际贸易的开展，对贸易双方均有利。

4）促进铁路沿线外向型经济及铁路运输企业的发展

通过开展国际联运，为铁路沿线的外向型经济的开发提供了有利的条件，特别是亚欧第二大陆桥的贯通，为沿线的我国东部地区及中亚国家的经济发展又提供了一次良好的机遇。

三、国际公路货物运输

国际公路货物运输是指国际货物借助一定的运载工具，沿着公路作跨及两个或两个以上国家或地区的移动过程。它既是一个独立的运输体系，也是车站、港口和机场集散物资的重要手段。它是沟通生产和消费的桥梁和纽带。没有公路运输的衔接，铁路、水路、航空运输就不能正常进行。由于公路运输具有机动灵活、适应性强的优点，因此在运输体系中体现了"时差效益"、"远距离效益"和"运输质量效益"三个特点。

1. 时差效益

在当今市场竞争日益激烈的条件下，对运输贸易的时间性要求将越来越高。由于汽车机动灵活，可以实现"门到门"运输，能适应时间性强的需要。目前，在一些尚未通铁路的中、小开放港口，汽车的"时差效益"更为明显。

2. 远距离效益

汽车调度灵活，适应性强，有时可以选择小于铁路或水路运输的运距，使在途运输的时间缩短，从而加速资金周转，获得远距离效益。虽然铁路、水运的运价目前较低于公路运价，但由于火车、驳船装载量大，在港、站受甩挂、过闸、靠泊等因素的限制，造成压车、压船，这不仅占用较长时间，而且增加延滞费用。因此，对于中、短途运输而言，铁、水路综合运输成本往往高于公路运输。

3. 运输质量效益

公路运输装卸环节少，货损、货差小，同时由于汽车执行单人作业责任运输制，与个人经济利益紧密联系，驾驶人员必须对运输质量有较强的责任心。相对而言，即使发生货损或事故，由于单车运量小，其损失比例也较小。

此外，公路运输具有直达、快捷、便利的性能，可实现门到门的服务，在国际物流运输体系中占有较大的比重。

除了上述特点之外，与其他运输方式相比，公路运输同时又具有一定的局限性，如：载重量小，不适宜装载重件、大件货物，不适宜长途运输，车辆运行中振动较大，易造成货损、货差事故。同时，运价通常也较水运和铁路运输为高。

四、国际航空货物运输

航空运输速度很快且运行时间短，货物中途破损率小，但航空运输的运量有限，且运费一般较高。因此，运送的货种有限，适用于急救物资、精密仪器、贵重物品、易腐鲜活物品和季节性强的商品。

航空运费通常是按重量或体积计算，以其中收费较高者为准。尽管航空运费一般较高，但

由于空运比海运计算运费的起点低,同时空运能节省包装和保险费,并因运行速度快而便于货物抢行应市和卖出好价,所以对于小件急需品和贵重物品,采用航空运输反而有利。国际航空运输的主要方式有以下几种:

1. 班机运输

班机运输是指在固定航线上飞行的航班,它有固定的始发站、途经站和目的站。一般航空公司都使用客货混合机型,由于舱容有限,难以满足大批量的货物运输要求。

2. 包机运输

包机运输是指航空公司按照约定的条件和费率,将整架飞机租给一个或若干个包机人,从一个或几个航空站装运货物至指定目的地。包机运输适合大宗货物运输,费率低于班机,但运送时间则比班机要长些。

3. 集中托运

集中托运是由空运代理将若干单独发货人的货物集中起来组成一整批货物,由其向航空公司托运到同一到站,货到国外后由到站地的空运代理办理收货、报关并分拨给各个实际收货人。集中托运的货物越多,支付的运费越低。因此,空运代理向发货人收取的运费要比发货人直接向航空公司托运低。

4. 急件传递

急件传递不同于一般的航空邮寄和航空货运,它是由专门经营这项业务的公司与航空公司合作,设专人用最快的速度在货主、机场、用户之间进行传递。例如,快递公司接到发货人委托后,用最快的速度将货物送往机场赶装最快航班,随即用电传将航班号、货名、收货人及地址通知国外代理接货,航班抵达后,国外代理提取货物后急送收货人。这种方式又称为"桌至桌"(Desk to Desk)运输。

5. 送交业务

送交业务通常用于样品、目录、宣传资料、书籍报刊之类的空运业务,由国内空运代理委托国外代理办理报关、提取、转送并送交收货人。

6. 货到付款

它是承运人在货物到达目的地交给收货人时,根据其与发货人之间的协议,代向收货人收取航空运单上所记载的货款,并汇寄给发货人的一项业务。

五、国际集装箱运输

集装箱运输自1956年4月开始在美国用于海上运输后,满足了货主快速、安全、准确、直达的运输要求,在国际贸易运输中得到了广泛应用,并在20世纪70年代以后迅速发展起来。目前已经成为国际上占有支配地位的运输方式。

集装箱也称货柜,其优越性是任何运输包装都无法与之比拟的。集装箱放在船上等于是货舱,放在火车上等于是车皮,放在卡车上等于是货车,因此,无论在单一运输方式下或多种运输方式下均不必中途倒箱。集装箱的内部容量较大,而且易于装满和卸空,在装卸设备配套的情况下它能迅速搬运。

目前,国际标准化组织共规定了5个系列、13种规格的集装箱,普遍使用的是1AA型(40ft,30t)、1CC型(20ft,24t)集装箱。集装箱船舶的装载能力通常以能装多少个TEU(系集装箱运量统计单位,以长 20ft 的集装箱为标准箱)为衡量标准。

集装箱运输是以集装箱作为运输单位进行货物运输的一种现代化的运输方式,它适用于海洋运输、铁路运输及国际多式联运等。

1. 集装箱运输的特点

集装箱运输就是以集装箱作为运输单位进行货物运输的一种先进的现代化运输方式。它具有如下特点:

(1)在全程运输中,可以将集装箱从一种运输工具上直接方便地换装到另一种运输工具上,而无须接触或移动箱内所装货物。

(2)货物在发货人的工厂或仓库装箱后,可经由海陆空不同运输方式一直运至收货人的工厂或仓库,实现"门到门"运输而中途无须开箱倒载和检验。

(3)集装箱由专门设备的运输工具装运,装卸快,效率高,质量有保证。

(4)一般由一个承运人负责全程运输。

2. 集装箱运输的优点

(1)可露天作业,露天存放,不怕风雨,节省仓库。

(2)可节省商品包装材料,可保证货物质量、数量,减少货损货差。

(3)车船装卸作业机械化,节省劳动力和减轻劳动强度。

(4)装卸速度快,提高了车船的周转率,减少港口拥挤,扩大了港口吞吐量。据统计一个集装箱码头的作业量抵得上 7 ~ 11 个普通码头,一台起吊设备装卸集装箱要比装卸杂货件快 30 倍,一艘集装箱船每小时可装卸货物 400t,而普通货轮每小时只能装卸 35t,每小时的装卸效率相差 11 倍。

(5)减少运输环节,可进行门到门的运输,从而加快了货运速度,缩短了货物的在途时间。

(6)由于集装箱越来越大型化,从而减少了运输开支,降低了运费。据国际航运界报道,集装箱运费要比普通件杂货运费低 5% ~10%。

(7)能真正做到"高速、高效、安全、经济"。

3. 集装箱运输方式

集装箱运输方式根据货物装箱数量和方式分为整箱和拼箱两种。

1)整箱(Full Container Load,简称 FCL)

是指货主将货物装满整箱后,以箱为单位托运的集装箱。一般做法是由承运人将空箱运到工厂或仓库后,在海关人员监督下,货主把货装入箱内、加封、铅封后交承运人并取得站场收据,最后凭站场收据换取提单。

2)拼箱(Less Than Contain Load,简称 LCL)

是指承运人或代理人接受货主托运的数量不足整箱的小件货物后,根据货类性质和目的地进行的分类、整理、集中、装箱、交货等工作均在承运人码头集装箱货运站(CFS)或内陆集装箱运转站进行。

3)集装箱的交接

集装箱交接方式大致有四类:整箱/整箱(FCL/FCL)、拼箱/拼箱(LCL/LCL)、整箱/拼箱(FCL/LCL)、拼箱/整箱(LCL/FCL),其中以整箱/整箱交接效果最好,也最能发挥集装箱的优越性。

集装箱的交接地点,归纳起来可分为四种方式:门到门、门到站场、站场到门、站场到站场。

六、国际多式联运

1. 国际多式联运的内涵

多式联运(Multimodal Transport)是指利用各种不同的运输方式来完成某项运输任务,它包括陆海联运、陆空联运,由于这种运输方式多在国际间发生,亦称为国际多式联运(International Multimodal Transport)。它打破了过去海、铁、公、空等单一运输方式互不连贯的传统做法。实现了国际间的连贯货物运输。

《联合国国际多式联运公约》给国际多式联运下的定义是:"按照多式联运合同以至少两种不同的运输方式,由多式联运经营人(Combined Transport Operator, C. T. O)将货物从一国境内接管货物的地点运至另一国境内指定交付货物的地点。为履行单一方式运输合同而进行的该合同所规定的货物接送业务不视为国际多式联运。"

由于集装箱最适于多式联运,故随着集装箱运输的发展,国际多式联运也迅速发展了起来。在国际贸易中,开展以集装箱运输为主的国际多式联运,有利于简化货运手续、提高运输效率、降低运输成本和提高服务质量。因此,以集装箱运输为主的国际多式联运已成为世界各国保证国际贸易的最优运输方式。

2. 进行国际多式联运应具备的条件

1)必须有一个多式联运合同

多式联运合同(Multimodal Transport Contract)是指多式联运经营人与托运人之间订立的以收取运费、负责完成或组织完成国际多式运输为内容的合同。它明确规定多式联运经营人和托运人之间的权利、义务、责任和豁免。

2)必须使用全程的多式联运单据

我国现在使用的是 C. T. B/L。即证明多式联运合同以及证明多式联运经营人已接管货物并负责按照合同条款交付货物所签发的单据。

3)必须是至少两种不同运输方式的连贯运输

这是确定一票货运是否属于多式联运的重要特征。为了履行单一方式运输合同进行的该合同所规定的货物接送业务,则不应视为多式联运,如航空运输中从仓库到机场的这种陆空组合则不属于多式联运。

4)必须是国际间的货物运输

这是区别于国内运输和国际运输的限制条件。

5)必须由一个多式联运经营人对全程运输负总责

他是与托运人签订多式联运合同的当事人,也是签发多式联运单据或多式联运提单者,他承担自接受货物起至交付货物止的全程运输责任。

6)必须是全程单一运费费率

这个运价一次收取,包括运输成本(各段运杂费的总和)、经营管理费和合理利润。

3. 国际多式联运的优点

1)责任统一

发货人只办一次托运,签订一个运输合同,付一次运费,取得一份多式联运提单,出了运输责任上的问题,只找一个承运人解决。

2)手续简便

多式联运的托运手续、进出口操作程序及集装箱的交接方式均与集装箱运输相同。

3)运输时间缩短,货运质量提高

由于多式联运多为集装箱运输,同时又是一气呵成的连贯运输,所以中途无需拆箱倒载,使货物更加安全,货运速度加快。

4)节省运杂费,减少利息支出

由于多式联运大都为"门到门"运输,从而可以减少中间环节,节省运杂费。特别是对于内地发货,装上火车就可凭多式联运经营人签发的多式联运提单向银行议付结汇,一般可提前7~10d结汇,从而减少利息开支。

5)降低运输成本,加速货运周转

多式联运使各种单一的运输方式有机地结合起来,不仅可以缩短运输时间、降低运输成本,而且可以加速货运周转速度。因此,现在这一运输方式正被越来越多地采用。

4. 国际多式联运的经营人

开展国际多式联运,往往涉及到海、陆、空等运输区段的运输业务,因而必须有人对集装箱的全程运输进行组织、安排与协调,此人就是多式联运经营人,或称契约承运人。

国际多式联运的经营人既不是发货人的代理或代表,也不是承运人的代理或代表,而是一个独立的法律实体。它具有双重身份,对货主来说它是承运人,对实际承运人来说,它又是托运人。它一方面与货主签订多式联运合同,另一方面又与实际承运人签订运输合同。它是国际多式联运的组织者或主要承担人,对全程运输负责,对货物灭失、损坏、延迟交付等均承担责任。在国际上经营国际多式联运业务的多是规模较大、实力雄厚的国际货运公司。

国际多式联运作为不同运输方式间的组合,是由众多关系人组成的,其法律关系十分复杂。其中主要关系有多式联运经营人与货主之间的关系,以及与其受雇人、代理人之间的代理关系、承揽关系、侵权行为关系等。为此,国际多式联运首先应确定国际多式联运经营人的法律地位,调整上述关系人之间的法律关系,从而平衡相互间的权利、义务和责任。基于此,作为国际多式联运的主体,多式联运经营人从法律的角度讲,必须具备以下基本条件:

(1)多式联运经营人本人或其代表就多式联运的货物必须与货主(托运人)本人或其代表订立多式联运合同,而且该合同至少须使用两种运输方式完成货物全程运输,同时合同中的货物系国际间货物。

(2)从货主或其代表那里接管货物时起即签发多式联运单证,并对接管的货物开始负责。

(3)承担多式联运合同规定的与运输和其他服务有关的责任,并保证将货物交给多式联运单证的持有人或单证中指定的收货人。

(4)对运输全过程中所发生的货物灭失或损害,多式联运经营人首先对货物受损人负责,并应具有足够的赔偿能力。当然,这并不影响多式联运经营人向造成实际货损的分承运人的追偿权利。

(5)多式联运经营人应具备与多式联运所需要的、相适应的技术能力,应确保自己签发的多式联运单证的流通性,并使其作为有价证券在经济上具有令人信服的担保程度。

第五节 国际物流的业务活动

一、国际贸易

1. 国际贸易的基本概念及分类

1）国际贸易的概念

国际贸易（International Trade）是指世界各国（地区）之间所进行的商品和劳务的交换活动，是各国（地区）之间劳动分工的表现形式，反映了世界各国（地区）在经济上的相互依赖，相互依存的关系。

国际贸易与对外贸易既相互联系又有区别：一方面国际贸易与对外贸易都是指超越国界所进行的商品交换活动，在实质内容上，两者是一致的；另一方面它们之间也有明显的区别，当我们从全世界范围来看这种交换活动，可称它为国际贸易或世界贸易；当我们从一个国家的角度来看这种交换活动，就称之为该国的对外贸易。因此，对外贸易和国际贸易是个别与一般，局部和总体的关系。

2）国际贸易的种类

国际贸易按照商品形态分为：有形商品贸易和无形商品贸易。有形商品贸易是指那些有形的、可以看得见物质属性的商品的进出口贸易活动，也称其为货物贸易。无形商品贸易也称劳务贸易或服务贸易，是指一切不具物质自然属性的商品或称无形商品的国际交易活动。

国际贸易按照贸易有无第三国参加可分为：直接贸易、间接贸易、转口贸易。直接贸易是指商品生产国与商品消费国直接买卖商品的行为，没有第三国参与。其中生产国是直接出口，消费国是直接进口。间接贸易是指商品生产国与商品消费国之间没有直接发生贸易关系，而是通过第三国买卖商品的行为。商品通过第三国销售到消费国，对生产国来说是间接出口，对消费国来说是间接进口。在一些发展中国家，进出口贸易受外资控制，也称间接贸易。转口贸易是间接贸易的主要表现形式。商品生产国与商品消费国通过第三国进行贸易，对第三国来说就是转口贸易。

国际贸易按照统计标准分为：总贸易、专门贸易。总贸易是指以国境为标准划分和统计的进出口贸易。专门贸易是指以关境为标准划分和统计的进出口贸易。

此外按清偿工具还可分为自由结汇贸易和易货贸易；按经济发展水平分为水平贸易和垂直贸易等等。

2. 国际贸易方式

国际贸易方式是指国际贸易中买卖双方所采用的各种交易的具体做法。国际贸易中常见的贸易方式按其组织形式可分为协定贸易方式、有固定组织形式的贸易方式、无固定组织形式的贸易方式。

1）协定贸易

是根据缔约国之间签订的贸易协定进行的贸易，可分为双边贸易协定和多边贸易协定，政府间的贸易协定和民间团体签署的贸易协定。

2）有固定组织形式的贸易方式

是按照一定的规章和交易条件,在特定地点进行交易的贸易方式,主要有商品交易所、国际拍卖、招标与投标、国际博览会等,在国际贸易中,对某些商品特别是大宗商品的买卖,通常采用有固定组织形式的贸易方式。

3)无固定组织形式的贸易方式

是指不按照固定的规章和交易条件,在非特定的地点进行交易的较为灵活的贸易方式,大体可分两类:一类是单纯的商品购销方式,如单边出口和单边进口;另一类是与其他因素相结合的复合的购销方式,主要包括经销、代理、包销、定销、寄售、补偿贸易、易货贸易、加工贸易、租赁贸易等,这种方式具有很大的灵活性,能够适应国际贸易中各种不同的需要。

国际市场上的各种贸易方式,是在资本主义生产方式产生、发展,国际贸易不断扩大的过程中,适应不同的政治、经济需要而逐渐形成的,20 世纪 60 年代以后特别是 80 年代以来,由于许多发展中国家对外支付能力明显下降,贸易保护主义重新抬头,一些灵活的贸易方式如补偿贸易、易货贸易、来料加工、来件装配等的应用日益普遍。

各种贸易方式具有各自不同的特点和利弊,应根据具体情况选择可行性较强、风险较小、收益较大的贸易方式。近年来,我国为了扩大对外开放,针对不同国家和地区、不同的交易对象、不同的商品,灵活地采用了国际上各种通行的贸易方式。

3. 国际贸易术语

1)国际贸易术语的含义

国际贸易中,买卖双方所承担的义务会影响商品的价格,因此商人逐渐把某些和价格密切相关的贸易条件与价格直接联系在一起,形成了若干种报价的模式,每一种模式都规定了买卖双方在某些贸易条件中所承担的义务,也形成了贸易术语。

贸易术语是在长期的国际贸易时间中产生的,用来表明商品的价格构成,说明货物交接过程中有关的风险、责任、费用划分问题的专门用语。贸易术语可用文字表示,如"装运港船上交货"(Free On Board),也可用三个英文字母组成的国际代码,如 FOB 表示。因此,使用贸易术语可以简化买卖双方洽谈贸易的内容,促进成交,省费省时。

2)有关贸易术语的国际贸易惯例

国际贸易术语成文的国际贸易惯例主要有三种:即《1932 华沙—牛津规则》(主要用于解释 CIF 买卖合同)、《1941 年美国对外贸易定义修正本》(主要在美洲国家间商界适用)和国际商会《2000 年国际贸易术语解释通则》。这些惯例本身没有强制力。其适用于以意识自治为主,即主要通过约定在买卖双方间适用。

3)常用的贸易术语

在国际贸易中常用的贸易术语有三种:

(1)FOB。FOB(Free On Board——named port of shipment),即装运港船上交货(——指定装运港),指卖方在指定装运港于货物越过船舷时完成交货。这意味着买方应当日交付点清,承担一切费用和货物灭失或损坏的一切风险。

(2)CFR。CFR(Cost and Freight——named port of destination),即成本加运费(——指定目的港),指在装运港货物越过船舷时卖方即完成交货,卖方必须支付将货物运至指定的目的港所需的运费和费用。但交货后货物灭失或损坏的风险,以及由于各种事件造成的任何额外费用,由卖方转移到买方。

(3)CIF。CIF (Cost Insurance and Freight——named port of destination),即成本加保险费、运费(——指定目的港),在装运港当货物越过船舷时卖方即完成交货。卖方必须支付将货物运至指定的目的港所需的运费和费用,但交货后货物灭失或损坏的风险及由于各种事件造成的任何额外费用即由卖方转移到买方。并且卖方还必须办理买方货物在运输途中灭失或损坏风险的海运保险。

二、商品检验

商品检验简称商检,是指在国际货物买卖过程中对卖方交付或者拟交付的合同货物进行品质、数量和包装的鉴定,对于某些商品,还包括进行卫生检验和动植物病虫害检疫。

1. 商品检验机构

国际上检验机构很多,有国家专门设立的,也有半官方或者行业协会、公证行设立的,有的企业或者公司内部也设有检验机构。法定检验通常由国家专门设立的检验机构或者国家授权民间检验机构实施。这些机构除了实施法定检验,还公开检验。公证检验是指根据贸易关系人的申请,按照国际惯例、协议和贸易合同或信用证的要求对商品品质、数量、包装等进行检验、鉴定,提供证明,作为履约和处理争议的有效证件。

1)我国的政府商品检验机构

2001 年 4 月原国家质量技术监督局和国家出入境检验局合并,成立了国家质量监督检验局,是我国政府主管质量监督和检验工作的最高行政执法机关,负责监督管理全国进出口商品检验工作,其职责范围包括:主管全国质量、计量、出入境商品检验、出入境卫生检疫、出入境动植物检疫和认证认可、标准化等工作。

我国的法定检验主要由国家质量监督检验总局在各地所设进出口商品检验机构及其他由该局许可的检验机构实施。该局还下属中国国家认证认可监督管理委员会和国家标准化管理委员会分别接受国务院授权,负责统一管理、监督和综合协调全国的认证认可工作和标准化工作。此外,特殊专业还建有专门的检验机构,如进出口飞机的适航检验由民航部门的专门机构检验办理。

2)我国的其他商品检验机构

我国于 1980 年建立了中国进出口商品检验总公司,以办理商业性的委托公证检验为主,同时,也在政府指定范围内承接具体的法定检验工作。此外,国外一些著名的商品检验机构也在我国设立了分支和办事机构。

2. 商品检验证书

我国进出口检验工作主要有以下程序:报验、抽样制样、检验和签证放行,检验合格后,签发检验检疫证书。对于法定检验检疫的商品,检验检疫证书是海关发行的重要凭证,有时还由商品检验机构在进出境报关单上加盖放行章。检验检疫证书也是公证鉴定的法律证明文件,根据合同规定,是买卖双方交接货物、结算货款和进行索赔和理赔的依据。在使用信用证结算贷款的情况下,检验证书通常也是银行议付货款和出口收汇的依据。

三、海关通关

1. 进出口货物的申报

进出口货物的申报可以理解为狭义的报关,是指货物、运输工具和物品的所有人或其代理人在货物、运输工具、物品进出境时，向海关呈送规定的单证(可以书面或者电子数据交换方式)并申请查验、放行的手续。申报与否，包括是否如实申报，是区别走私与非走私的重要界限之一。

在一般正常情况下，进口货物应当由收货人或其代理人在货物的进境地向海关申报，并办理有关进口海关手续；出口货物应当由发货人或其代理人在货物的出境地向海关申报，并办理有关出口海关手续。

海关要求报关单位出具“入境货物通关单”或“出境货物通关单”，一方面是监督法定检验商品是否已经接受法定的商检机构检验；另一方面是取得进出口商品征税、免税、减税的依据。

另外，对国家规定的其他进出口管理货物，报关单位也必须向海关提交由国家主管部门签发的特定的进出口货物批准单证，由海关查验合格无误后再予以放行。如药品检验、文物出口鉴定、金银及其制品的管理，珍贵稀有野生动物的管理，进出口射击运动、狩猎用枪支弹药和民用爆破物品的管理，进出口音像制品的管理等均属此列。

2. 进出口货物的查验

进出口货物在通过申报环节后，即进入查验环节。海关查验，也称之为验关，是指海关依法为确定进出境货物的品名、规格、成分、原产地、货物状态、数量和价格是否与货物申报内容相符，对货物进行实际检查的行政执法行为。即通过对进出口货物进行实际的核查，确定单货、证货是否相符，有无瞒报、伪报和申报不实等走私违规行为，并为今后的征税、统计和后续管理提供可靠的监管依据。

进出口货物除海关批准免验的以外，都应该接受海关的查验。查验进出口货物应当在海关规定的时间和场所进行。如果要求海关在海关监管场所以外的地方查验，应当事先报请海关同意，海关按规定收取规费。

海关查验部门自查验受理时起，到实施查验结束，反馈查验结果最多不得超过48小时，出口货物应于查验完毕后半个工作日内予以放行。查验过程中，发现有涉嫌走私、违规等情况的，不受此时限限制。

3. 进出口货物的征税

征税是指海关根据国家的有关政策、法规对进出口货物征收关税及进口环节的税费(海关代征税)。目前海关征收的几种主要税费包括：

(1)对进出口货物收取进出口关税及进口环节税。进口关税是指海关对进入其关境内的货物和物品征收的关税；出口关税是指海关对出境货物和物品征收的关税。

(2)监管手续费。

(3)滞纳金。滞纳金是对纳税义务人由于不能按规定的期限缴清税费而加收的一种费用，征收滞纳金是海关的强制执行行为，可以促使纳税人尽早履行纳税义务。

(4)保险金。

4. 进出口货物的放行

放行就是海关对货物、运输工具、物品查验后，在有关单据上签印放行，或者开具放行通知单，以示海关监督结束。

放行是口岸海关监管现场作业的最后一个环节。口岸海关在接受进出口货物的申报后，经过审核报关单据、查验实际货物，并依法办理了征收货物税费手续或减免税手续后，在有关单据上签盖放行章，海关的监管行为结束，在这种情况下，放行即为节关。进出口货物可由收

货人凭单据提取、发运,出口货物可以由发货人装船、启运。

海关办理放行手续的方式:

1)签印放行

一般进出口货物,报关人如实向海关申报并如数缴清应纳税款和有关费用,海关关员应在有关进出口货运单据上签盖“放行章”,进口货物凭单据到海关监管仓库提货进境;出口货物凭单据装货启运出境。

2)销案

按照担保管理办法的进口货物或暂时进口货物,在进口收货人全部履行了承担的义务后,海关应准予销案。这意味着取得了海关的最后放行。

四、国际货物运输保险

国际运输货物保险是以对外贸易货物运输过程中的各种货物作为保险标的的保险。进出口贸易中的货物由一国运往另一国,货物在长时间、长距离的运输过程中,要进行装卸、搬运和存储等多个环节,存在难以预料的风险,导致货物发生损坏或灭失。买卖双方为了保护自己的利益,往往通过办理货物运输保险的方式,在向保险人交纳了一定的保险费用后,将这种风险转嫁给保险人。

在国际货物运输中,一批货物的运输全过程一般都用两种或两种以上的运输工具,这时,往往以货运全过程中主要的运输工具来确定投保何种保险种类。国际货物运输保险的险种主要分为四类:海洋运输货物保险、陆上运输货物保险、航空运输货物保险、邮包保险。

1. 海洋货物运输保险

由于国际贸易中主要以海洋运输为主要的运输手段,因此海洋运输货物保险在国际货物运输保险中占有特殊重要的地位。

货物运输保险的险别是按照能否单独投保,可以分为基本险和附加险。基本险可以单独投保,附加险不能独立投保,只有在投保某一种基本险的基础上才能加保附加险。

2. 陆上运输货物保险

陆上运输货物保险是货物运输保险的一种,分为“陆运险”和“陆运一切险”两种。

3. 航空运输货物保险

保险公司承保通过航空运输的货物,保险责任是以飞机作为主体来加以规定的。航空运输货物保险也分为“航空运输险”和“航空运输一切险”两种。

4. 邮包保险

承保通过邮政局邮包寄递的货物在邮递过程中发生保险事故所致的损失。

以邮包方式将货物发送到目的地可能通过海运,也可能通过陆上或航空运输,或者经过两种或两种以上的运输工具运送。不论通过何种运送工具,凡是以邮包方式将贸易物货运达目的地的保险均属邮包保险。邮包保险按其保险责任分为“邮包险”和“邮包一切险”两种。

五、国际结算

1. 国际结算的概念

国际结算是指国际间由于经济联系而发生的以货币表示的债权、债务的清偿行为。一般是指交易双方因商品买卖、劳务供应等而发生的债权、债务通过某种方式进行清偿。如用现金清偿，称为现金结算；用票据或转账方式来清偿，则称为非现金结算或转账结算。现代的国际结算绝大部分采用非现金结算。

随着国际交往的日益增多和国际分工的不断深化，国与国之间的货币收付量越来越大。据统计，目前世界上几乎每日都要发生万亿美元计的国际结算业务量。引起国际间货币收付的原因很多，引起的跨国货币收付大体上可分为：有形贸易类、无形贸易类、金融交易类。

2. 信用证的特点和作用

信用证是国际货物买卖中最常用的支付方式。与托收一样，信用证也分为光票信用证和跟单信用证两大类，由于在货物进出口中，一般都是用跟单信用证，因此通常意义上的信用证即指跟单信用证。跟单信用证有不同的类型，其业务程序也各有特点，但都要经过申请开证、开证、通知、交单、付款、赎单这几个环节。

1)信用证的特点和性质

(1)信用证是一种银行信用。信用证是开证行向受益人的付款承诺。《UCP500》第2条明确指出，信用证是一项约定(Arrangement)，按此约定，凭规定的单据在符合信用证条款的情况下，开证银行向受益人或其指定的人进行付款、承兑或议付。开证行处于第一付款人的地位，它的付款责任是首要的和独立的，因此，即使进口人失去偿付能力或者拒绝付款，只要出口人提交的单据符合信用证条款，开证行也有义务付款。因此，信用证是银行信用。

(2)信用证是一种自足文件。信用证是根据买卖合同开立的，但信用证一经开出，就成为独立于买卖合同之外的开证行和受益人之间的契约，开证行不受合同约束。

(3)信用证是一种单据业务。《跟单信用证统一惯例》规定："在信用证业务中，各有关方面处理的是单据，而不是与单据有关的货物、服务及/或其他行业。"银行处理信用证业务时，只凭单据，不问货物，他只审查受益人所提交的单据是否与信用证条款相符，以决定其是否履行付款责任。所以，信用证业务是一种纯粹的单据业务。

2)信用证的作用

信用证是一种银行对出口人的有条件的付款承诺。对出口人来说，其取得了银行信用，只要做到与信用证规定相符，"单证一致，单单一致"，银行就保证支付货款。对进口商来说，他可以通过信用证的单据要求，在一定程度上确保出口人按时、按质按量交付货物。正因为如此，信用证才在国际贸易中如此广泛地使用。

案例

马士基物流想顾客之所想

当今，商业物流和客户联盟常与其他的远洋运输物流业者进行激烈的竞争。物流业的佼佼者马士基物流——商业和客户联盟，也发现自己的竞争对手不仅有业内企业，还有包括远洋运输物流业以外的企业，如联邦快递、联合包裹服务和德国邮政。

马士基相信，远洋运输业的改革势必会改变运输物流业的现状。在这种形势下，客户也提

出了希望得到综合物流服务的要求,这对公司是一个挑战。快递公司想通过与速递、非航运运输及第三方物流企业合作,来扩大他们的海运服务范围。这些公司提供各式各样的物流服务,他们的目标与马士基一样,都是希望客户以最小的代价得到最快捷、最可靠的送货上门服务。

近年,马士基的物流公司又进行了合并,成为当今最大的货运物流企业之一。它在世界各地有160多个办事处,3 000多个雇员。马士基国际物流分为美洲分公司、欧洲分公司和亚太分公司。在美国,马士基有7个办事处,在欧洲有40多个,在我国也有13个。这些办事处分地区处理着公司的物流业务。同时,公司在美国还有4个自己的物流货仓网络,负责货物的转运、存储。实际操作中,在统一的经营方针指导下,马士基物流又分成了9个分部,货场管理、供应链管理、空运、NVO服务、信息技术、金融、公关和市场、商业过程以及仓储分运。这些部门是由商业和客户两方组成的,由于减少了中间环节,它们运作得非常好。它们彼此间默契的配合并不仅仅靠总部统一的命令,而是靠减少中间环节来实现。为更好地为客户服务,马士基还与一家中间转运公司达成了合作协议,此中转公司专门有6个办事处为马士基的客户服务,提供中转及NVO服务。马士基本身有能力完成中间商的工作,但考虑到客户与中间商长久而密切的合作关系,马士基还没有决定是否应扩大自己的服务网络,来代替中间商所起的作用。

在北美,马士基物流重新培训了95%的原公司雇员。组建新公司时,公司从来没想到要裁员。他们的雇员与客户非常熟悉,并建立了良好的关系。他们认为,雇员是公司的财富。在马士基物流,数据传送电子化与货运有着同等重要的地位。在过去的5年中,公司实现物流服务的计算机系统化,投入了上百万美元,建立了适合公司业务发展的系统——M·Power。M·Power可以在多种操作平台上工作。此系统可以在电子数据交换机和因特网上工作。M·Power使各级别的客户都可以跟踪其业务过程。你若想了解客户的货现在在哪里,问M·Power就可以了,它一定知道。什么时候货物能到配货中心,M·Power也知道。这样就避免了估计上的错误,也不用不停地与各方面联系,M·Power可以24h工作。

马士基的信息自动化并非到此为止,他们还想把它的供应链全部自动化。公司的技术人员正在努力使系统能够自动接收航班发货地的数据。通过研究,他们发现,自动化的"瓶颈"往往来自供货商,所以他们给供货商提供了一个网站,让供货商能输入班轮信息,自动发到系统上而不必硬拷贝或发传真。马士基生产了不少终端系统,给供货商使用。这些计算机设备都是免费为客户安装的,公司在这方面花费了上百万美元。这样,客户工作起来就会更方便,这是马士基的主要目的。

马士基一直关注新技术的发展,希望公司与客户一起发展,跟上时代前进的步伐。客户和商家都对马士基提供的更广泛业务范围很感兴趣。与客户良好的合作关系,使公司有更好的商业发展前景,这种稳定的关系受到客户的称赞。在公司整个改革过程中,公司员工与客户经常联系,并告诉客户每一个变化,让客户了解公司的改革内容。为了更好地为客户服务,马士基物流从不划地为牢,只要需要,宁愿与APL的ACS物流合作,来提高自己为客户服务的质量。客户对马士基包括海运、仓储及转运的物流服务越来越感兴趣,马士基物流的综合服务吸引了很多新客户,只要客户需要,他们就会提供相应的服务,这正是他们成功的关键。

复习思考题

1. 如何理解国际物流的特点?
2. 国际物流与国内物流相比有何不同?
3. 国际物流系统包括哪些子系统?
4. 国际物流系统由哪些要素构成?
5. 简述国际物流结点的功能,它是如何实现物流衔接功能的?
6. 如何完善国际物流网络?
7. 简述几种主要的国际物流结点的特点和功能。
8. 我国的国际物流运输有几种主要方式?
9. 简述进行国际多式联运的优点和必须具备的条件。
10. 进行国际集装箱运输的优点是什么?我国常用的两种国际标准箱型是什么?
11. 简述在国际贸易中几种常见的国际贸易术语和表达方式。
12. 简述国际货物运输保险的方式和特点。

8 第八章　物流管理

学习目标

> 通过本章的学习，应能够了解物流管理组织的结构形式；物流质量管理和物流绩效评价的基本概念和特点；明确物流现代化管理技术的发展及其应用、物流标准化种类和作用；掌握加强物流质量管理和降低物流成本的基本途径、物流绩效评价和管理的方法。

物流管理是为了以最低的物流成本达到客户所满意的服务水平而对物流活动进行的计划、组织、协调与控制。物流管理包括对物流活动中运输、储存、装卸、配送等诸功能的管理，对物流系统中人、财、物、设备、方法等诸要素的管理，也包括对物流活动中的计划、质量、技术、经济等职能的管理。

第一节　物流管理组织

一、物流管理组织概述

组织是进行有效管理的手段。建立合理的物流管理组织是实现物流合理化的基础和保证。物流管理组织的职能是通过建立一定的物流管理机构，确定与其相应的职位、责任和职权，合理传递信息等一系列活动，将物流各要素联结成一个有机的、有秩序的总体。

物流管理组织包括组织设计和组织管理两个方面的内容。组织设计的核心是确定组织结构。组织设计包括了物流高层决策组织体系、生产（企业）物流组织体系、专业物流职能组织体系。根据设定的物流组织体系的目标和企业物流业务分工，规定物流部门的职位、职权和职责，规定它与其他部门之间的关系、协调原则和方法，建立责任制度以及指令和反馈信息的渠道和程序。组织管理是对物流过程的动态管理，以使物流系统的各组成部分按明确的业务分工，准确无误地执行各自的职能，保证物流总体活动的协调进行。

在物流管理组织建立过程中，应从具体情况出发，根据物流系统管理的总体需要，体现统一指挥、分级管理原则，体现专业职能管理部门合理分工、密切协作的原则，使其成为一个有序、高效率的物流组织体系。

二、物流管理组织的结构形式

组织结构的形式是物流组织各个部分及其与整个企业经营组织之间关系的一种模式。人

们常把建立组织机构视为管理组织的静态表现,而把组织过程及职能管理视为动态表现。

物流管理组织的结构形式是与企业经营发展的不同阶段、管理机构的复杂程度以及整个企业经营管理组织形式的特点相适应的。最初的物流管理活动是分散在企业各个部门之中的,并没有专门的机构进行组织。例如企业的销售物流、生产物流、供应物流分别由不同的职能部门来管理。随着现代企业经营管理组织的改变,企业内部的物流管理组织机构开始出现,并逐步发展成为与生产、销售部门并列的物流综合管理机构。物流管理组织结构形式归纳起来大体有四种典型的形式。

1. 直线型物流管理组织结构

直线型物流管理组织结构的模式如图 8-1 所示。在这种物流管理组织结构中,企业以独立的形式设置物流管理部门,并安排在全企业物流总管的地位上,与生产、销售部门并列,统一指挥各执行物流机能的分支机构,以物流改善作为推动工作的中心。这种形式适用于实行直线经营管理组织形式的企业。

2. 直线职能制物流管理组织结构

直线职能制物流管理组织结构的模式如图 8-2 所示。在这种组织形式中,物流系统机能(装卸、包装、输送、保管)仍保持原状,由生产或销售部门的物流现场人员承担;而整个企业物流问题的综合分析、计划和推进企业物流合理化工作,是由专门管理人员负责的。

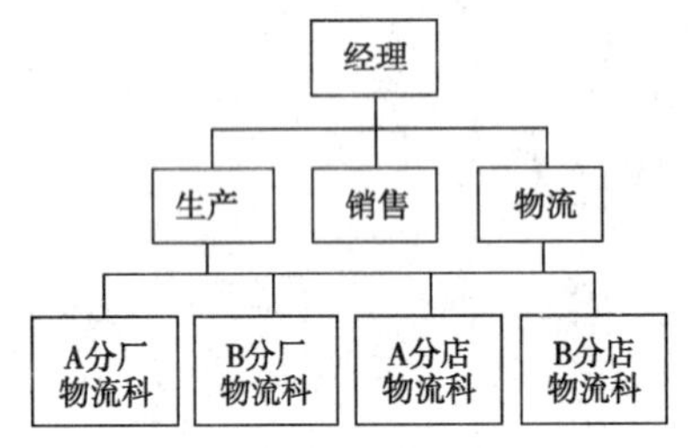

图 8-1 直线型物流管理组织结构

经理
生产
物流
销售
计划
分析
调节
技术

图 8-2 直线职能制物流管理组织结构

3. 事业部制物流管理组织结构

事业部制物流管理组织结构模式如图 8-3 所示。这种结构主要应用在规模较大、实行分权的事业部制组织形式的企业中,以事业部的产品为中心组织物流活动,使物流人员结合在一起发挥作用,或者专门组织物流人员活动。这种结构把围绕产品发生的整个物流活动一体化,不仅包括产品物流,而且包括组织资材供应、库存管理、商品配送等许多方面。在这里,真正的总物流——从产品原材料一直到把产品送达消费者的整个过程,都依靠一个物流管理机构进行管理。

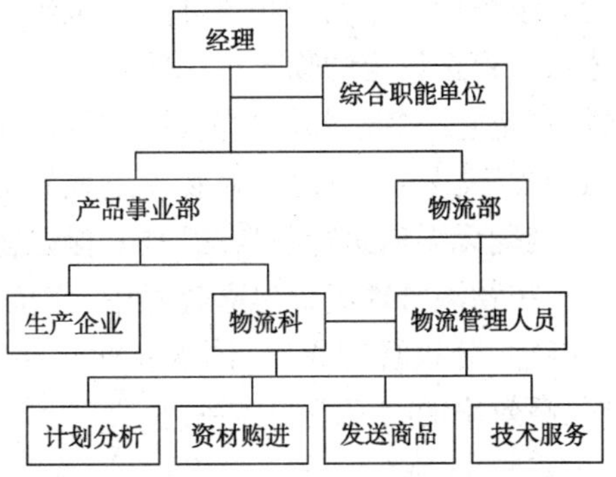

图 8-3 事业部制物流管理组织模式

4. 物流子公司——物流管理组织结构的新形式

20 世纪 60 年代后期,出现了物流管理组织的一种新的形式——物流子公司。这种管理组织形式是把公司或企业的物流管理的一部分或全部分离出来,

由一个具有法人资格的独立的企业实行社会化、专业化经营。有人认为，物流子公司是物流发展道路上的商业企业，可称为物流管理公司。和上述几种非独立化的属于企业内的物流管理组织相比，物流子公司具有以下优点：

(1)使物流费用明确化，从而改变了人们对物流的看法，提高了对物流成本核算的认识，有利于加强物流管理。

(2)物流子公司作为独立于企业之外的物流管理组织，具有法人资格，能够进行以利润为中心的管理，有利于物流效率的提高。

(3)采取物流子公司的组织形式，不仅能摆脱企业内轻视物流工作的陈腐观念，而且大大改变了物流业务的地位，从而有利于调动物流工作人员的积极性。同时，由于物流业务专门化和实行统一指挥，也便于加强对物流人员的劳务管理。

(4)建立物流子公司，能开拓物流业务新领域。如前所述，从属于一个公司或企业的物流管理机构，它的活动领域只限于本公司内部，而物流子公司是独立的物流业者，就不受这种限制，它实行社会经营，可以承担多个企业、公司的物流业务，其业务领域是无限制的。而这一点恰是公司内部物流部门所不具备的优点。

上面介绍了四种现代企业物流管理组织结构形式，各企业应根据自身发展的实际情况，选择有效的物流管理组织。但是，从国外物流管理组织的实践来看，把物流管理组织作为专业分权机构，作为独立核算的部门，实行以利润为中心的经济责任制，是物流机构的理想目标，发展物流子公司是物流管理组织的方向。

三、第三方物流企业的组织结构设计

对于一个新从事第三方物流的公司来说，企业的组织结构设计，既反映了企业对现代物流的理解，又是企业从事现代物流业务的保障。根据物流公司是采用集中在一地经营的模式还是网络化经营的模式，第三方物流的组织结构设计可以分为点式经营和网式经营两种形式；根据总部和分部的关系，网式经营的组织结构又分为集权型网式经营组织结构和分权型网式经营组织结构。将项目管理的思想引进到点式经营的组织结构，可以创新出矩阵型经营组织结构；将集权和分权型网式组织结构进行融合，可以创新出混合型网式经营组织结构。

对典型的第三方物流企业组织结构分析如下。

1. 第三方物流企业组织结构形式分类

第三方物流企业组织结构设置的好坏，直接影响到第三方物流公司的经营业绩。不同的第三方物流企业其采用的组织结构形式也有所不同。根据第三方物流企业经营地点分布与运作方式不同，存在着点式经营的组织结构与网式经营的组织结构。在网式经营的组织结构的设置中，根据管理权限的设置不同，还分为集权型组织结构和分权型组织结构。

2. 点式经营的组织结构

所谓物流的点式经营，是指企业经营地集中在一个区域的物流公司运营模式。尽管现代物流讲究网络化运作，但从第三方物流公司的发展实践看，仍然存在大量的点式经营企业。尤其是我国第三方物流还处于发展的初级阶段，很多企业还没有形成网络化经营的能力。图8-4是某民营物流企业点式物流企业的组织结构图。

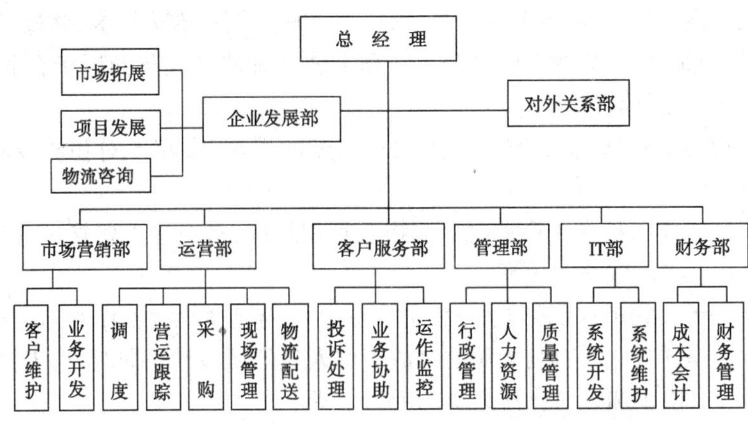

图8-4　点式经营组织结构

我们以该图的组织机构为例，分析点式经营中的部门设置。

(1)企业发展部。企业发展部承担市场开发、方案策划、项目实施、技术开发等工作。

(2)市场营销部。市场营销部的主要功能包含客户关系维系和市场开发。这种模式中，业务员取得业务，维护客户、并从客户的物流服务营业收入中取得收益。值得注意的是，在企业发展部中有市场功能，又有市场营销功能，表明在功能的设计上，充分认识了市场和销售的区别，在企业发展部中体现的是市场功能，而在市场营销部中，体现的是销售功能。

(3)运营部。运营部功能强大，包括调度、运营跟踪、现场管理、采购和物流配送。应该说，在该组织结构设计中，运营部的设置是不合理的。尤其是其将采购放在运营部中，违反了第三方物流中公认的使用者和采购者分离的原则，容易造成灰色交易，不利于对供应商的管理。但其运营部中的运营跟踪功能，却显示了该公司对现代物流的客户服务的理解，他们通过运营跟踪部门对客户的订单进行跟踪，保证信息的及时性和透明化。

(4)客户服务部。客户服务部包含投诉处理、业务协助和运作监控三个主要的功能。其中的投诉处理反映了物流业务中对正常业务和突发事件采用不同的沟通渠道的原则，业务协助主要在公司内部的运营部和客户之间形成一种协调机制，便于双方的协作；运作监控功能使客户服务部具备对内部运作进行监督的职能，从而形成一种内部的自我纠错能力。

(5)管理部。将行政、人事和质量管理放在管理部，这种设置对于比较小规模的公司是适用的，对于比较大的公司而言，还可以对以上功能进行细分。该公司设立了质量管理部门，这也是现代物流企业所必需的。

(6)对外关系部。对外关系部主要的功能不是处理同公众的关系，而是处理同政府相关部门和重要客户的关系。在我国目前的发展阶段，政府主管部门管理还有很多不规范的地方，因此，同政府相关部门建立关系，既可以避免不必要的麻烦，又可以为企业赢得某些政策支持。同重要客户建立好的关系更加重要。

(7)IT部。IT部门负责系统的维护和开发。

(8)财务部。财务部中的两个功能中成本会计的功能对于该公司完善客户管理、员工考核和成本控制都有重要意义。尤其是在第三方物流还很难提供大量的增值服务的情况下，第三方物流必须重视自己的成本控制，以降低运作成木，为自己和客户创造效益。

3．网式经营的组织结构设计

1)集权型的网式经营组织结构设计

集权型的网式经营，是指物流公司的总部掌握物流管理和运作的大部分权利，各个分公司或子公司构成的网络节点只是负责业务运作的管理和运作模式。采用集权型的网式经营，子公司或分公司一般采用成本中心模式，实行收支两条线，客户直接同总部结算，总部根据各个点的运作情况，下发运作经费。图 8-5 是某中外合资物流企业的组织结构图。该图明显地体现了集权的特点。下面我们来作具体的分析。

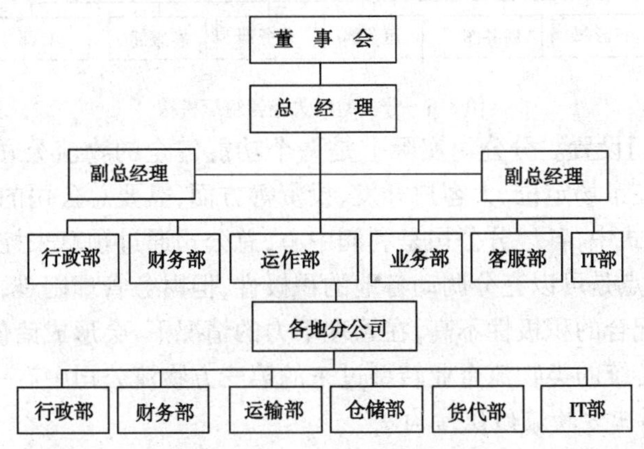

图 8-5 集权型网式经营组织结构

(1)总部的部门设置。该公司的总部部门设置比较健全，包括行政、财务、运作、业务、客户服务和 IT 等 6 部门。其中的业务部，实际上应该是市场和营销功能的结合，负责客户的开发，开发的客户是面向整个物流网络的；客户服务部是对网络上的所有客户进行服务；而运作部实际上是运作管理部，它本身一般不具备直接的运作功能，而是通过它直接领导的分公司和子公司完成物流的运作。

(2)分公司的部门设置。分公司是在总公司运作部的直接领导下工作，分公司的核心职能是完成物流业务的运作，本身不承担市场开发工作。

集权型组织结构设置的优点在于网络的协同效应比较好，便于控制；但这种设置也有很多弊端，如各个分公司不对经营利润负责，工作积极性会受影响。同时，由于各地分公司没有自主的客户开发权限，也限制了市场的拓展能力。目前，新型的第三方物流企业，大多数采用这种集权型的组织结构。

2)分权型网式经营组织机构设计

分权型的网式经营组织结构中，分公司是独立经营的实体，每个分公司的组织机构都相当于一个点式经营的组织机构。但这并不意味着总公司就无所作为。总公司尽管不从事具体的市场开拓和客户服务等工作，但在整个网络的发展规划、市场开发指导、技术支持等方面发挥重要作用，一个典型的分权型组织机构如图 8-6 所示。

(1)总公司的部门设置。总公司有一个项目管理部对各地的分公司进行直接领导。研发部是企业的技术开发部门，开发新的管理和运作体系，建立公司的标准化操作流程，在分公司进行客户开发的过程中，也可以提供技术支持。企划部负责公司的战略规划和网点的建立，进行新项目投资的可行性研究，是公司重要的决策支持部门。

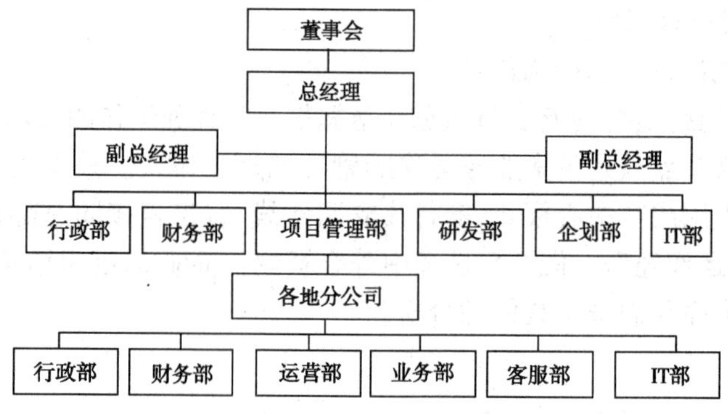

图8-6 分权型网式经营组织机构

(2)分公司的部门设置。分公司实际上是一个功能健全的物流公司,拥有独立的客户开发和服务体系,只是在市场定位、大客户开发、投资等方面,需要总公司的支持。

分权型的运营模式中,各地分公司是利润中心,总公司通过预算来控制各地的财务。分权型运营模式最大的优点是可以充分调动各地的积极性,但财务管理困难,网络间的业务协调能力差,各分公司之间配合的积极性不高,在管理不力的情况下,会形成诸侯割据的局面。目前,这种管理模式,在由传统的类物流企业转型过来的第三方物流公司中有一定程度的应用。

4. 两个新型的第三方物流组织结构

1)矩阵型点式经营组织结构设计

所谓矩阵型点式经营组织结构设计,是将项目管理的思想引入到点式经营的组织结构中去。由于客户物流需求的个性化特点,特别适合项目管理的运营模式。图8-7为矩阵型点式经营组织结构图。

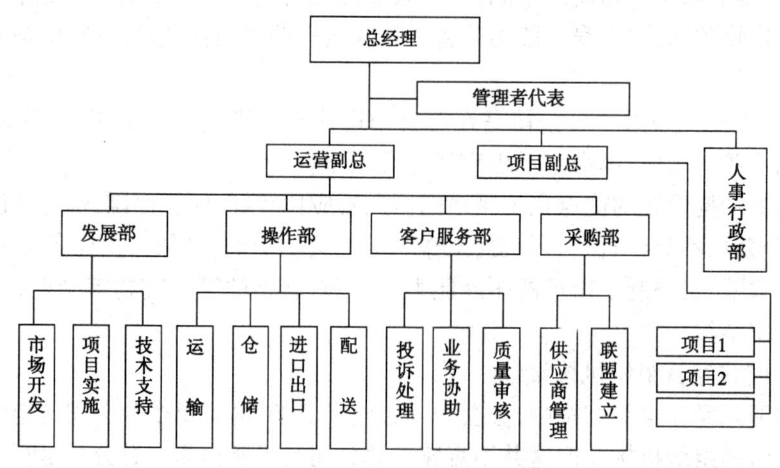

图8-7 矩阵型点式经营组织结构

2)混合型网式经营组织结构设计

混合型网式经营组织结构,是综合了集权型和分权型网式经营组织结构的优点,在组织结构的设计时,同时具备集权和分权的功能。

具体作法是在集权型网式结构的基础上,健全各分公司的职能,使各分公司具备一定的独立运作和管理体系,具有开发客户的能力。其经营组织结构的特点是,各分公司的客户分成两

部分，一部分是来自总部的客户，按照成本中心的模式进行管理，另一部分是自己开发的客户，按照利润中心的模式来运营。混合型网式结构中，可以通过总部和各分公司的联合营销，大大提高整个公司的市场营销水平。混合型网式经营组织结构如图8-8所示。

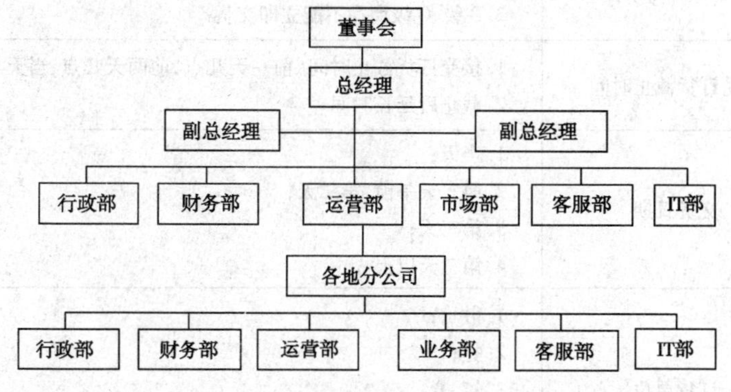

图8-8 混合型网式经营组织结构

第二节 物流服务管理

一、物流服务概述

1. 物流服务的概念

所谓物流服务是对客户商品利用可能性的物流保证，其本质是满足顾客的需求。

物流服务包含三个要素：

(1)拥有顾客所期望的商品，保证随时有货供应(备货保证)。

(2)在顾客所期望的时间内传递商品，保证在客户需要的时间内送达货物(输送保证)。

(3)符合顾客所期望的质量，保证达到客户要求的货物及配送质量(品质保证)。

简而言之，物流服务就是围绕供应订货和使客户保持满意而展开的各项活动。而对日益激烈的国内、国际市场竞争和消费者价值取向的多元化，企业管理者已发现加强物流管理，改进物流服务是创造持久的竞争优势的有效手段。

2. 物流服务的项目和内容

物流服务的内容是围绕上述三个要素展开的。物流服务项目和具体内容如表8-1所示。

二、物流服务的核心——订单服务

接受订货是企业物流工作最重要的内容之一。而对于订单的服务则是物流服务的重要组成部分。从企业订货周期所经过的阶段来分，可将订单服务工作分为三个组成部分，即订单传递服务、订单处理服务、订单分解和集合服务。

订单传递服务是指自客户发出订货单到企业收到订单这段时间内发生的一系列工作。加快订单传递速度，缩短顾客的订货周期，是改善物流服务的重要内容。近年来许多企业利用了电子化的订单传递方式，如使用电子数据交换系统(EDI)及电子扫描技术，条形码等，提高订单的传递速度。

物流服务项目和内容　　表 8-1

编　号	项　目	内　容
1	储货库存服务率	1. 全品种可以立即交货； 2. B 级、C 级商品不能立即交货
2	接受订货截止时间	1. 接受订货截止时间(前一天几点,前两天几点,当天几点)； 2. 截止后延长时间
3	交货日期	1. 当天； 2. 第二天午前,第二天； 3. 第三天； 4. 第三天以上
4	订货单位	1. 散货； 2. 打； 3. 箱、盒； 4. 托盘； 5. 卡车
5	交货频度	1. 1 日 1 次,1 日两次以上； 2. 周 1 次,周 2 ~ 3 次； 3. 周 3 次以上
6	指定时间	1. 指定时间； 2. 指定时间段(午前、午后)
7	紧急发货	能适应客户的紧急订货要求
8	保持物流质量	1. 保管、运送过程中的品质劣化,物理性损伤； 2. 配送错误,数量错误,品质错误
9	提供信息	1. 交货期的回答； 2. 库存及断档信息； 3. 重新进货； 4. 到货日期,运送过程中商品信息,追踪信息
10	进货条件	1. 车上交货,仓库交货； 2. 定价,价格标签； 3. 包装； 4. 免检

订单处理是从接受订货到发运交货,包括受理客户收到货物后反映意见的处理等单据处理的全过程。订单处理包括下达指标、备货整装、制单发运三个阶段的工作。按照迅速、准确、服务周到的要求做好订单的处理工作,能使客户产生信赖,缩短订货周期,提高物流服务的满意度,增强客户的忠诚度,持久提高企业的竞争力。因此,订单处理是物流服务的核心工作。

订单分拣和集合职能包括自仓库接到产品出库通知直到将该产品装车外运这段时间内进行的所有活动。完成该阶段的工作后,就完成了订单服务的全部工作。

实践证明,加强对订单服务工作的组织和管理,改善订货处理过程,缩短订货周期,可以大

大提高顾客服务水平和顾客满意程度。同时,加强订单管理还有利于降低库存水平,节约物流成本,使企业获得竞争优势。

三、物流服务管理

以适当的成本实现高质量的物流服务,是物流管理所追求的目标。科学合理地制定物流服务的策略,采取切实可行的步骤改进物流作业,不断提高物流服务质量,是物流服务管理的重要内容。改善物流服务管理应做好以下工作:

1. 物流服务的决策步骤

(1)确定物流服务要素。开展物流服务,首先必须明确物流服务究竟应包括哪些要素以及相应的具体指标,即哪些物流活动构成了服务的主要内容。一般来讲,备货、接受订货的截止时间、进货期、订货单位、信息等要素的明确化是物流战略策划的第一步,只有清晰地把握这些要素,才能使以后的决策顺利进行,并加以操作和控制。

(2)向顾客收集有关物流服务的信息。改善物流服务,应当了解顾客对物流服务的要求。为此,应调查顾客对物流服务的需求、满意度,以及与竞争企业的物流服务相比是否具有优势等问题,收集物流服务信息,为制定服务策略,确定服务水准提供依据。

(3)顾客需求的类型化。由于不同的市场特性,顾客服务的要求也不一致,所以,物流服务水准的设定必须从市场特性的分析开始入手。此外,顾客思维方式以及行动模式的差异也会呈现出多样化的顾客需求,在这种情况下,以什么样的特性为基轴来区分顾客群成为制定物流服务战略、影响核心服务要素的重要问题。另外,在进行顾客需求类型化的过程中,应当充分考虑不同顾客群体对本企业的贡献度以及顾客的潜在能力,对本企业重要的顾客群体,应在资源配置、服务等方面予以优先考虑。

(4)制定物流服务组合。对顾客需求进行类型化之后,要针对不同的顾客群体制定出相应的物流服务基本方针,从而在政策上明确对重点顾客群体实现经营资源的优先配置。此后,要对拟定的物流服务水准进行预算分析,特别是商品单位、进货时间、在库服务率、特别附加服务等重要服务要素的变更会对成本产生什么样或多大的影响等,从而使企业既能实现最大程度的物流服务,又能将费用成本控制在企业所能承受或确保竞争优势的范围之内。

2. 改善物流服务的步骤

改善物流服务的过程可以分为五个步骤:即顾客服务现状把握、顾客服务评价、制定物流服务组合、物流系统再构筑、顾客满意度的定期评价,这个过程不断循环往复,从而推动物流服务不断深入发展,提高效率和效果。

四、物流增值服务

物流增值服务指在完成物流基本功能基础上,根据客户需求提供的各种延伸业务活动。在竞争不断加剧的市场环境下,不但要求物流服务在传统的运输和仓储服务项目上有更严格的服务质量,同时还要求它们积极拓展物流业务,提供尽可能多的增值性服务,主要包括:

1. 增加便利性的服务

对消费者而言,一切能够简化手续、简化操作的服务都是增值性服务。简化是相对于消费者而言的,并不是说服务的内容简单化了,而是指为了获得某种服务,以前需要消费者自己做的一些事情,现在由物流服务提供商以各种方式代替消费者做了,从而使消费者获得的这种服务变得简单,而且更加方便,这当然增加了商品或服务的价值。例如,推行一条龙的“门到门”服务、提供完备的操作或作业提示、免费培训、包维护、省力化设计或安装、代办业务、24h 营业、自动订货、传递信息和转账(利用 EOS、EDI、EFT)、物流全过程追踪等都是对客户有用的增值性服务。

2. 加快反应速度的服务

快速反应已经成为物流发展的动力之一。可通过推广增值性物流服务方案,如:优化配送中心、物流中心网络,重新设计适合客户的流通渠道,以此来减少物流环节、简化物流过程,提高物流系统的快速反应能力。

3. 降低成本的服务

通过提供增值物流服务,寻找能够降低物流成本的物流解决方案。可以考虑的方案包括:采用第三方物流服务商,采取物流共同化计划;通过采用比较适用但投资较少的物流技术和设施设备,推行物流管理技术,如运筹学中的管理技术、单品管理技术、条形码技术和信息技术等,提高物流的效率和效益,降低物流成本。

4. 延伸服务

物流服务向上可以延伸到市场调查与预测、采购及订单处理;向下可以延伸到物流咨询、物流系统设计、物流方案的规划与选择、库存控制决策建议、货款回收与结算、教育与培训等等。

以上这些延伸服务最具有增值性,但也是最难提供的服务。目前,能否提供此类增值服务已成为衡量一个物流企业是否真正具有竞争力的标志。

第三节 库存管理

库存控制系统是物流大系统中主要的子系统,是物流管理中的一个重要领域。确定库存的最佳数量,尽量少用人力、物力、财力把库存管理好,获得最大的供给保障是很多企业家、经济学家追求的目标,是企业间竞争生存的重要一环。

一、库存管理概述

1. 库存的概念

库存是指处于储存状态的物品或商品。库存与保管不同,前者是从物流管理的角度出发强调合理化和经济性,后者是从物流作业的角度出发强调效率化。

库存具有整合需求和供给,维持各项活动顺畅进行的功能。在生产过程中由于原材料等物料的采购与生产加工、物料的消耗之间节奏并不一致,为了保障生产过程的连续正常进行,必须有一定量的原材料、零部件库存。企业在销售阶段,为了能及时满足顾客的要求,避免发生缺货或延期交货现象,也需要有一定量的成品库存。

2. 库存管理

库存管理是指在物流过程中对企业存货的计划、组织、协调与控制。库存管理的内容主要包括两个方面,即库存信息管理和在此基础上的决策与分析。库存信息管理既包括储存货物本身的信息,如存货的种类、名称、数量、质量等,也包括存货有关的业务信息,如存货的收发、

盘点、运输等信息。存货决策包括存货购进和发出的时间、地点、存货的种类、数量、质量等。

3. 库存管理的目标

库存管理的目标可以归纳为以下几点:

(1)有效地运用资金,节约库存费用。

(2)以最小的库存量保证生产和销售活动。

(3)及时掌握库存状况,把握适当的库存量。

(4)缩短采购时间。

(5)改善物料的搬运活动。

(6)防止陈腐化。

(7)有效使用工厂和仓库的面积等。

二、库存管理方法

要达到上述库存管理目标,就必须采用一定的方法进行控制和管理,以便做到库存的合理化。

1. 库存结构的管理——ABC 分类管理法

ABC 分类管理法,又叫重点管理法,是将物品按品种和占用资金的多少分为特别重要的库存(A 类)、一般重要的库存(B 类)和不重要的库存(C 类)三个等级,然后针对不同等级分别进行管理与控制。

ABC 分类管理方法包括两大步骤:一是如何进行分类,二是如何进行管理。现列表说明如下:

(1)分类。对库存物资通常按库存物资所占总库存资金的比例和所占库存总品种数量的比例这两个指标来分类。表 8-2 反映了 A、B、C 三类物资占总库存资金和总库存品种数量比例的一般情况。

(2) 管理。在上述重点分类的基础上,对不同级别的库存实行不同的管理和控制。具体对三类库存物资的管理和控制要求如表 8-2、表 8-3 所示。

ABC 分类的库存结构 表 8-2

类 别	所占总库存资金的比例	所占总库存数量的比例
A 类物资	60% ~80%	5% ~15%
B 类物资	20% ~30%	20% ~30%
C 类物资	5% ~15%	60% ~80%

ABC 分类的库存管理 表 8-3

项目/级别	A 类库存	B 类库存	C 类库存
控制程度	严格控制	一般控制	简单控制
库存量计算	依库存模型详细计算	一般计算	简单计算或不计算
进出记录	详细记录	一般记录	简单记录
库存检查频率	密集	一般	较低
库存量	低	较大	大量

需要说明的是,ABC 分类法体现了"关键的少数,次要的多数"的原则,节约了管理资源,但它也有缺点,即当有些物资是生产过程中不可缺少的重要部件,但由于其所占资金不大,被

划分到C类物资中,就易被忽视,造成生产停顿。为了弥补ABC分类方法的不足,发展出了关键因素分析法(Critical Value Analysis,简称CVA)。其中心是按照工作人员的主观认定对每个库存品种进行重要程度打分,再依照分数值的高低将物资品种划分为3~4个级别,从中找出重要物资,结合ABC分类方法进行库存管理。

ABC分类管理法用数量的研究方法来分析"关键的少数",这就使人们更容易排除假象而认识到事物的本质,更容易排除主观随意性而客观地认识问题。由于采用了数量的研究方法,使千百年来人们头脑中"主要与次要"、"关键与一般"、"纲与目"等认识,转变为具有较强科学性的现代管理方法。从实践看,在库存管理中应用ABC管理取得了以下成效:一是压缩了总库存量;二是大大减少了被占压的资金;三是使库存合理化;四是节约了管理力量。

2. *库存数量的管理*

1)库存数量控制方法

企业对库存数量的控制,常用储存(储备)定额方法。储存(储备)定额是企业确定的经济合理的物资储备数量的标准。采用计算、估算、统计分析方法可以有效确定储备额,并以此为报警依据,超过此数额说明储存量已过高,出现了储存数量的不合理。在实际管理中,可以用控制图直观观察储备的逐日变动情况,也可以将控制限额输入计算机中,由计算机进行报警处理或自动发出补充货物通知。

我国常用两种储备定额进行储存的数量控制,一个是保险储备定额,另一个是经常储备定额。其中经常储备定额是储存物资的最高数额,是控制库存的上限。保险储备定额是发出再订货信息的报警线,是库存控制的下限。企业日常的实际储备量在两者之间变动,如图8-9所示。

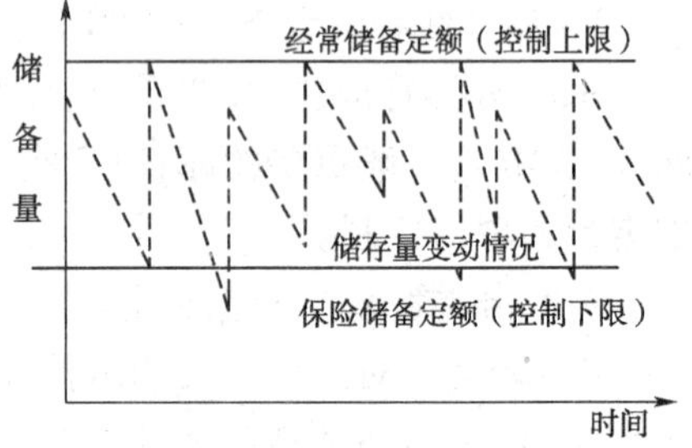

图8-9　储备定额示意图

经常储备定额的计算方法为:经常储备定额=物资平均日耗量×合理储备天数

平均日耗量及合理储备天数都可以用计算方法、统计分析方法、预测方法、估算方法求出。

$$保险储备定额=物资平均日耗量\times保险天数$$

同样,日耗量及保险天数也可以用上述各种方法求得。

2)补充库存的方式

为了能有效地控制库存,需要采取科学的方式补充库存,如图8-10所示。

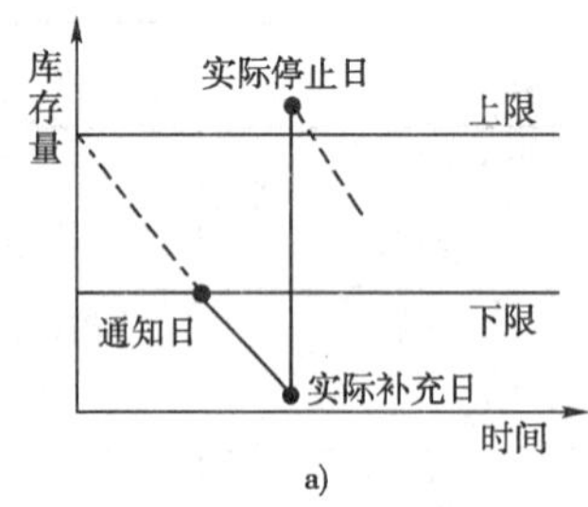

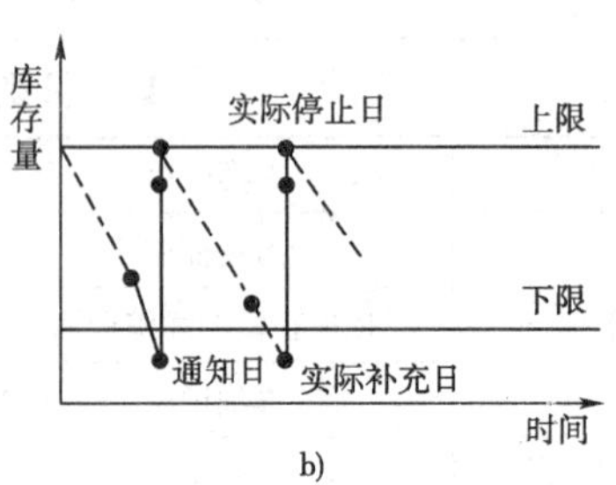

图8-10　补充储存的滞后效应和提前量

a)到达控制线再发通知,由于滞后效应,补充日和停止日皆越出控制线;b)通知日有一个提前量,则实际补充和停止日可控制在上下限内

如果当储备量达到控制下限再安排补充库存,在补充期间,储备量还会继续因消耗而下降,使储备量越过下限;如果储存量达到控制上限,才采取停止进货措施,由于在途货物陆续到达,仍可能使实际储存量越过上限。所以考虑这种滞后现象,需要提前发出补充库存或停止补充的通知。提前量可以用统计分析方法或根据发货单位、运输能力实际情况而定。常用的补充库存方式有以下两种:

(1)定量订货方式(又叫订货点法)。是储存量下降到一定水准,(即所确定的订货点)就发出一定数量订货或进货通知的方法。

订货点的确定是根据进货时间所制定的一个提前量,发出订货或进货通知后,原储存量继续降低,待到基本耗尽时储存量正好得到补充。这种方式,进货量是一个不变值。

订货点事先人为拟定,可采取人工标志、图表显示、计算机自动报警等各种警告方式。采用先进的系统管理手段,一旦到达订货点,计算机可以自动发出订货或进货通知,进行自动补充储存量。

(2)定期订货方式(又叫定期订货法)。是预先确定一个订货间隔(订货周期),每到这个时期就进行订货或通知进货的方式。这种方式的订货周期是固定的时间间隔,但到达此时间时,储存量是不同的。所以,每次发出订货通知时都需要确定本次的进货量。进货量一般是最高储存量(储备定额)与预计到达日储存量之差。也可根据消耗速度灵活确定,以保持平均储存量为一个较低的水准。

3. 经济订购批量(EOQ)

在运用上述控制存货数量的方法中,都有一个如何确定物资采购的经济批量问题。所谓经济订购批量是指库存总成本最小时的订货量。下面以理想状态下,物资最佳订货批量模型为例说明经济订货批量的确定方法。

假设每次订货的订货量相同,订货提前期固定,需求率固定不变,在不允许缺货,也没有数量折扣等因素影响的情况下,库存物资的年度总费用(TC)= 采购成本(DP)+ 订购成本(DC/Q)+ 库存保管费用($QK/2$)。若使 TC 最小,将上式对 Q 求导后令其等于零,得到经济订购批量的计算公式为:

$$\mathrm{EOQ}=\sqrt{2CD/K}\text{或}\sqrt{2CD/PF}$$

式中:D——某库存物品的年需求量(件/年);

Q——每次订货批量;

P——单位采购成本(元/次);

K,PF——单件库存平均年库存保管费用(元/件·年);

C——单位订货成本(元/次);

F——单件库存保管费用与单件库存平均成本之比。

三、零库存管理

1. 零库存与零库存技术

零库存的含义是以仓库储存形式的某种或某些种物品数量为“零”,即不保存经常性库存。它是在物资有充分社会储备保证的前提下,所采取的一种特殊供给方式。在生产与流通领域中按照JIT组织物资供应,使整个过程库存最小化的技术称为零库存技术。

2. 零库存的形式

(1)委托保管方式。接受用户的委托,由受托方代存代管所有权属于用户的物资,从而使用户不再保有库存,甚至可以不再保有保险储备库存,从而实现零库存。这种零库存形式优势在于:受托方利用其专业的优势,可以实现较高水平和较低费用的库存管理,用户不再设库,同时减去了仓库及库存管理的大量事务,集中力量于生产经营。

(2)协作分包方式。主要是制造企业的一种产业结构形式,这种结构形式可以以若干分包企业的柔性生产准时供应,使主企业的供应库存为零;同时主企业的集中销售库存使若干分包企业及销售企业的销售库存为零。

在许多发达国家,制造企业都是以一家规模很大的主企业和数以千计的小型分包企业组成一个金字塔形结构。主企业主要负责装配和对产品开拓市场的指导,分包零部件制造的企业,可采取各种生产方式和库存调节形式,保证按主企业的生产速率,按指定时间送货到主企业,从而使主企业不再设一级库存,达到零库存的目的。主企业的产品(如家用电器、汽车等)也分包给若干推销人或商店销售,可通过配额、随供等形式,以主企业集中的产品库存满足各分包者的销售,使分包者实现零库存。

(3)轮动方式。轮动方式也称同步方式,是在对系统进行周密设计的前提下,使各个环节速率完全协调,从而根本取消甚至是工位之间暂时停滞的一种零库存、零储备形式。这种方式是在传送带式生产基础上,进行更大规模延伸形成的一种生产与材料供应同步进行,通过传送系统供应从而实现零库存的形式。

(4)准时供应方式。准时方式是依靠有效的衔接和计划达到工位之间、供应与生产之间的协调,从而实现零库存。相比较而言轮动方式主要靠“硬件”,而准时供应系统则在很大程度上依靠“软件”。

(5)看板方式。是准时方式中一种简单有效的方式,也称“传票卡制度”或“卡片”制度,是日本丰田公司首先采用的。在企业的各工序之间,或在企业之间,或在生产企业与供应者之间,采用固定格式的卡片为凭证,由下一环节根据自己的节奏,逆生产流程方向,向上一环节指定供应,从而协调关系,做到准时同步。采用看板方式使供应库存实现零库存。

(6)“水龙头方式”。是一种象拧开自来水水管的水龙头就可以取水而无须自己保有库存的零库存形式。这是日本索尼公司首先采用的。这种方式经过一定时间的演进,已发展成即时供应制度,用户可以随时提出购入要求,采取需要多少就购入多少的方式,供货者以自己的库存和有效供应系统、承担即时供应的责任,从而使用户实现零库存。适于这种供应形式实现零库存的物资,主要是工具及标准件。

(7)无库存储备。无库存的储备是仍然保持储备,但不采取库存形式,以此达到零库存。如有些国家将不易损失的铝这种战略物资作为隔音墙,路障等储备起来,以防万一,在仓库中不再保有库存就是一例。

(8)配送方式。这是综合运用上述若干方式采取配送制度保证供应从而使用户实现零库存。其基本原理是,充分利用社会供应系统负担了外部和内部两重供应。直接将物资供应到车间或工位从而取代了原来由企业物资部门承担的工作,也减去了企业内部的供应库存。由于配送企业的供应代替了企业内部供应,从而不依靠企业内部的供应库存也可以保证生产的持续正常进行,实现了零库存。

第四节 物流质量管理

物流的质量管理是物流管理的重要组成部分，是依据物流系统运动的客观规律，为了满足顾客的服务需要，通过制定科学合理的基本标准，运用经济办法实施计划、组织、协调、控制的活动过程。

一、物流质量定义与内容

1. 物流质量的定义

物流质量是一个整体的概念，包含了“固有特性”和“满足要求”两类典型的质量内涵。既包含物流对象质量，又包含物流手段、物流方法的质量，还包含工作质量。物流质量内涵丰富，一方面物流活动过程需要的各种资源和技术是完全可以控制的，很容易确定质量规格操作标准；另一方面，物流是为客户提供时间、空间效应的物流，需要根据客户的不同要求提供差异化的服务，物流质量是客户根据期望来评价的。

因此，我们认为：物流质量就是企业根据物流运动规律所确定的物流工作量化标准，与根据物流经营需要而评估的物流服务的客户期望满足程度的有机结合。

2. 物流质量的内容

物流质量其主要内容大致包括：

1）商品的质量保证及改善

物流的对象是具有一定质量的实体，具有合乎要求的等级、尺寸、规格、性质、外观。这些质量是在生产过程中形成的，物流过程在于转移和保护这些质量，最后实现对用户的质量保证。

对用户的质量保证既依赖于生产，又依赖于流通。现代物流过程不单是消极地保护和转移物流对象，还可以采用流通加工等手段来改善和提高商品的质量，因此，物流过程在一定程度上说就是商品质量的“形成过程”。

2）物流服务质量

服务质量因不同用户而要求各异，所以，需要掌握和了解用户要求：商品狭义质量的保持程度；流通加工对商品质量的提高程度；批量及数量的满足程度；配送额度、间隔期及交货期的保证程度；配送、运输方式的满足程度；成本水平及物流费用的满足程度；相关服务（如信息提供、索赔及纠纷处理）的满足程度。

物流服务质量是变化发展的，将在社会发展进程中依顾客需要发展而提出绿色物流、柔性物流等新的服务概念，形成新的服务质量要求。同时，需要适应经济全球化发展，引进国际物流服务标准，不断提高物流服务质量，积极开展国际化物流经营活动。

3）物流工作质量

工作质量是指物流各环节、各工种、各岗位的具体工作质量。工作质量和物流服务质量是两个关联但又不相同的概念，物流服务质量水平取决于各个工作质量的总和。所以，工作质量是物流服务质量的某种保证和基础。重点抓好工作质量，物流服务质量也就有了一定程度的保证。同时，需要强化企业物流管理，建立科学合理的管理制度，充分调动员工积极性，不断提高物流工作质量。

4）物流工程质量

物流质量不但取决于工作质量，而且取决于工程质量。在物流过程中，将对产品质量发生影响的各因素（人的因素、体制的因素、设备因素、工艺方法因素、计量与测试因素、环境因素等）统称为“工程”。很明显，提高工程质量是进行物流质量管理的基础工作，能提高工程质量，就能做到“预防为主”的质量管理。

3. 物流质量的指标体系

衡量物流质量的主要指标是根据物流服务的最终目标确定的，即是“目标质量”的具体构成内容。围绕这些指标，在工作环节中，各项工程又可以制定出实现“分目标”的一系列质量指标，这就形成了一个质量指标体系，如图 8-11 所示。

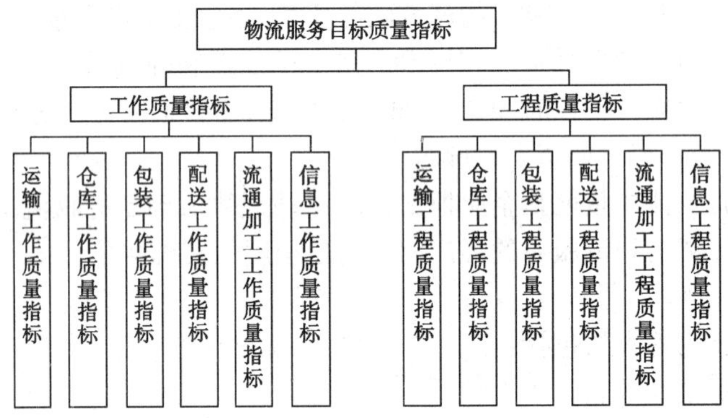

图 8-11　物流质量衡量体系图

二、物流质量管理

1. 物流质量管理的概念

物流质量管理就是依据物流系统运动的客观规律，为了满足顾客的服务需要，通过制定科学合理的基本标准，运用经济办法实施计划、组织、协调、控制的活动过程。

物流质量管理必须满足两个方面的要求：一方面是满足生产者的要求，必须保护生产者的产品能保质保量地转移给用户；另一方面是满足用户的要求，按用户的要求将其所需的商品交给用户。

2. 物流质量管理的基本特点

物流活动具有内在的客观规律，在质量管理方面同样反映出相应的基本要求。归纳起来有四大特点：

1）全员参与

要保证物流质量，这就涉及到企业物流活动的相关环节、相关部门和相关人员，需要依靠各个环节、各部门和广大员工的共同努力。物流管理的全员性，正是物流的综合性、物流质量问题的重要性和复杂性所决定的，它反映了企业质量管理的客观要求。

2）全程控制

物流质量管理对商品的包装、储存、运输、配送、流通加工等若干过程进行全过程的质量管

理,同时又是对产品在社会再生产全过程中进行全面质量管理的重要一环。

3)全面管理

加强物流质量管理就必须全面分析各种相关因素,把握内在规律。物流质量管理不仅管理物流对象本身,而且还管理工作质量和工程质量,最终对成本及交货期起到管理作用,具有很强的全面性。

4)整体发展

企业物流是一个完整统一的系统,加强企业物流质量管理就必须从系统的各个环节、各种资源以及整个物流活动的相互配合和相互协调做起,通过强化整个企业基本质量素质来促进企业质量的整体发展。

3. 物流质量管理的主要内容

企业物流质量管理主要包括两个方面的内容:物流质量保证和质量控制。

1)物流质量控制

物流质量控制是指质量管理的一部分,致力于满足质量要求。质量控制是对企业内部来说,是为保证某一工作、过程和服务的质量达到作业技术标准所采取的有关活动。物流质量控制的目标就是确保物流服务的质量能满足顾客、法律法规等方面所提出的质量要求(如适用性、可靠性、安全性等)。

物流质量控制的工作内容包括了作业技术和活动,也就是包括专业技术和管理技术两个方面。由于物流作业是多环节作业,每一阶段的工作如何能保证做好,应对影响其工作质量的人、机、料、法、环等因素进行控制,并对物流质量活动的成果进行分阶段验证,以便及时发现问题,查明原因,采取相应纠正措施,以减少经济损失。因此,物流质量控制应贯彻预防为主与事后把关相结合的原则。

2)物流质量保证

物流质量保证是指质量管理的一部分,致力于提供质量要求会得到满足的信任。质量保证是企业物流质量管理的核心,是为了维护顾客的利益,使顾客满意,并取得顾客信誉的一系列有组织、有计划的活动。质量保证是企业对顾客来说的,就是要对顾客实行质量保证。

为了保证物流服务质量,企业首先应加强质量管理完善质量体系,对物流服务有一整套完善的质量控制方案、办法,并认真贯彻执行,对实施过程及成果进行分阶段验证,以确保其有效性。在此基础上,企业应有计划、有步骤地采取各种活动,使顾客(或第三方)能了解企业的实力、业绩、管理水平,使对方建立信心,相信提供的物流服务能达到所规定的质量要求。因此,质量保证的主要工作是促使完善质量控制,以便准备好客观证据,并根据对方的要求有计划、有步骤地开展提供证据的活动。

三、加强物流质量管理的基本途径

1. 建立物流整体质量管理的思想

1)真正形成物流整体质量管理的认识

不同的企业物流服务,功能的构成和重要性不同,其质量都会影响顾客感觉中的整体服务质量和顾客的满意程度。强化企业物流质量管理,就必须从企业物流发展战略高度出发,真正树立整体质量管理思想。

2)认真做好物流服务过程的整体质量管理

从整体质量管理出发,并根据顾客需求,认真做好物流服务质量管理工作,在物流服务过程的各个环节、各个阶段,都必须以优质服务组成的整体,为顾客创造更大的物流价值,增强顾客的信任感和忠诚感。

3)整体考核企业物流服务质量管理水平

从整体角度客观地衡量物流服务质量管理水平,积极采用高新技术加强质量管理,提升企业物流服务的整体质量水平。在物流服务实绩考核中,既应考核生产效率,更要考核服务质量和顾客满意程度。

4)提高企业内部物流服务质量和外部物流服务质量

提高企业内部物流服务质量,才能为企业外部顾客提供优质服务。员工的服务知识、服务技能、服务意识、服务行为对顾客感觉中的物流服务质量有极大的影响。顾客的消费行为也会影响服务质量。企业必须高度重视员工的物流服务行为管理,必须高度重视顾客的消费行为管理。

2. 采取有效的物流质量管理措施

要有效地提高质量管理工作效果,企业必须根据质量管理环境,采取适当的管理措施。主要包括:

(1)根据全面质量管理理论,建立和完善企业物流质量管理的计量、评估体系,切实消除企业物流过程中的差错。

(2)积极引进现代质量管理理论和技术,提高质量管理水平。企业必须借助现代高新技术强化物流质量管理,要求企业真正认识技术推动的意义,大力开展技术创新活动,提高质量管理水平。

(3)运用有效的激励措施,实行全员质量管理。企业应根据顾客需求环境的相对不确定性,运用有效的奖励和激励措施,激励员工提高学习能力和创新能力,鼓励员工承担风险,通过精心设计、认真实施的试验,探索减少差错的新办法。

3. 建立有效的物流质量管理信息系统

企业建立有效的服务质量管理信息系统,能为企业提供改进物流服务质量的决策所必需的各种信息,能激励企业内部员工改进物流服务工作。物流质量管理信息系统就是让管理者了解物流质量对企业的影响,做好有关管理工作。要建立有效的物流质量管理信息系统,需要对物流服务质量进行广泛深入的调查研究,建立一定的评价指标体系,实现企业物流质量管理信息的实时采集、整理、传递,有效实行监督和控制,提高企业物流质量管理水平。

第五节　物流成本管理

物流成本是物流的核心概念之一,在物流管理中,物流成本管理是一项非常重要的内容。加强物流成本管理是企业一项长期而重要的工作。如何计算和加强对物流成本的分析与控制,与传统的仓储运输费用有什么区别,这些问题不仅关系到如何从宏观上认识我国的物流现状,也关系到具体物流实践的核算和评价。

一、物流成本的概念

1. 物流成本的概念

所谓物流成本,就是指在物流过程中,为了提供有关服务,要占用和耗费一定的活劳动和物化劳动。这些活劳动和物化劳动的货币表现,就叫物流成本,也称物流费用。

物流成本包括物流各项活动的成本,按其范围来分,有广义和狭义之别。

狭义的物流成本是指由于物品实体的场所(或位置)位移而引起的有关运输、包装、装卸等成本。广义的物流成本是指包括生产、流通、消费全过程的物品实体与价值变换而发生的全部成本。它具体包括了从生产企业内部原材料协作件的采购、供应开始,经过生产制造过程中的半成品存放、搬运、装卸、成品包装及运送到流通领域,进入仓库验收、分类、储存、保管、配送、运输,最后到消费者手中的全过程发生的所有成本。而物流成本管理则是对所有这些成本进行计划、分析、核算、控制与优化以达到降低物流成本的目的。

2. 物流冰山现象

目前,在物流成本管理中,由于对费用缺乏足够的认识和了解,带有很大的虚假性,因而被认为是“物流冰山”。物流冰山说是由日本早稻田大学西泽修教授提出的。他专门研究物流成本时发现,现行的财务会计制度和会计核算方法都不可能掌握物流费用的实际情况,绝大多数物流发生的费用,是被混杂在其他费用之中,而能够单独列出会计项目的,只是其中很小一部分,因而人们对物流费用的了解并不全面,甚至有很大的虚假性,他把这种情况比做“物流冰山”。冰山的特点,是大部分沉在水面之下,而露出水面的仅是冰山的一角。物流便是一座冰山,其中沉在水面以下的是我们看不到的黑色区域,而我们看到的不过是物流的一部分。参见图 8-12 所示。

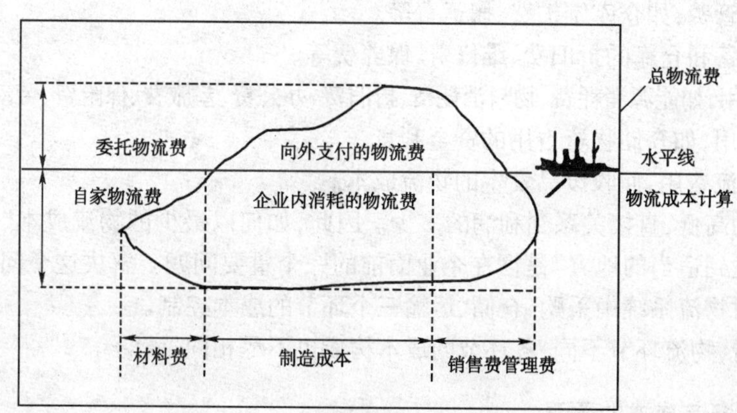

图 8-12 物流冰山现象图解

对于物流成本问题,长期以来由于人们对物流活动普遍重视不够,大部分物流成本得不到揭示,使得物流方面的浪费现象严重,从而直接影响了物流企业的经济效益。因此,必须要重视加强对物流成本的管理,特别是要把现代成本管理的模式融入到物流成本管理中,进而形成新的物流成本管理模式,不断降低物流成本,以消除“黑暗大陆”与“物流冰山”,实现提高经济效益的目的。

二、物流成本的构成

物流成本是企业的物流系统为实现商品在空间、时间上的转移而发生的各种耗费的货币表现。从其所处的领域看,可分为流通企业物流成本和生产企业物流成本。

1. 流通企业物流成本的构成

在我国,物质资料的经营主要是由物资企业和商业企业共同承担的。流通企业物流成本是指在组织物品的购进、运输、仓储、销售等一系列活动中所消耗的人力、物力、财力的货币表现,其具体构成如下:

(1)费用,包括职工工资、奖金、津贴以及福利费等。

(2)营运费用,如合理的能源及商品消耗、运杂费、固定资产折旧费、办公费、差旅费、保险费等。

(3)财务费用,指经营活动中发生的资金使用成本支出,如利息、手续费等。

(4)其他费用,如税金、资产损耗、信息费等。

2. 生产企业物流成本构成

生产企业的主要目的是生产能够满足社会需要的产品,以此获取企业的利润。生产型的企业的物流成本是指企业在进行供应、生产、销售、回收等过程中所发生的运输、包装、仓储、配送、回收方面发生的费用。与流通企业相比,生产企业的物流成本大多体现在所生产的产品成本中,具有与产品成本的不可分割性。生产企业的物流成本一般包括以下内容:

(1)人工费用,包括供应、仓储、搬运和销售环节的职工工资、奖金、津贴以及福利费等。

(2)生产材料的采购费用,包括运杂费、保险费、合理损耗成本等。

(3)产品销售费用,如广告费、运输费、展览推销费、信息费等。

(4)仓储保管费,如仓库维护费、搬运费等。

(5)有关设备和仓库的折旧费、维修费、保养费等。

(6)运营费用,如能源消耗费、物料消耗费、折旧费、办公费、差旅费、保险费、劳动保护费等。

(7)财务费用,如仓储物资占用的资金利息。

(8)废弃物流费用,回收废品发生的物流成本。

物流成本的高低,直接关系到利润的多少。因此,如何以最少的物流成本"在适当的时间将适当的产品送到适当的地方"是摆在企业面前的一个重要问题。解决这个问题的根本出路在于如何加强对物流系统中采购、仓储、运输三个环节的成本控制。

从总体来看,物流环节不同,各环节的成本构成也不尽相同。

三、物流服务与成本的关系

明确服务与成本的关系,在物流服务中要有成本意识。降低物流成本和提高物流服务水平是物流管理的两个方面,正确处理和协调两者之间的关系是物流管理的重要内容。不能片面强调提高服务水平不考虑成本和效益,也不能只强调低成本而不考虑服务标准。因此,在物流管理中必须正确处理好服务与成本这两者之间的关系,合理兼顾两方面的要求,不可偏废任何一方。

应该看到的是,物流服务和成本成正比关系。若要提高服务水平,其服务成本也会随之上升。相反,若要降低成本,服务质量就会降低。这两者之间存在一种矛盾对立的状态,从物流

服务角度看，要求物流系统提供尽可能高的服务标准，而从提高企业经济效益角度来说，又要求产生尽可能低的物流成本。高水平的物流服务与低水平的物流成本之间就产生了对立矛盾，即二者之间存在一种“效益悖反”现象。

在管理中，要正确处理和协调两者之间的关系，当一项目标可以达到而另一项目标却不能同时达到的情况下，就应该权衡利弊，进行选择，用综合的方法求得两者之间的平衡，以取得最佳的综合经济效益。我们可以用系统效率的概念来定义物流管理目标。所谓系统效率，是指一个系统的产出与投入比。物流服务是物流系统的产出，为提供物流服务所消耗的物流成本是物流系统的投入，以较低的物流成本达到所要求的物流服务水平，是系统的效率目标。

1. 服务

理想的服务水平要求达到6R，即：①适当的质量（Right quality）；②适当的数量（Right quantity）；③适当的时间（Right time）；④适当的地点（Right place）；⑤好的印象（Right impression）；⑥适当的价格（Right price）。服务水平的具体标准有：服务的可靠性；缺货比率；订货周期的长短；运输工具及运输方式的选择；特殊服务项目的提供等。

在服务与成本之间，应该肯定服务是第一位的，是前提条件，物流的职能就是提供满足要求的服务，使服务达到一定水平，同时以尽可能低的成本达到这种水平。

2. 成本

物流系统的构成要素之间是相互联系、相互制约的，其中一项活动的变化会使其他活动相应地发生变化，如：仓储数量的变化，会影响运输次数的变化；运输方式的变化，会影响商品包装形式的变化等，即同样的服务水平可以通过物流各项活动之间不同的组合方式来实现，而不同的组合方式会产生不同的物流成本。因此成本管理不是指某一环节上成本最低，而是整个物流系统成本最低。

四、物流成本分类

为了正确地进行物流成本核算，可以将物流成本按不同的形式进行分类。

1. 按照物流成本所处的领域不同分类

按照物流成本所处的领域不同可分为两类，即生产企业物流成本和流通企业物流成本。

2. 按照流通环节分类

物流成本主要分为仓储成本、运输成本、装卸搬运成本、流通加工成本、包装成本、配送成本、物流信息管理成本等七部分。

3. 按物流成本是否具有可控性分类

可将物流成本分为可控成本与不可控成本。可控成本是指考核对象对成本的发生能够控制的成本。不可控成本是指考核对象对成本的发生不能予以控制的成本，因而也可不予负责的成本。例如材料的采购成本，对生产部门而言就是不可控成本。

4. 按物流成本的习性分类

可将物流成本划分为变动成本和固定成本。变动成本是指随着业务量的变动而成正比例增减变动关系的成本，例如直接材料费、直接人工费、直接能源消耗等。固定成本是指在一定时期和一定业务范围内，不受业务量的增减变动影响而保持固定不变的成本，例如固定资产折旧费、管理部门的办公费等。

5. 按成本计算的方法分类

可将物流成本分为实际成本与标准成本两类。实际成本是指企业在物流活动中实际耗用的各种费用的总和。标准成本是指通过精确的调查、分析与技术测定而制定的，用来评价实际成本、衡量工作效率的一种预计成本。

此外，还可以按物流成本在决策中的作用分类，将物流成本划分为机会成本、可避免成本、重置成本和差量成本；按物流费用的支付形态分类，分为直接物流成本和间接物流成本等。

五、物流成本管理

物流成本管理不是管理物流成本，而是通过成本去管理物流，可以说是以成本为手段的物流管理，通过对物流活动的管理降低物流成本。

1. 物流成本管理的意义

物流成本无论对国家还是对企业来说，都决非一个小数目。物流活动的成本在 GDP 中占有相当的份额。为此，实行物流成本管理，降低物流成本，提高效益，对国家与企业都具有现实与长远的作用。其主要作用如下：

1)增加国家资金积累

积累是社会扩大再生产的基础，企业承担着上缴国家利税的责任。物流费用的降低，意味着相应提高和增加国家资金积累。

2)为社会节约大量财富

加强物流成本管理，可以降低物品在运输、装卸、仓储等物流环节的损耗。物流成本是社会财富的一个减项，所以实行物流成本管理不仅可以减少财产损失和商品损耗，减少社会财富的浪费；同时，亦可增加生产领域的投入，以创造更多的物质财富。

3)改进企业的物流管理水平

企业物流管理水平的高低，直接影响着物流耗费的大小。因此，企业要降低物流成本水平，就必须不断提高服务质量，不断改进物流管理的方法及技能。从某种程度上说，加强物流成本管理、降低物流成本是企业提高物流管理水平、提高服务质量的一个激励因素。

4)有利于调整商品价格

物流成本是产品价格的组成部分之一，通过对物流成本进行管理，使得物流成本降至最低，企业便可在一个较大的幅度内降低其产品价格，从而增强企业的竞争能力；同时，也可减轻消费者的负担。

总之，降低物流费用对改进企业的物流管理水平，促进国民经济的发展，提高人民的生活水平都具有重要意义。

2. 影响物流成本的因素

影响企业物流成本的因素有很多，这里主要从竞争性因素、产品因素和空间因素三个方面进行分析。

1)竞争性因素

市场环境变幻莫测，企业之间充满了激烈的竞争，不仅包括产品质量的竞争、价格的竞争，还包括顾客服务质量的竞争。而高效的物流系统是提高顾客服务质量的重要途径。如果企业能够及时可靠地提供产品和服务，则可以有效地提高顾客服务水平，在竞争中处于有利地位，

而顾客的服务水平又直接决定了物流成本的多少,因此物流成本在很大程度上是由于日趋激烈的竞争而不断发生变化的。影响顾客服务的主要方面体现在:

(1)订货周期长短。企业物流系统的高效必然可以缩短企业的订货周期,降低顾客的库存,从而降低顾客的库存成本,提高企业的顾客服务水平,增加企业的竞争力。

(2)库存水平高低。企业的库存成本提高,可以减少缺货成本,即缺货成本与存货成本成反比。库存水平过低,会导致缺货成本增加,但库存水平过高,存货成本会显著增加。

(3)运输方式的选择。企业采用更快捷的运输方式,可以缩短运输时间,保证时间要求,提高企业竞争力,但会增加运输成本。

2)产品因素

产品的特性不同也会影响物流的成本,主要体现在:

(1)产品价值。随着产品价值的增加,每一领域的成本都会增加。一般来说,产品价值越大,对其所需使用的运输工具要求越高,高价值的产品往往对包装也有较高的要求,仓储和库存成本也随产品价值的增加而增加。

(2)产品密度。密度越大的产品,单位容积装的货物越多,越能有效利用车辆装载量,有效利用仓库存储空间,从而单位运输成本就越低,单位产品库存成本就越低。

(3)产品的易损性。易损性对物流成本的影响是显而易见的,易损性的产品对运输和库存都提出了更高的要求,相应会增加物流成本。

(4)特殊搬运。这种产品对搬运提出了特殊的要求,如利用特殊尺寸的搬运工具,或在搬运过程中需要加热或制冷等,这些都会增加物流成本。

3)空间因素。

空间因素是指物流系统中工厂或仓库相对于供货点的位置关系。若工厂距离供货点太远,则必然要增加运输费用,或在此供应点建立库存,也将影响物流成本。

3. 物流成本管理的内容

物流成本管理的具体内容包括:物流成本预测、物流成本决策、物流成本计划、物流成本控制、物流成本核算、物流成本分析和物流成本检查等。

1)物流成本预测

物流成本预测是指人们对未来一种未知或不确定的成本支出,在事先掌握历史资料,调查研究和分析当前的各种技术经济条件、外界环境变化以及可能采取的管理措施的基础上,作出合乎客观发展规律的定量描述和逻辑推断。

物流成本预测是企业物流成本管理工作的首要环节,也是正确进行物流成本决策和编制物流成本计划的前提条件。可以提高物流成本管理的科学性和预见性。

在物流成本管理的许多环节都存在成本预测问题。如仓储环节的库存预测;流通环节的加工预测;运输环节的货物周转量预测等。

2)物流成本决策

物流成本决策是指为了实现目标物流成本,在现有已知资料的基础上,借助一定的手段、方法,进行计算和判断,比较各种可行方案在不同状态下的物流成本,或将预测的物流成本与收益进行比较,从中选定一个技术上先进、经济上合理的最佳方案的过程。

从物流整个流程来看,有配送中心新建、改建、扩建的决策;有装卸搬运设备、设施的决策;

有流通加工合理下料的决策等等。进行物流成本决策、确定目标物流成本是编制物流成本计划的前提，也是实现物流成本的事前控制，提高经济效益的重要途径。

3）物流成本计划

企业进行物流成本决策之后，就要根据企业的经营目标编制企业的物流成本计划。物流成本计划是以货币指标反映企业在计划期内经营活动情况的一项综合性计划，是物流企业计划体系中的重要组成部分，是物流成本决策的具体化和数量化，同时也是企业组织物流成本管理工作的主要依据。

通过物流成本计划的管理，可以在降低物流各环节方面为企业提出明确的奋斗目标，推动企业加强成本管理责任制，增强企业的成本意识，控制物流环节的费用，挖掘降低成本的潜力，保证企业降低物流成本目标的实现。

4）物流成本控制

物流成本控制是指在物流企业整个经营过程中，按照既定的目标，对构成物流成本的一切耗费进行严格的计算、调节和监督，及时揭示偏差，并采取有效措施纠正不利的差异，发展有利的差异，使物流实际成本被控制在预定的目标范围之内。

成本控制是现代企业管理的一个重要方面，因为成本偏高，会失去产品的市场竞争能力，同时也会削弱企业的竞争能力，导致企业盈利性下降，甚至会威胁到企业的生存。

从整个经营过程来看，物流成本控制包括物流成本的事前控制、事中控制和事后控制。通过物流成本控制，可以及时发现存在的问题，采取纠正措施，保证成本目标的实现。

5）物流成本核算

物流成本核算是根据企业确定的成本计算对象，采用相适应的成本计算方法，按规定的成本项目，将一系列的物流费用进行归集与分配，从而计算出各物流活动成本计算对象的实际总成本和单位成本。通过物流成本计算，可以如实地反映生产经营过程中的实际耗费，同时，也是对各种活动费用实际支出的控制过程。

6）物流成本分析

物流成本分析是在成本核算及其他有关资料的基础上，运用一定的方法，揭示物流成本水平的变动，进一步查明影响物流成本变动的各种因素。通过物流成本分析，可以提出积极的建议，采取有效的措施，合理地控制物流成本。

4. 物流成本管理的原则

物流成本管理是企业财务管理的一项重要内容。物流成本管理应遵循下列原则：

1）认真执行财务制度

由于物流成本是特殊的成本体系，因此物流管理开支必须按照财务制度的规定，不得随意扩大开支范围和提高开支标准。财务部门要严格审查一切费用开支，正确划分物流费用支出的界限，保证费用开支的真实性和合理性。

2）厉行节约

在保证物流正常进行和提高物流服务水平的前提下，尽量节约一切不必要的开支，努力降低费用水平。

3）实现计划管理

正确编制流通费用计划，对企业的费用开支实行计划管理，而且应当坚持按照计划开支，

保证完成计划规定的降低物流费用的任务。

5. 降低物流成本的途径

物流成本在企业各项成本中占有很大的比例,降低物流成本是企业增加利润的有效途径,降低企业物流成本的途径有:

1)构建高效率的物流系统

物流系统的设置以提高物流网点的效率为目标,在考虑"有效率的作业程序"的前提下,构筑构建高效率的物流作业系统。提高物流效率,可以减少资金占用,缩短物流周期,降低储存费用,从而节省物流成本。为了不断提高系统的效率,必须时常重新评价、改善系统,促使物流系统能够很好地发挥功能,如海尔公司提出的"零运营资本",就是靠加快采购物流、生产物流、销售物流的速度,来缩短整个物流周期,加大资金的利用率,从而达到零运营资本。

2)推进物流合理化

对于一个企业而言,物流合理化,是降低物流成本的关键因素,它直接关系到企业的效益,也是物流管理追求的总目标。物流合理化就是使一切物流活动和物流设施趋于合理,也就是说以尽可能低的物流成本获得尽可能好的物流服务。物流的合理化要根据实际物流流程来设计、规划,不能单纯地强调某环节的合理、有效、节省成本,而是要通盘考虑。如小批量进货,会增加运输次数,运输成本增加,但会使仓储保管的成本下降,使总的物流成本减少了,这就达到了目的。同样,在销售产品时采用直销方式,增加了配送费用,但可以节约包装费和仓储费,使总的物流成本降低了。

3)提高物流管理水平

提高物流管理水平的重点在于加强物流质量管理,它是降低物流成本的有效途径,这是因为只有不断提高物流质量,才能不断减少和消灭各种差错事故,降低各种不必要的费用支出,降低物流过程中的消耗,才能保持企业良好的信誉,吸引更多的客户,形成规模化的集约经营,提高物流效率,从根本上降低物流成本。

4)提高物流人才素质

21世纪的竞争是人才的竞争。使物流合理化,提高物流服务质量及加快物流效率,这些都需要专业的人员去做,他们的技能,工作的方法、态度,都将间接影响企业物流成本的大小。物流人才是物流企业的宝贵资源,我们要想发展物流,实现现代化物流,就必须重视物流人才的培养与培训,同时,制定出培养人才、留住人才、使用人才的人才管理办法,给他们创造一个良好的工作环境。

5)广泛利用信息技术

日新月异的信息技术给物流业带来崭新的变化。一是通过信息技术的应用,可以实现物流的效率化、最优化。二是随着电子商务的发展,增加了对物流的新需求,要求物流业通过广泛利用信息技术手段,能够进一步缩短应对的时间,提高物流业务处理的效率,降低信息成本。

如果传统的物流活动都能够实现信息化,那么,物流业的整体效率肯定能有很大的提高,可以有效地降低物流成本。

由于实际物流情况的复杂性,降低物流成本的途径和方法是多种多样的,除此之外,实现供应链管理、参与共同配送、利用第三方物流等也是降低物流成本的有效方法。

六、作业成本核算方法

1. 作业成本法的定义

作业成本法(Activity Based Costing,简称ABC),是以成本动因理论为基础,通过对作业进行动态追踪,反映计量作业和成本对象的成本,评价作业业绩和资源利用情况的方法。

作业被定义为随着时间推移发生的一项指定过程或任务,并且产生了具体成效,通过组织员工或机器的运作,投入转化为产出。

2. 作业成本法的步骤

作业成本法的步骤包括:

(1)作业分析。

(2)确定所有作业的成本。

(3)确定成本动因。

(4)计算产品成本。

例如:一家企业管理费用为£ 100 000,生产两种产品:A和B。总人工工时为2 000h。

已知,产品A的需求量为100,产品B的需求量为950;产品A的直接成本为£ 20,产品B的直接成本为£ 40;产品A的人工工时为1h,产品B的人工工时为2h。

根据作业成本法,进行作业分析,确定所有作业的成本,确定作业成本动因,如表8-4所示。

表8-4

作业	作业成本(£)	成本动因	作业	作业成本(£)	成本动因
工艺构建	10 000	构建工艺数量	包装	10 000	发货数量
加工	40 000	加工工时	设计	30 000	设计时间
接收	10 000	收据数量	合计	100 000	

每一项作业的管理费用在所有的产品中分摊,分摊依据是该项产品耗费的每一项作业的活动量。每一件产品的管理费用都是由总成本除以产品需求量。产品A和产品B的管理费用的分摊明细如表8-5和表8-6所示。

表8-5

作业	成本(£)	产品A		产品B	
		用量	成本(£)	用量	成本(£)
工艺构建	10 000	1	2 500	3	7 500
加工	40 000	100	2 000	1 900	38 000
接收	10 000	1	2 500	3	7 500
包装	10 000	1	2 500	3	7 500
设计	30 000	500	15 000	500	15 000
合计	100 000		24 500		75 500

所以,每一件A产品的管理费用=24500/100=£ 245;

每一件B产品的管理费用=75500/950=£ 79.47。

表 8-6

项 目	产品 A(£)	产品 B(£)
直接成本	20	40
管理费用	245	79.47
总成本	265	119.47

第六节 物流标准化

物流标准化是伴随着近代工业、科学技术和国际贸易交换的发展而发展起来的。标准化就是物流管理的重要手段,物流标准化对物流成本、效益有重大决定作用。托盘标准化、集装箱标准化、运输工具的标准化等手段对生产、流通都起着很大作用,可以加快物流速度、保证物流质量、减少物流环节、降低物流成本,从而提高经济效益。推进物流标准化旨在规范我国当前物流业发展中的基本概念,以适应物流业的迅速发展和与国际接轨的需要。

一、物流标准化的定义与作用

1. 物流标准化的定义

物流标准化是指在运输、配送、包装、装卸、保管、流通加工、资源回收及信息管理等环节中,对重复性事物和概念通过制定、发布和实施各类标准,达到协调统一,以获得最佳秩序和社会效益。物流标准化包括以下三个方面的含义:

(1)从物流系统的整体出发,制定其各子系统的设施、设备、专用工具等的技术标准,以及业务工作标准。

(2)研究各子系统技术标准和业务工作标准的配合性,按配合性要求,统一整个物流系统的标准。

(3)研究物流系统与相关其他系统的配合性,谋求物流大系统的标准统一。

2. 物流标准化的作用

随着生产的发展,科学技术的进步,标准化不断得到丰富和发展,由技术标准发展到管理标准、工作标准,由个别少数标准发展到标准化系统。当今的标准已成为现代化管理科学中的一个重要组成部分,对物流系统化管理同样也起着重要的作用。

1)物流标准化是实现物流系统化管理的重要手段和必要条件

要使整个物流系统形成一个统一的有机整体,从技术和管理的角度上来看,物流标准化起着纽带作用。只要制定了各种物流标准并严格执行,就能实现整个物流大系统的高度协调统一,使各项工作有条不紊地进行。还应积极采用国际标准建立物流质量保证体系,提高企业物流系统标准化管理水平。

2)企业物流标准化有利于发挥物流系统功能,保证商品质量

物流工作的重要任务是把工厂生产的合格商品保质保量地送到用户手中。物流标准化对运输、包装、装卸搬运、仓储、配送等各个子系统都制定了各种标准,这些标准是物流的质量保证体系,只要严格执行这些标准,就能保证合格的商品安全地送到用户手中。

3)企业物流标准化有利于降低物流成本,提高物流效益

整个物流系统标准化后,可以实现一贯制的物流,可以加快运输、装卸搬运的速度,降低暂存费用,减少中间损失,提高工作效率,因而可获得直接的或间接的经济效益。如果某一环节标准化工作没有做好,就会造成经济损失。

4)企业物流标准化有利于提高物流技术水平

企业物流标准化有利于在运输工具、包装、装卸搬运、仓储等方面采用国际标准,开展国际交流和合作,加强与国外各环节的物流设施、设备、机具的相互配合,使运输、装卸搬运、仓储等物流运作实现一体化,提高物流技术水平,有效地促进我国物流标准化发展。

二、物流标准化体系

1. 物流标准化的主要特点

1)物流标准化系统属于二次系统,又称后标准化系统

在推行物流标准化时,必须将有关旧标准化体系和新的标准化系统结合起来,从适应及协调角度建立新的物流标准化系统。

2)物流标准化要求体现科学性、民主性和经济性

科学性的要求,是要体现现代科技成果,能将现代科技成果联结成物流大系统。民主性指标准的制定采用协商一致的办法,广泛考虑各种现实条件,广泛听取意见,使标准更具权威,易于贯彻执行。经济性是标准化的主要目的,也是标准化生命力如何的决定因素。

3)具有较强的国际性

我国的物流标准化从运输工具、包装、装卸搬运工具、流通加工等都要与国际物流标准相一致,积极采用国际标准,完善国内标准体系,提高运输效率,缩短交货期限,保证物流质量。有利于促进对外贸易,降低成本,增加外汇收入。

2. 物流标准化体系

物流标准化体系是指在物流标准化活动范围内,各类标准按其内在联系形成科学的有机整体。主要包括:

1)物流标准化还包括了物流过程所需要的全部标准

确定物流标准的对象是建立物流标准体系的要点。只要属于物流活动范围,与技术、管理有关的重复性事务和概念,都可以作为物流标准的对象,纳入物流标准体系。

2)物流标准化体系的组成是各类标准

一是指物流标准体系包括不同级别的标准,亦即国家标准、行业标准、地方标准和企业标准;二是物流标准体系包括技术标准、管理标准和工作标准。

3)物流标准化体系应该是发展的体系

从国际物流发展趋势来看,物流标准化体系既包括现有标准,也包括发展的标准,并随着物流技术的发展不断更新和充实。

4)物流标准化体系内的各类标准之间相互依存、相互关联,联成一体发挥整体的功能

建立标准化体系是一项系统工程,应运用系统工程的思想、方法、工具来研究和处理这些标准之间的关系,按一定科学规律使之形成一个有机整体。

三、物流标准种类

1. *基础编码标准*

基础编码标准是对物流对象物编码,并且按物流过程的要求,转化成条形码,这是物流大系统能够实现衔接、配合的最基本的标准,也是采用信息技术对物流进行管理和组织、控制的技术标准。在这个标准之上,才可能实现电子信息传递、远程数据交换、统计、核算等物流活动。

2. *物流基础模数尺寸标准*

物流基础模数尺寸考虑的基点主要是简单化,基础模数尺寸一旦确定,设备的制造、设施的建设、物流系统中各环节的配合协调、物流系统与其他系统的配合就有所依据。ISO 中央秘书处及欧洲各国已基本认定 600mm × 400mm 为基础模数尺寸。

由于物流标准化系统较之其他标准系统建立较晚,所以,确定基础模数尺寸主要考虑了目前对物流系统影响最大而又最难改变的事物,即输送设备。采取“逆推法”,由输送设备的尺寸来推算最佳的基础模数。当然,在确定基础模数尺寸时也考虑到了现在已通行的包装模数和已使用的集装设备及适合人体操作的最高限尺寸的因素。在基础模数尺寸确定之后,各个具体的尺寸标准,都要以基础模数尺寸为依据,选取其整数倍数为规定的尺寸标准。这就大大减少了尺寸的复杂性。物流基础模数尺寸的确定不但要考虑国内物流系统,而且要考虑到与国际物流系统的衔接,具有一定难度和复杂性。

3. *物流模数尺寸标准*

物流模数即集装基础模数,其尺寸是在物流基础模数尺寸基础上按倍数推导出来,也可以在满足物流基础模数的前提下,从卡车或大型集装箱的“分割系列”推导出来。物流模数尺寸(集装基础模数尺寸):1200mm × 1000mm 为主,也允许有 1200mm × 800mm 和 1100mm × 1100mm 等规格。物流基础模数尺寸与集装基础模数尺寸的配合关系,见图 8-13 所示。

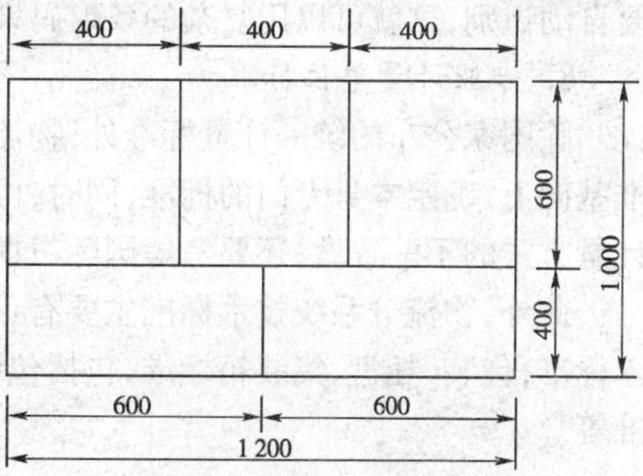

图 8-13 基础模数尺寸与集装模数尺寸的配合关系

4. *物流建筑基础模数尺寸*

主要是物流系统中各种建筑物所使用的基础模数,它是以物流基础模数尺寸为依据确定的,也可选择共同的模数尺寸。该尺寸是设计建筑物长、宽、高等尺寸,如门窗尺寸、建筑物柱间距、跨度及进深等尺寸的依据。

5. *物流专业名词标准*

为了使大系统能有效配合和统一,尤其在建立系统的情报信息网络之后,要求信息传递异常准确,这首先便要求专用语言及所代表的含义实现标准化,物流专业名词标准包括物流用语的统一化及定义的统一解释。日本是对物流标准较重视的国家之一,日本物流管理协会对物流机械、设备的标准化进行调查研究,已提出了日本工业标准(JIS)关于物流方面的若干草案,它们是:

(1)物流模数体系;

(2)集装箱的基本尺寸;

(3)物流用语;

(4)物流设施的设备基准;

(5)输送用包装的系列尺寸;

(6)包装用语;

(7)大型集装箱;

(8)塑料制通用箱;

(9)平托盘;

(10)卡车车厢内壁尺寸等。

我国也正在全面开展物流系统各环节的标准化工作,现已推出了物流术语标准,制定了一些分系统的标准。其中汽车、叉车、吊车等已全部实现了标准化,包装模数及包装尺寸、联运平托盘也有了国家标准。参照国际标准,还制定了运输包装各部位的标示方法国家标准。

6. 物流单据、票证的标准化

物流单据、票证的标准化,可以实现信息的录入和采集,将管理工作规范化和标准化,也是应用计算机和通信网络进行数据交换和传递的基础标准,是对系统进行宏观控制与微观监测的必备前提。

7. 标志、图示和识别标准

物流中的物品、工具、机具都是在不断运动中,因此,识别和区分便十分重要。在物流领域,识别标记主要用于货物的运输包装上。传统的标准化将包装标记分为识别标记、储运指示标记、危险货物标记。对于物流中的物流对象,需要有易于识别的又易于区分的标识,有时需要自动识别,这就可以用复杂的条形码来代替用肉眼识别的标识。

8. 专业计量单位标准

除国家公布的统一计量标准外,物流系统还有许多专业的计量问题,必须在国家及国际标准基础上,确定本身专门的标准,同时,由于物流的国际性很突出,专业计量标准还需考虑国际计量方式的不一致性,还要考虑国际习惯用法,不能完全以国家统一计量标准为惟一依据。

此外,物流分系统技术标准主要有:运输车船标准、作业车辆标准、传输机具标准、仓库技术标准;包装、托盘、集装箱标准,包括包装、托盘、集装系列尺寸标准,包装物标准,货架储罐标准等。

四、物流标准化组织

国际物流标准化是伴随着近代工业、科学技术和国际贸易交换的发展而发展起来的。1875 年 17 个国家缔结了《米制公约》,这是国际标准化活动的第一项重大成果。世界性两大标准化组织,国际电工委员会(IEC)、国际标准化组织(ISO)先后于 1906 年和 1947 年分别成立,对开展世界范围内的国际标准化活动,促进国际贸易和科学技术的合作起到了桥梁作用。到目前为止,ISO 和 IEC 已经建立与物流有关的技术委员会(TC)有 16 个。另外,还有国际航空运输协会(IATA)、国际海事组织(IMO)、国际铁路联盟(UIC)等国际机构发布的部分标准,经 ISO 确认并在《国际标准题内关键词索引》(KWIC)中加以公布,亦是国际标准。

我国已参加 ISO、IEC 有关物流方面的各技术委员会 16 个。我国在采用国际标准方面,已

参照ISO和IEC的一些标准制定了通用集装箱内部尺寸、包装储运指示标志,运输包装件各部位标示方法,船用电器等几百个国家和专业的标准。如GB 2934—82《联运平盘外部尺寸系列》等均采用ISO/DP 8611,属当代国际水平。国家质量技术监督局于2001年颁布了物流术语的国家标准,此标准是在广泛调查研究,吸收并借鉴国内外有关资料的基础上,收入并确定了物流领域当前已基本成熟的145条术语及其定义,旨在规范我国当前物流业发展中的基本概念,以适应物流业迅速发展和与国际接轨的需要。

第七节 物流绩效管理

绩效评价是对业绩和效率的一种事后的评估与度量以及事前的控制与指导,随着各企业的物流系统逐步完善,物流能力成为企业之间竞争的新焦点。有效的物流绩效评价与管理,能使企业更好地监督和控制自身资源,提高物流管理质量。

一、物流绩效评价的意义

1. 物流绩效评价的概念

绩效评价是指:运用数量统计和运筹学方法,采用特定的指标体系,对照统一的评价标准,按照一定的程序,通过定量、定性分析,对一定经营期间内的经营效益和经营者的业绩,做出客观、公正和准确的综合评判。

物流绩效是指企业内部依据客户物流需求在组织物流运作过程中的劳动消耗和劳动占用与创造的物流价值的对比关系,或者是物流运作过程中企业投入的物流资源与创造的物流价值的对比。

物流绩效评价是指企业对物流价值的事前计划与控制及事后的分析与评估,以衡量物流运作系统和活动过程的投入与产出状况的分析技术和方法。

2. 物流绩效评价的意义

物流是现代企业"除生产、销售外获得利润的源泉",是"降低成本的最后处女地",因此,依托现代信息技术和分析工具,对企业物流绩效展开评价对企业的管理具有重要的意义。

(1)通过开展物流绩效评价,提出和追踪物流运作目标以及完成情况,并进行不同层次和角度的分析和评价,实现对物流活动的事前控制。

(2)通过开展物流绩效评价,判断企业物流目标的可行性和完成程度,动态地调整物流目标。

(3)通过开展物流绩效评价,按新的管理与控制目标进一步改善工作,提升物流绩效。

(4)通过开展物流绩效评价对企业内部进行有效的监控和管理。

(5)通过开展物流绩效评价,分析与评估企业资源开发利用状况,确定物流发展战略。

3. 物流绩效评价的目标

企业开展和实施物流绩效评价的目标是从物流运作管理的角度出发,对物流运作过程进行监督、控制和掌握。

(1)监督目标。是指追踪现行物流系统绩效并不断与以往物流系统进行比较分析,同时向管理者和顾客提供绩效评估报告、监督评价。

(2)控制目标。是指实时追踪现行物流系统运作绩效,用以改进物流运作程序,及时调整运作方式。主要依据物流系统标准体系进行实时控制。

(3)指导目标。是指通过物流绩效评估来评价物流组织和物流人员的工作绩效,达到激励物流人员,实现更优化物流运作效率的目的。

二、物流绩效评价内容及原则

1. 企业物流绩效评价内容

企业物流绩效评价内容十分广泛,归纳起来主要有以下几方面:

(1)评价物流技术方面绩效。如物流运作流程评价,物流设备设施配置及利用情况评价等。

(2)评价成本、收入、利润等财务方面的绩效。如物流成本控制及控制水平,物流业务量,物流利润水平及利润趋势等。

(3)评价与资源有关的物流绩效,如能源利用率、原材料利用率、回收率以及物流资源对环境的影响等内容。

2. 物流绩效评价的原则

物流系统涉及范围广,构成要素多,开展有效的物流绩效评价应遵循下列基本原则:

1)客观性原则

评价的客观性主要表现在两个方面:首先是评价指标体系的建立必须客观,能反映被评价对象的整体绩效。其次是评价工作本身的客观性。即评价人员必须站在客观、公正的立场,全面、可靠、正确、科学地进行物流绩效评价。

2)经济性原则

物流评价的目的是为了提高物流管理水平,提升物流企业的整体工作效能,从而使企业获得更大的经济效益。所以物流绩效评价应突出重点,要对关键绩效指标进行重点分析,坚持技术上的适用性和经济上的合理性。

3)整体性原则

物流系统由储存、装卸、搬运、包装、流通加工、配送等若干个子系统构成,物流系统的效益表现为系统的整体效益。在某些情况下,从局部看某一子系统是经济的,但从全局看整个系统却是不经济的,这种方案理所当然是不可取的。反之,在某些情况下,从局部看某一子系统是不经济的,但从全局看整个系统却是较好的,这种方案则是可取的。

4)定性分析与定量分析相结合原则

在对物流绩效进行评价时,由于反映物流过程经济性的数据较易取得,所以定量分析是较常用的分析方法,定量分析能较客观地反映物流绩效的水平,但是影响物流活动的要素很多,定量分析很难把所有要素都反映为数据放入数学模型中,这时定性分析是必要的。所以在进行物流绩效评价时要坚持定量分析基础之上的定性分析。

三、物流绩效评价方法

开展物流绩效评价与分析,一般可分为内部绩效评价与分析和外部绩效评价与分析。

1. 内部绩效评价

内部绩效评价着重将企业物流活动和过程同以前的作业和(或)目标进行比较,常用的内部绩效评价指标有:

(1)物流成果指标。包括实际生产率、资源利用率、计划完成指标、成本指标。

(2)物流消耗指标。包括物流周转费、物流费用率、物流费用水平降低率。

(3)物流工作效率指标。比如每人每小时的实际件数与定额数之比等。

(4)物流工作质量指标。包括数量的正确性、质量的正确性、时间的正确性、地点的正确性。

2. 外部绩效评价

外部绩效评价是对企业物流运作外部环境、物流服务形象和能力的系统评价。

(1)客户满意度评价。客户满意度评价指标主要有服务水平指标、满意程度指标、客户投诉率、客户退货数、准时交货率、对用户问询的响应率、用户特殊送货要求满足率、售后服务的完善性等。

(2)物流标杆法。标杆法又称基准法,是指通过选定的先进标准作为参照系数确定的标杆,进行全面对照比较和评价企业物流运作绩效。

四、物流绩效管理

1. 物流绩效管理的概念

物流绩效管理,是指在满足顾客服务要求条件下,对物流绩效的一切管理工作的总称,即在物流运作全过程中对物流绩效的产生、形成所进行的计划、组织、指挥、监督和调节。现代企业进行物流绩效管理必须遵循三个原则:

1)追求流物绩效与满足顾客需求的统一

企业物流绩效是在满足顾客需求的前提下产生的。顾客需求是企业从事物流服务的基础,直接决定和影响着现代企业的物流绩效。必须通过企业的物流服务才能满足双方通过专业化、现代化的物流服务达到降低成本、提高经营管理水平,建立一种伙伴关系,并实现利益的"双赢"的目的。

2)近期物流绩效与远期物流绩效的统一

企业不仅要重视近期的物流绩效,更要重视长远的物流绩效。物流技术设备的采用需要一次投入相当的资源,而作用是渐进的和长期的。另外,企业与客户之间建立的是一种长期的、专业化的物流服务伙伴关系,需要企业将近期物流绩效与远期物流绩效统一。

3)物流绩效与社会效益的统一

企业的物流活动,不仅要考虑经济因素,更要考虑政治因素和社会因素。企业在物流活动中,要充分考虑物流对环境的影响,减少对环境的破坏与污染,实现物流绩效与国家法规、产业政策的统一,实现物流绩效与社会效益的统一。

2. 物流绩效管理合理化

企业对物流系统进行设计、调整、改进与优化,以尽可能低的物流成本,获得尽可能高的服务水平,通过物流成本与物流服务之间的平衡,获取最优化的物流绩效,并有力地促进企业物流的发展。物流绩效管理合理化模式主要包括:

1)提升物流服务能力,创造更多的物流价值

企业在物流发展进程中,物流绩效的合理化需要通过物流服务的创新提高物流服务水平,来扩大市场业务量,改变企业原有物流服务构成,以更优质的服务创造更多的物流价值,创造更多的物流增值价值。

2)创新物流管理方式,有效降低物流成本

企业物流运作系统是由多个环节组成的,在维持和改进物流服务的状况下,通过创新物流管理的制度、方式和方法,科学地解析物流成本构成情况,有针对性地采取管理手段,有效地降低物流成本,实现现代企业物流绩效管理的合理化。

五、物流绩效比较

1. 比较标准

比较标准一般包括:

(1)绝对标准:代表当前能够实现的最佳绩效,这是一种期望获得的理想绩效。

(2)目标业绩:这是一个比较现实的、可以实现的目标。

(3)历史标准:它代表过去实现的绩效。

(4)竞争者标准:它代表其竞争者实际实现的绩效。

2. 基点法

通过设定基点,一个组织可以将它的绩效和某个竞争者相比较。

基点法,也被称为标杆法,就是将一个组织的绩效和该组织所属行业中所能实现的最佳绩效相比较。简单地讲,组织使用基点法去寻找它们能够仿效或适应的物流方法。

使用基点法有若干步骤。首先一个组织意识到需要改善它的物流状况,然后必须确定最合适的绩效指标,识别它所属行业中处于领先地位的竞争者,并且考察它们的物流运作,看看它们是如何实现这种优势的(图8-14)。

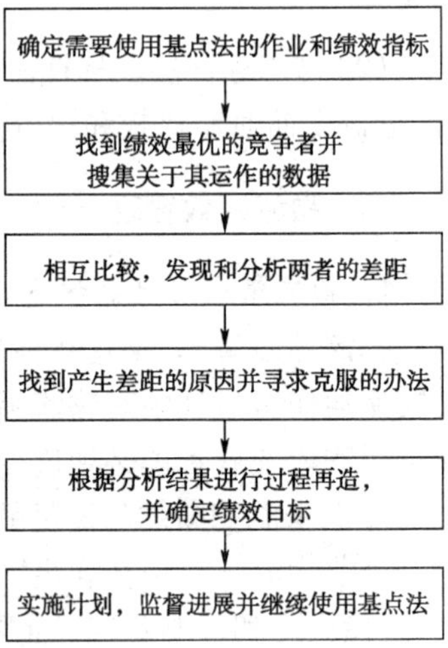

确定需要使用基点法的作业和绩效指标
↓
找到绩效最优的竞争者并搜集关于其运作的数据
↓
相互比较,发现和分析两者的差距
↓
找到产生差距的原因并寻求克服的办法
↓
根据分析结果进行过程再造,并确定绩效目标
↓
实施计划,监督进展并继续使用基点法

图8-14　使用基点法的步骤

第八节　物流管理现代化

物流管理技术水平的高低直接关系到物流活动各项功能的完善和有效的实现,要实现与物流科学技术现代化相适应的管理现代化,就必须运用各种现代化管理方法和手段,以取得物流系统的最佳效益。

一、物流管理现代化目标

1. 物流管理现代化标志

物流管理现代化标志是一个物流管理综合性和先进性的反映。它包括物流管理组织设备与物流生产力发展的适应程度,物流成本水平,物流技术管理的科学性以及物流信息的准确程

度和应用水平等。物流管理现代化最重要的标志是准确、及时、高效率地完成物流活动和物流活动的信息的收集和处理。

物流生产过程具有环节繁杂、收发量大、层次结构多、技术性强等特点。各种形式的物流信息,不仅仅数量异常庞大,而且具有随物流活动的开始而产生、瞬间消失的特点。重视及时获取大量信息情报、并且及时、准确、高效率地处理,尽快把决策信息转入到物流有关机构、部门、生产环节中去。物流信息对整个物流系统起着重要的指导、调节和推动作用。从这个角度上看,信息管理本身就是物流现代化的重要标志。

2. 物流管理现代化的目的

物流管理现代化的目的是在物流全过程中采用和引进新技术时,根据中国物流生产的实际情况,进行可行性研究,采取优化方案,从而不断进行调整和平衡,以达到最佳的经济效益。

与世界物流发达国家相比,中国物流水平虽然近几十年发展速度惊人,但仍相对落后。许多高科技的物流技术在国外显示出来的优点,在国内不一定能全部体现出来。对于一个企业、单位、部门等,在引进国外技术时,不能只着眼于技术水平的先进与否,还应从投资、生产效益、日常费用水平以及投产后的经济效益进行全面考察,这就是可行性研究。中国是一个发展中国家,在保持一定的发展速度时,要特别注意经济效益的提高。

3. 物流管理现代化的主要内容

物流现代化管理的主要内容,是对物流的各项管理技术、物流机械设备、材料、仪器、能源等进行管理,以及对从事物流的生产人员、生产效益动态和千变万化的物流信息的掌握和处理等进行管理。

物流管理本身是一个系统性很强,各环节密切联系、相互协调,而且持续井然地联结的活动。物流管理既是流通领域中的独立运转系统的管理,又是与国民经济各有关部门相互衔接、相互制约的系统管理。

物流现代化管理的内容,实质上涉及到国民经济其他部门的协作和利益,如农业、林业、交通运输业、商业、物资、建筑、包装业等。从物流业角度出发,物流现代化管理的内容主要在物流业务的科学管理上。如物流量的预测、物流计划的编制、物资运输方案的选择、物流经济指标的确定等。

二、中国物流现代化管理手段

1. 法律手段

中国是一个法制国家。把物流管理中纵横交织的权利、义务、责任用法律条文固定下来,以法律手段来解决物流实践中发生的各种矛盾,才能保护合理的物流管理,抑制不合理的物流业务活动,从而提高物流效率。

在物流现代化管理的实践中,要涉及到国家的宪法、合同法、国家计划法、税法、资源法等。在组织物流时要遵守外贸、铁道、交通等部门法规。在实际工作中还要严格执行民法、刑法、劳动法等方面的法律。法律手段、法律规定是任何现代化经济管理所必需的。法律手段是物流现代化管理方法的重要组成部分。

2. 经济手段

在物流的各个领域中运用经济杠杆,制定各种经济指标,使物流管理纳入整个国民经济管理的体系中。

从宏观经济管理上,国家运用价格、税收、信贷等手段,管理和控制物流过程。在社会主义市场经济中,价值规律起着主要的作用。国家运用价格和税收调节物流过程,调节物流企业的利润水平;调整国家、企业、个人的分配关系;协调产、需、供、销关系等。

从微观经济管理上,强调物流企业内部管理的经济手段。将物流质量和数量与职工的权利、责任、工资、奖金等有机地结合起来,以调动物流部门职工的积极性、创造性。企业在制定规章制度时,注意把职工的利益和企业的利益密切联系起来,将有力地推动企业物流的进步。

3. 教育手段

要实现物流技术与管理的现代化,物流人才的培养是关键。物流人才培养,实际上就是加强物流科学的教育问题。要在物流领域内挖掘出更大的效益和财富,必须有一批精通物流科学的专门人才。物流教育采取专门人才培养与在职人员培训相结合的原则。正规院校培养大批高、中级的物流管理人才;职工培训使成千上万在职人员提高了物流管理水平。

三、物流现代化管理技术

1. 系统管理技术

物流系统是一个具有多层次、多要素、多功能的大系统。系统管理技术的重点是系统分析。所谓系统分析是指从物流的整体出发,根据物流的目标要求,运用科学的分析工具和计算方法,对物流的目标、功能、环境、费用和效益等,进行充分的调研,并搜集、比较、分析、处理有关数据和资料,建立若干拟订方案,比较和评价物流的结果。

物流宏观管理,运用系统管理技术制定了许多有关物流的方针、政策、法规等。在包装、运输、仓储、再生资源等方面,也作出了许多符合国情的重大决策。

2. 质量管理技术

物流质量通常可以把它理解为物流过程和物流服务对用户的满足程度。物流管理运用全面质量管理的手段,强调"三全"管理。一是物流全过程的管理,即对物资包装、装卸、运转、保管、搬运、配送、流通加工等进行全过程的管理;二是全面性管理,即包装产品质量、工作质量、服务质量以及涉及到物流各环节的质量;三是全员性管理,即指物流全体工作人员都参加物流管理。在中国物流界,普遍制定的各级岗位责任制和各种工作质量体系则是质量管理技术的具体表现。

3. 标准化管理技术

标准化工作的任务是制定标准,组织实施标准和对标准实施进行监督。物流标准化应以整个系统为出发点,并以整个物流系统中每一项具体的、重复性的事物或概念为对象,通过制定标准,组织实施标准和对标准的实施进行监督,达到整个系统的协调统一,以获得物流理想的秩序和最佳的经济效益,物流标准化是实现物流管理现代化的重要手段。物流标准化对运输、包装、装卸搬运、仓储、配送等各个子系统都制定各种标准,这些标准是物流质量的保证体系。物流标准化还可消除贸易壁垒,促进国际贸易的发展,提高国际物流水平。

4. 决策管理技术

物流管理中的每一个方案、计划,每一个层次、环节的调整,以及每一个指标的变动都可以称之为决策。决策是物流管理的核心,是执行各项物流管理的基础。物流决策管理技术已从

定性分析进入定性和定量分析相结合的阶段。例如,在运输路线决策中,为了防止对流、迂回、重复、过远等不合理运输方式的出现,我国普遍采用了图表分析法、图上作业法、表上作业法、网络法,借助电子计算机手段,数学模型的方法等,来决定物流的合理流向。

5. 信息管理技术

信息管理是任何部门进行科学管理必不可少的内容。物流信息本身是物流现代化管理的基础和依据。我国的物流信息管理系统分为三个层次。

1)中央物流管理信息系统

中央物流管理信息系统是由国家和部委建立的物流管理神经中枢,其主要作用有:第一,负责搜集、加工与国民经济有关的物流信息,建立信息库,预测物流的未来。第二,向国民经济信息中心提供物流信息资料,以便国家进行宏观调控。同时,传递国民经济信息中心的情报,以便物流部门制定科学的决策。第三,为下级物流信息机构和行业预测以及咨询中心提供物流资料,并指导物流信息工作。

2)中心城市物流管理信息系统

以中心城市为依托的若干物流管理信息系统是中央与基层物流管理系统的桥梁。它的主要任务是,第一,搜集和加工中心城市有关物流过去、现在和未来的各种信息,并建立信息资料库进行存储。第二,接受中央物流管理信息系统提供的信息,并定期和不定期地向中央提供信息,形成信息的纵向传递。第三,与其他中心城市的物流管理信息系统进行各种形式的信息交换,组成横向的信息传递。第四,通过各种不同形式,定期和不定期地向基层物流信息系统提供信息。

3)基层企业物流管理信息系统

基层企业物流管理信息系统,一方面搜集和加工企业内部有关物流的各种信息,为本企业物流活动服务;另一方面向有关方面,如中心城市物流管理信息系统提供信息,并接收这些方面传来的物流信息。

Internet 网带来了一场新的革命,它突破了时间、空间、乃至计算机的束缚,实现了各个对象间直接的信息交流。它的核心不是计算机,也不是软件,甚至不是网络,其核心是在网络中川流不息的信息。随着信息搜集、整理、分析、发布、交流和使用方式发生的变化,大大地改变了人们的工作方式,创造出了一种全新的面貌,也必将对物流新鲜管理技术水平的提高带来巨大的飞跃。

四、现代化物流管理技术的应用

物流技术是与现实物流活动全过程紧密相关的,物流技术水平的高低直接关系到物流活动各项功能的完善和有效的实现。企业物流的现代化离不开现代物流技术。

1. 现代包装技术

包装机械是包装技术的核心。机械包装计量准确、包装紧密,包装易实现规格化、标准化、系列化。包装机械包括:充填包装机械、灌装包装机械、封口机械、贴标机械、捆扎机械、热成型机械、收缩包装机械以及包装机器人等。

包装技术法体现了包装技术与包装功能的配合。如缓冲包装技术、防水包装技术、防潮包装技术、防锈包装技术、防虫包装技术、真空包装技术等。

包装(货物)识别技术,具有代表性的是条形码技术。条形码一般可粘贴在包装物上。它所含有的信息包括价格、生产厂家、出厂日期、保存期、存放位置等。现在开始使用的二维条形码,其信息量比一维条形码更加丰富。在条形码的基础上一种新的立体式的扫描仪又被开发出来,它可以扫描到任何角度,这给物流系统创造了更广泛的应用领域。

2. 现代集装技术

集装化(单元化、组合化)是指以不同的方法和器具,把一定数量的散装或零星成件货物组合在一起,这样在装卸、保管、运输等物流环节中可以作为一个整体进行技术上和业务上的包装处理方式。集装化采用先进的科学技术和科学的管理方法相结合,既有物流设备、器具的机械化、自动化技术,又有合理组织设备、器具充分发挥作用的管理技术,结合包装的具体形式有集装箱、托盘、集装袋、货捆等。其中集装箱多用于远距离输送,托盘则更适应在企业内部流通。

采用集装化技术,使物资的储运单元与机械的装卸搬运手段的标准相一致,与集装箱运输工具集装船舶、集装箱列车、汽车等相配合,实现了名副其实的"门到门"输送。集装化还有利于提高仓库利用率,提高搬运灵活性能,减少物资破损和环境污染等,其综合效果是加快物资周转,提高物流效率,降低物流费用,使物流走向标准化和机械化。

3. 现代装卸搬运技术

装卸搬运在物流中无处不在,现代搬运技术是传统搬运作业方法与高科技装卸搬运方式的结合。传统的搬运机械,如门式起重机、轿式起重机、汽车起重机、轮胎起重机、叉车、带式输送机、链半式提升机、悬挂式输送机、埋刮板输送机、螺旋式输送机、气力输送机、翻车机、堆垛机等近千机,这些传统的装卸搬运机械即使在经济发达的国家也是主流,所不同的是它们的作业速度向更快、工作范围向更广、装卸规模向更大、专业化向更强的方向发展。

为了使装卸机械适应各种工作环境和作业要求,将现代化科学技术运用到装卸搬运技术上,出现了一系列新型设备,如运用激光技术的激光导引运输车,引用自动化控制技术的巷道堆垛机、堆码机器人等。激光引导运输车可根据计算机的指令,灵活行走到任何一个发货的巷设施和专用空间,能和人与其他车辆共用通道,移载点可自由设项,可自由移动,并可和装卸机械手组合进行操作。企业物流的自动化过去是以底层制造和生产线自动化为代表。当今信息技术已经深入进而统帅了自动化技术,形成了生产过程自动化、物流活动自动化和单机自动化的集成。将自动分拣、自动送货、自动装卸与自动化仓储等作业相结合,形成的联合自动化作业系统目前在我国只有少数配送中心和企业集中使用,它代表了我国当前现代化的装卸搬运技术的前沿。

4. 现代运输技术

当前运输技术的发展,出现了两大趋势:一是随着世界新技术革命的发展,运输广泛采用新技术,实现运输工具和运输设施的现代化。运输工具的发展方向是多样化、高速化、大型化、专业化和符合节能、环保要求;二是随着运输方式的多样化,运输过程的统一化,各种运输方式朝着分工协作、协调配合的方向发展。在世界范围内,把这两种趋势结合起来,成为运输发展的新方向。

5. 现代储存技术

现代储存技术是以自动化仓库为代表的储存先进技术。自动化仓库是由电子计算机进行管理和控制,不需人工搬运作业而实现收发作业的仓库。自动化仓库集电子、机械、建筑、自动

化、信息、管理等技术为一身,体现了科学技术与物流的紧密结合。

1999 年,一个占地面积 7 000 多平方米,有 9 000 多个货位的自动化仓库在海尔投入使用,不仅节省了十几万平方米的外租仓库,更重要的是,通过建立自动化仓库,一系列与物流配套的基础工作随之上马。信息系统管理、计算机管理标准化包装、机械化搬运、使用条形码统一编码等,没有这些技术与自动化仓库相配套,自动化仓库就不可能有效地发挥作用。正是通过这一突破口,对企业内部的整个物流基础工作进行了一次彻底的改革,海尔开始走上了规范化的现代物流之路。尝到了使用自动化仓库的甜头后,海尔集团又于 2001 年 3 月正式投入使用了全自动国际物流中心(全自动化仓库),其占地面积 1.92 万平方米、库量达 1.8 万多个货位。应用自动化技术、机器人技术、海尔传感技术等,并配有激光引导车、穿梭社等。该物流中心可满足海尔开发区冰箱、空调、小家电、电热器、冷柜等所有产品原材料和半成品的库存需求。在功能上,该中心与集团 ERP 系统相联结,可最大限度地适应电子商务化要求。直接与物流、商流、资金流、信息流进行数据传输,以最少的人机接口实现了最大的物流自动化。

案例 8-1

施乐公司与物流绩效标杆法

一、施乐公司基本情况

施乐公司是一家主要从事金融服务和办公设备业务的大型跨国公司,其办公产品种类繁多,包括打印机、复印机、传真机等,在全球 130 多个国家进行销售。20 世纪 70 年代末,由于日本办公产品的强有力的竞争力,施乐产品的市场占有率从 42% 降到 22%,为了应对挑战,施乐公司引进了更多的质量和生产率计划的创新,其中物流绩效标杆法是最具代表性的一种经营分析手法。

二、物流绩效标杆法

其基本思想是对照最强的竞争对手,或著名的顶级企业的有关指标而对自己的产品、服务和实施过程进行连续不断的衡量。然后制定出有效的赶超对策来改进自己的产品、服务以及系统的一种有效的改进方式或方法,简言之,标杆法是:

(1)研究竞争对手的物流战略战术;

(2)学习竞争对手先进的物流模式;

(3)改进企业的物流流程及各种操作模式。

三、施乐公司物流绩效标杆法实施

1. 基本程序

施乐公司物流绩效标杆法由以下 4 个阶段 10 个步骤组成:

第一阶段(3 个步骤):明确标杆内容;选择标杆企业(或部门);收集标杆企业和本企业资料与数据。

第二阶段(3 个步骤):确定当今的绩效水平;制定未来绩效水平计划;标杆的确认。

第三阶段(2 个步骤):建立改进目标;制定行动计划。

第四阶段(2 个步骤):执行行动计划和监督进程;修正绩效标杆。

施乐公司绩效标杆既有战略的,也包括战术或运作方面的标杆。具体有以下三种:

第一种是战略性标杆,它包含一个企业的市场战略与其他企业的市场战略的比较,包括:

(1)竞争对手强调什么样的市场?

(2)支持竞争对手市场战略的资源水平有哪些?

(3)竞争对手的竞争优势集中于哪些方面,强调什么样的市场战略?

第二种是操作性标杆,它是以各方面的职能性活动作为重点,找出有效的方法,在各种职能方面都取得最好的成绩。为了解决主要矛盾,一般选择对标杆职能有重要影响的有关职能与活动,以便使企业获取最大效益。

第三种是支持活动性标杆,企业内的支持功能应该显示出比竞争对手更好的成本效益,通过支持活动性标杆控制内部间接费用和防止费用的上升。

2. 施乐公司的物流绩效标杆法实践运作分三种类型

第一种类型是工作任务标杆。比如搬运装车、成组发运、排货出车的时间表等单个物流活动。

第二种类型是广泛的功能标杆。就是要同时评估物流功能中的所有任务,例如改进仓储绩效的标杆(从储存、堆放、订货、挑选到运送等第一个作业)。

第三种类型是管理过程的标杆。把物流的各个功能综合起来,共同关注诸如物流的服务质量、配送中心的运作、库存管理系统、物流信息系统及物流操作人员的培训与薪酬制度等,这种类型的标杆更为复杂,因为它跨越了物流的各项功能。

3. 运作绩效

运用绩效标杆法实际上可打破根深蒂固的不愿改进的传统思考模式,而将企业的经营目标与外部市场有机地联系起来,从而使企业的经营目标得到市场的确认而更趋合理化。

施乐公司物流绩效标杆法取得了显著的成效。以前公司花费 80% 的时间关注市场的竞争,现在施乐公司却花费 80% 的精力集中研究竞争对手的革新与创造性活动。施乐公司更多地致力于产品质量和服务质量的竞争而不是价格的竞争。结果,公司降低了 50% 的成本,缩短了 25% 的交货周期,并使员工增加了 20% 的收入,供应商的无缺陷率从 92% 提高到 95%,采购成本也下降了 45%,最可喜的是,公司的市场占有率有了大幅度的增长。

案例 8-2

长虹公司降低成本的秘诀——物流合理化

降低物流成本,是实现物流增值的重要一环,长虹公司是我国家用彩色电视机最大的厂商,1998 年长虹将设置在全国各地的分公司所处理的保管和配送等业务,从各分公司中分离出来,设置了配送中心,并制定了有计划地、集中地处理保管和配送等业务的物流战略计划。

长虹公司过去采取的方法是:将工厂装配好的产品,直接运送到各地经营商店,暂时保管,之后再根据客户的订货情况,将彩电配送到客户所在地。不管配送件数多少,各分店中都必须

配备送货人员和卡车。运输费用占物流费用的70%以上。

长虹面临巨大的成本压力,物流费用的上升必将严重影响到企业的竞争力,长虹采取上述商、物分离的措施,并设置配送中心使物流合理化。

配送中心建立在分公司集中的大城市内,一个中心可承担约20个分公司的商品配送业务。建立配送中心后,分公司的车辆和送货人员就可以大量压缩,于是企业就可以用较少的车辆运送大量的货物。更进一步,还可以实现从工厂到消费者的一贯制产品运输,从而使大批量运输等取得相当好的成效。

长虹采取的是物流合理化措施中具有代表性的措施,也是众多企业实行物流合理化取得的成功案例之一。这种合理化措施可以达到规定的服务水平,还可以在降低费用方面取得较大成果。

复习思考题

1. 解释下列定义:

物流质量、物流服务质量、物流工作质量、物流工程质量、物流质量管理、物流质量控制、物流质量保证、物流成本、物流冰山现象、物流标准化、物流模数、物流绩效评价、物流绩效管理。

2. 物流质量的内容和指标体系应包括哪些?

3. 物流质量管理的基本特点是什么?企业怎样做好物流质量的管理工作?

4. "物流冰山现象"的实质是什么?如何理解?

5. 如何把握物流服务与低水平的物流成本之间的"效益悖反"问题?

6. 进行物流成本管理的作用主要体现在哪些方面?怎样进行物流成本管理?

7. 物流成本管理的内容有哪些?怎样才能降低物流成本?

8. 物流标准化有哪些特点?在物流管理工作中实行物流标准化有何重要作用?

9. 物流模数是怎样规定的?物流基础模数尺寸与集装模数尺寸的配合关系如何?

10. 什么是物流标准化体系?包括哪些种类?具有哪些重要作用?

11. 进行物流绩效评价对企业的物流管理具有何重要的意义?怎样进行物流绩效评价?

12. 如何理解物流绩效管理合理化模式的具体内涵?

13. 简述现代化的物流管理技术在物流企业的应用。

14. 物流服务由哪些要素构成?物流增值服务的内容有哪些?

15. 库存管理的方法有哪些?

16. 物流管理组织的发展经历了哪几个阶段?

9 第九章　供应链管理

学习目标

通过本章的学习应能够解释供应链管理的定义，说明供应链管理的运行机制；描述供应链管理的方法。

在全球化市场竞争日益激烈、客户对交货期的要求越来越高、对产品和服务的期望也越来越高的环境下，如何满足顾客的要求、提高市场占有率、降低成本从而获得良好的经济效益，是摆在企业面前的重要课题。在此种背景下，供应链管理应运而生。供应链管理利用现代信息技术，通过改造和集成业务流程，与供应商以及客户建立协同的合作伙伴联盟，从而持久提高企业的竞争力，使企业在复杂的市场环境下立于不败之地。本章主要介绍供应链及供应链管理的概念，供应链管理结构，供应链管理的运行机制，供应链中的物流管理以及供应链管理在实际运用中的典型方法等内容。

第一节　供应链管理概述

一、供应链的概念

1. 供应链概念的产生

供应链的概念提出于20世纪80年代。一般认为，供应链的概念是从制造业发展而来的。早期的观点认为供应链是制造企业中的一个内部过程，它是指将采购的原材料和收到的零部件通过生产转换和销售等活动传递到用户的一个过程。传统的供应链概念局限于企业的内部操作，注重企业的自身利益。

后来供应链的概念开始注意与其他企业的联系，注意供应链的外部环境，偏向于定义它为一个通过链中不同企业的制造、组装、分销、零售等过程将原材料转换成产品进入最终用户的转换过程。它是更大范围、更为系统的概念。例如美国的斯蒂文斯认为："通过增值过程和分销控制从供应商的供应商到用户的用户的流就是供应链，它开始于供应的原点，结束于消费的终点。"这种定义都注意了供应链的完整性，考虑了供应链中所有成员操作的一致性。

近年来，供应链的概念更加注重围绕核心企业的网链结构。如核心企业与供应商、供应商的供应商乃至与一切前向的关系，与用户、用户的用户及一切后向的关系，如图

9-1所示。此时的供应链概念形成为一个网链的概念，像丰田、耐克、尼桑、麦当劳以及苹果公司的供应链管理都是从网链的角度实施的。哈里森将其定义为“供应链是执行采购原材料、将它们转换为中间产品和成品，并且将成品销售到用户的功能网链”。这些概念同时还强调供应链的战略伙伴关系问题，通过建立战略伙伴关系，可以与重要的供应商和用户更有效地开展工作。

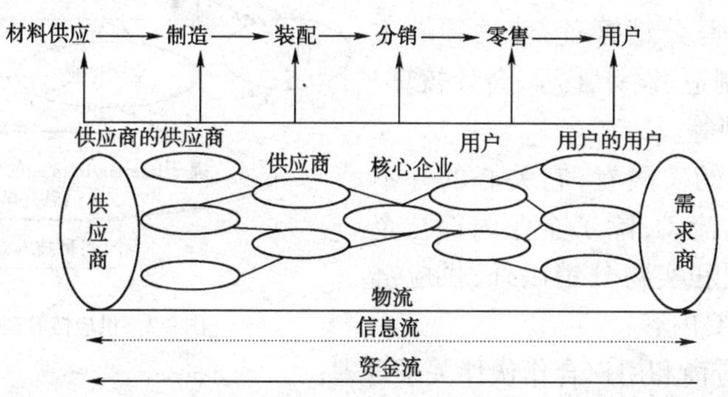

图 9-1　供应链“网链”结构模式

从图 9-1 可以看出：供应链由所有加盟的节点企业组成。其中一般有一个核心企业，节点企业在需求信息的驱动下，通过供应链的职能分工与合作（生产、分销、零售等），以物流、信息流和资金流为媒介实现整个供应链的不断增值。

2. 我国供应链的定义

供应链是指围绕核心企业，通过对信息流、物流、资金流的控制，将产品生产和流通中涉及的原材料供应商、制造商、分销商、零售商以及最终消费者连成一体的功能网链结构和模式。在这个网络中，每个贸易伙伴既是客户的供应商，又是其供应商的客户，他们既向其上游的贸易伙伴订购产品，又向其下游的贸易伙伴供应产品。

供应链不仅是一条连接供应商到用户的物料链，而且还是一条增值链，物料在供应链上因加工、运输等过程而增加其价值。在近年来全球制造、全球竞争加剧的环境下，它已发展成了一个围绕核心企业的网链，而不仅仅是一条简单的从供应商到用户的链条。

二、供应链管理

1. 供应链管理的概念

所谓供应链管理，是一种集成的管理思想和方法，它是对供应链中的物流、信息流、资金流、增值流、业务流以及贸易伙伴关系等进行计划、组织、协调和控制的一体化管理过程。

供应链管理的总体目标是降低提供必要的客户服务水平所需的总资源的数量。其分目标包括：使客户的需求与供应商的物料流动协调一致；降低供应链中的存货资金；提高客户服务水平；建立供应链的竞争优势。

2. 供应链管理的内容

供应链管理覆盖了从供应商的供应商到客户的客户的全部过程，主要涉及到四个领域：供应、生产计划、物流、需求，如图 9-2 所示。

对供应链的管理是以同步化、集成化生产计划为指导，以各种技术为支持，尤其以 Internet/Intranet 为依托,围绕供应、生产作业、物流、满足需求来实施的,其核心内容是计划、控制从供应商到用户的物料(零部件和成品等)和信息。

上述供应链管理中涉及的四个主要领域还可以细分为职能领域和辅助领域。职能领域主要包括产品工程、产品技术保证、采购、生产控制、仓储管理、分销管理;辅助领域主要包括客户服务、制造、设计工程、会计核算、人力资源、市场营销等。

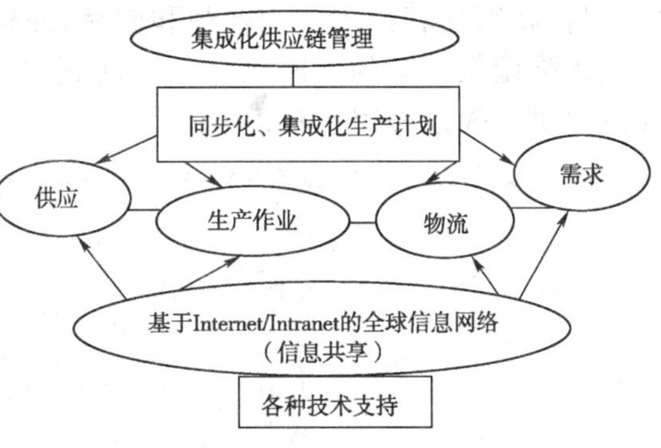

图 9-2　供应链管理涉及的领域

从供应链管理的实践看,它关心的并不仅仅是物料实体的流动,除了企业内部与企业之间的运输问题和实物分销以外,供应链管理还包括以下主要内容:

(1)战略性供应商和用户合作伙伴关系管理;

(2)供应链的需求预测和计划;

(3)供应链的设计(全球节点企业、资源、设备的评价、选择和定位);

(4)企业内部与企业之间物料供应与需求管理;

(5)基于供应链管理的产品设计与制造管理、生产集成化计划、跟踪和控制;

(6)基于供应链的用户服务和物流(运输、库存、包装)管理;

(7)企业间资金流管理(汇率、成本问题);

(8)基于 Internet/Intranet 的供应链交换信息管理。

3. 供应链管理与传统管理模式的区别

供应链管理与传统的物料管理和控制模式有着明显的区别,主要体现在以下几个方面:

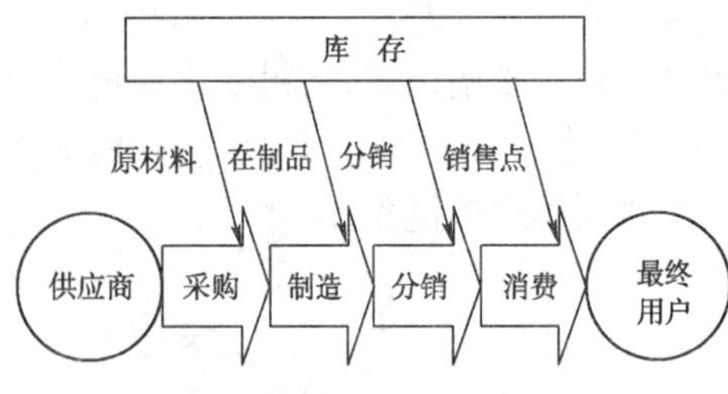

图 9-3　供应链管理的范围

(1)供应链管理把供应链中所有节点企业看作一个整体,供应链管理涵盖整个物流过程,包括从供应商到最终用户的采购、制造、分销、零售等职能领域,如图 9-3 所示。

(2)供应链管理强调和依赖战略管理,它影响和决定了整个供应链的成本和市场占有份额。

(3)供应链管理的关键是采用集成的思想和方法,而不仅是节点企业资源的简单连接。

(4)供应链管理具有更高的目标,通过管理库存和合作关系来达到高水平的服务,而不是仅仅完成一定的市场目标。

第二节　供应链管理的结构

一、供应链管理的框架结构

研究供应链管理的框架结构,便于了解供应链管理的内涵和构成。供应链管理的框架结

构可以分为三个密切相关的方面:业务流程、管理职能和网链结构。图9-4是这三方的简要关系图。

其中:业务流程是产生增加价值的生产性活动;管理活动是使各业务流程得以相互协调配合,形成供应链中高效、有序的系列过程的重要因素;网链结构则是供应链各成员企业组成供应链的网络结构。

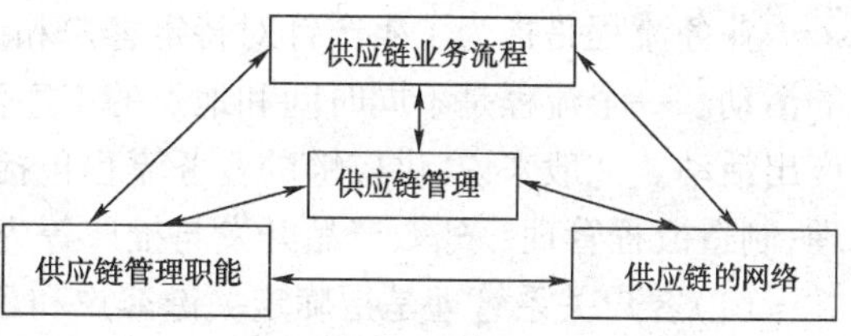

图9-4　供应链管理框架结构的组成

二、供应链的网链结构

前已述及,从原材料供应商到最终消费者,所有企业都包括在供应链中。供应链的网链结构主要包括:供应链的长度(即所包含的层面数)、各层面供应商或客户的数量、各层面之间的联系方式。图9-5是一个比较典型的供应链的网链结构示意图。供应链管理、运作过程中所涉及的各种物料、产品、服务、资金、信息以及增加价值等都通过该网络结构进行流动、循环和交换。从网链结构来看,供应链更象一棵根须众多,枝繁叶茂的树,而不是从字面理解的一条条传递的链条。

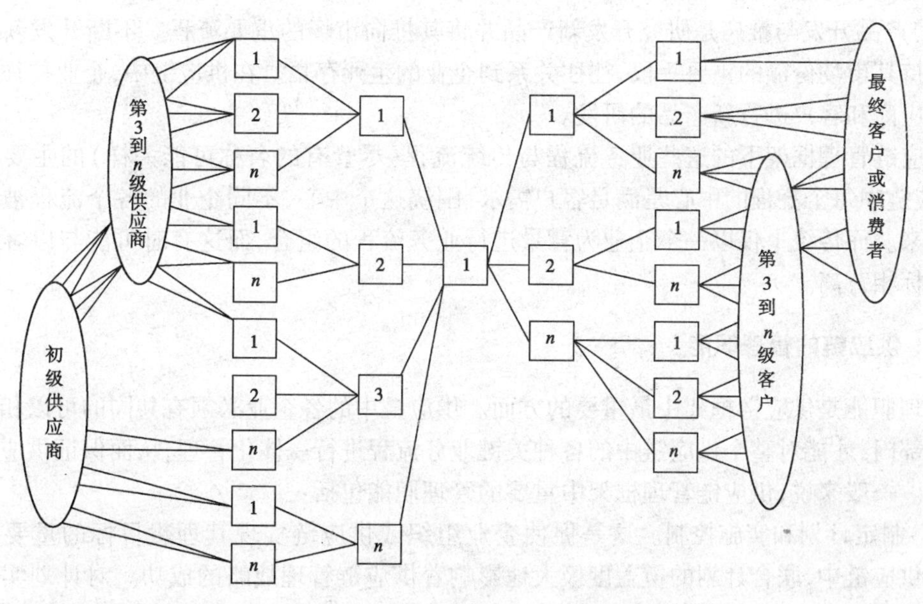

图9-5　供应链的网链结构示意

在供应链网链结构问题中,最关键的是综合考虑供应链的整体目标、背景环境以及企业能力等具体因素,确定供应链中各节点之间的恰当关系,包括关系类型、关系的紧密程度和联系形式。应将与核心企业的业务密切相关的关键供应商或客户确定为合作伙伴关系,以巩固企业之间的关键业务联系,提高业务流程的效率,减小流程中断的风险。而将与核心企业业务相关的其他供应商和客户确定为一般的合作关系。否则,若将所有节点间的关系都处理成合作伙伴关系,则可能虚耗大量的时间和精力。

三、供应链中的业务流程

业务流程是指为了生产针对特定客户和市场的特定产品而设计的一系列有组织和可测度的活动。一个流程是不同时间和地点的工序活动以特定的顺序由始至终所进行的一系列投入产出活动。一般来说,供应链的业务流程包括客户关系管理、客户服务管理、需求管理、订单处理、制造流程管理、采购、产品开发与推广等内容。

(1)客户关系管理是指确定关键客户和目标市场及开发、管理关键客户。

(2)客户服务管理则为客户使用包括实时订货、生产和分销动态信息等的在线信息系统提供了一个界面,同时还为客户提供产品信息。

(3)需求管理关注的是客户需求的准确预测,并尽量减少需求的波动及其对企业产品、物料流动的影响。

(4)订单处理以满足客户要求为目标,尽量迅速准确地传递客户订单。

(5)生产流程管理的中心任务是制造出满足客户需要的产品,尽量使生产具有更大的弹性,使产品组合更加合理。

(6)采购以管理企业战略性供货伙伴关系为中心,摈弃传统的讨价还价的观点,其目标是支持制造流程管理和新产品开发。

(7)产品开发与推广是研究开发新产品并将其推向市场的重要流程。不断开发新产品是企业保持其市场份额的重要手段,往往关系到企业的生死存亡。在供应链中,企业往往联合关键的供应商和客户进行新产品的研发。

供应链管理框架下的这些业务流程与传统流程(尽管有的名称可能一样)的主要区别在于,供应链中每个流程的中心是满足客户需求,围绕这个中心,不同企业的各个流程被有序地组织起来。而传统上仅以一个企业为背景进行业务流程的组合,而这有时可能与以客户为中心的目标相背离。

四、供应链的管理职能

管理职能是供应链框架中最重要的方面。供应链中的各企业必须有共同的可以相互对应的管理部门,才能对整个供应链中的各种关键业务流程进行一体化管理,从而保证供应链的整体效率。一般来说,供应链管理框架中重要的管理职能包括:

(1)制定计划和实施控制。这是促使企业组织或供应链实现其理想目标的重要职能活动。在供应链中,联合计划的覆盖度极大地影响着供应链管理战略的成功。对计划实施及具体运作的控制,则是保证供应链实际绩效的重要职能。

(2)确定工序结构。企业的工序结构显示了企业实现其生产或服务功能的途径和方法。供应链的工序结构决定着供应链中各业务流程的组织形态。

(3)确定组织结构。组织结构指构成供应链各要素的组合方式,它明确规定了供应链各部分的分工、合作及不同层次的权利和责任。在供应链管理中,大多数企业起用通晓各种工序活动的多层面、综合型人员组成的小组,负责各工序、各流程甚至不同企业的工序流程之间的协调和组织工作。

(4)确定产品流组织结构。产品流组织结构指供应链中的采购、制造和分销流程。合理

组织供应链网络内的产品流动,对于降低整个供应链中的库存,减少仓库数量及设施,降低产品成本具有重要意义。

(5)构建信息流组织结构。建立信息交流机制,以便对供应链各成员之间所传递的信息种类、信息更新频率、信息传递的通畅性、时间、速度、效率等方面实施管理。信息流动是一体化供应链管理的首要因素,是供应链管理的重要一环。

(6)产品结构管理。指协调整个供应链中的新产品及产品序列的开发。在供应链管理中应十分重视在新产品开发上各企业之间(如制造企业和零售企业之间)的协调,以提高产品竞争力和整个供应链的竞争力。一般来讲,参与产品开发过程的企业数量及参与的程度与新产品的复杂程度高度相关。

(7)选择管理方法。指为实现管理目标,保证管理活动顺利进行所采取的工作方式。它包括管理哲学和管理的技术方法。供应链管理的哲学和技术方法在其日常运作的方方面面都可以体现出来。

(8)明确权利和领导结构。领导的本质是发挥影响力对供应链管理活动施加影响。在供应链管理体系中通常会含有一至两个强有力的领导企业(核心企业),核心企业由于在规模、技术、资金等方面占据绝对优势,往往会影响其上、下游企业(有时甚至包括二级或三级的供应商和分销商)的运作和管理。

(9)建立风险和利益结构。供应链中风险与利益的分配,影响着供应链成员之间长期的权利和义务关系、供应链管理的实效以及供应链的稳定。保持风险和利益之间的平衡,对供应链管理非常重要。

(10)文化和观念态度。文化和观念态度指为供应链成员普遍认可和遵循的价值观念、团体意识、行为规范和思维模式。它在供应链管理过程中具有重要作用。混乱而互不相容的组织文化容易导致供应链各成员对同一问题产生不同的理解,造成供应链成员之间交流困难、信息传递低效率,以至于影响到供应链各成员间的合作。

五、供应链管理实施的核心问题

供应链管理发展的主要动因可以归为三方面:一是信息革命;二是全球竞争激烈化导致客户对产品和服务的成本、质量、配送、技术、周期等方面提出了更高的要求;三是新型组织间关系的出现。可以说,在供应链管理战略的实施过程中,最核心的问题也是围绕这三个方面展开的。与此相对应,在供应链管理系统中,包括了三个重要子系统,即供应链信息管理系统、供应链库存管理系统、供应链关系管理系统。

(1)信息管理系统。它是在电子数据交换系统(EDI)、电子资金划转(EFT)、条形码、传真、自动语音邮件、CD-ROM 等技术的支持下而建立的信息系统。

建立一个能覆盖整个供应链中的所有职能和组织的信息系统,对整个供应链管理起着至关重要的作用。首先,它使得供应链各环节间的适时配送(JIT)成为可能,使供应链的库存最少,供应链各成员能够及时有效地对变化做出反应。其次,实时的销售信息立即传送给整个供应链的各组织部门,使得管理人员能够跟踪变化趋势、计划所需的生产能力、并通知供应链中的所有供应商。第三,信息流动还使组织间可以通过电子货币手段对服务费用和产品费用进行支付,从而确保供应链成员之间的快速支付得以实施。总之,信息的自由传递使得企业决策更为快速、准确。

(2)库存管理系统。在市场对企业的快速反应能力和产品配送时间不断提高要求的环境下,必须加强对库存的管理,做到既能对市场的需求快速反应,又能使整个供应链的的库存量降低。这就要求,在一个高效管理的一体化供应链中,必须以战略的眼光定位库存、建立一个高效的库存管理系统。使其能在客户需要的时候,以适当的数量、适当的价格满足客户,不断加快库存在各成员的流转,从而减少成本、提高效率、增加利润。

(3)供应链关系管理。供应链关系管理是供应链管理中最具难度而又最重要的组成部分。可以说信息技术是使供应链各节点联结得以形成的基本技术因素,库存周期的缩短也在许多不同企业间获得了成功,并不断改善、发展。然而,如果没有有效的供应链组织间的关系作为基础,所有在信息及库存管理方面的努力都可能付之东流。

在与供应链管理相关的三个基本活动中,关系管理是最脆弱、最容易失败的。供应链中任何一个环节的关系不顺都可能导致对所有供应链成员不利的后果。为避免这些问题的发生,各企业必须加强沟通,更好地了解合作伙伴的业务程序以及供应商的质量和配送表现,从而找出为其客户服务的更好途径。

第三节　供应链管理的运行机制

供应链结构和业务联系的复杂性,决定了供应链管理必须建立良好的运行机制。包括:

一、合作机制

供应链合作机制体现在构建战略伙伴关系和企业内外资源的集成和优化利用上。合作机制的确立使企业集成的范围扩展了,从原来的中低层次的内部业务流程重组上升到企业间的协作,这是一种更高级别的企业集成模式。基于这种企业环境的产品制造过程,从产品的研究开发到投放市场,周期大大地缩短,而且客户导向化程度更高,使企业在多变的市场中柔性和敏捷性显著增强。

二、决策机制

供应链企业必须建立基于开放性环境下的群体决策机制。由于供应链企业决策信息的来源不再仅限于一个企业内,而是在开放的信息网络环境下,不断进行信息交换和共享,达到供应链企业同步化、集成化计划与控制的目的,而且随着 Internet/Intranet 发展成为新的企业决策支持系统,企业的决策模式将会产生很大的变化,因此,处于供应链中的任何企业决策模式都应该是基于开放性环境下的群体决策模式。为适应决策模式的变化,供应链企业应当建立基于开放性环境下的决策机制。

三、激励机制

归根到底,供应链管理和任何其他管理思想一样都是要使企业在"TQCSF"上有上佳表现(T 为时间,指反应快,如提前期短,交货迅速等;Q 指质量,控制产品、工作及服务质量;C 为成本,企业要以更少的成本获取更大的收益;S 为服务,企业要不断提高用户服务水平,提高用户

满意度;F 为柔性,企业要有较好的应变能力),从而增强竞争力。

搞好供应链管理,必须建立、健全企业评价和激励机制,使我们掌握供应链管理在哪些方面、多大程度上给予企业以改进和提高,推动企业管理工作不断进步和完善,从而使供应链管理真正成为能为企业管理者乐于接受和实践的新的管理模式。

四、自律机制

自律机制体现在供应链企业向行业的领头企业或最具竞争力的竞争对手看齐,不断对产品和服务进行改进上。从而保持竞争力并持续发展。自律机制包括企业内部的自律、对比竞争对手的自律、对比同行业企业的自律和对比领头企业的自律等内容。企业通过推行自律机制,可以更好地了解竞争对手,提高客户满意度,增加信誉,并使企业内部部门的业绩差距缩小,从而提高企业的整体竞争力。

第四节　供应链管理中的物流管理

一、供应链管理与物流管理的关系

供应链管理与物流管理之间存在着不可割裂的联系。供应链管理是物流管理与系统管理、制造管理等其他管理相互融合的产物,是物流管理由内部一体化向外部一体化发展过程中产生的一种管理思想。然而,供应链管理源于物流管理,却高于物流管理。它与传统的企业内部的一体化物流管理有着根本的区别。

1. 供应链管理与物流管理的联系

(1)物流管理贯穿于整个供应链管理过程。人们最初提出“供应链管理”一词,是用来强调在物流管理过程中,在减少企业内部库存的同时也应考虑减少企业之间的库存。可以说,供应链管理是对物流管理的延伸,是物流发展到集约化阶段的产物。企业通过与供应链中的上游、下游企业整合,形成先进的物流系统,物流贯穿于整个供应链管理过程。

(2)供应链管理战略的成功实施必然以成功的物流管理为基础。从供链管理的实践看,能够真正认识并率先提出供应链管理概念的也是一些具有丰富物流管理经验和先进物流管理水平的世界顶尖企业。事实上,任何企业不可能控制所有的生产要素并使其高效率地利用。在日益激烈的市场竞争下,企业必须与它的原材料供应商、产品分销商、第三方物流服务者等结成持久、紧密的联盟,共同建设高效率、低成本的供应链,才能从容应对市场竞争,并取得最终胜利。

2. 供应链管理与物流管理的区别

供应链管理思想的形成与发展,是建立在多个学科体系(系统论、渠道管理、制造与运作管理等)基础上的,其理论的根基远远超出物流管理的范围。供应链管理将许多物流以外的功能穿越企业间的界限整合起来,它的功能超越了企业物流的范围。一般认为供应链是物流、信息流、资金流的统一,物流管理是供应链管理体系的重要组成部分。

供应链管理与物流管理的区别在哪里呢?一般而言,供应链管理涉及制造问题和物流问

题两个方面,物流涉及的是企业的非制造领域问题。两者的区别主要表现在:

(1)物流涉及原材料、零部件在企业之间的流动,而不涉及生产制造过程的活动。

(2)供应链管理包括物流活动和制造活动。

(3)供应链管理涉及从原材料到产品交付给最终用户的整个物流增值过程,物流涉及企业之间的价值流过程,是企业之间的衔接管理活动。

二、物流管理对供应链管理的重要作用

1. 物流价值在供应链价值中占有较高比重

供应链是一个价值增值过程。据分析,物流价值(采购和分销之和)在各类型的产品和行业中都占到了整个供应链价值的一半以上。而在消费品和一般工业品中,物流价值更大,达到80%以上。因此,有效地管理好物流过程对提高供应链的价值增值水平有着举足轻重的作用。

2. 物流管理在供应链管理中发挥着重要作用

从传统的观点看,物流对制造企业的生产是一种支持作用,被视为辅助的功能部门。但是,随着现代企业的生产从大批量生产转向精细的准时化生产,以及顾客要求瞬时化,对企业快速响应市场能力的要求不断提高等诸多因素的影响,都要求企业的物流系统具有和制造系统协调运作的能力,以提高供应链的敏捷性和适应性。供应链管理是21世纪企业的核心竞争力,而物流又恰成为供应链管理的核心能力的主要构成部分。

三、供应链管理中物流管理需要解决的主要问题

为保证供应链企业之间运作的同步化、并行化,实现快速响应市场的能力,物流系统管理应主要解决好以下几个方面的问题:

(1)实现快速准确交货的措施问题。

(2)低成本准时的物资采购供应策略问题。

(3)物流信息的准时输送、信息反馈与共享问题。

(4) 物流系统的敏捷性和灵活性问题。

(5)供需协调实现无缝供应链连接问题。

四、供应链管理中物流管理的新特点

由于供应链管理下物流环境的改变,使新的物流管理和传统的物流管理相比有许多不同的特点:

(1)信息流量大大增加,实现了信息共享。和传统的纵向一体化物流模型相比,供应链环境下的物流信息的流量大大增加。由于通过网络传递信息,使企业通过EDI/Internet可以掌握供应链上不同环节的技术信息和市场信息,从而实现了信息共享。实现信息共享对加强供应链的管理,提高对用户的个性化响应能力非常重要。

(2)对物流网络的规划能力增强。在供应链管理环境下的物流管理,充分利用第三方物流系统、代理运输等多种形式的运输和交货手段,不仅降低了库存的压力和安全库存水平,而且由于物流手段的多样化增加了可选择性,使得对物流网络的规划能力大为增强,提高了物流

服务的灵活性。

(3)作业流程的快速重组能力极大地提高了物流系统的敏捷性。通过消除不增加价值的过程和时间,使供应链的物流系统进一步降低成本,为实现供应链的敏捷性、精细化运作提供了基础性保障。

(4)对信息跟踪能力的提高,使供应链物流过程更加透明化,也为实时控制物流过程提供了条件。在传统的物流系统中,许多企业有能力跟踪企业内部的物流过程,但没有能力跟踪企业之外的物流过程,这是因为没有共享的信息系统和信息反馈机制。而通过实行供应链管理,使得对物流全过程的实时控制成为了可能。

(5)合作性与协调性是供应链管理的又一个重要特征。如果没有物流系统的无缝联结,出现了运输的货物逾期未到、顾客的需要不能得到及时满足以及采购的货物中途受阻等情况,都会使供应链的合作性大打折扣。因此,无缝联结的供应链物流系统是使供应链获得协调运作的前提条件。

归纳起来,供应链环境下的物流管理的特点可以用以下几个术语简单概括:信息共享;过程同步;合作互利;交货准时;响应敏捷;服务满意。

第五节 典型供应链管理方法简介

一、供应链管理方法之一——快速反应(QR)

1. 快速反应(QR)的概念

快速反应简称 QR,是从美国纺织与服装行业发展起来的一种供应链管理战略。它强调零售商和制造商密切合作,建立战略伙伴关系,利用 EDI 等技术进行销售时点信息(POS 系统信息)交换以及定货补充等其他经营信息的交换,共享信息资源,建立快速供应链系统,从而实现销售额增长和顾客服务最大化,以及库存量、商品缺货、商品风险和减价最小化的目标。

2. 快速反应(QR)的基本思想

快速反应(QR)的基本思想是为了在以时间为基础的竞争中占据优势,必须建立一整套对环境能够反应敏捷和迅速的系统。QR 是信息系统和 JIT 物流系统结合起来,实现"在特定的时间和特定的地点将特定的产品交予客户"的产物。

3. QR 的实现

QR 的实现主要依靠的是信息技术的发展,特别是电子数据交换(EDI)、条形码和带有激光扫描仪的电子销售时点(EPOS)系统等技术的使用。从根本上说,QR 背后所隐含的意义是需求信息的获取尽量实时并贴近客户。QR 系统通过系统处理速度的加快可以减少大量的前置时间,从而减少库存量,并可进一步减少反应次数。

4. QR 的效益

实施 QR 给企业特别是商业企业带来了巨大的效益。调查表明:通过实施 QR,零售商的销售额增长了20% ~25%;在 QR 环境下经营的企业可以得到更准确的销售数据,实现更频繁的订货,维持97%左右的现货率,从而在较高客户满意度的情况下降低库存水平,进行低成本经营;实施QR可使一般商品和季节性商品的削价损失减少30%,服装的削价损失减少40%;使商业企业经营费用中的购销费用平均减少0.5%~1.0%,配送费用平均下降0.5%~1.4%,管理费用平均下降0.14%,库存利息支出平均下降0.7%。

QR目前在欧美国家已达到较高水平,已经从建立密切合作关系发展到联合计划、预测与补货(CPFR)阶段。调查表明,实施CPFR后,除了前述项目外,在其他方面也取得了显著的效益:使新产品开发的前导时间减少2/3,库存周转率提高1~2倍。制造商与零售商联合,保证24h供货,使可补货品的缺货大大减少甚至消灭,提高了服务水平。通过敏捷制造技术,企业的产品中可有20%~30%是根据客户的特定需求而制造的。总之,通过运用QR策略,商品的制造商和零售商为客户提供了更好的服务,同时也减少了整个供应链上的非增值成本。

5. QR的实施要点

(1)条形码和EDI。零售商首先必须安装条形码(UPC码)POS扫描和EDI等技术设备,以加快POS机收款速度,获得更准确的销售数据,并使信息沟通更加通畅。POS扫描用于数据输入和数据采集。EDI用于贸易伙伴交换商业单据进行信息沟通。

(2)自动补货。QR的自动补货要求供应商更快、更频繁地运输重新订购的商品,以保证店铺不缺货,从而提高销售额。通过对商品实施快速反应并保证这些商品能敞开供应,使零售商的商品周转速度更快,消费者可以选择更多的花色品种。

(3)建立先进的补货联盟。为了保证补货业务的流畅,零售商和消费品制造商联合起来检查销售数据,对未来需求进行预测并制定需求计划,在保证有货和减少缺货的情况下降低存货水平,以加快库存周转速度,提高投资毛利率。

(4)销售空间管理。根据每个店铺的需求模式来规定其经营商品的花色品种和补货业务。

(5)联合产品开发。厂商和零售商联合开发新产品,缩短从新产品概念到新产品上市的时间。

(6)快速反应的集成。围绕消费者的需求这个中心,通过重新设计业务流程,将前述五项工作和公司的整体业务集成起来,以支持公司的整体战略。

二、供应链管理方法之二——有效客户反应(ECR)

1. 有效客户反应的概念

有效客户反应简称ECR,是1992年从美国的食品杂货业发展起来的一种供应链管理战略。是一种分销商与供应商为消除系统中不必要的成本和费用并给客户带来更大利益而进行密切合作的供应链管理战略。

2. ECR的目标

ECR的目标是建立一个具有高效反应能力和以客户需求为基础的系统,使零售与供应商以业务伙伴方式合作,提高整个供应链的效率,大幅降低成本、库存,提高服务水平。

3. ECR的效益

ECR策略可以在工业企业和商业企业中得到应用。制造业、批发商、零售商之间可以共同合作建立某种联盟关系,清除单方面不协调的行动,从全局观点提高相互间货物补充过程中

的效率,降低由生产开始的整个贸易周期的成本。

欧洲国家,对企业的调查结果表明:实施 ECR 对于制造商,可使预期销售额增加5.3%,制造费用减少2.3%,销售费用降低1.1%,仓储费用减少1.3%,总盈利上升5.5%。对于批发商和零售商而言,可使销售额增加5.4%,毛利增加3.4%,仓储费用降低5.9%,库存量下降13.1%,使衡量商业企业效益的一个重要指标——每平方米的销售额增加了5.3%。

除此之外,对于上述企业以及客户在内,还存在着广泛的共同潜在效益,如信息通畅、货物品种规格齐全、减少缺货、提高企业信誉、改善供应与销售企业的关系、客户购物便利、增加了可选择性、货物新鲜等。

4. ECR 的实施要点

实施 ECR 有4个基本要点:

(1)加快新产品的开发、引进速度。在保证成本水平前提下,有效地开发研制新产品,并合理地制订生产计划, 提高新产品的开发、引进速度。

(2)加快货物配送速度。对产品进行分装或第二次包装以满足不同订单的需求;对新包装重新标识,提高分拣效率和分销效率,提高库存周转率和商店空间使用率。

(3)提高促销系统效率。提高仓储、运输、管理和生产效率,减少预先购买,减少供应商库存与仓储费等。

(4)提高补货速度。实施电子数据交换(EDI),应用计算机辅助订货,补货时间短、成本低。

5. 实施 ECR 的必要技术手段

(1)计算机辅助订货(CAO)。CAO 的作用是将有关产品转移及影响需求的外在因素、实际库存、产品接受和可接受安全库存等信息进行集成的订单准备工作。

(2)连续补货程序(CRP)。CRP 根据客户信息,自行决定补货数量,采取频繁交货、缩短提前期等办法降低共同成本。

(3)接力运输。将仓库和配送中心作为转运场。到货应预先通知,具有自动识别与数据自动采集设备,具备交货接受的自动确认能力。

(4)产品、价格和促销数据库。它是无纸信息系统实施的基础,应面向供应链所有信息结点,并且有校准措施。

应注意的是,ECR 的主要目的是降低供应链各环节的成本,它和快速反应战略(QR)有所不同,后者的目标是对客户的需求作出快速反应。

三、供应链管理方法之三——企业资源计划(ERP)

1. ERP 概述

ERP 是在 MRPII 的基础上,将物流、信息流、资金流、客户需求和企业内部的生产活动,以及供应商的制造资源整合在一起,实现完全按用户需求制造的一种供应链管理模式。ERP 是集成化管理的代表方法,它以信息技术为基础,以系统化的管理思想为指导,通过加强企业间的合作,实现对市场需求的快速反应、高度柔性的战略管理以及降低风险成本,实现高收益的目标。

与前面介绍的两种供应链管理方法所不同的是,前者只是着眼于某个行业的供应链的整合管理,而 ERP 则是把供应链各成员人力、物力以及财力等各种资源进行综合化、集成化管理以实现对整个企业供应链有效管理的一种全新的管理方法。

2. ERP 的主要功能模块

ERP 是将企业的物流、资金流和信息流进行全面整合集成,进行一体化管理的管理信息系统。一般企业的管理主要包括生产计划(计划、制造)、流通管理(分销、采购、库存管理)、财会管理(会计核算、财务管理)和人力资源管理。ERP 针对这些子系统都提供了通用的功能模块。

1)生产计划管理模块

生产计划管理模块是 ERP 的核心。它将供应链企业的整个生产过程有机地结合在一起,使各个分散的流程自动连接起来连贯进行,避免出现生产脱节或耽误交货时间,使得供应链企业能够有效地降低库存、提高效率。该管理模块主要包括以下几个功能模块:

(1)主生产计划。它是企业在一段时间内生产活动的总安排。根据生产计划、预测和客户订单的输入,安排未来的各周期中提供产品的种类和数量,按产品计划平衡物料和生产能力,提出精确到时间、数量的详细进度计划。

(2)物料需求计划。依据主生产计划确定的最终产品的生产数量和物料清单确定所需生产的零部件的数量,然后对照现有的库存量来对加工量和采购量等做出计划。

(3)能力需求计划。它是在物料需求计划提出后,将总工作负荷与工作能力平衡之后产生的详细工作计划。用以确定生成的物料需求计划是否可通过生产能力来实现。

(4)控制和制造标准。它是具体工作中的动态作业计划,是作业任务分配到各车间时进行的作业排序、作业管理、作业监控工作。同时是对工作中的制造标准,包括零件、产品结构、工序等进行统一的管理。

2)流通管理模块

该模块主要包括分销、采购、库存三个方面的管理功能。

(1)分销管理,它包括对整个销售过程的管理。该模块主要有三个方面的功能:对客户信息的管理、提供客户服务以及销售的统计与分析。

(2)采购管理。采购管理是确定合理订货量,选择合适的供应商并保持最佳安全储备的全部管理工作。主要完成随时提供订购、验收的信息,跟踪和催促对外购买或委外加工的物料,保证货物及时到达,建立供货商档案,根据成本信息及时调整库存。

(3)库存管理。库存管理是为满足相关部门的需求,随时间变化动态地调整库存,反映库存现状、控制库存物料数量,以保证稳定的物流,支持正常生产的活动。

3)财会管理模块

主要有财务管理和会计核算两方面的功能。

(1)会计核算。主要是记录、核算、反映和分析资金在企业经营活动中的变化过程及其结果的工作。它又包括总账、应收应付账、现金、固定资产、成本核算等子管理模块。

(2)财务管理。主要功能是在会计核算提供的数据基础上分析、预测、管理和控制财务活动。与前者相比,它更侧重于财务计划、控制、分析和预测功能。

4)人力资源管理模块

该功能模块的主要功能有:人力资源规划、辅助决策、人员工资核算、考勤管理等。

3. 实施 ERP 的效益

ERP 能为企业带来巨大的效益。据美国生产与库存控制协会统计:使用一个 ERP 系统,可以使库存平均下降 30% ~50%,库存周转率提高 50%,准时交货率平均提高 55%,误期率降低 35%;采购提前期缩短 50%,停工待料减少 60%,制造成本降低 12%,管理人员减少 10%,生产能力提高 10% ~15%。

4. ERP 的实施要点

1)最高管理层的积极参与

实施 ERP 的过程是一个全面变革的过程。它既是技术的引进,更是管理方式的革命。因此,实施 ERP 必须由企业最高领导层的重视和亲自参与,包括参与变革、参与选择管理软件、参与选择技术方案。

2)建立管理信息系统。

(1)建立决策信息支持系统。主要解决的问题是:对数据进行有效采集、加工,并准确传递给企业的决策层,以实现科学和动态的决策,它是应用 ERP 的关键环节。

(2)建立人力资源管理信息系统。包括人力资源战略及政策、招聘管理、员工培训、能力开发、政绩考核、升迁计划、知识管理等。

(3)建立物流管理信息系统。在物流活动的管理与决策中,如运输工具的选择、运输路线的确定/每次配送批量的确定、在途货物的跟踪、仓库的有效利用、最佳库存数量的确定、库存时间确定、订单管理、如何提高客户服务水平等都需要详细和准确的物流信息。建立物流管理信息系统是搞好物流管理的基本要求。

3)做好前期准备工作

实施 ERP 之前,企业需要做好以下准备工作:

(1)知识更新。要求全体员工学习、研究,掌握现代企业管理理论和信息技术,不断拓展眼界。

(2)规范数据。ERP 作为一种管理信息系统,处理的对象是数据,因此要求数据必须规范化。

(3)机构重组。企业必须在业务流程和组织结构方面加以调整和变革,实行机构重组以适应精细化管理的要求。

(4)全体动员。要求全体员工积极参与并各负其责。

(5)理论培训——ERP 作为管理技术和信息技术的有机结合体,其在管理上所反映的思想和理论,通常要比实际运作中的先进。这要求企业各级管理层要不断学习先进的管理理论,并对 ERP 项目实施所涉及的人员进行不同层次、不同程度的软件具体功能的培训。

(6)风险控制——ERP 系统内容庞大、模块繁多、模块间的关联也比较复杂,实施风险很大。ERP 系统实施中的风险主要有:软件风险、实施风险和转变风险。顺利转变管理思想,是 ERP 成功实施的关键因素。

5. ERP 的实施程序

ERP 的实施一般包括以下几个步骤:

(1)成立专门机构。在企业内成立三级专门机构,即领导小组、项目小组和职能小组。领导小组负责 ERP 计划的制定、重大问题的决策及政策的制定等。项目小组负责领导层和各部门间的协调。职能小组是实施 ERP 系统的核心,其主要职责是将 ERP 系统的知识和项目实施经验传授给企业,使企业能够通过"知晓——接受——拥有"的过程,最终实现企业自身持续改善的目的。

(2)准备基础数据。实施 ERP 项目要花费大量时间准备基础数据,如基本产品数据信息、客户信息、供应商信息等。

(3)进行原型测试。在通过系统培训全面了解 ERP 的基础上,结合本企业的具体情况和需求进行适应性试验,验证系统对具体问题解决的程度,以确定二次开发的工作量。原型测试的数据可以是模拟的,不必采用企业实际业务数据。

(4)建立实施文档。企业要在各个实施步骤中建立规范和详尽的实施文档,从而更准确地反映用户需求,高效地完成阶段任务。

(5)进行系统调试。企业要结合行业背景和行业管理模式对 ERP 软件功能作适当调整,以适应特定行业管理上的特殊要求。

(6)开展模拟运行。在完成了用户化和二次开发后,可以用企业实际的业务数据进行模拟运行,取得经验,以保证系统运行的平稳过渡。

(7)进行系统切换。经过一段时间的试运行后,如果没有发生什么异常现象,就可以替换原来的业务系统了。

第六节　供应链战略带来的变化

供应链战略的实施,给企业管理带来了很大变化,主要表现在:

一、对贸易伙伴的选择

通常确定供应商的各种措施,如"投标法"、"货比三家"等,总的原则是利用竞争心理,降低价格。在这种方式下,贸易伙伴关系不是固定的,在每次贸易活动中都可能发生变动。而在实施供应链战略中,对贸易伙伴的选择是从长期、稳定的原则出发,只精选少数企业建立相对固定的贸易伙伴关系。

选择稳定贸易伙伴的原则是首先考虑质量保证体系,保证进货质量良好,供货时可以实行免检制度;其次要求合作企业的财务稳定。当然,规模较大的、经营管理水平较高的、竞争力强的企业容易被对方选为合作伙伴,这就促成了强-强联合的发展。

二、主导企业的形成

供应链管理强调作为经济实体的企业之间的密切合作关系。为了进行协调,通常有一个企业在建立和指导供应链的活动中起主导作用,形成主导企业。一般来说,零售商处于掌握市场动态的最前沿,有利于成为供应链体系中的龙头企业,如美国零售业巨子沃尔玛公司在其所处的供应链体系中经常理所当然地扮演这种角色。

但是,由于供应链成员的主权独立性,强者对弱者的发号施令必须建立在互惠互利

的原则基础上，使得每个成员都在本身利益的驱使下，心甘情愿地和其他成员配合一致。

三、控制内容的变化

以前，人们也认识到在系统内企业间密切合作的重要性，因而比较重视纵向一体化的实现，通过拥有链中的每项要素对全链进行控制与支配。具体来说，就是系统成员之间进行纵向联合，上游企业和下游企业实行所有权上的纵向合并。但经过实践，人们发现这种战略很难达到预想的效果。例如，美国汽车业巨头亨利·福特曾经尝试成为一名在生产要素上完全自给自足的行业巨头，但最终发现没有哪家厂商能够完全自给自足。

现代供应链管理则实行了不同的战略，将过去的做法改变为只是简单地协调链中独立企业的物流作业，而不损害企业生产经营的自主权。这样做对每个企业不增加任何负担与限制，有利而无害，因此很容易接受。大家基于共同体利益，自愿地在物流管理方面协调一致、统一行动、这种供应链联盟被称为“虚拟”一体化。

案例

IBM的供应链管理

供应链管理的实现，是把供应商、生产厂家、分销商、零售商等在一条供应链上的所有节点企业都联系起来进行优化，使生产资料以最快的速度，通过生产、分销环节变成增值的产品，到达有消费需求的消费者手中。这不仅可以降低成本，减少社会库存，而且使社会资源得到优化配置，更重要的是通过信息网络、组织网络实现了生产及销售的有效连接和物流、信息流、资金流的合理流动。

计算机产业的戴尔公司在其供应链管理上采取了极具创新的方法，体现出有效的供应链管理比品牌经营更好的优越性。戴尔公司的成功为其他电脑商树立了榜样，使他们目睹了戴尔公司的飞速成长过程。作为戴尔的竞争者之一，IBM 过去倾向于根据库存来生产计算机，但由于其制造的产品型号繁多，常常发现在有的地区存储的产品不合适，因而丧失了销售时机。计算机业面临的另一问题是技术上的日新月异，这意味着库存会很快过时，造成浪费。为解决这些问题，IBM 和产业界的其他众多计算机厂商也在改变其供应链，使之能够适应急剧变化的市场环境。图 9-6 是 IBM 公司在欧洲业务的供应链。

通过实施供应链管理，IBM 公司生产的盲目性得到了避免，完整的欧洲区供应链管理系统所带来的益处是：帮助 IBM 随时掌握各网点的销售情况，充分了解、捕捉与满足客户的真正需求，并且按照订单制造、交货，没有生产效率的损失，在满足市场需求的基础上，增进了与用户的关系；能全面掌握所有供应商的详细情况；合理规划异地库存的最佳水平；合理安排生产数量、时间以及运输等问题；合理调整公司的广告策略和价格政策；网上定货和电子贸易，可随时把电脑的动态信息告诉每一位想了解的顾客；减少了工业垃圾和制造过程对环境的破坏。

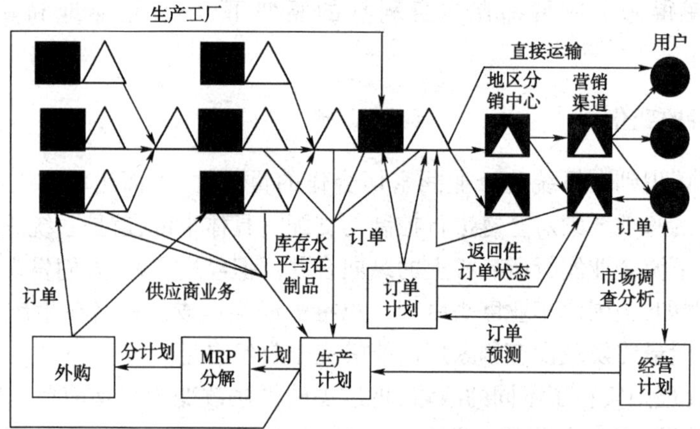

图 9-6　IBM 欧洲业务的供应链管理

复习思考题

1. 供应链管理的内容是什么？
2. 供应链管理的结构有什么特点？
3. 供应链管理的运行机制有哪些？
4. 供应链管理中物流管理的内容是什么？

10 第十章　物流信息系统

学习目标

通过本章的学习，应能够解释物流信息系统的定义；描述物流信息系统的功能；定义物流信息技术。

物流信息系统是物流领域的神经网络，它联结着物流系统的各个层次和每个环节，在物流管理中发挥着极为重要的作用。本章介绍了物流信息系统的组成，典型的物流管理信息系统和信息技术，阐述了电子商务与物流的关系，以及电子商务环境下的物流管理等内容。

第一节　物流信息系统概述

一、物流信息系统的概念

1. 概念

在物流范畴中建立的信息收集、加工、储存、服务工作系统称为信息系统。建立高效的信息系统能帮助人们及时获得有用的物流信息，并有效地利用这些信息组织物流活动，协调和控制各业务子系统的正常运行。

2. 物流信息系统的功能

物流信息系统具有数据处理功能，业务管理功能和决策支持功能。

(1)数据处理功能。包括数据的收集、输入、贮存、加工、检索、传输和输出。

(2)业务管理功能。指利用数据处理功能提供的信息、组织、协调和控制物流活动，完成各种业务管理工作。

(3)决策支持功能。利用物流管理信息系统向管理人员提供决策数据，利用辅助决策的计算机软件帮助管理人员和领导者进行决策，制定计划等。

二、物流信息系统的结构

物流信息系统是控制物流的总系统，其构成可以从不同角度进行分析研究。

1. 物流信息的层次结构(图 10-1)

(1)数据层。将收集加工的物流信息以数据库形式加以存贮。

(2)业务层。对合同、票据、报表等进行日常处理。

(3)运用层。包括车辆运输路径选择、仓库作业计划、仓库管理等涉及到当前运行的短期决策。

(4)控制层。建立物流系统的特征值体系,制定评价标准,建立控制与评价模型,根据运行信息检测物流系统的运行状况。

(5)规划层。建立各种物流系统分析模型,辅助高层管理人员制定物流战略规划。

2. 物流信息系统的逻辑结构

物流信息系统是一个复杂的系统,它涉及的范围广,贯穿于整个物流过程,涉及企业的进货、存储、配送、运输等物流活动。物流信息系统的逻辑结构如图 10-2 所示。

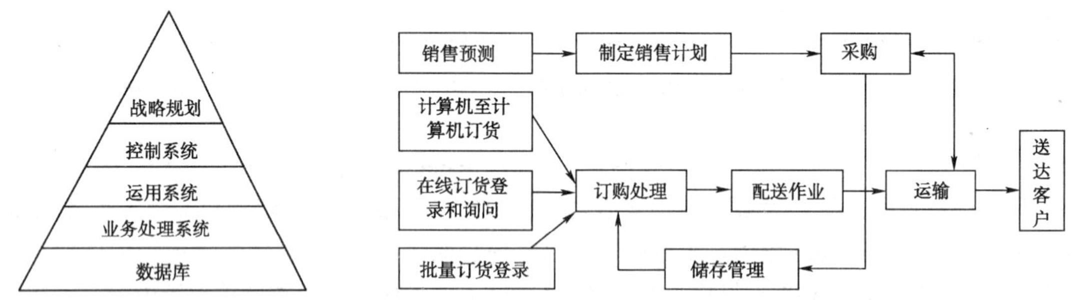

图 10-1 物流信息系统的结构层次　　图 10-2 物流信息系统逻辑结构

3. 物流信息系统的功能结构

根据处理功能的不同,把物流管理信息系统划分成若干个子系统 ,其功能结构如图 10-3 所示。

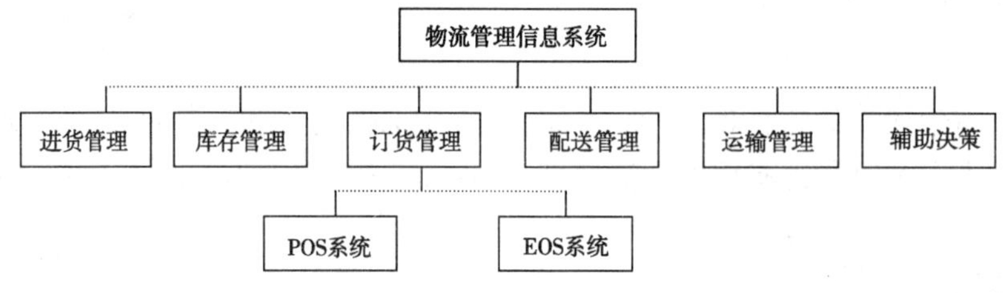

图 10-3 物流管理信息系统功能结构图

三、物流信息系统的工作方式

1. 手工系统

手工系统是信息系统的初级方式,其特点是信息载体是单据、卡片;手工填写单据、卡片;手工分类、整理汇总单据卡片;以表格形式输出信息;一般用通信方式进行远程传递及交换;定期进行传递、交换、会议分析。手工系统投资少、简单易行,缺点是信息处理能力差、处理速度慢,不能适应现代物流发展需要。

2. 电子计算机系统

电子计算机系统是利用计算机网络实现存贮、传递、处理信息的系统。计算机系统具有信息处理能力强、运算速度快、存贮容量大的特点。同时,通过计算机网络将分散的仓库、车站、管理部门、配送中心等联结起来,能形成一个大跨度的信息系统,更好地发挥计算机的潜力,实

现高效的物流管理。

1)建立计算机物流信息系统的基本条件

(1)建立中心电子计算机及网络电子计算机或终端机。

(2)建立通用的软件系统。

(3)建立信息传输系统,决定信息传输方式。

其中传输系统大体有三类:

第一类,联机系统。将计算机和远程通信线路联结在一起,当有信息传递时,可以做出即时处理。

第二类,脱机系统。将通信线路与电子计算机线路断开,通过线路传输的信息利用磁带、卡片等记录,然后再利用计算机处理,在传输量不大、线路难以处于经常工作状态时,可以采用这种系统。

第三类,载体传输系统。不利用通信线路,而利用软盘、磁带等信息储存载体进行传输,具体方法是,用一台计算机将收集、处理过的信息储存在软盘、磁带等载体中,然后将其运交给另一台计算机。

在实际应用中,三种方式都有各自的优势领域和适用领域,所以也都有所应用。

2)终端

终端是用户与网络联结的设备,如终端机、电传机等。

3)结点

结点是主机进入通信线路的控制处理机。

4)线路

线路包括主机与终端联结的本地线路和网络的结点间远程高速通信线路两类。计算机网络按其覆盖范围有远程网和局域网两类。物流系统中两类网络都有所使用。

四、物流信息系统的发展

1. 从辅助企业管理的角度看

业务处理→管理控制→决策支持→战略管理。

2. 从系统网络发展的角度看

单机系统→局域网系统→广域网系统/Intranet→EDI/Extranet→物流电子商务系统。

3. 从数据管理技术的角度看

文件管理→数据库管理→数据仓库管理。

4. 从管理理念的角度看

注重企业内部管理→注重客户关系管理(CRM)。

第二节 典型物流管理信息系统及技术介绍

一、物流管理信息系统(MIS)

管理信息系统虽然是20世纪60~70年代时兴起来的,但是,至今仍是物流领域最重要的信息系统，其应用范围广泛，使用价值很高。国内外在物流领域中应用管理信息系统的结果证实，物流的各个领域都可以通过以计算机为基础的管理信息系统得到改善，统计证实，应用管理信息系统，常常可使生产率提高 10% ~15%。

物流管理信息系统以物流为特定的对象范畴，把物流和物流信息结合成一个有机的系统，这个系统用各种方式选择、收集、输入物流计划的、业务的、统计的各种有关数据，经过有针对性、有目的的计算机处理（即根据管理工作的要求，采用特定的软件技术，对原始数据处理）后输出对管理工作有用的信息的这样一种系统，如图 10-4 所示。

在物流领域中，管理信息系统常常可大可小。例如，国际物流的管理信息系统可包容船运、港口、仓储、汽车运输等若干子系统。而一个仓库的管理信息系统本身只是一个独立系统，同时又是更大规模的物流系统中的子系统。

二、物流决策支持系统（DSS）

决策支持系统是管理信息系统的高级形式和向纵深的延伸。其任务是利用信息系统所提供的信息和辅助决策的计算机软件帮助管理者和领导者进行决策，甚至模拟思维过程进行智能化的模拟决策，向更高级人工智能自动化系统发展。

较简单的决策支持系统只是向管理人员提供决策数据，即将管理信息系统的管理数据改变为决策数据，并对高级人员的管理决策，利用各种模型进行分析和结果判断，以使管理人员结合自己经验来判断并作出最终决策，并对这一最终决策后果有所预计。决策支持系统的结构一般为一个由人机对话系统/模型管理系统及数据管理系统三部分组成的系统，如图 10-5 所示。

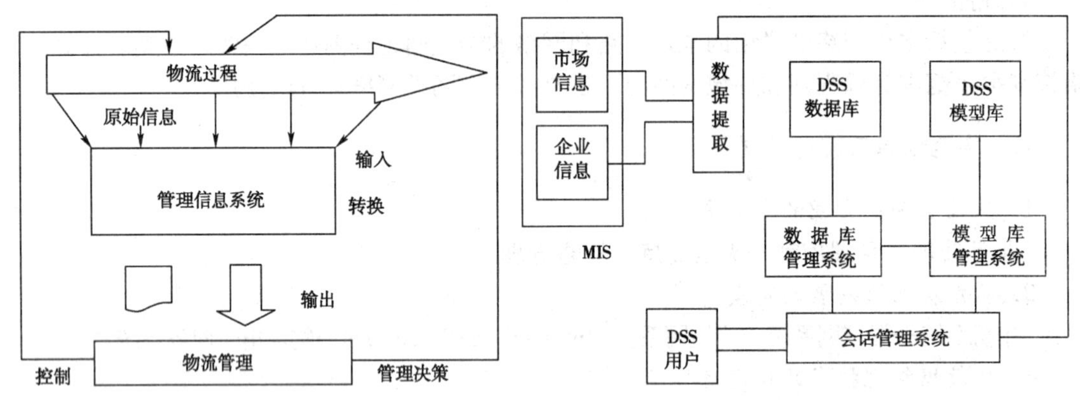

图 10-4 物流管理信息系统　　图 10-5 DSS 组成结构

决策支持系统对物流领域有异常重要的作用，例如，一个配送决策，依靠决策支持系统，可在建立配送方案过程中对每一项决策带来的后果有所认识，并在最终掌握每一方案的运费、劳动消耗、成本的情况下，再依靠决策支持系统对优选方案做出决策。显然，这种决策会准确得多，失误会少得多。

物流过程是一个单向过程，这和反复生产过程不同，单向过程事后的管理信息已对该过程无所裨益，所以更需要依靠决策支持系统，在物流活动开始之先更科学地作好决策，求得更高的成功率。可见，决策支持系统在管理中有更为重要的意义。

三、电子数据交换系统(EDI)

1. 电子数据交换系统(EDI)的概念

电子数据交换系统是对信息进行交换和处理的网络自动化系统,是将远程通信、计算机及数据库三者结合在一个系统中,实现数据交换、数据资源共享的一种信息系统,这个系统也可以作为管理信息系统和决策支持系统的重要组成部分。

采用电子数据交换系统之后,信息交换便可由两端直接进行,从而越过很多中间环节,使物流过程中每个衔接点的手续大大简化。采用 EDI 后由于减少甚至消除了物流各个过程中的单据凭证,不但减少了差错,而且大大提高了工作效率。

电子数据交换系统在物流领域有特别重要的作用,这是因为,物流大和泛的特点,使之很难建立大系统的信息网络。有时候,这个大系统各个局部之间分野较明显,且实际运行的各个局部,往往早就有其纵向的系统,并且其纵向系统已经较为完善,例如,铁道系统、港口系统、仓库系统等。所以,物流系统带有一定"横跨"性质,物流系统的信息完全可由和各个局部领域的信息交换和共享而形成,这就是物流系统特别需要电子数据交换系统的原因。此外,物流系统与外部也有必须进行的信息交换关系,如外部的工业企业、用户、商店、海关、银行、保险公司等,也需要实现网络的联结,进行电子数据交换。

2. 电子数据交换系统的基本结构

EDI 数据标准化、EDI 软件及硬件、通讯网络是构成 EDI 系统的三要素。

1)电子数据交换(EDI)的数据标准化

数据标准(EDI 标准)是由各企业、各地区代表甚至国际组织(ISO)共同讨论制定的电子数据交换共同标准,可以使各组织之间的不同文件格式,通过共同的标准,获得彼此之间文件交换的目的。

2)电子数据交换(EDI)软件及硬件

(1)EDI 软件。EDI 软件能将用户数据库系统中的信息,译成 EDI 的标准格式,以供传输和交换。EDI 软件可分为转换软件、翻译软件和通信软件三类:

①转换软件。转换软件的功能是帮助用户将原有计算机系统的文件或数据库中的数据,转换成翻译软件能够理解的平面文件,或是将从翻译软件接收来的平面文件,转换成原计算机系统中的文件。

②翻译软件。将平面文件翻译成 EDI 标准格式,或将收到 EDI 标准格式翻译成平面文件。

③通信软件。将 EDI 标准格式的文件外层加上通信信封(Envelope),再送到 EDI 系统交换中心的邮箱(Mailbox),或由 EDI 系统交换中心内,将接收到的文件取回。

(2)EDI 硬件设备。EDI 所需的硬件设备大致有:计算机、调制解调器(Modem)及通信线路。

3)通信网络

通信网络是实现 EDI 的手段。EDI 通信方式有多种。比较原始的联结方式有点对点、一点对多点、多点对多点式,适合于贸易伙伴较少的情况下使用。当贸易伙伴较多时,为了克服因计算机厂家不同、通信协议相异以及工作时间不易配合等问题,许多应用 EDI 公司逐渐采用第三方网络与贸易伙伴进行通信,即增值网络(VAN)方式。它类似于邮局,为发送者与接收者维护邮箱,并提供存储、记忆保管、通信协议转换、格式转化、安全管制等功能。因此,通过增值网络传送 EDI 文件,可以大幅度降低相互传送资料的复杂度和困难度,大大提高EDI的效率。

3. EDI系统工作原理

图10-6是EDI系统工作原理示意图。

从图中可以看出,实现EDI的前三步是平面转换、翻译和通信。即将用户应用系统(如管理信息系统、单项业务系统等)中储存的相关数据读取出来、按照不同的文件结构生成平面文件,再由翻译软件翻译成EDI标准报文,经通信网络传输到接收方。后三步是接收方从信箱中收取EDI信件,翻译并转送到应用系统中,这是上述过程的逆过程。

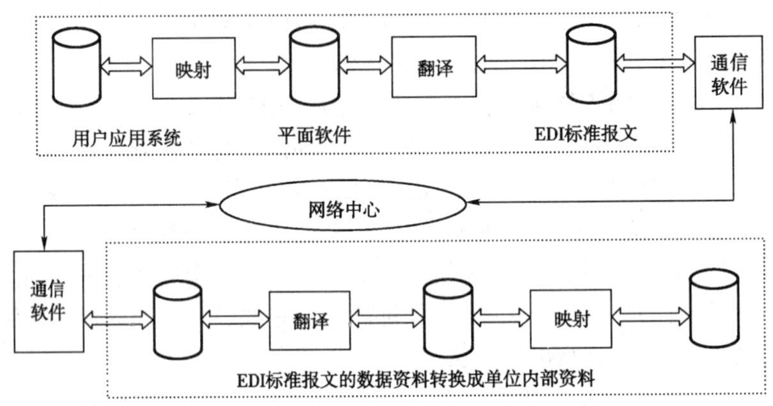

图10-6 EDI系统工作流程

4. EDI与其他电子传输方法的区别

EDI与其他电子传输方法的区别是,使用EDI必须使用预先规定的标准化格式和进行计算机到计算机之间的数据传输交换。而电子邮件、传真、远距离遥控输入、输出系统和专用格式下的部门间工作系统,虽然都能提高物流效率,并给物流带来很多方便,但它们都不是EDI。

5. EDI在物流中的功能

EDI在物流中的功能表现在:

(1)能进行物流信息和相关作业管理;

(2)能进行与物流有关文件的处理;

(3)能进行表格和文件管理;

(4)能进行各物流环节作业、运行、交易价格、成本、安全等事项记录;

(5)能转换各种物流数据;

(6)能通过内部网或直接与主机自动接收和发送数据,即数据内部交换;

(7)能通过通信网自动接收和发送数据,即数据外部交换。

6. EDI与物流管理信息系统(MIS)的关系

在企业内部,EDI在企业信息系统中属于电子数据处理(EDP:Electronic Data Processing,为企业管理信息系统的组成部分),为其提供订货、财务汇兑、库存和价格等基础信息,这些信息经过处理为决策和执行提供支持。在企业间,EDI系统起着信息传输和格式转换的作用,它可以联结各企业孤立的应用系统,将各系统集成为一个新的跨组织系统。

从技术的角度讲,MIS系统提供EDI系统交换的内容,完成EDI系统的数据加工,而EDI系统可以看作是MIS系统的通讯手段。EDI系统要发送、接收的报文由MIS提交、处理。EDI系统

一般具备对 MIS 数据格式定义的功能,通过应用定义,通用的 EDI 系统可以适应不同的 MIS。

应用单位一般先开发内部的 MIS,然后与其他单位间实现 EDI 联结,MIS 显然是 EDI 的前提。但对于那些原有信息应用不成熟的单位来说,为了与已实现 EDI 的公司或机构进行交易,也可以先引进一个仅仅与对方 EDI 系统相联的简单的数据录入、打印及通信的系统,也称"制单系统",而后再逐步发展自己的 MIS。

四、销售时点信息系统(POS 系统)

销售时点信息系统 ,简称为 POS 系统。是指通过自动读取设备,在销售商品时直接读取商品销售信息,如商品名、单价、销售数量、销售时间、销售店铺、购买客户等,并通过通信网络和计算机系统传送至有关部门进行分析加工以提高经营效率的系统。POS 系统是物流管理信息系统的基础,是以商品条码为基础的销售点自动化管理系统。它可以实时采集各种商品的销售信息,对经营商品实施单品管理。采用该系统以后,可以根据终端所提供的信息来控制存货和决定采购,使每一种商品能以最低的库存量确保销售的需要,使采购决策更符合客户的实际需要。

1. POS 系统的工作原理

POS 系统的工作原理如图 10-7 所示,包含了六项主要工作:

(1)收银机在进行商品交易时,自动记录原始数据及其他相关的信息,并有一段时期的保护记录期。其工作原理是阅读器通过对商品条形码的扫描及解码,经由电子收银机向后台电脑查价,价格信息由后台电脑输入电子收银机,并在显示屏幕显示出来,收银后打出购物清单。

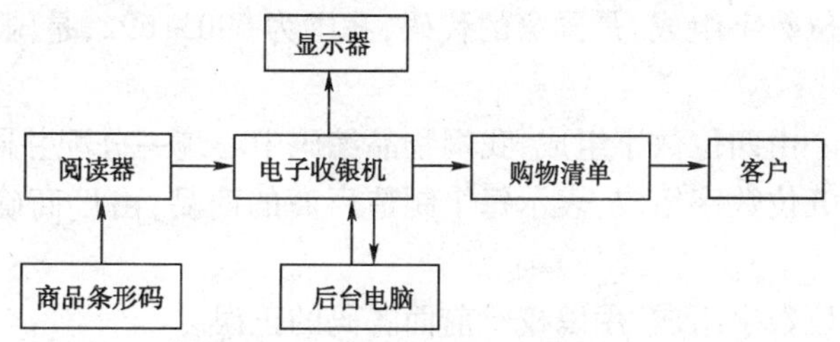

图 10-7　POS 系统工作原理

(2)POS 终端机自动贮存、整理全日营业信息,可以用即时或成批的方式,向后台提供商品信息。

(3)由 POS 终端机上的小型印表机打印各种收银报表,并具有读账、清账功能。

(4)中央电脑利用通信线路,取得每一个零售点的商品信息以及新品变价、配送货等信息。

(5)统计、分析各个零售点的营业资料,以供决策参考。

(6)迅速而准确地完成前台工作,同时保存完整的记录。

2. POS 系统的应用效果

POS 系统的应用效果表现在:收银台业务效率大大提高,使用 POS 系统使商品检验时间缩短,输入商品数据的出错率大大减少,收银作业变得容易,收集信息的能力大大提高。POS 系统做到了数据收集的省力化和实时化。销售额和现金额能随时把握,检查输入数据简便化,可以随时发现不良库存,及时把握库存水平。

3. 条形码技术

POS系统的建设与商品条形码的使用是相辅相成的。商品条形码的应用和推广有赖于POS系统的建立;而只有商品普遍使用条形码,POS系统才能有效地发挥作用。

(1)条形码的一般情况。条形码技术是现代物流系统中非常重要的大量、快速信息采集技术,能适应物流大量化和高速化要求,大幅度提高物流效率的技术。条形码简称条码,是由一组黑白相间、粗细不同的条状符号组成。条码隐含着数字信息,主要用以表示商品的名称、产地、价格、种类等,是全世界通用的商品代码的表示方法。

(2)条码的构成。是一组黑白相间的条纹,这种条纹由若干个黑色的"条"和白色的"空"的单元所组成,其中,黑色"条"对光的反射率低而白色的"空"对光的反射率高,再加上"条"与"空"的宽度不同,就能使扫描光线产生不同的反射接收效果,在光电转换设备上转换成不同的电脉冲,形成了可以传输的电子信息。

由于光的运动速度极快,所以,可以准确无误地对运动中的条码予以识别。条码的字符结构及实例如图10-8所示。

字符结构

实例

图10-8 条码字符结构及实例

(3)EAN条码及我国通用商品条码。EAN条码是国际上通用的通用商品代码,我国通用商品条码标准也采用EAN条码结构。主版是由13位数字码及相应的条码符号组成,在较小的商品上也采用8位数字码及其相应的条码符号。

①前缀码。由三位数字组成,是国家的代码,我国为690~692,是国际商品编码委员会统一符号。

②制造厂商代码。由四位数字组成,我国物品编码中心统一分配并同意注册,一厂一码。

③商品代码。由五位数字组成,表示每个制造厂商的商品,由厂商确定,可标识十万种商品。

④校验码。由一位数字组成,用以校验前面各码的正误。

(4)条码识别装置。条码识别采用各种光电扫描设备,主要有以下几种:

①光笔扫描器。似笔形的手持小型扫描器。

②台式扫描器。固定的扫描装置,手持带有条码的卡片或证件在扫描器上移动,完成扫描。

③固定式光电及激光快速扫描器。是由光学扫描器和光电转换器组成。是现在物流领域应用较多的固定式扫描设备,安装在物品运动的通道边,对物品进行逐个扫描,其原理如图10-9所示。

各种扫描设备都和后续的光电转换、信息信号放大及与计算机联机形成完整的扫描阅读系统,完成了电子信息的采集。

(5)条码在物流中的应用。

条码在物流中有较为广泛的应用,主要在以下几方面:

①销售时点信息系统(POS系统)。

在商品上贴上条码就能快速、准确地利用计算机进行销售和配送管理。其过程为,对销售

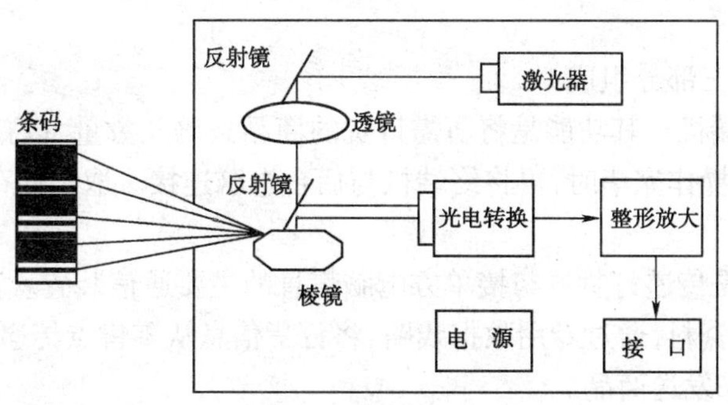

图 10-9 光点扫描阅读器的构成

商品进行结算时，通过光电扫描器读取并将信息输入计算机，然后输进收款机，收款后开出收据，同时通过计算机处理，掌握进、销、存的数据。

②库存系统。在库存物资上应用条码技术，尤其是规格包装、集装、托盘货物上，入库时自动扫描并输入计算机，由计算机处理后形成库存的信息，并输出入库区位、货架、货位的指令，出库程序则和 POS 系统条码应用一样。

③分货拣选系统。在配送方式和仓库出货时，采用分货拣选方式，需要快速处理大量的货物时，利用条码技术可自动进行分货拣选，并实现有关的管理。其过程如下：一个配送中心接到若干个配送订货要求，将若干订货汇总，每一品种汇总成批后，按批发出所有条码的拣货标签，拣货人员到库中将标签贴于每件商品上并取出由自动分货机分货，分货机始端的扫描器对处于运动状态分货机上货物扫描，一是确认所拣出货物是否正确，另一方面识读条码上用户标记，指令商品在确定的分支进行分流、到达各用户的配送货位，完成分货拣选作业。

五、电子订货系统(EOS 系统)

1. EOS 系统工作原理

EOS 系统是企业间利用通信网络和计算机设备以在线联结方式进行订货作业和订货信息交换的系统。按应用范围分为企业内的 EOS，例如连锁店经营中各个连锁分店与总部之间建立的 EOS 系统；零售商与批发商之间的 EOS 系统，零售商、批发商和生产商之间的 EOS 系统。EOS 系统的操作原理如图 10-10 所示。

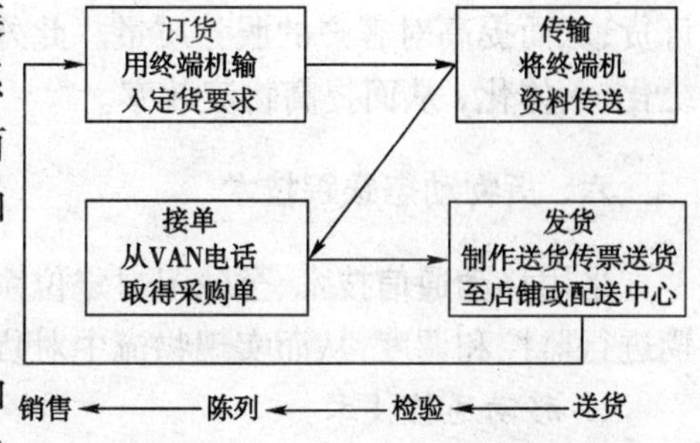

图 10-10 EOS 系统的操作流程

2. EOS 系统的结构和配置

EOS 系统的结构包括订货系统、通信网络系统和接单电脑系统。零售点只要配备了订货终端机和货价卡(或定货簿)，再配上电话和数据机，就完成了电子订货配置。供应商只要能接收零售商店通过数据机的订货信息，并可利用终端机设备系统直接作订单处理，打印出货单和检货单，就具备了 EOS 系统的功能。

无论采用何种形式的 EOS 系统，都是以零售点订货系统的配置为基础。零售点订货系统配置由硬件设备与电子订货方式选择两部分构成。

1)硬件设备配置

硬件设备一般由三部分组成：

(1)电子订货终端机。其功能是将所需订货的商品条码及数量，以扫描和输入的方式，暂时储存起来。当订货操作完毕时，再将终端机与后台电脑连接。取出储存的订货资料，存入电脑主机。

(2)数据机。它是传递订货方与接单方电脑信息的主要通信装置。其功能是将电脑内的数据转换成线性脉冲资料，通过专用数据线路，将订货信息从零售点传递给商品供货方的数据机，供方以此为依据来发送商品。

(3)其他设备。如个人电脑、价格标签及电内码的印制设备等。

2)电子订货方式

EOS 常用的订货方式有三种：

(1)电子订货簿方式。电子订货簿记录包括商品代码/名称、供应商代号/名称、进/售价等商品信息的书面表示。利用电子订货簿订货就是由订货者携带订货簿及电子订货终端机直接在现场巡视缺货情况，再由订货簿寻找商品，对条码进行扫描并输入订货数量，然后直接接上数据机，通过电话线传输订货信息。

(2)电子订货簿与货价卡并用方式。货价卡是装设在货价槽上的一张商品信息记录卡，记录商品名称、代码、条码、售价、最高订量、最低订量、厂商名称等。利用货价卡订货，不需携带订货簿，而只要手持电子订货终端机，一边寻货一边订货，订货手续完成后再直接接上数据机将订货信息传输出去。对难以设置货价卡的商品，可借助订货簿辅助订货。

(3)低于安全存量订货法。即将每次进货数量输入电脑，销售时电脑自动将库存扣减，当库存量低于安全存量时，会自动打印订货单或直接传输出去。

3. 使用 EOS 系统的效果

使用 EOS 系统的效果表现在：可以减少收单、登记、汇总等繁杂的手工劳动，减轻了劳动强度。能提供准确无误的订货信息，减少交货差错与退货；能使库存管理精细化、减低缺货率；能使供应商和零售商保持良好的协作关系，做到业务上相互支持；能满足客户小批量、多批次订货，从而提高对客户的服务质量。此外，使用 EOS 系统能使接单、配货、送货、收款等活动系统化，一体化，从而提高物流效率。

六、货物动态跟踪技术

采用移动通信技术、全球卫星定位系统(GPS)、地理信息系统(GIS)等先进技术可以对车辆进行监控和调度，从而实现物流中对货物的动态跟踪。

1. 移动通信技术

移动通信系统是由控制中心、发射中心及移动输入输出装置三部分组成，采用无线传输方式。移动输入输出装置主要采用电话机，进行声音的输入输出，发射中心可采用电台天线直接发射电波，也可采用卫星转发转收，控制中心进行信息传输控制和处理以及整个系统的控制操作。

移动通信系统在物流领域是其主要应用领域，其实际应用为：两个移动体(如两辆配送汽车)或多个移动体之间的信息交换传递；移动与固定指挥、管理、物流设施(如车站，配送中心，

码头,调度中心等)之间的信息交换。固定设施不但对移动中的各种物流工具位置、状况有所了解,而且可以根据综合的信息或根据信息系统的决策支持功能作出指挥、调度决策。

城市范围的移动通信有效范围为100km左右,区域范围或全国范围的移动通信,可利用卫星通信线路,因此无论距离远近,视物流系统状况可选用不同的移动通信方式。

2. 全球卫星定位系统(GPS)

1)GPS的定义

全球卫星定位系统是利用卫星星座(通信卫星),地面控制部分和信号接收机对对象进行动态定位的系统。GPS能对静态、动态对象进行动态信息的获取,快速、精度均匀、不受天气和时间的限制反馈空间信息。

2)GPS的组成及定位原理

GPS系统包括三大部分:空间部分——GPS卫星星座;地面控制部分——地面监控系统;用户设备部分——GPS信号接收机。

GPS定位原理。GPS卫星发射测距信号和导航电文给地面监控系统,导航电文中含有卫星的位置信息。地面监控系统负责监控卫星的运行,并保持各颗卫星处于同一时间标准——GPS时间系统。用户用GPS接收机在某一时刻接收三颗以上GPS卫星信号,从而测量出其所在地点的位置。

3)全球定位系统(GPS)在物流信息系统中的应用

GPS车辆监控调度系统使用了GPS全球卫星定位技术和无线数据通信技术,可对移动中的车辆进行实时监控和调度。

安装在车辆上的GPS定位仪可以实时获取车辆的位置信息,包括经纬度、速度、方向等。通过车辆无线数据通信系统,将车辆的定位信息以短消息方式传送到指挥监控中心,并显示在电子地图上。同样,无线车载终端也可将指挥中心的命令传送至移动的车辆上。

在运输中利用移动计算机与GPS/GIS车辆信息系统相连,使得整个运输车队的运行受到中央调度系统的控制。中央调度系统可以对车辆的位置、状况等进行实时监控。利用这些信息可以对运输车辆进行优化配置和调遣,极大地提高运输工作的效率。另外,通过将车辆载货情况以及到达目的地的时间预先通知下游单位配送中心或仓库等,有利于下游单位合理地配置资源,安排作业,从而提高运营效率,节约物流成本。

3. 地理信息系统

1)地理信息系统(GIS)技术概述

GIS(Geographical Information System, 地理信息系统),以地理空间数据为基础,采用地理模型分析方法,适时地提供多种空间的和动态的地理信息,是一种为地理研究和地理决策服务的计算机技术系统。

GIS的基本功能是将表格型数据(无论它来自数据库、电子表格文件或直接在程序中输入)转换为地理图形显示,然后对显示结果浏览、操作和分析。其显示范围可以从洲际地图到非常详细的街区地图。显示对象包括人口,销售情况,运输线路以及其他内容。

2)GIS技术在物流中的应用

GIS应用于物流分析,主要是指利用GIS强大的地理数据功能来完善物流分析技术。国外公司已经开发出利用GIS为物流分析提供专门分析的工具软件。完整的GIS物流分析软件集成了车辆路线模型、最短路径模型、网络物流模型、分配集合模型和设施定位模型等。

(1)车辆路线模型。用于解决一个起始点,多个终点的货物运输中,如何降低物流作业费用,并保证服务质量的问题。包括决定使用多少辆车,每辆车的行驶路线等。

(2)网络物流模型。用于解决寻求最有效的分配货物路径问题,也就是物流网点布局问题。如将货物从 n 个仓库运往到 m 个商店,每个商店都有固定的需求量,因此需要确定由哪个仓库提货送给哪个商店,使得运输代价最小。

(3)分配集合模型。可以根据各个要素的相似点把同一层上的所有或部分要素分为几个组,用以解决确定服务范围和销售市场范围等问题。如某一公司要设立三个分销点,要求这些分销点要覆盖某一地区,而且要使每个分销点的顾客数目大致相等。

(4)设施定位模型。用于确定一个或多个设施的位置,在物流系统中,仓库和运输线共同组成了物流网络,仓库处于网络的节点上,节点决定着线路,如何根据供求的实际需要并结合经济效益等原则,在既定区域内设立多少个仓库,每个仓库的位置,每个仓库的规模,以及仓库之间的物流关系等,运用此模型均能很容易地得到解决。

第三节　电子商务与物流

一、电子商务及其发展

1. 电子商务的概念

电子商务源于英文 Electronic Commerce,缩写为 EC。顾名思义,其内容包含两个方面,一是电子方式,二是商贸活动。电子商务是指利用简单、快捷、低成本的电子通信方式,买卖双方不谋面地进行各种商贸活动。

电子商务可以通过多种电子通信方式来完成。简单的,比如通过打电话或发传真的方式与客户进行商贸活动,可以称作为电子商务。但是,现在人们所探讨的电子商务主要是以 EDI(电子数据交换)和 Internet 来完成的。尤其是随着 Internet 技术的日益成熟,电子商务真正的发展将是建立在 Internet 技术基础上的。所以也有人把电子商务简称为 IC(Internet Commerce)。

从贸易活动的角度分析,电子商务可以在多个环节实现,由此可以将电子商务分为两个层次,较低层次的电子商务如电子商情、电子贸易、电子合同等;最完整的也是最高级的电子商务应该是利用 Internet 网络能够进行全部的贸易活动,即在网上将信息流、商流、资金流和部分的物流完整地实现。也就是说,可以从寻找客户开始,一直到洽谈、订货、在线付(收)款、开据电子发票以至到电子报关、电子纳税等都可以通过 Internet 一气呵成。

要实现完整的电子商务还会涉及到很多方面,除了买家、卖家外,还必须要有银行或金融机构、政府机构、认证机构、配送中心等机构的加入才行。由于参与电子商务中的各方在物理上是互不谋面的,因此整个电子商务过程并不是物理世界商务活动的翻版,事实上,网上银行、在线电子支付等条件和数据加密、电子签名等技术也在电子商务中发挥着重要的不可或缺的作用。

2. 电子商务的主要功能

电子商务的主要功能包括企业的销售,售前和售后服务,以及利用 Internet 进行市场开发等商业活动。具体包括的功能如图 10-11 所示。

网上广告
网上订货
网上付款
客户服务
商品运送
市场调查分析
财务核算
经营计划安排

图 10-11 电子商务的主要功能

3. 电子商务的特性及分类

1)电子商务的特性

(1)方便性。在电子商务环境中,客户不再受地域和时间的限制,能以非常简捷的方式完成过去繁杂的商务活动。如通过网络银行能够随时存取现金,查询信息等。

(2)整体性。电子商务能够规范事务处理的工作流程,将人工操作和电子信息处理集成为一个不可分割的整体。这样不仅能提高人力和物力的利用,也可以提高系统运行的严密性和操作的方便性。

(3)协调性。商务活动本身是一种协调过程,它需要客户与公司内部,生产商,批发商,零售商间的协调。在电子商务环境中,它更要求银行、配送中心、通信部门、技术服务等多个部门的通力协作。

(4)安全性。在电子商务中,安全性是一个至关重要的核心问题。它要求网络能提供一种端到端的安全解决方案,如加密机制、签名机制、安全管理、存取控制、防火墙、防病毒保护等,这与传统的商务活动有着很大的不同。

2)电子商务的分类

电子商务的本质是交流和沟通,最终目的则是实现整个交易过程的电子化。目前电子商务可分为以下两个大类,如图 10-12 所示。

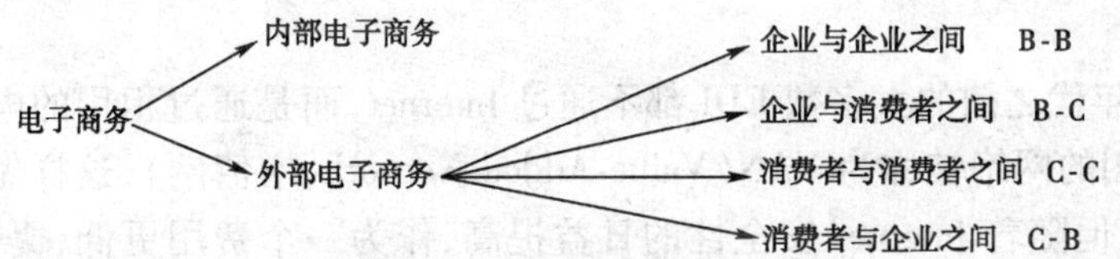

图 10-12 电子商务的主要种类

(1)企业内部电子商务。企业内部之间通过企业内部网处理与交换商贸信息。它可以用来自动处理商务操作及工作流程,增强对关键数据的存取,共享经验,共同解决客户问题,并保持组织间的联系。通过企业内部的电子商务可以使企业快速地处理商务活动,更快地对市场作出反应,更好地为客户提供服务。

(2)企业与企业之间的电子商务(B-B 模式)。企业与企业之间通过 Internet 或专用网方式进行电子商务活动,这是电子商务模式中最具发展潜力的。对 B-B 模式来说,电子商务是采购商、生产商与销售商之间的商务运作电子化。到目前 B-B 模式已经经过了三个发展阶段,如图 10-13 所示。

(3)企业与消费者之间的电子商务(B-C 模式)。企业通过 Internet 为消费者提供一个新型的购物环境——网上商店,消费者通过网络在网上购物,网上支付。由于这种模式节省了客户和企业双方的时间，缩短了他们的空间距离，大大提高了交易效率，节省了不必要的开支，所以网上购物成为电子商务的一个重要发展方向，如图 10-14 所示，对 B-C 模式来说，电子商务意味着更多客户、更多机会、更快发展，两者之间省却了中间商环节，真正实现两点一线最短距离的直线交流。这将使生产者及时得到市场的反馈信息，大大降低企业库存，加快企业对市场的反应速度和对商机的把握，增强市场竞争力。一旦内外环境成熟，企业从最初原材料采购开始到最终成交都可以在网上进行，这将加快运作速度，降低交易成本，达到盈利的目标。

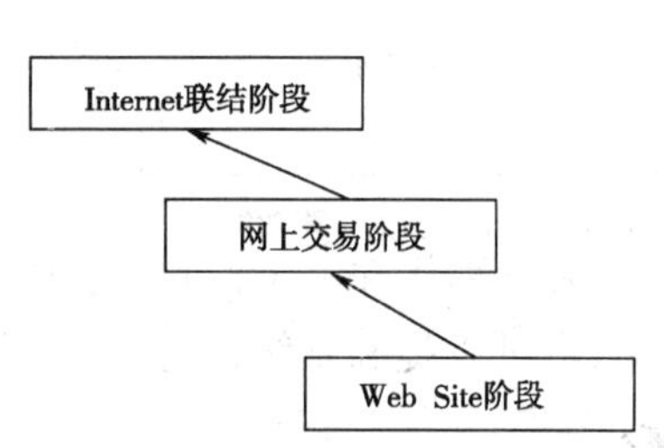

图 10-13　电子商务 B-B 模式三阶段

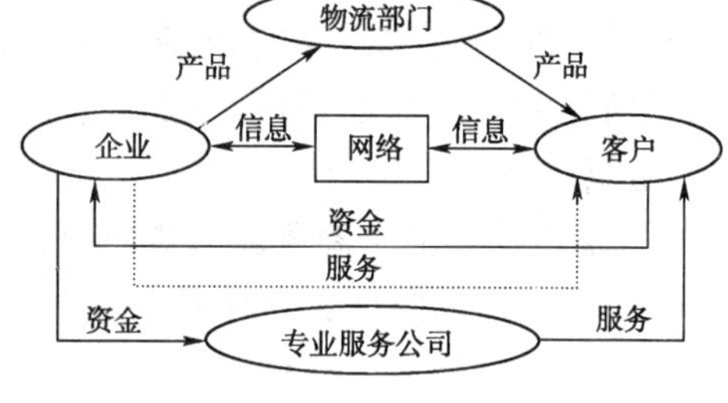

图 10-14　电子商务 B-C 模式下的交易运作

4. 电子商务的发展

电子商务的发展经历了两个阶段。

(1)20 世纪 60 ~ 90 年代，基于 EDI 的电子商务。EDI 在 20 世纪 60 年代产生于美国，当时的贸易商们在使用计算机处理各类商务文件的时候发现，由人工输入到一台计算机中的数据 70% 是来源于另一台计算机输出的文件，由于过多的人为因素，影响了数据的准确性和工作效率的提高，因而，人们开始尝试在贸易伙伴之间的计算机上能够自动交换，EDI 应运而生。

EDI 是将业务文件按一个公认的标准从一台计算机传输到另一台计算机上去的电子传输方法。由于 EDI 大大地减少了纸张票据，因此，人们也形象地称之为“无纸贸易”或“无纸交易”。

20 世纪 90 年代之前的大多数 EDI 都不通过 Internet，而是通过租用的电脑线在专用网络上实现，这类专用的网络被称为 VAN(Value-Added Network，增值网)，这样做的目的主要是考虑到安全问题。但随着 Internet 安全性的日益提高，作为一个费用更低、覆盖面更广、服务更好的系统，其已表现出替代 VAN 而成为 EDI 的硬件载体的趋势，因此有人把通过 Internet 实现的 EDI 直接叫做 Internet EDI。

(2)20 世纪 90 年代以来，基于国际互联网的电子商务。由于使用 VAN 的费用很高，仅大型企业才会使用，因此限制了基于 EDI 的电子商务应用范围的扩大。90 年代中期以后，国际互联网(Internet)迅速走向普及化，逐步地从大学、科研机构走向企业和百姓家庭，其功能也已从信息共享演变为一种大众化的信息传播工具。从 1991 年起，一直排斥在互联网之外的商业贸易活动正式进入到这个王国，并因此而使电子商务成为互联网应用的最大热点。

基于互联网的电子商务之所以对企业具有如此大的吸引力，是因为它比基于 EDI 的电子商务具有以下一些明显的优势：

①费用低廉。由于互联网是国际开放性网络，使用费用很便宜，一般来说，其费用不到 VAN 的四分之一，这一优势使得许多企业尤其是中小企业对其非常感兴趣。

②覆盖面广。互联网几乎遍及全球的各个角落，用户通过普通电话线就可以方便地与贸

易伙伴传递商业信息和文件。

③功能更全面。互联网可以全面支持不同类型的用户实现不同层次的商务目标,如发布电子商情、在线洽谈、建立虚拟商场或网上银行等。

④使用更灵活。基于互联网的电子商务可以不受特殊数据交换协议的限制,任何商业文件或单证可以直接通过填写与现行的纸面单证格式一致的屏幕单证来完成,不需要再进行翻译,任何人都能看懂或直接使用。

二、电子商务与物流的关系

1. 物流是电子商务概念模型的基本要素

电子商务概念模型是对现实世界中电子商务活动的一般抽象描述,它由电子商务实体、电子市场、交易事务和信息流、商流、资金流、物流等基本要素构成。

在电子商务概念模型中,电子商务实体是指能够从事电子商务的客观对象,它可以是企业、银行、商店、政府机构和个人等。电子市场是指电子商务实体从事商品和服务交换的场所,它由各种各样的商务活动参与者利用各种通信装置,通过网络联结成一个统一的整体。交易事务是指电子商务实体之间所从事的具体的商务活动的内容,例如询价、报价、转账支付、广告宣传、商品运输等。

电子商务中的任何一笔交易,都包含着几种基本的"流",即信息流、商流、资金流、物流。其中信息流既包括商品信息的提供、促销行销、技术支持、售后服务等内容,也包括诸如询价单、报价单、付款通知单、转账通知单等商业贸易单证,还包括交易方的支付能力、支付信誉等。商流是指商品在购、销之间进行交易和商品所有权转移的运动过程,具体是指商品交易的一系列活动。资金流主要是指资金的转移过程,包括付款、转账等过程。在电子商务下,以上的三种流的处理都可以通过计算机和网络通信设备实现。物流,作为4流中最为特殊的一种,是指物质实体(商品或服务)的流动过程,具体指运输、储存、配送、装卸、保管、物流信息管理等各种活动。对于少数商品和服务来说,可以直接通过网络传输的方式进行配送,如各种电子出版物、信息咨询服务、有价信息软件等。而对于大多数商品和服务来说物流仍要经由物理方式传输,但由于一系列机械化、自动化工具的应用,准确、及时的物流信息对物流过程的监控,将使物流的流动速度加快、准确率提高,能有效地减少库存,缩短生产周期。因此,物流是电子商务的基本组成要素之一。

2. 物流是实现电子商务的保证

(1)物流保障生产 。无论在传统的贸易方式下,还是在电子商务下,生产都是商品流通之本,而生产的顺利进行需要各类物流活动支持。生产的全过程从原材料的采购开始,便要求有相应的供应物流活动,将所采购的材料运到位,否则,生产就难以进行;在生产的各工艺流程之间,也需要原材料、半成品的物流过程,即所谓的生产物流,以实现生产的流动性。部分余料、可重复利用物资的回收,需要的回收物流;废弃物的处理则需要废弃物物流。可见,整个生产过程实际上就是系列化的物流活动。合理化、现代化的物流,通过降低费用从而降低成本、优化库存结构、减少资金占压、缩短生产周期,保障了现代化生产的高效进行。相反,缺少了现代化的物流,生产将难以顺利进行,那无论电子商务是多么便捷的贸易形式,离开物流仍将是无米之炊。

(2)物流服务于商流。在商流活动中,商品所有权在购销合同签订的那一刻起,便由供方转移到需方,而商品实体并没有因此而移动。在传统的交易过程中,除了非实物交割的期货交易,一般的商流都必须伴随相应的物流活动,即按照需方(购方)的需求将商品实体由供方(卖方)以适当的方式、途径向需方(购方)转移。而在电子商务下,消费者通过上网点击购物,完成了商品所有权的交割过程,即商流过程。但电子商务的活动并未结束,只有商品和服务真正转移到消费者手中,商务活动才告以终结。在整个电子商务的交易过程中,物流实际上是以商流的后续者和服务者的姿态出现的。没有现代化的物流,任何轻松的商流活动都将是一纸空文。

(3)物流是实现"以顾客为中心"理念的根本保证 。电子商务的出现,在很大程度上方便了最终消费者。他们不必再跑到拥挤的商业街,一家又一家地挑选自己所需的商品,而只要坐在家里,在 Internet 上搜索、查看、挑选,就可以完成他们的购物过程。但试想,他们所购的商品迟迟不能送到,或商家所送并非自己所购,那消费者还会选择网上购物吗？因此,物流是电子商务中实现以"以顾客为中心"理念的最终保证,缺少了现代化的物流技术,电子商务给消费者带来的购物便捷等于零。

综上所述,物流是电子商务重要的组成部分。我们必须摈弃原有的"重信息流、商流和资金流的电子化,而忽视物流电子化"的观念,大力发展现代化物流,以进一步推广电子商务。

3. 电子商务对物流的影响

近几年来,随着电子商务环境的改善以及电子商务所具备的巨大优势,使电子商务在短短的几年中以惊人的速度在发展。在这一发展过程中,人们发现作为支持有形商品网上商务活动的物流,已成为有形商品网上商务活动能否顺利进行和发展的一个关键因素。没有一个高效的、合理的、畅通的物流系统,电子商务所具有的优势就难以得到有效的发挥,没有一个与电子商务相适应的物流体系,电子商务就难以得到有效的发展。电子商务活动对物流的影响,主要表现在以下几个方面:

(1)电子商务将改变人们传统的物流观念 。电子商务作为一个新兴的商务活动,它为物流创造了一个虚拟性的运动空间。在电子商务的状态下,人们在进行物流活动时,物流的各种职能及功能可以通过虚拟化的方式表现出来,在这种虚拟化的过程中,人们可以通过各种组合方式,寻求物流的合理化,使商品实体在实际的运动过程中,达到效率最高、费用最省、距离最短、时间最少的功能。

(2)电子商务将改变物流的运作方式 。首先,电子商务可使物流实现网络的实时控制。传统的物流活动在其运作过程中,不管其是以生产为中心,还是以成本或利润为中心,其实质都是以商流为中心,从属于商流活动,因而物流的运动方式是紧紧伴随着商流来运动。而在电子商务下,物流的运作是以信息为中心的,信息不仅决定了物流的运动方向,而且也决定着物流的运作方式。在实际运作过程中,通过网络上的信息传递,可以有效地实现对物流的实时控制,实现物流的合理化。其次,网络对物流的实时控制是以整体物流来进行的。在传统的物流活动中,虽然也有依据计算机对物流实时控制,但这种控制都是以单个的运作方式来进行的。比如,在实施计算机管理的物流中心或仓储企业中,所实施的计算机管理信息系统,大都是以企业自身为中心来管理物流的。而在电子商务时代,网络全球化的特点,可使物流在全球范围内实施整体的实时控制。

(3)电子商务将改变物流行业的经营形态。首先,电子商务将改变物流企业对物流的组织和管理。在传统经济条件下,物流往往是从某一企业来进行组织和管理的,而电子商务则要求物流从社会的角度来实行系统的组织和管理,以打破传统物流分散的状态。这就要求企业在组织物流的过程中,不仅要考虑本企业的物流组织和管理,而且更重要的是要考虑全社会的整体系统。其次,电子商务将改变物流企业的竞争状态。在传统经济活动中,物流企业之间存在激烈的竞争,这种竞争往往是依靠本企业提供优质服务、降低物流费用等方面来进行的。在电子商务时代,这些竞争内容虽然依然存在,但有效性却大大降低了。原因在于电子商务需要一个全球性的物流系统来保证商品实体的合理流动,对于一个企业来说,既使它的规模再大,也是难以达到这一要求的。这就要求物流企业应相互联合起来,在竞争中形成一种协同竞争的状态,以实现物流高效化、合理化、系统化。

(4)电子商务将促进物流基础设施的改善和物流技术与物流管理水平的提高 。首先,电子商务将促进物流基础设施的改善。电子商务高效率和全球性的特点,要求物流也必须达到这一目标。而物流要达到这一目标,良好的交通运输网络、通信网络等基础设施则是最基本的保证。其次,电子商务将促进物流技术的进步。物流技术主要包括物流硬技术和软技术。物流硬技术是指在组织物流过程中所需的各种材料、机械和设施等。物流软技术是指组织高效率的物流所需的计划、管理、评价等方面的技术和管理方法。从物流环节来考察,物流技术包括运输技术、保管技术、装卸技术、包装技术等。物流技术水平的高低是实现物流效率高低的一个重要因素,要建立一个适应电子商务运作的高效率的物流系统,加快提高物流的技术水平则有着重要的作用。第三,电子商务将促进物流管理水平的提高。物流管理水平的高低直接决定和影响着物流效率的高低,也影响着电子商务高效率优势的实现问题。只有提高物流的管理水平,建立科学合理的管理制度,将科学的管理手段和方法应用于物流管理当中,才能确保物流的畅通进行,实现物流的合理化和高效化,促进电子商务的发展。

(5)电子商务对物流人才提出了更高的要求。电子商务不仅要求物流管理人员具有较高的物流管理水平,而且也要求物流管理人员要具有较高的电子商务知识,并在实际的运作过程中,能有效地将二者有机地结合在一起。

三、电子商务下物流的特征

电子商务时代的来临,给物流业发展带来了新的契机,也使物流具备一系列新的特点:

1. 信息化

电子商务时代,物流信息化是电子商务的必然要求。物流信息化表现为物流信息的商品化、物流信息收集的数据库化和代码化、物流信息处理的电子化和计算机化、物流信息传递的标准化和实时化、物流信息存储的数字化等。因此,条码技术(Bar Code)、数据库技术(Database)、电子定货系统(Electronic Ordering System,EOS)、电子数据交换(Electronic Data Interchange,EDI)、快速反应(Quick Response,QR)及有效的客户反应(Effective Customer Response,ECR)、企业资源计划(Enterprise Resource Planning ,ERP)等技术与观念在我国的物流中将会得到普遍的应用。信息化是一切的基础,没有物流的信息化,任何先进的技术设备都不可能应用于物流领域,信息技术及计算机技术在物流中的应用将会彻底改变世界物流的面貌。

2. 自动化

自动化的基础是信息化，自动化的核心是机电一体化，自动化的外在表现是无人化，自动化的效果是省力化，另外还可以扩大物流作业能力、提高劳动生产力、减少物流作业的差错等。物流自动化的设施非常多，如条码/语音/射频自动识别系统、自动分拣系统、自动导向车、货物自动跟踪系统等。这些设施在发达国家已普遍用于物流作业流程中，而在我国由于物流业起步晚，发展水平低，自动化技术的普及还需要相当长的时间。

3. 网络化

物流领域网络化的基础也是信息化，这里所指的网络化有两层含义：一是物流配送系统的计算机通信网络，包括物流配送中心与供应商或制造商的联系要通过计算机网络，另外与下游顾客之间的联系也要通过计算机网络通信，比如物流配送中心向供应商提出订单这个过程，就可以使用计算机通信方式，借助于增值网（Value-Added Network，VAN）上的电子定货系统（EOS）和电子数据交换技术（EDI）来自动实现，物流配送中心通过计算机网络收集下游客户的订货的过程也可以自动完成；二是组织的网络化，即所谓的组织内部网（Intranet）。比如，台湾的电脑业在20世纪90年代创造了“全球运筹式产销模式”，这种模式基本是按照客户的订单组织生产，生产采取分散形式，即将全世界的电脑资源都利用起来，采取外包的形式将一台电脑的所有零部件、元器件、芯片外包给世界各地的制造商去生产，然后通过全球的物流网络将这些零部件、元器件和芯片发往同一个物流配送中心进行组装，再由该物流配送中心将电脑迅速发给订户。这一过程需要有高效的物流网络支持，当然物流网络的基础是信息、电脑网络。

4. 智能化

这是物流的自动化、信息化的一种高层次应用，物流作业过程大量的运筹和决策，如库存水平的确定、运输（搬运）路径的选择、自动导向车的运行轨迹和作业控制、自动分拣机的运行、物流配送中心经营管理的决策支持等问题都需要借助于大量的知识才能解决。在物流自动化的进程中，物流智能化是不可回避的技术难题。好在专家系统、机器人等相关技术在国际上已经有比较成熟的研究成果。为了提高物流现代化的水平，物流的智能化已成为电子商务下物流发展的一个新趋势。

5. 柔性化

柔性化本来是为实现“以顾客为中心”理念而在生产领域提出的，但要真正做到柔性化，即真正地能根据消费者的需求变化来灵活调节生产工艺，没有配套的柔性化的物流系统是不能达到目的的。20世纪90年代，国际生产领域纷纷推出弹性制造系统（Flexible Manufacturing System，FMS）、计算机集成制造系统（Computer Integrated Manufacturing System，CIMS）、制造资源系统MRPII、企业资源计划ERP以及供应链管理的概念和技术，这些概念和技术的实现是要将生产、流通进行集成，根据需求端的需求组织生产、安排物流活动。因此，柔性化的物流正是适应生产、流通与消费的需求而发展起来的一种新型物流模式。这就要求物流配送中心要根据消费需求“多品种、小批量、多批次、短周期”的特色，灵活组织和实施物流作业。

此外，物流设施、商品包装的标准化，物流的社会化、共同化也都是电子商务下物流模式的新特点。

案例 10-1

沃尔玛的物流管理信息系统

先进的信息系统对沃尔玛公司的成长功不可没。沃尔玛公司是第一个发射和使用自有通信卫星的零售公司，它的信息系统是全美最大的民用系统。截至 20 世纪 90 年代初，沃尔玛公司在此已经投资了 7 亿美元，而它不过是一家纯利润只有 2% ~3% 的折扣百货零售公司。

一、沃尔玛公司的计算机网络化

1997 年，沃尔玛公司完成了计算机网络化配置，实现了客户信息——订货——发货——送货的整体化流程，也实现了公司总部与各分店及配送中心之间的快速直接通信。其中主要功能是及时采集商品销售、存货和订货信息，为公司对复杂配送系统的跟踪和控制提供支持。沃尔玛公司于 1979 年建立第一个数据处理和通信中心，在整个公司内实现了计算机网络化和每天 24h 连续通信。

二、沃尔玛公司的商品条码技术运用

沃尔玛公司还配合计算机网络系统充分地利用商品条码技术。1981 年，沃尔玛公司开始在几家商店进行试点，在收款台安装读取商品条码的设备，利用商品条码和电子扫描器实现存货自动控制。到 20 世纪 80 年代末，沃尔玛公司所有商店和配送中心都安装上了电子条玛扫描系统。采用商品条码技术可代替大量手工劳动，不仅缩短了客户结账时间，更便于利用计算机跟踪商品从进货、库存、配货、送货、上架到售出的全过程，及时掌握商品销售和运用信息，加快商品流转速度。利用这套系统，公司在对商品的整个处理过程中总计节约了 60% 左右的人工。商品条码加上便携式扫描仪还可以控制店内存货水平，方便地记录下商品种类、数量、进价、销售等信息使公司能更快地规划存货需求，节约再订货过程所需的时间。

三、沃尔玛公司的 EDI 技术运用

20 世纪 80 年代，沃尔玛开始利用电子数据交换系统（EDI）与供应商建立自动订货系统。该系统又称无纸贸易系统，即通过计算机网络向供应商提供商业文件、发出采购指令、获取收据和装运清单等，同时也使供应商及时精确地掌握产品销售情况。到 1990 年，沃尔玛公司已与它的 5 000 余家供应商中的 1 800 家实现了数据交换，成为 EDI 技术的全美最大客户。

沃尔玛公司还利用更先进的快速反应联机系统代替采购指令真正实现了自动订货。这些系统利用条码扫描和卫星通信与供应商每日交换商品销售、运输和定货信息，包括商品规格、款式、颜色等，从发出订单、生产到将货送达商店，最快的时候甚至不超过 10d。

现在，沃尔码公司的计算机跟踪着物流业务的每一环节，如供应商的存货数量、正在运往该公司的在途商品数量等。利用先进的电子信息手段，沃尔码公司的物流经理可精确地了解这些信息，从而知道如何使商店的销售与配送中心保持同步、使配送中心与供应商保持同步。

案例 10-2

中国石化股份公司的电子商务

中国石化集团公司是集石油勘探开发、炼油化工和成品油销售为一体的特大型国有企业。按1999年销售收入,美国《财富》全球500强企业排名列第58位。拥有包括1 800多家供应商、涉及56大类37万种规格、年采购额500亿元人民币的石油石化物资需求,网络经济的应用领域十分广阔。建立"公开公正、快捷高效"的物资采购电子商务系统是中国石化利用先进信息网络技术提升和改造传统产业的重大战略举措。

该公司建立物资采购电子商务系统的目标是:改变过去以订货会为主要方式的传统采购模式,建立B to B交易型的网上物资采购专业网站。

该系统的主要功能有:发布物资需求,指导价格,供应商基本情况,供应商资格确认,网上订单提报,审批询价方案,发布询价书和招标信息,供应商报价,选择供应商,录入合同,供应商动态考评,查询网上各类信息,物资供应管理,各种报表的录入汇总,采购数量与金额,价格走势,库存状况及采购资金分析等。

从2000年5月份开始,中国石化股份公司物资装备部、信息系统管理部同美国Compaq公司和Oracle公司(艾因泰克公司为软件开发商)密切配合,紧张工作,用近三个月的时间,开发完成了中国石化电子商务系统(一期工程)的1.0版本(sinopec-ec. com. cn)。该系统已于2000年8月15日正式投入运行。目前网上采购物资涉及钢材、水泥、设备、配件、煤炭、化工、贵金属等16个大类8万余品种,中国石化股份公司总部和46个油田、炼化生产建设单位以及600多家供应厂商在网上进行采购交易。网上注册用户已达2 400个。从一年来运行的情况看,运行状况良好,客户、供应商反应热烈,上网交易踊跃。目前每天访问网站有2 000多人次,访问高峰时,每分钟点击次数可达1 500多次。截止到2001年10月1日,石化物资采购网上成交合同4 200笔,成交金额68.4亿元人民币,节约采购资金平均达到成交金额的2%。

复习思考题

1. 物流信息系统的功能是什么?
2. 计算机物流信息系统的组成内容有哪些?
3. 常见的物流管理信息系统有哪些?各有什么特点?
4. 电子商务的种类有哪些?电子商务的主要功能有哪些?
5. 电子商务环境下的物流具有哪些特点?

11 第十一章 物流技术

学习目标

通过本章学习应该能够对物流设施、设备技术有一个概括的认识;熟悉集装单元技术。

物流技术是人们进行物流活动的手段,物流的系统功能是通过物流技术实现的。物流技术包括在运输、仓储、装卸搬运、配送等环节所使用的各种工具、设备、设施和其他物资手段,以及由科学知识和实践经验发展而形成的各种管理技术。本章对我国在上述各环节物流活动中常用的设备和技术进行了比较系统的介绍。

第一节 物流技术概述

一、物流技术的概念

科学和技术属两个不同范畴。科学是一种知识体系和认识活动的总结;技术是人类从事具体活动所采取的各种手段。

物流技术,是指物流活动中所采用的自然科学与社会科学方面的理论、方法以及设施、设备、装置与工艺的总和。它包括在采购、仓储、运输、装卸、流通加工和信息处理等物流活动中所使用的各种工具、其他物资设备,以及由科学理论知识和实践经验发展而成的各种方法、技能和作业程序等。

二、物流技术的构成

(1)物流技术按形态可以分为硬技术和软技术。

物流硬技术是指组织实物流通所涉及的各种机械设备、运输工具、仓储设施、站场、电子计算机、通信设备等。20 世纪 70 年代前,物流技术是以硬技术为主导型,如大型货运专用船、集装箱、自动化仓库等。目前,发达国家的物流技术发展迅速,物流设施与装备标准化程度较高,以 EDI、互联网等为基础的物流信息系统得以广泛应用。

物流软技术是指以提高物流系统整体效益为中心的技术方法,具体包括各种物流设施、设备的优化组合、搭配与衔接;物流中心与配送中心作业、物流运输终端的合理配置;物流途径的最佳选择;物流信息处理等。也就是说,软技术是最充分地发挥硬技术的潜力,实现最合理运用,获得最佳效果的技术。当前,物流技术发展的主导方向是软技术的研究、开发和应用。

(2)物流技术按其技术思想来源或科学原理还可分为物流机械技术,物流信息技术,物流自控技术,物流数学方法等;若按应用范围还可分为运输技术、包装技术、仓储技术等。

三、物流技术的特征

(1)形态的多元性。物流技术有物质的、信息的和精神的等多种形态。

(2)功能的中介性。物流技术可以作为联系物流活动科学与实践的中间环节,把两者结合起来,成为物流实践的直接力量。

在物流活动中选择和运用合适的硬技术和软技术很重要,从这个观点出发,可以说物流技术是一种应用技术;另一方面,因为物流技术必须与多样化需求相适应,需要制定规划以促进硬技术的开发,因此,物流技术也有开发技术的性质。物流技术水平的高低直接关系到物流活动各项功能的完善和有效的实现,其发展的方向是趋向于全面系统化。

第二节　包装技术

包装技术包括包装材料的选择、包装设备和包装技术的应用等内容。

一、包装材料

包装材料是构成包装实体的主体物质。常用的包装材料包括以下几种:

(1)草制包装材料。这是一种用天然生的草类植物,编制成草席、蒲包、草袋等的包装材料。其防水、防潮能力较差,强度也很低,已逐渐被淘汰。

(2)木制包装材料。木制包装材料作为外包装材料,具有抗压、抗振等优点,一般有木箱、木笼、木桶,但由于木材资源有限,作为包装材料前景不佳。

(3)纸制包装材料。这是最为广泛的一种包装材料。价格低、质地细腻、均匀、耐摩擦、耐冲击、容易粘合、不受温度影响、无毒、无味、适于包装生产的机械化等是其优点。纸作为包装材料有纸袋、纸箱等。缺点是防潮、防湿性能较差。

(4)金属包装材料。金属包装材料是指把金属压制成薄片,用于物资包装的材料。通常有白铁皮罐、金属圆桶、储气瓶、金属丝网等。优点是防水、防潮、防污染、抗腐蚀、易进行机械加工等。用量最大的是马口铁(镀锡薄钢板)和金属箔。

(5)纤维包装材料。纤维包装材料是指用各种纤维制作的袋状容器。天然生的纤维有黄麻、红麻、大麻、青麻、罗布麻、棉花等。经工业加工的有合成树脂、玻璃纤维等。

(6)陶瓷与玻璃包装材料。此类包装材料的优点是耐风化、不变形、耐热、耐酸、耐磨等,尤其适合各种液体物资的包装。可回收复用,有利于包装成本的降低,易洗刷、消毒、灭菌。缺点是易碎。

(7)合成树脂包装材料。用合成树脂制作的各种塑料容器、塑料瓶、塑料袋和塑料箱等,是近20年来新发展起来的一种新兴包装材料。其优点是透明,对容器内包装的物资不必开封便一目了然;有适当的强度,可以保护商品的安全;有较好的防水、防潮、防霉等性能;有耐药

性、耐油性能；耐热、耐寒性能较好，对气候变化有一定的适应性；有较好的防污染能力，使包装的物资既安全又卫生；密封性能好等。合成树脂用于包装的主要有乙烯、聚丙烯、聚氯烯、聚苯乙烯、酚醛树脂、氨基塑料等。

（8）复合包装材料。复合材料是将两种以上具有不同性质的材料复合在一起，以改进单一包装材料的性能。应用最广泛的合成材料是塑料与玻璃纸复合、塑与塑、金属箔与塑料、金属箔和塑料及玻璃纸复合；纸与塑料复合等。

二、包装技术

1. 包装技术的种类

按包装的主要功能可将包装技术分为：

（1）销售包装技术。其主要内容包括：热封技术、塑料封技术、外壳包装技术、收缩包装技术、真空减压及充填包装技术、灭菌技术、防霉包装技术、印刷技术等。

（2）运输包装技术。这包括外、内包装技术。外包装技术主要包括容器设计技术、印刷标记技术等内容。内包装技术主要包括防振包装技术、防潮包装技术、防锈包装技术、防虫包装技术、防鼠包装技术等。

2. "五防"包装技术

"五防"包装技术指防振、防潮湿、防水、防锈、防虫鼠害包装技术。

（1）防振包装。这是为防止物品在运输、装卸搬运作业中的振动、冲击等而造成物品损伤所采用的包装技术。此技术的核心问题是正确确定防振材料种类和所需要的厚度。

（2）防潮包装技术。防止因空气中的潮气（水蒸气）而引发变质、潮湿、凝结，以及进一步发生霉变等的包装技术。方法是采用透湿度低或透湿度为零的材料包装，使包装物与外界潮湿大气相隔绝，或者为进一步控制包装容器内的湿气要预先排除湿气或在包装中封入干燥剂。干燥剂有化学干燥剂（利用化学反应）、物理干燥剂（吸附特性）。现代防潮包装中，应用最广泛的材料为聚乙烯、聚丙烯、聚氯乙烯、聚苯乙烯、聚酯、聚偏二氯乙烯等。

（3）防水包装技术。防水包装技术是指防止包装物品受水侵蚀到包装物内部而采用的包装技术。其做法是采用某些防水材料作阻隔层，并用防水粘接剂或衬垫、密封等措施，以阻止水浸入包装内部。防水包装所选用的材料有包装外壁框架材料如木材、金属、瓦楞纸板三大类；内衬材料如各种防水包装用纸、涂布复合塑料薄膜、铝箔及铝塑复合膜等；防水涂料如石蜡、清漆等；密封材料及外层覆盖材料等。

（4）防锈包装技术。防锈蚀最常采用的方法就是使用防锈剂，分为防锈矿油和气化性防锈剂两种。方法是先清洗处理金属制品表面并涂封防锈材料，再用透温率小且易封口的防潮包装材料进行包装。

（5）防虫、鼠害等包装技术。方法是在包装主物品时，放入一定量的驱虫剂以达到防虫害的目的。此外包装物品的容器也应当做防虫处理。如：竹片或条筐必须经过消毒或蒸煮，所用浆糊应加放防腐剂，防止害虫孳生。

3. 危险品及其他包装技术

1）危险品包装技术

（1）危险品包装技术。这是指按照危险品的性质、特点，按照有关法令、标准和规定专门设计的包装技术与方法。危险品的运输包装上必须标明不同性质、类别的危险货物标志,以及装卸搬运的要求标志。

(2)防爆包装技术。对于易燃易爆物品,如过氧化氢有强烈的氧化性,遇有微量不纯物质或受热,就会急剧分解引起爆炸。防爆包装方法是采用塑料桶包装,然后将塑料桶装入铁桶或木箱中。每件净重不超过50kg,并有自动放气的安全阀,当桶内的压力达到一定气体压力时,能自动放气。

(3)腐蚀性物品包装。注意避免物品与包装容器的材料发生化学作用,如金属类的包装容器,要在容器内壁涂上涂料,防止腐蚀。

(4)有毒物品包装。对有毒物品防毒的主要措施是严密包装,不透气。包装上要有明显的有毒标志,并标明装卸搬运的要求。

2)气体置换包装与真空包装技术

(1)所谓气体置换包装是采用不活泼气体(氮气、二氧化碳气体等)置换包装容器中空气的一种包装技术。目的是通过改变密封容器中气体的组成成分,降低氧气的浓度从而抑制微生物的活动,达到防霉、防腐和保鲜的目的。

(2)真空包装技术是在容器封口之前抽成真空,使密封后的容器内基本没有空气的一种包装技术方法。目的是避免或减少脂肪氧化,抑制某些霉菌和细菌的生长。

3)收缩与拉伸包装技术

(1)收缩包装技术是用收缩薄膜将欲包装物品裹包,然后,对收缩薄膜进行有关处理(如适当加热处理,使薄膜收紧且紧贴于物品)的包装技术方法。其作用主要有两方面:一是有利于销售,使内装物品形体突出,形象鲜明,质感好;二是有利于提高装卸搬运效率。如使用收缩包装技术把物品固定于托盘上,不仅有利于提高物流过程效率,而且有利于方便保管与使用。

(2)拉伸包装技术是用机械装置在常温下将弹性薄膜拉伸后,将待包装件紧裹的一种包装技术方法。它可以提高物流效率、方便仓储与使用。

4. 集合包装技术

集合包装是将一定数量的包装件或产品,装入具有一定规格、强度和长期周转使用的更大包装容器内,形成一个合适的搬运单元的一种包装技术。它包括集装箱、集装托盘、集装袋、滑片集装、框架集装和无托盘集装等。集合包装既是包装方式,又是一种新的运输方式,它的出现,一方面使产品的生产流水线一直延伸到集合包装的完成,更好地满足产品装卸、运输和储存等流通环节的需要;另一方面是对传统的包装运输方式的重大改革,使产品运输包装发生了根本性的变化。随着现代科技的发展,新的包装技术还将不断产生。

第三节 运输技术

运输是运用各种设备和工具,将物品从一地点运送到另一地点的物流活动。运输技术就是在这一系列活动中所使用的运输工具和各种技能的总称。运输技术是物流技术的重要组成部分,在物流技术体系中占据着中心地位。

一、公路运输技术

1. 货运汽车

在物流领域中的货运汽车种类很多,下面介绍几种主要车辆:

(1)普通货车。普通货车按载重能力分为轻型、中型、重型三种。

①轻型货车。一般载重吨位在2t以下,多为低货台,人力装卸较方便,主要用于市内集货、配送、宅配运输。

②中型货车。一般载重量在2～8t,其中,4t的有向低货台发展的趋势,主要用于在市内的运输,在我国城市之间、农村地区的运输也较多地使用。

③大型货车。载重量在8t以上,一般是高货台,主要用于长途干线汽车运输。

(2)厢式货车。是有载货车厢的一类货车,厢式货车由于本身有防雨、隔绝的功能,因而装车后无须再做苫盖等技术处理,且货物置于车厢中,能防散失、盗失,安全性较好。虽然自重较重,无效运输比例较高,但仍然有广泛的使用。

厢式货车有后开门式、侧开门式及两侧开门式,侧、后双开门式和顶开式等多种类型。后开门式适于后部装卸,便于手车、手推车等进入装卸。车后部与站台相接靠后,占用站台位置较短,有利于多车辆同时装卸 ,但如果后有挂车,则无法开门装卸。侧开门适于边部装卸,适于叉车作业,但货车侧部与站台相接后,占用站台长度较长。顶开式车适于吊车吊装。

(3)专用车。专用车包括汽车搬运车、饲料搬运车、油槽车等。这些特种专业车辆用来装运如用一般卡车和厢式货车载运效率低的货物,或者用来装运物品的性能特殊,需创造特别装运条件的货物。该类车辆的特点是通用性低,往往只能单程装运,因而运输成本较高。

(4)自卸车。自卸车按车体附设装置不同,有带吊车的货车、带尾部自动升降板的卡车,翻卸式和车身倾斜式货车等。这些种类货车的特点是采用将运输汽车和装卸装置有机结合的结构,使车辆在没有良好装卸设备的地点,依靠本车附设的设备进行装卸,因而适合于在物流设施外的装卸地区使用。

2. 货运汽车规格和货物尺寸

为了规范汽车制造和汽车货运市场,国家制定了有关标准,规定了汽车的各种载货空间和运输包装件的最大外廓尺寸。公路运输包装件通用尺寸长、宽、高分别小于3 540mm、1 600mm、1 650mm。运输包装件允许尺寸长、宽分别为12 160mm、2 500mm,装车后运输包装件最高离地不得超过4 000mm。超过此界限时,应作为特殊运输。

根据不同的货车车型,其运输包装的长、宽、高应分别小于该车型车厢的最大长、宽、高(厢式车高、宽取厢门高、厢门宽)。各类货运汽车车厢尺寸如表11-1所示。

二、铁道运输技术

1. 铁道车辆

在运输中应用的铁道车辆主要有:

(1)平车。平车是铁道上大量使用的通用车型,无车顶和车厢挡板。这种车体自重较小,装运吨位可以相应提高,且无车楔挡板的制约,装卸较方便,必要时可以装运超宽、超长的货物。它主要用于装运大型的机械、集装箱、钢材、大型建材等。在平车基础上,采取各种相应的

公路主要货车车厢尺寸范围(mm) 表11-1

车型	长度	宽度	承载面高度	备注
中型货车	3 540 ~ 7 950	2 205 ~ 2 490	1 200 ~ 1 425	厢式货车: 高度:1 803 ~ 2 160 门宽:1 600 ~ 2 220 门高:1 700 ~ 1 900 厢式挂车: 高度:1 800 ~ 3 300 门宽:1 900 ~ 2 300 门高:1 650 ~ 1 800
重型货车	4 900 ~ 8 100	2 250 ~ 2 500	1 320 ~ 1 419	
厢式货车	3 750 ~ 7 300	1 920 ~ 2 490		
挂车	3 800 ~ 12 160	2 100 ~ 2 500	1 100 ~ 1 400	
厢式挂车	6 900 ~ 12 142	2 200 ~ 2 490		

技术措施,发展出集装箱车、车载车、袋鼠式车等,对满足现代物流要求、提高载运能力有很好的作用。

(2)敞车。敞车是铁道上主要的一种车型。无车棚顶,但设有车厢挡板(槽梆),有高槽梆、低槽梆等不同类型。主要装运建材、木材、钢材,袋装、箱装杂货和散装的矿石、煤炭等货物。

(3)棚车。棚车是铁道上主要的封闭式车型,较多的是侧滑开门式,采用小型叉车、手推车、手车等进入车厢内装卸。也有车顶设滑动顶棚式,拉开后和敞车类似,可采用吊车从上部装卸。主要装运防雨、防潮、防止丢失、散失等较贵重的物品。

(4)罐车。罐车是铁道上用于装运气、液、粉等货物的主要专用车型,主要是横卧圆筒型,也有立置筒型、槽型、漏斗型。分为装载轻油用罐车、粘油用罐车、酸类罐车、水泥罐车、压缩气体罐车等多种类型。

(5)保温及冷藏车。能保持一定温度进行温调及能进行冷冻运输的车辆,以适应冬、夏等季节性生、鲜食品的运输。

(6)特种车。特种车是指用以装运特殊货物的车型,如长大货物车、牲畜装运车等。

2. 铁路货车规格和货物尺寸

(1)货物尺寸。根据国家标准,铁路运输包装件通用尺寸长、宽、高应分别小于2 300mm、700mm、1 782mm。允许尺寸长应小于13 020mm,装车后包装件宽、高不得超过机车车辆界限。超过此界限时,应作为特殊运输。

(2)货车车厢尺寸。各类货车车厢尺寸如表11-2所示。

铁路主要货车车厢尺寸范围(mm) 表11-2

车型	长度	宽度	高度	门宽	门高	承载面高度
棚车		2 400 ~ 2 870	2 000 ~ 2 819	1 540 ~ 2 964	1 900 ~ 2 647	
平车	6 200 ~ 13 000	2 750 ~ 3 070				1 126 ~ 1 490
敞车	1 024 ~ 13 020	2 620 ~ 2 930				1 073 ~ 1 300
保温车		2 300 ~ 2 829	1 950 ~ 2 995	700 ~ 2 700	1 782 ~ 2 300	

根据不同的货车车型,其运输包装的长、宽、高应分别小于该车车型车厢的最小长、宽、高

(棚车、保温车应考虑门的高与宽),最大应分别小于车型车厢的最大长、宽、高(棚车、保温车应考虑门的高与宽;平车、敞车运输包装件按机车车辆界限减去承载面的高度确定)。

三、水运技术

物流领域使用的货船主要有:

(1)集装箱船。集装箱船是专门用来装载集装箱的或混装集装箱的高速货船。集装箱船具有速度快、装卸效率高、运输安全性强等特点,是水路运输特别是远洋运输的主要工具之一。

(2)散装船。散装船是用来专门装载谷物、煤炭、矿石、盐等货物的船舶。散装船具有运量大、运费低的特点,一般用来运输廉价的原材料或农产品。

(3)油船。油船又称油轮,是用来专门装运散装石油(原油及石油产品)类、液体货物类的船舶,是远洋运输中的特大型、大型船舶。油船的装卸是通过油泵和输油管进行的,不需设吊货杆或起货设备。

(4)液体气船。液体气船是专门用来装运液体化了的天然气体和石油气体的船舶。分为液化天然气和液化石油气船两种。其结构采用全密封的金属罐,为安全起见大多都采用冷冻式。

(5)滚装船。滚装船是用来专门装运以载货车辆为货物单元的船舶,是一种快速运输货物的新型船舶。

(6)载驳船。载驳船是专门装运以载货驳船为货物单元的船舶。其运输方法是先将各种货物装在统一规格的驳船里,再将驳船装到载驳船上,到达中转港后,卸下驳船,然后用拖船或推轮将驳船队或驳船拖带或顶推到目的港。它的最大优点是装卸效率高,且不受港口水深的影响,不需占用码头泊位,不需要装卸机械,不需对货物换装。

(7)冷藏船。冷藏船是指设有冷藏设备,专门用来装运易腐鲜活货物的船舶。其特点是吨位小,船速相对较高。

(8)运木船。运木船是专门用来装运木材的船舶。船上设有起重量较大的装卸设备。

四、航空运输技术

1. 运输工具

用于物流领域的航空运输设备主要有货机和客货机两种。客货机主要以运送旅客为主,运送货物为辅。货机专门用于运送各类货物。航空运输的特点是速度快、运费高,适宜贵重货物的运输。

2. 空运货物组装

空运的货物几乎都是成组装运,组装形式有以下几种:

(1)托盘。空运的托盘是用胶合板或硬板制成的一块板,在上面装载与机体货舱的断面一致的货物,并用网紧固,防止货物倒塌。常用的航空集装单位规格见表11-3。

航空集装单元规格(mm)　　表11-3

序号	长度	宽度	高度
1	3 175	2 438	1 626
2	3 175	2 235	1 626

(2)大型货物容器。当用托盘堆积货物时,为了在半圆锥体的货舱里放稳,必须修整轮廓,在有限的时间内高效地装载,需要相当熟练的操作技术。为此需预先在托盘上装好一个与货舱轮廓完全吻合的罩,即制成圆顶形状的容器。

(3)腹部集装箱。一种完全能在飞机下部货舱中装得下的集装箱,这种集装箱用铝合金制成,还可以设计联运集装箱,可以在大型货运飞机上使用,也可以在陆地运输和海上运输中使用。常用的航空集装箱规格见表11-4。

航空集装箱规格(mm)　　表11-4

序号	箱宽	箱高	箱深	箱门宽
1	1 562	1 626	1 534	1 194
2	2 007	1 626	1 534	1 562

五、管道运输

使用管道设备、设施来完成货物运输的运输方式称为管道运输。石油、天然气的输送,以及近距离的粉粒体运输,都可以使用管道。

第四节　装卸搬运技术

一、主要装卸搬运机械

装卸搬运机械指工厂内、仓库、物流中心、配送中心等物流现场用来从事货物装卸搬运使用的各种机械设备的总称。装卸搬运作业中使用的主要机械种类及工作特征如表11-5所列。

二、装卸搬运机械的使用技术

1. 常见装卸搬运方式

常见装卸搬运机械的使用方式,包括使用吊车的"吊上吊下"方式,使用叉车的"叉上叉下"方式,使用半挂车或叉车的"滚上滚下"方式,"移上移下"方式及散装方式等。

(1)"吊上吊下"方式。采用各种起重机械从货物上部起吊,依靠起吊装置的垂直移动实现装卸,并在吊车运行的范围内或回转的范围内实现搬运或依靠搬运车辆实现小搬运。由于吊起及放下属于垂直运动,这种装卸方式属垂直装卸。

(2)"叉上叉下"方式。采用叉车从货物底部托起货物,并依靠叉车的运动进行货物位移,搬运完全靠叉车本身,货物可不经中途落地直接放置到目的处。这种方式垂直运动不大而主要是水平运动,属水平装卸方式。

(3)"滚上滚下"方式。主要指港口装卸的一种水平装卸方式,利用叉车或半挂车、汽车承载货物,连同车辆一起开上船,到达目的地后再从船上开下,称"滚上滚下"方式。"滚上滚下"方式需要有专门的船舶,对码头也有不同要求,这种专门的船舶称为"滚装船"。

(4)"移上移下"方式。指在两车之间(如火车或汽车)进行靠接,然后利用各种方式,不使货物垂直运动,而靠水平运动从一个车辆推动到另一车辆上,称"移上移下"方式。"移上移下"方式需要使两种车辆水平靠接,因此,对站台或车辆货台或车辆需进行改变,并配合移动

工具实现这种装载。

主要装卸搬运机械的种类 表11-5

机械类型	设备名称	工作特征
装卸搬运车辆	1. 叉车； 2. 人力搬运车： (1)台车； (2)手推车； (3)手动液压托盘搬运车； (4)升降式搬运车。 3. 动力搬运车： (1)轨道无人搬运车； (2)牵引车、挂车、底盘车	底盘上装有起重、输送、牵引、承载装置，可以在设施内移动作业
连续输送机械	1. 带式输送机； 2. 辊子输送机； 3. 悬挂输送机； 4. 斗式提升机； 5. 振动输送机	连续动作、循环运动、持续负载、线路一定
散装作业用机械	1. 斗式类型装载机； 2. 斗轮类型装载机； 3. 抓斗类型装载机； 4. 倾翻类型卸车机； 5. 连续输送机	用来装载搬运散装货物
起重机械	1. 轻小起重设备： (1)葫芦； (2)绞车。 2. 升降机： (1)电梯； (2)升降机。 3. 起重机： (1)桥式类型起重机； (2)门式类型起重机； (3)臂式类型起重机； (4)梁式类型起重机	间歇动作、重复循环、升降运动。使货物在一定范围内上下、左右、前后移动
自动分拣机械	1. 押出式； 2. 浮出式； 3. 斜行式； 4. 倾斜落下式	在计算机的控制下连续动作，将不同的货物搬运到各自被指定的位置

2. 装载机械的使用特点

在物流管理中,要区分物流设施内外以及装卸货物的不同特点来合理选择和使用装卸机械。表11-6是对装卸机械的选择与使用的归纳总结。

装卸方法及机械选用归纳表　　表11-6

场所		装卸方法	装卸机械	对象货物
物流设施内	高站台	人力装卸		少量货物
		利用搬运装载机具装卸	手推车、手车、搬运车、手推平板车、电动平板车、带轮的箱式托盘	一般货物、托盘货物
		输送机装卸	动力式输送机	箱装货物、瓦楞纸箱
	低站台	叉车装卸	叉车+侧面开门的车身	托盘货物
			叉车+托盘等带移动装置的车体	
		输送机装卸	动力式输送机	箱装货物、瓦楞纸箱
物流设施外		人力装卸	(和重力式输送机并用)	一般杂货
		机械装卸(利用卡车上装设的装卸机械)	卡车携带小型吊车	机械类托盘货物、建筑材料
			自动升降板装置	桶罐、储气罐、小型搬运车或带轮箱式托盘货物和手推车平板车的组合

第五节　仓储技术

一、仓库设施

从物流角度看,仓库是承担物流保管功能的场所。常见的仓库有以下几种:

1. 无货架仓库

仓库最简单的形式是无货架仓库。在无货架仓库中,将同一种货品放在一起,成一个货垛。货垛与货垛之间留有供人员和搬运设备出入的通道。货垛的高度受货物强度和地坪负荷的制约,以最底层的货物不被压坏为前提。可以采用托盘或货箱进行堆码。货物在仓库内的布置大体可分为两种形式。最常见的形式是托盘的插口正对着通道,也就是说叉车运行方向与堆放货物的方向正好互相垂直,另一种是叉车的运动方向与堆放货物的方向不垂直,货垛成锯齿状。

2. 货架仓库

(1)普通货架仓库。仓库内设置货架以后,货物的重量就由货架来支撑,而不再互相挤压。该种仓库增加了有选择地取货或实现先入先出原则的可能性。

(2)驶入式货架仓库。这种货架设有专门的叉车运行通道。货架由若干垂直的货架片组成,货架片上有短的托梁支撑存放的货物,货架片之间设有横梁或斜撑。叉车直接在货架片之间运行,把货物存放到托梁上或者从托梁上把货物取走。如果叉车只能从货架的一端出入,则称作驶入式货架仓库。如果货架的两端都能出入,或从一端入库存放,从另一端取货出库,则

称作通行式货架仓库。

(3)移轨巷道式货架仓库。这种仓库的主要设备是有轨巷道堆垛起重机,简称堆垛机。堆垛机有一个单立柱或双立柱的机架,有水平运行机构、货叉伸缩机构,还有各种安全保护装置。为了达到较高的停准精度,水平运行、垂直提升和货叉伸缩都有二档或三档速度。

(4)移动式货架仓库。为了尽量减少作业通道所造成的库容量的损失,在出入库作业频率很底的场合,可以采用移动式货架,只需一个通道。在这惟一的通道两侧,所有的货架都是紧挨着的,如果需要从其中的某一货架上去取货,可把货架向原来的通道方向移动,留出新的通道,为了减少运行阻力,这类货架都是用钢轮支撑,在钢轮上移动。货架的移动有手动和机动两种。

(5)流动式货架仓库。流动式货架库的特点是货架密集排列,只有两端是作业通道。货物从货架的一端放入某一个货道内,货物通过重力的作用或被梭式小车送到另一端出库。这种仓库实现了先入先出的原则,但一个货道只能放一个品种的货物,所以,计算有效库容量时要考虑蜂窝形空缺所造成的损失。最常见的是重力式货架。每个货道内都有重力式辊道,货物从货架的一端依靠重力流动到另一端。另一种是用梭式小车来实现货物在货道内的流动。

另外还有为了存放特殊货物的长料仓库,散料仓库,油库,液化气库等仓库形式。

二、仓储的信息化管理技术

近20年来,我国先后建起了一批现代化程度较高的物流中心,这些物流中心的仓储作业基本上实现了机械化,过去那种主要靠人工作业的现象已经基本改变。物流中心的仓库系统一般包括收货、存货、取货、配货、发货等环节。在收货环节,配备了供铁路车厢和货运汽车停靠卸货的站台和场地,以及升降平台,配备了托盘搬运车和叉车,以及各种吊车,用于完成卸车作业。在收货处一般设有计算机终端,用来输入收货信息,并打印出标签或条码,贴在货物或托盘上,以便在随后的储运过程中进行识别和跟踪。在存货环节,除在露天货场建立正规适用的货位外,在库房内建起了各种货架,例如高层货架、旋转货架等,存货作业通常由叉车或巷道堆垛机来完成。对所存的物品,给定了规定的保管环境,如温度、湿度等,并配备了自动监控系统。在取货环节,一般是根据客户的订单,由计算机拟订配货方案,拣货员根据配货方案进行拣货、配货。取货大体上分为整件取货和零星取货两种。在自动化仓库一般都由计算机打印出库单或发出出库指令,由叉车或堆垛机到指定的库位取货。整托盘取货一般都是机械化或自动化的。零星拣货一般都由人工完成。拣货有两种方式,一种是拣货员在仓库内走动,或随着叉车或堆垛机移动,按拣货单到多货位取货;另一种是拣货员坐在固定的位置上,由机械设备把货箱或托盘转运到拣货员处。露天货场则借助各种吊车存取货物。在发货、配货环节,物流中心根据服务对象的不同,向单一用户或多个用户发货。一般来说,用户需要多品种货物,因此在发货之前需要配货和包装。在自动化程度较高的仓库里,拣出的货品通过运输机械运到发货区。识别装置阅读贴在货品上的条形码,把所判别货品的户主信息送入计算机,计算机控制分选运输机上的分岔机构把货品拨到相应的包装线上,包装人员按照装箱单核查货品的品种和数量后装箱封口,然后装车发运。

三、仓储作业现场监控和指挥系统简介

仓储监控和调度指挥系统由电视监视系统、安全防范系统、库房温湿度监控系统、通信系统以及总控制室组成。它与仓储业务计算机管理信息系统结合,实现对仓储业务的现代化管理。

1. 电视监视系统

在货场、库房内以及库区的铁路道口、公路道口等关键部位以及主要作业现场安装电视摄像机,配合照明系统组成电视监控系统,总控室安装有24h录像机、多画面分割器、监视器等设备,并在有关处室安装监控分机。为了满足电视摄像的需要和夜间装卸作业的要求,在主要部位安装高杆照明系统,其中部分照明设施由防盗报警系统自动控制。

2. 安全防范系统

在库房和办公楼内,安装红外线和雷达双重移动目标报警传感器,在总控室安装由计算机控制的控制器,并配置电子地图,显示报警区域,发现异常情况(如发生盗贼入室、火灾等),及时发出报警信号。另外,为了防止盗贼翻墙入库,在库区的周界围墙上可安装高压脉冲电网,在总控室和保卫部门分别安装控制显示器,一旦发现情况,立即启动照明设备和电视摄像机,查明确有盗贼时,发出报警信号,调动保安人员进行处置。

3. 库房温湿度自动检测系统

有些仓库的温、湿度条件要求比较严格,可安装温、湿度巡检仪,分别检测库内主要点位的温、湿度数据,各点的测量数据传送到计算机进行处理和显示,当测量值超出范围时,计算机发出警示信息,提醒管理人员进行处理。有条件的仓库可由计算机自动启动库房内的调温、调湿设备,使库房温、湿度恢复到规定范围内。

4. 通信系统

这里主要指用于指挥的通信设备,使总控室的命令能通过有线或无线方式传送到作业现场,完成调度指挥的功能。以上几个子系统构成了以主控室为中心,以计算机网络和通信技术为手段的监控和调度指挥系统,将物流中心的数据处理业务纳入计算机管理,安全防范工作纳入图像监控。物流中心的管理人员只要打开监视器,就能看到仓库内外各个地方的图像信息,通过通信系统就可以指挥调度。

第六节　集装单元化技术

一、集装系统概述

1. 集装

集装是将许多单件物品,通过一定的技术措施组合成尺寸规格相同、重量相近的大型标准化的组合体,这种大型的组合状态称为集装。

集装从包装角度来看,是一种按一定单元将杂散物品组合包装的形态,是属于大型包装的形态。在多种类型的产品中,小件杂散货物很难像机床、构件等产品一样进行单件处理,由于其杂、散,且个体体积重量都不大,所以,总是需要进行一定程度的组合,才能有利于销售,有利

于物流，有利于使用。比如箱、袋等都是杂散货物的组合状态。

杂散货物的组合方式，是随科学技术进步而发展的。在科技不太发达，起重、装卸机具没有普遍采用，装卸工作全要依靠人力进行时，杂散货物的组合包装程度主要受两个因素制约，一个因素是包装材料的限制，包装材料强度和材料自重约束了包装体的大型化；另一个是人力装卸能力的限制，包装必须限制在人的最大体能范围之下。因此，那时的组合体，重量一般在50kg 以下。集装是材料科学和装卸技术两个方面有了突破进展之后才出现的，用大单元实现组合，是整个包装技术的一大进展。

从运输角度来看，集装所组成的组合体往往又正好是一个装卸单位，非常便利运输和装卸，因此在这个领域把集装主要看成是一个运输体（货载），称单元组合货载或集装货载。

2. 集装的方式

集装的方式和种类很多，但最主要的是集装箱和托盘。

（1）托盘。所谓托盘是指用于集装、堆放、搬运和运输的放置作为单元负荷的货物和制品的水平平台装置。托盘是由木材、金属、纤维板等材料按标准尺寸制作的台面装置，这种台面有供叉车从下部叉入并将台板托起的叉入口。实际中，将以上述结构为基本结构的平板台和在这种结构基础上所形成的各种集装器具都可统称为托盘。

托盘最初是在装卸领域出现并发展的，在应用过程中又进一步将托盘发展成为储存设施，在运输单位中起着重要的作用，因而对现代物流的形成，对物流系统的建立起了不小的作用。

托盘的出现也促进了集装箱和其他集装方式的形成和发展，现在，托盘已是和集装箱一样重要的集装方式，从而形成了集装系统的两大支柱。托盘尤其以简单、方便的特点在集装领域中颇受青睐。

托盘的形式很多。但最典型的是平托盘。除此之外，其变形体还有柱式托盘、架式托盘（集装架）、笼式托盘（集装笼）、箱式托盘、折叠式托盘、轮式托盘（台车式托盘）、薄板托盘（滑板）等。

1982 年国家标准（GB 2934—82）将联运托盘尺寸定为：800mm × 1200mm、800mm × 1000mm、1000mm × 1200mm 三种，载重量均为 1t。以后陆续颁布了《托盘名词术语》、《木制联运平托盘技术条件》、《木制联运托盘试验方法》等国家标准和铁道部的标准《铁路货运钢制平托盘》等，为我国物流托盘化奠定了技术基础。

（2）集装箱。集装箱是指具有标准规格尺寸和便于装卸、栓固的货物运输容器。为适应各种运输方式和各种运输工具的需求，集装箱有许多种类。根据集装箱的用途可以分为通用集装箱和专用集装箱两类。通用集装箱（又叫干货集装箱），以装运普通杂货为主，包括端门式、侧门式、侧壁全开式、开顶式和通风式集装箱等种类。专用集装箱是专门装运某一类别或某些特殊性质货物的集装箱，主要有散装集装箱、液罐集装箱、冷藏集装箱、保温集装箱、板架集装箱等。此外，集装箱还有许多变形体，如笼式集装箱、台式集装箱、平台集装箱、折叠式集装箱等。

集装箱的外形尺寸十分规范 。1979 年，国际标准化组织、集装箱技术委员会制定的国际标准箱外形有 9 种，最常用的是 IA、IAA、IC、和 ICC 型，详见表 11-7 所示。我国 1978 年发布的国家标准《货物集装箱外部尺寸和重量系列》(GB 1413—78 中),规定了集装箱重量系列为 5t、10t、20t、30t 四种,其相应的型号为 IAA、ICC、10D 和 5D。1985 年该标准又修改为《集装箱外部尺寸和额定重量》(GB 1413—85),并增加了 IA、IAX、IC 和 ICX 四种箱型,详见表 11-8 所示。

国际集装箱标准规格表 表 11-7

名称	高度(mm)	宽度(mm)	长度(mm)	最大总重量(kg)
IA	2 438	2 438	12 192	30 480
IAA	2 591	2 438	12 192	30 480
IB	2 438	2 438	9 125	25 400
IBB	2 591	2 438	9 125	25 400
IC	2 438	2 438	6 058	20 320
ICC	2 591	2 438	6 058	20 320
ID	2 438	2 438	2 991	10 160
IE	2 438	2 438	1 968	7 110
IF	2 438	2 438	1 460	5 080

GB 1413—85 集装箱的外部尺寸和重量表 表 11-8

型号	高度(mm)	宽度(mm)	长度(mm)	总重(kg)
IAA	2 591	2 438	12 192	30 480
IA	2 438	2 438	12 192	
IAX	<2 438	2 438	12 192	
ICC	2 591	2 438	6 058	20 320
IC	2 591	2 438	6 058	
ICX	2 591	2 438	6 058	
10D	2 438	2 438	4 012	10 000
5D	2 438	2 438	1 968	5 000

3. 集装的特点与效果

集装的主要特点是集小为大,而这种集小为大是按标准化、通用化要求而进行的,这就使中、小件散杂货以一定规模进入市场、进入流通领域,形成了规模优势。集装的效果实际上就是这种规模优势效果。主要表现在以下几个方面:

(1)促使装卸合理化。这一效果主要表现在:第一,缩短装卸时间。这是由于多次装卸转为集装一次装卸而带来的效果;第二,使装卸作业强度降低。过去由人工完成中、小件大数量散杂货装卸,工人劳动强度极大,且工作时极易出差错,出货损。采用集装后不但减轻了装卸劳动强度,而且由于集装箱等对货物的保护作用可以更有效防止装卸时的碰撞损坏及散失、丢失。

(2)使包装合理化。采用集装后,物品的单体包装及小包装要求可降低甚至可以去掉小包装从而在包装材料上有很大节约。此外,包装强度由于集装箱的大型化和防护能力的增强,也大大提高,有利于保护货物。

(3)提高了物流工作效率。由于集装整体进行运输和保管,大大方便了运输及保管作业,便于管理,也能有效利用运输工具和保管场地的空间,提高了物流工作效率。

总之,集装的最大效果,是以其为核心形成了物流集装系统,将原来分离的物流各环节有效地联合为一个整体,使整个物流系统实现合理化。物流的现代化离不开集装,可以说集装是物流现代化的重要标志。

二、集装单元及实施集装单元化的意义

1. 集装单元与集装单元作业

集装单元是指用各种不同的方法和器具,把包装或无包装的物品整齐地汇集成一个扩大的、便于装卸搬运的作业单元,这个作业单元在整个物流过程中始终保持一定的形状。以集装单元来组织物资的装卸搬运、储存、运输等物流活动的作业方式,称为集装单

元作业。

2. 应用集装单元化技术的意义

集装单元化技术是物流管理硬技术（设备、器具等）与软技术（为完成装卸搬运、储存、运输等作业的一系列方法、程序和制度等）的有机结合。它是采用先进的科学技术与科学的管理方法相结合的复合技术，既有设备、器具的机械化、自动化技术，又有合理组织这些设备、器具使其充分发挥作用的管理技术。通过集装单元化技术的推广使用，使传统的包装方式和装卸搬运工具发生了根本变革，集装箱本身就已成了包装物和运输器具。它使过去工厂生产的产品，装上木箱运至用户，再拆除木箱的办法正在改变。现在从生产厂到用户的运输过程也就是产品的储运过程，它彻底改变了以前那种包装、装卸搬运、储存等环节的一体化模式，使物流系统的运作达到了新的水平，从而在更高程度上实现了物流系统的合理化。

第七节 物流数学方法

本节主要介绍运筹学方法在物流管理中的应用。

一、运筹学方法概述

运筹学方法是一种科学的数量化方法，它包括多种最优化方法。运用这些方法，对有限资源（人力、物力、财力、时间、信息等）进行计划、组织、协调和控制，以达到最佳效果。熟悉了这些方法，就掌握了一种有效的管理工具，可以灵活地加以应用。同一种优化方法，可以应用于不同的领域，用来解决不同的实际问题，如网络技术，可以用来安排生产计划，也可以用来解决运输问题等。另一方面，对于同一类问题，又可以用不同的方法解决，例如运输问题，可以运用线性规划求解，也可用表上作业法和网络图求解。可以根据问题的复杂程度和解题条件，选择不同的求解方法。

二、运筹学方法在物流管理中的应用简介

运筹学方法在物流管理中应用的基本情况见表 11-9 所列。

运筹学方法在物流管理中的应用情况　　表 11-9

应用问题	问题特点	求解方法
一、运输问题	该问题是线性规划问题的特例。该问题针对物品由 m 个起运点，经固定路线运到 n 个目的地而求解运费（周转量）最小的运输方案	用线性规划问题的求解方法： 1. 单纯形法； 2. 表上作业法； 3. 图上作业法
二、指派问题	在物流过程中，将有限的资源（人力、物力、财力等）指派给多项任务或工作，以达到降低成本或提高效率的目的。这是物流管理常见的问题。例如将 n 项运输任务指派给 n 个驾驶员去完成。航线（班次）时程安排问题等	1. 整数规划法； 2. 表上作业法

续上表

应用问题	问题特点	求解方法
三、选址问题	在物流系统设计中经常遇到厂址(仓库)的选择问题,包括有以下类型问题:	
	1. 单一地址的选择方法。从 s 个候选厂址中选取一个最优地址建厂(仓库),使物流费用达到最低。该类问题模型中(目标函数)的许多参数(包括各类物品供应地及供应量、产品销售地及销售量、运输条件及费用等)具有不确定性,需要采用统计和预测的方法分析确定	属线性归划问题: 1. 单纯形法; 2. 表上作业法
	2. 多地址选择方法。有 m 个工厂的产品,经仓库(或转运站)发售给 n 个地区(用户),拟建立若干个仓库,要求从 s 个候选地点中选择若干个地点修建仓库,使物流费用达到最小	非线性规划法
四、库存问题	库存问题主要包括定货的批量以及订购时间问题。包括以下类型问题:	
	1. 建立库存模型求解经济批量,使库存总费用达到最低	存储论
	2. 计划期(例如一年内)需求总量一定,求该计划期内各阶段最佳批量,使库存总费用最低。该类问题的解决思路是把一个问题分解成若干部分由最后阶段的优化决策开始,由后向前推进直至能够求出各阶段的最佳定货批量	动态规划法
	3. 商品库房问题。以库房作业为标准而列出一个线性规划问题成为库房问题。如求各时期商品的最佳批发量和销售量,以使利润最大	属于线性规划问题,可利用对偶问题的性质求得最优解
五、装卸作业调度问题	装卸任务分配问题。设有 m 项装卸任务,由 n 个装卸队来完成,如何分配任务能在规定时间内以最低成本完成装卸工作。它属于求最小成本的线性规划问题	用单纯形法求解
六、货物配装问题	1. 货物配装量问题。例如货车的载重量为 G,用于运送 n 种不同的货物(物品),如何装货,才能充分利用货车的运载能力	动态规划方法
	2. 品种混装问题。储运仓库(或货运车站)要把各个客户所需的零担货物组成整车运输,如何组织品种混装,才能充分利用货车的运载能力	整数规划法
七、铁路货运配车	铁路网络和配车问题。全国正式营业的铁路构成一个连通的网络。应优选配车方案。使同货车内所装货物的运输路线都是最短路径,从而节省和降低物流费用	网络分析
八、物流服务系统的配置问题	物流中心(或储运仓库、物资中转站等)是一个综合物流服务系统。在运输、装卸作业中许多服务项目具有随机性质,因而属于随机服务系统。在随机服务系统中,应该配置多少设备为佳,这是物流系统中常常面对的问题	排队论

案例

北美集装箱多式联运

北美的多式联运比较注重技术创新，引进双层集装箱等新技术，公路、铁路可以展开竞争，加上多式联运的平均运距长，不仅服务水平高，而且经济效益好，在国际上处于领先水平。北美的国际标准集装箱运输，大部分都是通过一些大的货主与运输企业，根据运输的特殊条件和需要签订合同来实现的。合同包括运输时间表、货物价值、最小的运量保证等。小货主的运输一般通过第三方物流经营者来实现，货代是其中一部分。这是因为第三方物流经营者具有物流系统管理经验，从而可以将小批量货物积少成多而得到低运价的优惠。铁路集装箱专列平均速度为70～90km/h，而且在专用线、编组站等环节疏导很快，基本上不压箱。北美铁路集装箱运输每天运距可以达到1 500km以上。在港口，进口货在船舶到港之前一般都向海关预申报。因而船到港后，当天就可以卸箱并装上集装箱货车或铁路车辆（若当天有车辆），或在第二天转运到口岸地区其他集装箱站场。在北美内陆都有“三检”服务，当货物到达内陆站场，根据货主要求，运输部门一般在24h内就可以将提取的货物送到收货人（货主）手中。出口集装箱周转时间基本相同，出口货一般要求集装箱在船舶到达24h前运抵港口。出口货物一般不进行检验。

(1)系统的运作标准。在北美，运输企业的竞争能力和货主的需求决定了服务水平。周转时间是衡量服务标准的一项指标。在1 500km范围内，以铁路为主的多式联运部门在各服务通道上与门到门的服务的汽车运输公司展开竞争。铁路部门的多式联运受多个环节影响，其运送速度相当于公路运输的50%～70%。公路运输可以从港口实现到货主的门到门的运输，因而避免了货场转运的时间延误。一辆集装箱货车装完两个TEU就可以运出，但铁路专列要装完100多个TEU才能开出，集装箱多式联运的周转时间比仅用集装箱货车实现门到门的运输时间长。多式联运的优势在于时间比较固定、运输服务可靠，多式联运费用低廉，吸引货主量仍很大。在非运输物流成本和运输成本之间的权衡依赖于货主年运量、仓储计划、货物价值和季节性等指标。

(2)作业环节。美国的多式联运服务大致包括4个独立的作业环节：①港口作业，船停港总共约3～5d，其中通关作业一般为1～2d；②港口附近周转作业（即从港口转到火车上）；③铁路长途运输。多式联运长途运输方式主要是铁路，平均运行速度60～80km/h，一般工作日，集装箱在列车出发前3～4h前集中到站场，周末一般为8～10h前集中到站场。列车的日运输距离可达1 200～1 500km；④内陆中转站的作业。在内陆集装箱的停留时间主要取决于物流管理的商业考虑，如集装箱运输过程是由集装箱所有者来控制。

(3)集装箱周转时间。①当港口至货主的运距为1 500km时，采用集装箱卡车运输进口货物，集装箱从船上卸到集装箱货车后，其运送速度一般为80km/h，若配备两个驾驶员，则会减少停车时间。在24h内集装箱货车最大运输范围可达2 000km。这样集装箱运到货主手中只需2d，返空箱再用2d，总周转时间为4d。对于出口货物，公路运输则只需3d；②进口货使用多式联运系统送到货主手里共需7d左右，为与公路竞争，对于加急货物时间可以压缩一半，即利用高效的多式联运系统的总周转时间为6～8d。在各环节配合极为协调，在货主、货车、铁路车次时间等环节均不耽误的情况下，集装箱总周转时间为6d。对于出口货物，在相同的运距下使用多式联运系统，货物运到船上的时间为5d左右。

(4)如果货主负责内陆集装箱的集、疏、运，则周转时间较长，其原因是货主常常利用站场免费存箱条件，将集装箱作为临时性仓库，而不是另租仓库存货。

复习思考题

1. 包装技术的主要内容是什么？
2. 国家对铁路、汽车的货车规格和货物尺寸是如何规定的？
3. 如何选用装卸搬运机械？
4. 仓储信息化管理的特点是什么？
5. 什么叫集装单元？集装的方式有哪些？

参 考 文 献

1 金真,唐浩.现代物流.北京:中国物资出版社,2002
2 黄福华.现代企业物流运作管理.湖南:湖南人民出版社,2000
3 刘志学.现代物流手册.北京:中国物资出版社,2001
4 朱道立,龚国华,罗齐.物流和供应链管理.上海:复旦大学出版社,2001
5 赵刚.物流信息系统.四川:四川人民出版社,2002
6 丁俊发.中国物流.北京:中国物资出版社,2002
7 宋力刚.国际化企业现代物流管理.北京:中国石化出版社,2001
8 郎会成,蔡连侨.物流经理业务手册.北京:机械工业出版社,2002
9 蔡淑琴.物流信息系统.北京:中国物资出版社,2002
10 翁心刚.物流管理基础.北京:中国物资出版社,2002
11 储雪俭.现代物流(管理教程).上海:上海三联书店,2003
12 王之泰.现代物流学.北京:中国物资出版社,1995
13 丁立言,张铎.物流系统工程.北京:清华大学出版社,2000
14 叶文,任民.第三方物流.北京:机械工业出版社,2004
15 骆温平.第三方物流理论、操作与案例.上海:上海社会科学院出版社,2001